Jochen Bleicken

Die Verfassung der römischen Republik

Grundlagen und Entwicklung

Ferdinand Schöningh, Paderborn

Prof. Dr. Jochen Bleicken wurde in Westerland/Sylt geboren. Er studierte Geschichte und Klassische Philologie in Kiel und Frankfurt a. M. Nach der Promotion in Kiel (1954) und der Habilitation in Göttingen (1961) wurde er 1962 als Professor für Alte Geschichte an die Universität Hamburg berufen. Seit 1967 lehrt er an der Johann Wolfgang Goethe-Universität in Frankfurt a. M.

Herstellung: Ferdinand Schöningh, Paderborn

Einbandgestaltung: A. Krugmann, Stuttgart

ISBN 3-506-99173-6

Inhaltsverzeichnis

Vorwort

Das vorliegende kleine Buch wendet sich in erster Linie an Studenten und Lehrer; es soll auch denen, die mit den Problemen der römischen Geschichte bisher wenig vertraut sind, eine erste Hilfe für weitere Studien sein. Ich habe mich bei der Gestaltung des Textes bemüht, von möglichst wenigen Voraussetzungen auszugehen. Ich hoffe, daß das Buch seine Aufgabe, in die Geschichte der römischen Republik einzuführen, vor allem einen Eindruck von den besonderen Bedingungen dieser Periode zu geben, erfüllen wird.

Ich habe dem Verlag Ferdinand Schöningh für das Interesse zu danken, das er mit dem Druck dieses Buches der Altertumswissenschaft entgegengebracht hat. Mein besonderer Dank gilt den Mitarbeitern am Seminar für Alte Geschichte der Universität Frankfurt, die das Manuskript und die Druckfahnen durchgesehen haben.

Frankfurt a.M., im März 1975 *Jochen Bleicken*

Einleitung

Der vorliegende Überblick über die Verfassung der römischen Republik ordnet und beschreibt die republikanische Verfassung Roms nach systematischen Gesichtspunkten. Da die römische Republik knapp 450 Jahre währte und sie sich in dieser Zeit von den kleinsten Anfängen zu einer Weltmacht entwickelte, scheint eine systematische Beschreibung der Geschichte Gewalt anzutun, und tatsächlich haben auch so gut wie alle zusammenfassenden Arbeiten zur Republik nach dem großen Werk Mommsens über das römische Staatsrecht — und gerade auch in Reaktion auf es — das chronologische Schema gewählt. Da jedoch die kompromißlose Durchführung des chronologischen Prinzips die eigentlichen Charakteristika der Verfassungsordnung und deren Entwicklungskategorien kaum gerecht werden kann, sondern sie Gefahr läuft, nur eine Aufzählung sich aneinander reihender Ereignisse zu werden, haben die meisten Autoren sich dazu entschlossen, Chronologie und Systematik derart miteinander zu verbinden, daß sie die Republik in mehrere große Perioden gliederten (etwa: der patrizische Staat [ca. 500/475—300/287 v. Chr.]; die klassische Republik [300/287—133]; die Revolutionszeit [133—49/31]), innerhalb der dann die einzelnen Sachphänomene auch systematisch abgehandelt werden konnten. Es liegt nun auf der Hand, daß für größere Kompendien zum römischen Staat diese Darstellungsform schon deswegen sich anbietet, weil man in ihnen ins Einzelne gehen und neben dem zeitlichen Ablauf der Verfassungselemente breite systematische Überblicke und Rückblicke überall einflechten kann. Für eine Darstellung hingegen, die lediglich einen kurzen Abriß geben und sich zudem an einen Leserkreis wenden möchte, dem die althistorischen Probleme weniger vertraut sind, ist die systematische Abhandlung unter Umständen die geeignetere, und wenn sie auch nicht die einzig mögliche Form darstellt, hat sie doch neben der stärker chronologisch verfahrenden ihre Berechtigung.

Der wesentlichste Rechtfertigungsgrund liegt in der Natur der Systematik selbst. Sie kann die wesentlichen, die staatliche Ordnung charakterisierenden Merkmale schärfer herausarbeiten als jede andere Darstellungsform. Besonders derjenige, der mit dem Gegenstand der Untersuchung noch kaum in Berührung gekommen ist, möchte gerade sie kennenlernen, und vor allem: Er kann sie durch den Mangel an Erfahrung mit dem Gegenstand aus einer chronologischen Darstellung schwerer oder sogar überhaupt nicht herausarbeiten. Welche Rolle z. B. das Gleichheitsprinzip in der römischen Verfassung spielte, was für die Römer die Rechtsnorm bedeutete und worauf die Überlegenheit des römischen Heeres beruhte, stellt hingegen die Systematik klar vor Augen. Der billige Einwand, daß auf diese Weise die Geschichte zu kurz käme, ist, so einleuchtend er zu sein scheint, doch durchaus nicht immer zutreffend. Denn im Hinblick auf die römische Republik haben wir es zwar mit einem verhältnismäßig umfangreichen Zeitraum zu tun, doch lassen sich die Entwicklungsstufen ziemlich gut eingrenzen, jedenfalls dann, wenn man nur, wie in diesem Fall, die großen Entwicklungslinien herausarbeiten möchte. Die Schwerpunkte dieser Entwicklung, nämlich der Ständekampf, die sich aus der Expansion für die römische Staatsordnung ergebenden Probleme und der aus der Expansion schließlich resultierende Zusammenbruch, sind verhältnismäßig geschlossene Komplexe, die auch in einer systematischen Abhandlung einzufangen sind. Denn die Systematik, die die einzelnen Phänomene des Staates nach sachlichen Gesichtspunkten ordnet, bleibt nicht bei der einfachen Beschreibung eines Phänomens stehen, sondern kann innerhalb der systematisch, also gesondert abgehandelten Sachkomplexe gerade die Entwicklung des einzelnen Phänomens durchgehend verfolgen und dadurch das Verständnis seines Wesens unter Umständen deutlicher herausarbeiten, als wenn die einzelnen Entwicklungsstufen der verschiedenen Verfassungselemente weit voneinander getrennt abgehandelt würden. Das eigentliche Problem ist daher eigentlich weniger die Ausschaltung der Entwicklung — sie wird ja gerade berücksichtigt — als vielmehr die getrennte Abhandlung der einzelnen Sachgegenstände, die tatsächlich im historischen Leben eine Einheit bilden. Aber einmal ganz abgesehen davon, daß auch die chronologische Darstellung hier ihre Kompromisse zu schließen hat, kann dieser Nachteil durch den ständigen Verweis auf die benachbarten, den verschiedenen Sachgegenständen zugehörigen Komplexe wettgemacht werden. In diesem Büchlein finden sich denn auch zahlreiche Rückverweise; bisweilen wurde auch — verkürzt — dieses und jenes noch einmal gebracht; solche Wiederholungen erklären sich aus dem Bemühen, in der durch die Systematik bedingten Teilung doch das Ganze zu wahren.

Für jede Verfassungsgeschichte und zumal für eine systematisch verfahrende Darstellung liegt ein besonderes Problem darin, daß durch den Bezug auf die „Verfassung", die ja die innere Ordnung eines Staates umreißt, die äußere Entwicklung und damit der Zusammenhang von äußerer und innerer Entwicklung übersehen oder doch zu gering eingeschätzt wird. Eine mangelnde Einsicht in die Interdependenz von Innen- und Außenpolitik wäre für die römische Republik, die sich von einem Stadtstaat zur Weltmacht entwickelte, besonders verhängnisvoll. Ein auch nur grober Überblick zeigt, daß die einzelnen Entwicklungsstufen der römischen Republik, die zu einer Gliederung der republikanischen Geschichte in verschiedene Perioden geführt haben, nicht in zwei nebeneinander laufende Entwicklungslinien, nämlich eine innere und eine äußere, gegliedert und also die Schwerpunkte der inneren und äußeren Geschichte nicht getrennt voneinander behandelt werden können: Die Frühzeit der römischen Republik, in der die innere Ordnung Roms mit dem patrizischen Geschlechterstaat gleichzusetzen ist, korrespondiert außenpolitisch mit einer für den antiken Stadtstaat typischen Politik der Rivalität mit den umliegenden Städten und Völkern. Rom hatte es damals mit den etruskischen Städten an der Nordgrenze (Veji, Caere, Tarquinii u. a.), mit dem Volk der Äquer im Osten sowie mit den latinischen Städten und dem Volskern im Süden zu tun. Die Außenpolitik war zwar auch auf eine gewisse Ausdehnung des stadtstaatlichen Territoriums gerichtet, vor allem aber auf die Erringung einer territorial beschränkten Hegemonie über seine Umwelt. Es scheint, daß diese beschränkten außenpolitischen Ambitionen die der damaligen inneren Ordnung angemessene Politik darstellte und der patrizische Staat zu einer weiteren Expansion gar nicht fähig war, sondern diese erst durch eine innenpolitische Entwicklung möglich wurde, die wir als den Ständekampf bezeichnen (ca. 450—367/287 v. Chr.). — Das Ende des Ständekampfes, in dem die Massen der römischen Bauern (Plebejer bzw. Clienten) den patrizischen Herren privatrechtliche Gleichberechtigung und politische Rechte abtrotzten und in dem sich ferner durch die Hineinnahme einflußreicher plebejischer Familien in die regierende Adelsschicht eine neue Aristokratie (Nobilität) bildete, brachte — auf die Entwicklung der gesamten Republik hin besehen — die schwerwiegendsten Veränderungen der inneren Ordnung. In dem Augenblick, in dem diese neue innere Ordnung sich etabliert hatte, nämlich in der zweiten Hälfte des 4. Jahrhunderts v. Chr., begann aber gleichzeitig eine mit außergewöhnlicher Dynamik einsetzende und fortschreitende neue Außenpolitik, die auf Expansion gerichtet war und mit der Eroberung Italiens bzw. mit der Hegemonie über alle italischen Städte und Stämme endete (ca. 340—270 v. Chr.). Für diese neue Außenpolitik war die Liquidation des Ständekampfes offensichtlich eine Voraussetzung, andererseits hat dann aber auch die äußere Entwicklung wiederum dafür gesorgt, daß alle aus dem inneren Kampf noch nicht ganz bewältigten Probleme gänzlich beseitigt bzw. zurückgedrängt wurden. — Von der inneren Entwicklung her gesehen gehören die folgenden 150 Jahre vom Ende des letzten Samnitenkrieges bis zu den Unruhen der Gracchen zusammen (270—133 v. Chr.; der Krieg gegen den König Pyrrhus ist vor allem auch als Kampf gegen die Samniten und die südlich von ihnen sitzenden Völker anzusehen). Diese Zeit erscheint rein äußerlich als eine Periode innerer Stagnation. Die Nobilität erstarrte auf eine mehr oder weniger fixierte Zahl von Mitgliedern, und die Institutionen der Ordnung veränderten sich gemessen an dem, was von der äußeren Entwicklung her gefordert war, kaum. Außenpolitisch jedoch ist diese Periode gleichzusetzen mit der Erringung der Weltherrschaft, nämlich zunächst der Herrschaft über das westliche (264—201 v. Chr.), dann auch über das östliche Mittelmeerbecken (200—167/146 v. Chr.). Die Interdependenz von (scheinbarer) innerer Unbeweglichkeit und äußerer Expansion liegt auch hier auf der Hand: Die Expansion stützte die innere Ordnung und bestätigte sie. Die eigentlichen Konsequenzen der Weltherrschaft für den römischen Stadtstaat, die sich in erster

Linie aus dem Mißverhältnis zwischen der stadtstaatlich-aristokratischen Ordnung und den Aufgaben einer Weltherrschaft ergaben, kamen in der Periode der Expansion selbst noch nicht zum Tragen. Die politischen und sozialen Veränderungen — wie z. B. die Bildung eines neuen Standes, den die veränderte ökonomische Situation hervorbrachte, ferner die innere Wandlung zahlreicher Institutionen, wie der Volksversammlung oder der Censur — wurden noch nicht gespürt. — Erst in der letzten Periode der inneren Entwicklung, der sogenannten Revolutionszeit (133—49 v. Chr.), kamen dann, in Gang gesetzt durch die Reformgesetzgebung der Gracchen, die Konsequenzen der strukturellen Veränderung der römischen Gesellschaft zum Tragen, die schließlich in die Auflösung der republikanischen Ordnung mündeten. Auch diese Periode lief wieder mit einer — gegenüber der vorangehenden Periode veränderten — außenpolitischen Situation zusammen. „Außenpolitik" bedeutete jetzt, in der Zeit der Weltherrschaft Roms, allerdings nicht mehr — oder doch nur in beschränktem Maße — Politik gegenüber souveränen Partnern, sondern sie war identisch mit den (herrschaftlichen) Beziehungen zu dem ins Ungemessene gewachsenen Herrschaftsgebiet. Das Herrschaftsgebiet blieb hierbei jedenfalls im Prinzip passiv (gewisse Ausnahmen, wie die Verbrüderung mancher östlicher Städte und Fürstentümer mit dem ins Reich einbrechenden König Mithridates von Pontus, können den allgemeinen Eindruck der Passivität nur wenig stören), aber es wirkte allein durch sein Dasein auf die innere Ordnung, nämlich einmal durch die Möglichkeiten, die es der politischen Initiative innerhalb der römischen Innenpolitik gab, zum anderen durch die unaufschiebbare Notwendigkeit der Absicherung des römischen Staates gegenüber möglichen Insurrektionen, die die innere Ordnung mit unerträglichen Auflagen belastete, ferner durch die Forderung nach einer wenigstens einigermaßen funktionierenden Verwaltung des beherrschten Gebietes, die der auf stadtstaatliche Verhältnisse zugeschnittene Apparat der Republik selbst unter äußersten Anstrengungen kaum zu leisten vermochte, u. a. m.

Die vorliegende Untersuchung hat sich bemüht, die Abhängigkeiten der inneren von der äußeren Entwicklung zu berücksichtigen, soweit dies in einem Überblick wie dem vorliegenden möglich war. Der systematischen Betrachtung angemessen hat sie aber den außenpolitischen Bereich, nämlich die Expansion Roms, getrennt abgehandelt, doch wird er selbstverständlich auch überall dort berücksichtigt, wo die innere Ordnung beschrieben wird; die gesonderte Behandlung soll den Stellenwert der äußeren Entwicklung für die innere Ordnung Roms lediglich deutlich herausheben.

I. Soziale und rechtliche Faktoren der römischen Republik

a) Das römische Volk

Das römische Volk (*populus Romanus*) war die Summe aller freien Bewohner des Territoriums der Stadt Rom. Auch in der Frühzeit, als nur eine Minderheit der Freien politische Rechte hatte (Patrizier), waren alle freien Personen (Patrizier, Clienten, Plebejer) Teil des *populus Romanus*. Auch eine große, seit der Mitte des 4. Jahrhunderts v. Chr. neu hinzutretende Gruppe von Personen, die kein politisches Stimmrecht besaßen (*cives sine suffragio*), können wir zum *populus Romanus* zählen, obwohl sie jedenfalls in einem frühen Stadium ihrer Entwicklung nicht voll in den Bürgerverband integriert war (s. u. S. 190 ff.).

Das römische Bürgergebiet umfaßte in der frühen Republik lediglich die Stadt Rom und deren nähere Umgebung; es betrug bis zum Ende des 5. Jahrhunderts v. Chr. nicht mehr als 800 qkm. Mit der Zerstörung und Einverleibung des nordöstlich von Rom gelegenen etruskischen Veji wuchs das römische Territorium erstmals beträchtlich (auf ca. 1500 qkm). Durch die Einverleibung fast ganz Latiums nach dem Latinerkrieg (340—338 v. Chr.) vergrößerte es sich erneut stark (6100 qkm) und hat dann in den Kriegen Roms gegen die Samniten (343—272 v. Chr.) einen Umfang erreicht, den es im ganzen bis auf die Zeit der Eingliederung aller italischen Bundesgenossen in den römischen Bürgerverband (91—88 v. Chr.) behalten hat. Das Siedlungsgebiet der Bürger umfaßte vor dem Bundesgenossenkrieg außer Latium vor allem Kampanien, das südliche Etrurien und einen breiten Streifen Landes, der sich von Latium nördlich quer durch die Halbinsel bis zur Küste des Adriatischen Meeres hinzog (das Land der Sabiner, Prätuttier, Äquikuler und Pikenter). Da uns in den Censusregistern die Zahlen der wehrfähigen römischen Bürger überliefert worden sind, haben wir einigermaßen sichere Anhaltspunkte über den Umfang und das Wachsen des Bürgerverbandes. Im Jahre 218 v. Chr., also vor Ausbruch des 2. Punischen Krieges, betrug die Zahl der männlichen, erwachsenen römischen Bürger ca. 300000—350000, im Jahre 124 v. Chr., also nach den Ansiedlungen des Ti. Gracchus, ca. 400000; die römische Gesamtbevölkerung (einschließlich Frauen und Kinder) läßt sich für diese Zeit danach auf ca. 1000000—1200000 Personen schätzen.Die italische Halbinsel, zu der in republikanischer Zeit die oberitalienische Tiefebene nicht gerechnet wurde, umfaßte neben dem römischen Bürgergebiet das Gebiet der Völker und Städte, die bis zur Mitte des 3. Jahrhunderts v. Chr. alle nach und nach zu Rom in ein Bundesverhältnis getreten waren. Die Bevölkerungszahl dieser Bundesgenossen überstieg die römische Bevölkerung um ein Mehrfaches. Alle italischen Bundesgenossen wurden im Gefolge des sog. Bundesgenossenkrieges (91—88 v. Chr., s. u. S. 209) in den römischen Bürgerverband eingegliedert. Die Zahl der wehrfähigen Bürger wuchs dadurch auf ca. 1100000 und mithin die römische Gesamtbevölkerung auf ca. 3000000 Personen.

Bis in die späte Republik hinein waren die römischen Bürger fast ausschließlich Bauern. Der Durchschnittshof war nicht sehr groß, er betrug 10 bis höchstens 30 Morgen (25000—75000 qm = 2½—7½ ha). Für die frühe Republik geben unsere Quellen noch sehr viel geringere Maße für einen Bauernhof an, und wir haben auch aus dem 2. Jahrhundert v. Chr. Berichte über Landzuteilungen von 5 bis 8 Morgen (1¼ bzw. 2 ha) für eine Familie. Solche Höfe vermochten selbst eine kleine Familie nur zu ernähren, wenn der Bauer in ausreichendem Maße Vieh auf Gemeindeland weiden lassen konnte. In der Frühzeit und auch bei Neugründungen von Städten muß daher genügend Weideland, das von allen benutzt werden durfte (*compascua*; *ager compascuus*), vorhanden gewesen sein. Einen Sklaven konnten Höfe dieser Größenordnung in aller Regel nicht tragen; Sklavenarbeit wie auch die Benutzung der Arbeitskraft freier Landarbeiter war daher eher die Ausnahme. Da der Hof sich bis auf wenige Güter (z. B. Eisengeräte, unter Umständen auch Töpferwaren) und einige Rohstoffe (z. B. Erze) selbst genügte, war auch das Handwerk kein sehr bedeutender Zweig der Wirtschaft. In den größeren Städten und Märkten, wie in Rom, Capua, Nola u. a., hat es aber ohne Zweifel schon verhältnismäßig früh auch größere Handwerksbetriebe gegeben, und mit einer wachsenden Neigung nach einer differenzierteren Lebensweise vor allem unter den begüterten Schichten wurde das Handwerk in den Städten ein wichtiger Gewerbezweig. Trotzdem haben die Handwerker in der Republik niemals eine Gruppe gebildet, deren Interessen gegenüber den Bauern Gewicht hatten.

Die Sklaven (*servi*) standen außerhalb des Volkes im engeren Sinne; sie galten sogar juristisch nicht als Person, sondern als Sache (*res*). Sie rekrutierten sich, abgesehen von ihrer natürlichen Fortpflanzung, meist aus Kriegsgefangenen, in älterer Zeit auch aus insolventen Schuldnern, die infolge des harten Vollstreckungsrechts zu Schuldsklaven wurden. Später nahm auch der Sklavenhandel an Bedeutung zu; die Händler, vielfach Seeräuber, beschafften sich die Sklaven oft durch förmliche Menschenjagden, die sie nicht nur in fernen und wenig entwickelten, sondern auch in urbanisierten Gegenden veranstalteten, oder durch Überfälle auf Schiffe. Es entwickelten sich sogar besondere Märkte für den Weiterverkauf der Sklaven, an denen bisweilen an einem Tage Tausende verkauft wurden (Delos, seit der Mitte des 2. Jahrh. v. Chr.). Die Zahl der Sklaven war anfangs gering. Die Bedeutung der Sklaverei wuchs erst in der Zeit der Weltherrschaft, als die römischen Großgrundbesitzer ihre Güter (*latifundia*) vielfach von Sklaven bewirtschaften ließen und eine raffiniertere Kultur in den Häusern der Reichen eine große Zahl mannigfach begabter bzw. ausgebildeter Sklaven verlangte (seit dem 2. Jahrhundert v. Chr.). Eine nicht geringe Anzahl handwerklicher und technischer Berufe (z. B. Töpfer, Köche, Lehrer, Ärzte) war seitdem zu einem guten Teil in der Hand von Sklaven, doch überstieg die Zahl der Arbeitssklaven auf dem Felde die aller übrigen Sklaven. Die absolute Zahl der Sklaven ist schwer zu schätzen. Am Anfang der Kaiserzeit (30 v. Chr.) hat es bei einer Gesamtbevölkerung von etwa 7½ Millionen Bewohnern Italiens (einschließlich Oberitalien) vielleicht 2—3 Millionen Sklaven gegeben; in der Zeit der frühen und hohen Republik war die Zahl viel niedriger.

Die Bedeutung der Sklaverei für das Wirtschaftsleben Roms (d. h. zunächst: des von Römern besiedelten Gebietes) wird oft überbetont, naturgemäß vor allem von der marxistischen Literatur, die die antike Gesellschaft als eine Sklavenhaltergesellschaft begreift und entsprechend die Zahl der Sklaven möglichst hoch und deren Funktion innerhalb der Produktivkräfte möglichst umfassend einschätzt. Da wir aus der Zeit des Aufstiegs der römischen Republik zur Weltherrschaft bis auf die Diktatur Caesars eine nicht unbedeutende Anzahl von Nachrichten über die Verwendung gewaltiger Sklavenmassen auf einem wachsenden Latifundienbesitz der römischen Oberschicht haben, wird diese Zeit, also ca. 200—50 v. Chr., von der marxistischen Geschichtswissenschaft besonders intensiv bearbeitet und als repräsentativ für die Idee der antiken Sklavenhaltergesellschaft hingestellt. Einmal ganz abgesehen von der Kaiserzeit, in der die Verhältnisse auf dem Agrarsektor sehr viel anders lagen, und auch abgesehen von der Zeit vor dem Hannibalischen Krieg (also vor 218 v. Chr.), für die wir noch die kleinbäuerliche Wirtschaft als charakteristische Wirtschaftsform voraussetzen dürfen, ruhte aber auch im 2. und 1. Jahrhundert v. Chr. die Wirtschaft Italiens durchaus nicht völlig auf der Arbeitskraft des Sklaven. Zwar wuchsen die Großgüter mindestens bis zur Zeit der Gracchen (133 v. Chr.) beinahe ungehemmt und lebten Hunderttausende von Arbeitssklaven unter den elendesten Bedingungen, aber die Wirtschaft als Ganze wurde doch — mit Ausnahme der Stadt Rom und vielleicht mancher anderer größerer Städte — auf weiten Strecken noch durch den kleinen, sich selbst versorgenden Bauernhof bestimmt. Durch die Ansiedlungen der Gracchen und die seit dem Jahre 100 v. Chr. einsetzenden Veteranenversorgungen, für die man vielfach auch die enteigneten Güter reicher politischer Gegner (Ritter oder Senatoren) benutzte, wurde ferner die Bildung neuer oder die Arrondierung bereits bestehender Großgüter jedenfalls bis zu einem gewissen Grade in ihrer gesamtwirtschaftlichen Wirkung wieder aufgehoben. Erst als die Versorgung der Veteranen auf außeritalischem Gebiet durchgeführt wurde (also in der Kaiserzeit), konnten sich die Großgüter in Italien auf Kosten der kleinen Höfe zu einer beherrschenden Wirtschaftsform ausbilden; aber in dieser Zeit war der Sklave nicht mehr die für das Großgut allein charakteristische Arbeitskraft, sondern trat neben ihn der freie Pächter. Schließlich ist zu beachten, daß die Vorstellung von dem römischen Sklavenhalterstaat auch stets von den italischen (unter Einschluß Siziliens) Verhältnissen ausgeht, über die wir einiges wissen. Da die römischen Herren ihre Beute in Italien zusammentrugen, die Senatoren gar gezwungen waren, ihr Geld nur in Land anzulegen (s. u. S. 51), ist es auch verständlich, daß diese Vermögensakkumulation in Italien sowohl die Latifundienwirtschaft als auch die für sie typische Benutzung von Sklaven als Arbeitskraft, die Kapital erforderte, begünstigt hat. Die Masse der Mittelmeerländer, für die wir entsprechende Nachrichten jedenfalls nicht in dem Ausmaße wie für Italien besitzen, geriet in der gleichen Zeit, soweit sie auf einer differenzierteren Wirtschaftsform ruhte, unter dem Druck Roms in große Not; die dort schon bestehenden Großgüter sind im allgemeinen eher vom wirtschaftlichen Zusammenbruch bedroht gewesen, als daß sie sich durch Investitionen hätten vergrößern können. Lediglich dort, wo die Wirtschaft (direkt oder indirekt) bereits in die Hände von Römern gekommen war, können wir ähnliche Voraussetzungen machen wie für Italien. Man darf, will man die gesamtwirtschaftliche Situation der Zeit charakterisieren, die gewaltigen Ländermassen der Provinzen und der indirekt von Rom beherrschten (formal noch unabhängigen) Staaten, die durch das italozentrische Bild unserer Quellen in den Hintergrund treten, nicht aus dem Auge verlieren.

Durch die Freilassung (*manumissio*) wurde ein Sklave römischer Bürger, doch war der Freigelassene (*libertus*) nicht nur wenig angesehen, sondern auch rechtlich zurückgesetzt. Erst der freigeborene Nachkomme eines Freigelassenen (*ingenuus*) war ein voll anerkannter Bürger, aber auch ihm haftete in den zwischenmenschlichen Beziehungen noch die Herkunft aus dem Sklavenstand als einen Makel an. Wenn die Römer den freigelassenen Sklaven unter die Bürger — anstatt, wie die Griechen, unter die in der Stadt ansässigen Fremden — aufnahmen, lag das gewiß nicht an einer den Römern gegenüber den Sklaven angeborenen Großzügigkeit, sondern ist eine Konsequenz der römischen

Familienstruktur: Der Sklave rückte mit seiner Freilassung in den Kreis der (ursprünglich politisch rechtlosen und privatrechtlich dem patrizischen Familienvater und dessen leiblichen Kindern ungleichen) Clienten auf; bei der wenig differenzierten, ganz auf den gentilizischen Personalverband abgestellten Gesellschaft der Frühzeit gab es für ihn keinen anderen sozialen Ort. Von dem Aufstieg der Clienten (Plebejer) zu rechtlich gleichen und politisch berechtigten Bürgern während der Ständekämpfe profitierte dann auch der Freigelassene, obwohl der innenpolitische Kampf nicht für ihn ausgefochten worden war. — Die Zahl der Freilassungen nahm zugleich mit dem Anstieg der Zahl der Sklaven seit dem 3. Jahrhundert v. Chr. zu, doch ist die absolute Zahl der Freigelassenen für keine Periode der republikanischen Geschichte auch nur einigermaßen sicher abzuschätzen.

Die Römer (*populus Romanus* bzw. *Romani*; das Staatsvolk wurde nach antikem Brauch meist mit dem Ethnikon bezeichnet), zu dem nach dem oben Gesagten die Freigelassenen, aber nicht auch die Sklaven zählten, waren persönlich frei, jedoch vor den Ständekämpfen gegenüber der herausgehobenen Schicht der Vornehmen, den Patriziern, privatrechtlich zurückgesetzt und faktisch ohne politische Rechte; auch nach den Ständekämpfen blieb ein Teil der Römer, nämlich die *cives sine suf ragio* (zu ihnen vgl. u. S. 190 ff.) ohne politisches Stimmrecht, doch hat diese Gruppe bis zum 1. Jahrhundert v. Chr. wahrscheinlich ohne Ausnahme die vollen bürgerlichen Rechte erhalten.

Man ist geneigt, die privatrechtliche und politische (öffentlichrechtliche) Stellung des Römers, besonders die daraus fließenden Rechte als bürgerliche Rechte zu bezeichnen und folglich von den römischen Bürgern (*cives Romani*) und dem römischen Bürgerrecht (*civitas Romana*) zu sprechen. Für die hohe und späte Republik und für die Kaiserzeit ist das durchaus berechtigt, denn auch die Römer benutzten in diesen Perioden jene Begriffe. Es ist hingegen nicht richtig, die Begriffe wie selbstverständlich auch der frühen Republik zu unterstellen, denn sie setzen die Abstraktion des in dem Begriff des Bürgerrechts gegebenen Inhalts voraus, die am Anfang nicht vorhanden war. Die privaten und politischen Rechte, von denen in der Frühzeit die Masse der römischen Bevölkerung weitgehend ausgeschlossen war, konnten zunächst schon deswegen nicht als Bürgerrecht verstanden werden, weil die herrschende Schicht, die diese Rechte besaß, sie nicht als abstrakte, von den im römischen Staatsverband zusammengeschlossenen Personen lösbare Rechte begreifen konnte; sie waren jedenfalls im Prinzip weder an Personen innerhalb des eigenen Staatswesens, also an Nicht-Patrizier, noch an Auswärtige übertragbar: Sowohl die mangelnde soziale und politische Mobilität als auch die zunächst noch fehlende Fähigkeit, die einzelnen Rechte abstrakt (ohne Verbindung zu bestimmten Personen) zu fassen und in einer Summe als Bürgerrecht zusammenzufassen (wobei dann ja das, was die persönliche und politische Stellung eines Menschen ausmacht, zu benennen wäre), verhinderte die Vorstellung eines „Bürgerrechts". Das war erst möglich, nachdem der innenpolitische Streit das Wesen des bürgerlichen Daseins bewußt gemacht hatte. Erst der Ständekampf, der das politische Bewußtsein des einzelnen geschärft hat, schuf die Voraussetzung für das Entstehen des abstrakten Begriffs „Bürgerrecht" (*civitas*), aber es bedurfte zu dessen Abstraktion noch der Vorstellung, daß dieses Recht von dem Personenverband, der es hatte bzw. (während des Ständekampfes) es sich erworben hatte, losgelöst und an außerhalb dieses Verbandes stehende Personen oder Gruppen von Personen übertragen werden konnte. Als nach dem Ständekampf bzw. in dessen Endphase zum ersten Male zahlreiche Personen, nämlich die revoltierenden latinischen Verbündeten, in den römischen Staatsverband gezwungen wurden (338 v. Chr.), hätte dies der Anlaß sein können, die persönlichen und politischen Rechte als einen übertragbaren Rechtstitel zu verstehen. Aber diese Inkorporation, die ja gewaltsam und d. h. ohne Rechtsakt erfolgte, dürfte kaum die Idee eines abstrakten Bürgerrechts bewußt gemacht haben. Es ist eher möglich, daß die bereits kurz vor dem Latinerkrieg erfolgte Aufnahme der Bewohner des etruskischen Caere in den römischen Bürgerverband die Vorstellung von einem „Bürgerrecht" erzeugt hat. Die Caeriten wurden nämlich in den römischen Staat unter teilweiser Aufrechterhaltung ihrer Selbständigkeit und unter ausdrücklicher V e r w e i g e r u n g der politischen Rechte (*civitas sine suffragio*) aufgenommen (zur

Interpretation s. u. S. 190 ff.). Es ist möglich, daß gerade die Verweigerung der politischen Rechte an diejenigen, die nur in einer lockeren Form mit Rom verbunden wurden, den Begriff des abstrakten Bürgerrechts hervorgebracht und sich dann erst sekundär — durch positive Wendung des ursprünglich negativ gesetzten Inhalts — aus diesem politischen Status ohne aktives politisches Stimmrecht die Vorstellung vom (positiv verstandenen) Bürgerrecht herausgebildet hat[1].

Die Teilnahme des römischen Bürgers am öffentlichen Leben ist gekennzeichnet durch den Besuch der Volksversammlungen, der in und nach den Ständekämpfen und dann wieder in einigen besonders mit Spannung geladenen Jahren der späten Republik sehr rege war, und durch den Dienst im Heer. Das Verhältnis des Bürgers zur staatlichen Ordnung aber wurde nicht nur durch diese direkten Verbindungen zum öffentlichen Leben, sondern vor allem auch durch ein soziales Band bestimmt, das den einzelnen Bürger in einer indirekten Form, nämlich über die aristokratische Gesellschaft, mit dem öffentlichen Leben verband. Von der Teilnahme des Bürgers an den Volksversammlungen und vom Heeresdienst, also von den direkten Verbindungen des Bürgers mit dem Staat, soll dort gehandelt werden, wo das staatliche Leben beschrieben wird. Hier soll zunächst lediglich das Volk als sozialer Körper vorgestellt werden, und als solcher war es durch ein besonderes, den Römern eigentümliches soziales Institut, nämlich die Clientel, gekennzeichnet. Die Clientel ist durch die gesamte Geschichte der Republik und auch noch der frühen Kaiserzeit eine der wesentlichsten Voraussetzungen, unter denen die staatliche Ordnung stand.

Die Clientel ist zunächst dadurch bestimmt, daß eine Person mit Sozialprestige Personen geringeren Prestiges unter ihren Schutz nahm. Daß es bei diesem Verhältnis Personen höheren und geringeren Sozialprestiges gab, sei zunächst vorausgesetzt; die Ur-

---

[1] Diese Überlegungen gelten ganz unabhängig davon, ob in der Frühzeit das Wort „*civis*" für den Römer verwendet wurde. Es meinte zunächst eben nicht „Inhaber von Rechten", sondern lediglich „Angehöriger des in der römischen *res publica* zusammengeschlossenen Personenverbandes (also: Gemeindegenosse)".

sache und Entwicklung der Clientel wird unten nachgeholt werden. Die Personen, die sich unter den Schutz anderer begaben, waren einmal freie Bauern, die in der Umgebung des sozial höher Stehenden lebten, ferner Handwerker, auch ganze Dörfer und Städte, die zu irgendeinem Zeitpunkt in den römischen Bürgerverband aufgenommen worden waren, und sogar auswärtige Städte und Fürsten. Die Personen, die sich in den Schutz anderer begaben, hießen Clienten (*clientes*, von einem arch. Verb *cluere*, etwa gehorchen, oder von *clinare*, anlehnen, Schutz suchen, nicht von *colere*, wie die römischen Grammatiker meinten), die Schützenden Patrone (*patroni*). Das Verhältnis hieß danach *clientela* oder *patronatus*, je nachdem ob man es vom Clienten oder vom Patron her betrachtete.

Die Clientel war ein personales, d. h. auf persönlicher Kommunikation zwischen Patron und Clienten ruhendes Verhältnis. In ihm basierte die Stellung des sozial Stärkeren, des Patrons, nicht allein und nicht einmal in erster Linie auf wirtschaftlicher Macht. Die Clientel setzte zwar die wirtschaftlich starke Stellung des Patrons voraus, aber daraus resultierte nicht automatisch eine wirtschaftliche Abhängigkeit. Mit dieser Voraussetzung entfällt ein Vergleich mit vielen anderen Abhängigkeitsverhältnissen, die wir kennen, und wird zugleich damit deutlich, daß die Beziehungen zwischen Patron und Clienten nicht gut durchorganisiert und überschaubar waren, wie es bei wirtschaftlicher Abhängigkeit notwendig sein muß. Trotzdem waren sie nicht völlig abstrakt oder ganz unbestimmt.

Die Pflichten zwischen Patron und Clienten sind nirgends aufgezeichnet; sie lassen sich auch gar nicht in einem konkreten Pflichtenkatalog zusammenstellen. Die geforderte soziale Verhaltensweise war sehr allgemein gefaßt; sie erhielt ihre Realisierung erst aus dem bestimmten Fall, und die durch ihn nach dem allgemeinen Bewußtsein verlangten Tätigkeiten konnten entsprechend der Vielfalt der Fälle sehr verschieden sein. Als eine allgemeine Regel läßt sich festhalten, daß der Patron dafür einzustehen hatte, daß der Client als soziales Wesen nicht unterging, er also seinen Lebensunterhalt hatte und gegen Ungerechtigkeit und Bedrohungen seiner Existenz gesichert war. Die Fürsorge des Patrons konnte sich sehr verschieden äußern. Er unterstützte den Clienten unter Umständen bei Prozessen; in der Regel vertrat er ihn dabei vor Gericht, machte also die Sache des Clienten zu der seinen. Er sorgte gegebenenfalls auch für seinen Unterhalt, sorgte, wenn er mittellos war, für dessen Teilnahme an einer Landzuweisung und förderte gelegentlich auch die Karriere eines Clienten, den es nach Höherem drängte. Da die Clientelen bald so groß wurden, daß der Patron sich kaum noch um den einzelnen kümmern konnte, betraf seine fürsorgliche Tätigkeit mehr und mehr ganze Dörfer und Städte, indem er etwa in solchen Gemeinden öffentliche Gebäude (Theater, Hallen usw.) errichtete und unter Umständen bei Streitigkeiten einer solchen Gemeinde mit den Behörden deren Standpunkt gegenüber den Magistraten oder im Senat vertrat. — Auch der Client hatte in diesem gegenseitigen Verhältnis dafür zu sorgen, daß der Patron, und d. h. auch: seine soziale Stellung, nicht unterging. Da der Patron jedoch der wirtschaftlich Stärkere war, kam diese Verpflichtung nur in Sonderfällen zum Tragen; z. B. hatten die Clienten den Patron, der in Kriegsgefangenschaft geraten war, auszulösen und ihn bei einem akuten Zusammenbruch seiner wirtschaftlichen Existenzgrundlage zu unterstützen. Die wichtigste Leistung war aber die Unterstützung des Patrons auf politischem Gebiet: Die Clienten setzten ihr politisches Stimmrecht für den Patron ein; so wählten sie ihn z. B. bei den Wahlen zu den Magistraturen und stimmten für seine Anträge vor der Volksversammlung. Die Clientel absorbierte also den politischen Willen des Clienten: Der politische Wille des Clienten war durch die aus der Clientel resultierenden sozialen Mechanismen bedingt.

Die Beziehungen zwischen Patron und Client gehören in den Bereich des sozialen Lebens; sie sind nicht durch das Recht geordnet und genormt. Die Mißachtung der aus dieser sozialen Bindung sich ergebenden Pflichten hatte daher auch keine juristisch meßbaren Konsequenzen, sondern rief soziale Verhaltensweisen hervor, die entsprechend der verschiedenen Dichte des Verhältnisses unter Umständen für denselben Tatbestand durchaus verschieden sein konnten. Die Folgen einer Pflichtverletzung waren jedoch gegebenenfalls nicht weniger schwerwiegend als die einem Delikttatbestand zugeordnete Strafe. Die allgemeine gesellschaftliche Ächtung (Infamie) eines Pflichtvergessenen konnte dessen wirtschaftliche und persönliche Existenz gänzlich vernichten. Der römische Begriff für dieses, nicht auf strengem Recht (*strictum ius*) ruhende Verhältnis ist die *fides*; sie ist sozusagen die begriffliche Konkretisierung der Verhaltensweise zwischen Patron und Client: Eine Person, die *cum fide* handelte, setzte sich nach der Vorstellung des Römers mit allem ein, was sie war, und zwar nicht in erster Linie mit dem, was sie materiell, sondern was sie als Persönlichkeit darstellte. In dem Begriff *res et fides* können wir die Trennung der materiellen von der nicht materialisierbaren Seite einer Person noch deutlich erkennen: Wenn jemand *in fide alicuius* stand, so hieß das, daß er unter dem Schutze einer Person stand, die ihre ganze moralische Autorität für ihn in die Waagschale warf. Wer die *fides* verletzte, schadete sich demnach selbst; er zerstörte seine moralische Persönlichkeit vor den Menschen, unter denen er lebte und für die er etwas gelten wollte. *Fides* ist im ursprünglichen Sinn des Wortes danach keine Eigenschaft, wie *pietas*, *virtus* und andere Begriffe (das wurde sie erst in späterer Wortbedeutung), sondern eine sittliche Verhaltensweise und sittlich hier auch nicht in dem Sinne einer konkreten moralischen Anschauung, sondern im Sinne der Zuverlässigkeit des Handelnden[2]. Die Reaktion der Gesellschaft auf denjenigen, der die *fides* verletzte, war die Konsequenz der Vorstellung von der Verbindlichkeit sozialer Normen. Sie ist, soweit wir sehen, nur ein einziges Mal durch Rechtssatzung gebunden

[2] Das Wort *fides* bereitet große Übersetzungsschwierigkeiten. Ein Pendant zu ihr besitzt die griechische Sprache nicht: ἀξίωμα meint etwas anderes; *fides* ist hier am ehesten mit unseren Worten „Zutrauen", „Treue" zu übersetzen. Da auch das Abendland den Begriff nicht, wie etwa *auctoritas*, in seinen Sprachschatz aufgenommen bzw. ihn (im lateinischen Schrifttum) in einer ganz bestimmten späten Form (als „Glaube"; nicht erst die Christen haben *fides* in dieser Form gebraucht, doch wurde durch sie die Wortbedeutung für die Späteren darauf verengt) verwendet hat, fällt es uns doppelt schwer, in einer Übersetzung die jeweils treffende Wortbedeutung wiederzugeben. Vgl. zur Wortbedeutung und Wortgeschichte E. Fraenkel, Thesaurus linguae Latinae s. v. und R. Heinze, Fides, Hermes 64, 1929, 140 ff. (= ders., Vom Geist des Römertums, 59 ff.).

und normiert worden, und dies charakteristischerweise in den Ständekämpfen, als der Kampf der Plebejer um rechtliche und politische Anerkennung die überkommenen sozialen Bindungen in Frage stellte. Es scheint, daß die Clienten als der schwächere Partner des Verhältnisses damals einer Garantie gegen den Patron, der seine stärkere Stellung zu Repressalien benutzen konnte, bedurften und sie in einer Periode des Ausgleichs auch durchsetzten: Die Zwölf Tafeln bedrohten den pflichtvergessenen Patron mit der — entsprechend den archaischen Verhältnissen der Zwölf-Tafel-Zeit (Mitte des 5. Jahrhunderts v. Chr.) religiös gefaßten — Ächtung (Taf. VIII 21: *patronus si clienti fraudem* [= Schaden] *fecerit, sacer esto*). Nach dem Ende des Sozialkampfes war diese scharfe Sanktion jedoch bald wieder vergessen.
Das Verhältnis von Patron und Client ist somit ein wichtiger Faktor in dem sozialen Leben des republikanischen Rom. Die äußeren Formen, in denen es ablief, wurden auch bis zu einem gewissen Grade institutionalisiert. So konnte ein Clientelverhältnis durch Vertrag begründet werden; wir besitzen solche Clientelverträge aus dem 1. vorchristlichen Jahrhundert (Dessau ILS 6093 ff.). Es war ferner Sitte, daß die am Orte wohnenden Clienten morgens zur Begrüßung des Patrons erschienen (*salutatio*), daß sie den Patron begleiteten, insbesondere bei politischen Anlässen gemeinsam mit ihm auftraten. Bei Abstimmungen in den Volksversammlungen stimmten die Clienten selbstverständlich für ihre Patrone, die ihre Ansichten vor der Abstimmung kundgetan hatten. Als die Römer in der zweiten Hälfte des 2. Jahrhunderts v. Chr. die geheime Abstimmung (durch Stimmtäfelchen = *tabella*, daher die die geheime Abstimmung einführenden Gesetze: *leges tabellariae*; das erste Gesetz war die *lex Gabinia* über die Einführung der Stimmtäfelchen bei den Wahlen, bis zum Jahre 107 v. Chr. war dann für alle Entscheidungen der Volksversammlungen die geheime Abstimmung durchgesetzt worden) einführten, bedeutete dies einen Angriff auf die Institution der Clientel und damit auf die überkommene soziale Ordnung.
Trotz allem hielten sich die Formalisierungen des Verhältnisses in Grenzen. Es war auch nur der äußerliche Rahmen, der einer Institutionalisierung zugänglich war, und auch er lediglich in sehr

unvollkommenem Maße: Die Zugehörigkeit der Bürger zu den einzelnen Clientelen blieb bis auf Ausnahmen (s. u.) formell unbestimmt, und diese Unbestimmtheit ist nicht etwa einem mangelnden Sinn der Römer für Formen oder gar unserer Quellenlage zuzuschreiben, sondern sie ist ein Konstitutivum der römischen Clientel. Die Unbestimmtheit auch der inneren Bindungen des Patrons und der Clienten, also der Pflichten zwischen den Partnern der Clientel, hängt mit dem mangelnden äußeren Rahmen zusammen. Man kommt dem Grund für dieses Phänomen am besten durch eine Besinnung darauf auf die Spur, wie ein Clientelverhältnis entstand und sich die Clientel im Laufe der Zeit entwickelte.

Der Ursprung der Clientel liegt im dunkeln und läßt sich nur vage rekonstruieren. Ob die ältesten Clienten dadurch entstanden, daß freie Bauern sozial absanken oder dadurch, daß andere besonderen Reichtum erwarben, ist angesichts der Quellenlage auch ziemlich müßig, sich zu überlegen. Handwerker, die nach Latium einwanderten, oder die Freilassung von Sklaven haben für die Bildung von Clientelen in älterer Zeit sicher nur eine geringe Rolle gespielt. Schon im römisch-etruskischen Königsstaat jedenfalls sind die Römer soweit sozial differenziert, daß es eine herausgehobene Schicht von Personen gab, die man Patrizier nannte (*patricii*, von *pater*, also die zu den *patres* gehörigen Personen). Dieser Personenkreis zeichnete sich dadurch aus, daß nur er vollgültige Rechtsgeschäfte abschließen konnte, die Clienten hingegen in ihrer rechtlichen Handlungsfähigkeit von ihm abhängig waren. Diese Entwicklung scheint gemeinitalisch gewesen zu sein und mag darum bereits auf die Wanderungszeit zurückgehen. Die mangelnde Rechtsfähigkeit der Clienten dieser frühen Zeit zeigt, daß die Clientel damals auch formell Abhängigkeit bedeutete: Kein Client konnte ohne den Beistand des Patrons Rechtsgeschäfte abschließen, und er konnte folglich etwa auch keine Ehe mit einer Patrizierin eingehen (kein *commercium* und *conubium* mit den Patriziern); seine Stellung war im Rechtssinne prekaristisch. Die rechtliche Minderstellung war aber nur der Reflex einer tatsächlichen sozialen Abhängigkeit, die entweder aus der wirtschaftlichen Situation des Clienten herrührte oder aus dessen Herkunft aus dem Sklavenstand, die ihn nach der Freilassung noch lange an denjenigen band, der ihn juristisch erst zur Person gemacht hatte. Aus den möglichen Entstehungsursachen der Clientel — wirtschaftliche Abhängigkeit bzw. Freilassung — erkennt man auch, daß eine der konstitutiven Bedingungen dieser frühen Clientel die personale Bindung zwischen Patron und Client war, die bei den engen, überschaubaren Verhältnissen des frühen Rom auch ganz selbstverständlich gegeben war.

Ein Wandel in der inneren Struktur der Clientel trat jedoch bereits im 5. Jahrhundert v. Chr. und damit in der Zeit ein, für die wir die innere und äußere Entwicklung zum ersten Mal etwas konkreter fassen können. Er ist durch zwei Faktoren bedingt. Der eine betrifft die Erweiterung des im römischen Staat organisierten Verbandes von Personen durch die Massen unterworfener Städte bzw. Völker. Dem Teil der besiegten Gegner, den die Römer inkorporierten, wurde gleichzeitig mit dem Akt der Eingliederung das römische „Bürgerrecht" aufgezwungen. Da in ältester Zeit nur die Patrizier Rechte hatten, bedeutete „Bürger" aber nur soviel wie Client (s. o. S. 18 f.) und war somit die Hineinnahme der Besiegten in den römischen „Bürgerverband" gleichbedeutend mit einer Aufteilung der „Neubürger" auf die Clientelen einzelner patrizischer Geschlechter. Da die Zahl der patrizischen Geschlechter nicht in Relation zu der Vergrößerung des Personenverbandes wuchs — einzelne fremde Geschlechter mag man in die Schicht der Patrizier aufgenommen haben, die vor den Ständekämpfen ja durchaus nicht exklusiv war, jedoch waren es wohl relativ wenige —, bedeutete das Wachsen des staatlichen Personenverbandes durch Inkorporierung unterworfener Staaten eine Vermassung der Clientelen. Entsprechend diesem Tatbestand mußte sich die personale Bindung und mit ihr auch die Härte der Bindung lockern. — Für den Wandel der Clientel war der seit dem Beginn des 5. Jahrhunderts einsetzende Ständekampf nicht weniger wichtig. Die noch freien (d. h. nicht clientelisierten) Bauern und die Massen der Clienten, die als die Plebejer zusammengefaßt wurden, ertrotzten sich in ihm die privatrechtliche Gleichstellung mit den Patriziern und einige wichtige Entscheidungsbefugnisse im öffentlichen Bereich (Wahl der Magistrate; Gericht über politische Straftaten; Entscheidung über Krieg und Gesetze); am Ende des Kampfes erlangte die Plebs sogar das passive Wahlrecht und stellten sich diejenigen plebejischen Familien, deren Mitglieder die höchsten Ämter bekleidet hatten, neben die alten patrizischen Geschlechter, um schließlich mit ihnen die neue Adelsschicht, die Nobilität, zu bilden. Der Kampf scheint zeitweilig sogar das Verhältnis Patron-Client grundsätzlich in Frage gestellt zu haben; bisweilen haben offenbar die Clienten auch gegen ihre Patrone gestimmt, jedenfalls weiß die spätere Historiographie davon zu berichten (Liv. 5, 32, 8 zum Jahre 391 v. Chr.; vgl. Liv. 2, 56, 3). Aber mit der privatrechtlichen Gleichstellung, mit der neu gewonnenen öffentlichrechtlichen Entscheidungsbefugnis in den neu etablierten Volksversammlungen (s. u. S. 98) und mit der Aufnahme einiger einflußreicher plebejischer Familien in den Kreis der regierenden Geschlechter, d. h. mit der allgemeinen Aufhebung der rechtlichen Deklassierung der Nicht-Patrizier war die politische Energie der Massen erschöpft. Daß man weiterhin grundsätzlich bereit war, sich an dem Willen vornehmer einzelner zu orientieren, zeigt schon der Tatbestand, daß die Plebejer sich in ihrem Kampf gegen die Patrizier auch untereinander in Clientelen organisierten: Die Führer der Plebejer wurden Patrone und stellten sich im Zuge der Bildung der neuen Adelsschicht neben die patrizischen Patrone. Unseres Wissens war dieser Vorgang von keinerlei Widerstand begleitet und also das Institut der Clientel selbst während des Ständekampfes nicht Angriffspunkt der Plebejer gewesen.

Der Charakter der Clientel veränderte sich jedoch erheblich durch die Vermassung der Clientelen, die dann besonders in den Samnitenkriegen, also in der Endphase des Ständekampfes und unmittelbar nach dessen Liquidierung weiterschritt, und durch die Aufhebung der rechtlichen Sonderstellung der Patrizier. Denn da das Recht sich jetzt auf alle bezog, die Patrizier nicht mehr die Instanz waren, entbehrte die Stellung des Patrons mit der privatrechtlichen Gleichstellung der Clienten ihrer juristischen Herrschaftsgrundlage. Durch die Vermassung der Clientel wurde ferner das personale Element wenn nicht zerstört, so doch stark geschwächt, weil die aus dem personalen Nahverhältnis zu dem sozial Stärkeren resultierende Verbindlichkeit und Unausweichlichkeit der Pflichten für den Clienten mit der Entfernung an Gewicht verloren: Der Patron selbst kannte seine Clienten nur noch im Einzelfall und erfaßte sie meist nur durch „Unterpatrone“, also durch Gewährsleute, die in den weiter abgelegenen Gebieten in herausgehobener Stellung saßen. Das Verhältnis war daher immer weniger von Faktoren (wie z. B. wirtschaftliche Abhängigkeit) bestimmt, die automatisch eine Unterordnung des Clienten unter den Patron zur Folge hatten. Wer zu einer Clientel gehörte, war bei der Schwächung des personalen Elements auch nicht mehr allein von dem Willen des Patrons getragen: Zunehmend wurde der Wille und Wunsch der Clienten, sich diesem oder jenem Patron zugehörig zu fühlen, für den Bestand einer Clientel wichtig. Damit kam ein politisches Element in die Clientel hinein: Der Patron mußte um die Clienten werben, mußte sich um sie bemühen. Zwar bedeutet hier „Politik“ nicht, daß die Clienten nun zunehmend auch politische Sachentscheide trafen; sie entschieden sich nach wie vor für Personen und nur indirekt, über sie, auch für bestimmte Sachprogramme, und selbst bei dieser indirekten Form der Sachentscheidung war die Wahl des Patrons nur in Ausnahmefällen von einer von ihm propagierten politischen Sache, vielmehr in der Regel von Faktoren bestimmt, die auf das allgemeine Ansehen der einzelnen Person oder Familie oder auch auf bestimmte, außerhalb der großen Politik liegende Handlungsweisen zielten, die das besondere Interesse des einzelnen Bürgers berührten. So konnte derjenige vornehme Mann, der sich für die Gründung einer römischen Kolonie eingesetzt oder auch nur die Leitung derjenigen Maßnahmen übernommen hatte, durch die eine von anderen durchgesetzte Koloniegründung dann praktisch durchgeführt wurde, als Patron der Kolonisten gelten; da die Kolonisten mit dem Akt der Stadtgründung aus ihren bisherigen sozialen Bindungen herausgerissen wurden, ist der Wechsel des Patronats ja auch sehr leicht, und er versteht sich schon daraus, daß der die Stadt gründende Patron und dessen Nachkommen auch in Zukunft diejenigen sein würden, die der neuen Stadt am ehesten — etwa bei Verhandlungen im Senat — Hilfestellung leisteten und ihre Freigebigkeit etwa durch die Errichtung gemeinnütziger Gebäude bewiesen. Auch der Feldzug unter einem Beamten, der sich in ihm bewährte, Ruhm erwarb oder sich für das Leben der Soldaten besonders eingesetzt hatte, konnte manchen bestimmen, in Zukunft diesen Mann als Patron anzusehen. Jedenfalls war der Wechsel grundsätzlich möglich.

Man ist gewohnt, diese lockere Form der Clientel als „politische" Clientel von jenem älteren, auf dem personalen Nahverhältnis beruhenden Typus abzugrenzen, und obwohl die Römer diesen Unterschied nicht machten, ist es richtig, sich durch diesen abgrenzenden Begriff die Differenziertheit der Clientel deutlich zu machen. Man hat sich jedoch dabei zu vergegenwärtigen, daß die beiden Typen der Clientel nicht klar voneinander abgrenzbar sind: Die wirtschaftliche Abhängigkeit eines Clienten mag verschieden groß gewesen sein, so daß selbst bei konkreter Abhängigkeit — z. B. als Pächter — manche Bindungen an den Patron als locker bezeichnet werden können. Wir dürfen ferner bei dieser Differenzierung auch nicht in den beiden Typen zwei Entwicklungsstufen erkennen. Zwar entstand die „politische" Clientel unseres Wissens erst seit dem Ständekampf, jedenfalls liegen für die Masse der lockeren Clientelen die Entstehungsbedingungen erst in ihm; aber wir können nicht ausschließen, daß es auch in älterer Zeit bis zu einem gewissen Grade bereits jenen Typ gegeben hat (vielleicht zählten sich die „freien", d. h. nicht clientelisierten Bauern, sofern es solche im ältesten Rom gab, zu irgendeiner Clientel). Aber vor allem gab es auch noch in spätester Zeit jenen älteren Typ, der den Clienten fest an den Patron band. Es bestanden also die verschiedenen Abstufungen, intensivere und lockere Clientelen, gleichzeitig nebeneinander. Die Bauern um den Grundbesitz eines Patrons standen enger zu ihm, hatten auch noch den ursprünglichen persönlichen Kontakt und mochten materiell von ihm abhängig sein. Römische Städtchen etwa in Unteritalien erwarteten dagegen von ihrem Patron nicht die Fürsorge für den einzelnen Bürger, sondern den politischen Schutz der ganzen Gemeinde. Manche Clienten standen, selbst wenn sie ferner wohnten, durch große *beneficia* des Patrons, beispielsweise durch die Hilfe des Patrons vor Gericht, in viel engerem und verpflichtenderem Verhältnis zu ihm als andere, die seine Hilfe nicht oder nur wenig beansprucht hatten. Man kann die Clientel eines Nobilis als einen Kreis sehen, in dessen Kern, um den Patron herum, diejenigen Clienten saßen, die der Patron gut kannte und die zu ihm auch in konkreten Abhängigkeiten standen (Freigelassene; Pächter; Personen, die der Patron vor Gericht vertreten hatte). Zur Peripherie hin saßen diejenigen, mit denen der Patron nur selten direkten Kontakt hatte, die etwa als geschlossene Gemeinde sich in seine Clientel begeben hatten, und an der Peripherie selbst verloren sich dann die Beziehungen im Unverbindlichen, war unter Umständen auch der Wechsel in die Clientel eines anderen möglich. Am schärfsten waren naturgemäß diejenigen dem Patron verpflichtet, die ihm ihre ganze Existenz verdankten, und das waren vor allem die Freigelassenen, die durch den Patron erst juristisch zu einer Person geworden waren und in ihm ihren juristischen Vater verehrten. Die Pflichten des Freigelassenen gegenüber dem Patron waren darum auch später noch besonders groß und wurden streng beachtet, ja sie waren sogar zum Teil rechtlich relevant, also einklagbar: Es gab ein Patronats*recht* gegenüber dem Freigelassenen. Da der Patron zu ihm im Verhältnis des Vaters stand, hatte er z. B. ein Erb- und Vormundschaftsrecht gegenüber dem Freigelassenen, besaß ferner ein Züchtigungsrecht (*levis coercitio*) und ein Recht auf Ehrerbietung (*reverentia*). Auf Dienstleistungen (*opereae*) hatte der Patron zwar keinen Rechtsanspruch, jedoch wurden solche Leistungen bei der Freilassung üblicherweise mit dem Freizulassenden ausgehandelt. Erst der freigeborene Sohn des Freigelassenen (*ingenuus*) war von diesen strengen Bindungen frei, jedoch war es üblich, daß auch er noch seinen Clientenpflichten besonders aufmerksam nachkam. Es war selbstverständlich, daß der Freigelassene und seine Nachkommen bei politischen Entscheidungen für ihren Patron stimmten; eine gegenteilige Handlungsweise hätten die Römer geradezu als unmoralisch bezeichnet und nicht einmal der politische Gegner hätte sie anerkannt. Insofern die Abhängigkeit zu dem Patron hier am größten war, hat auch gelegentlich ein auswärtiger Fürst seine Abhängigkeit von Rom im Bilde des Freigelassenen ausgedrückt, wie etwa jener bithynische König Prusias II., der im Jahre 166 v. Chr. in der Haltung und

Kleidung eines Freigelassenen vor den Gesandten des Senats erschien: Ein häßliches, aber eindeutiges Bild (Polyb. 30,18,1 ff.). Die auch noch später vornehmlich personale, von politischen Sachentscheidungen freie Bindung der Clienten an ihre Patrone hat bewirkt, daß die in der lockeren Clientel liegenden Möglichkeiten einer großen Mobilität der Clienten nicht in großem Ausmaße genutzt wurden. Vor der gracchischen und sullanischen Zeit (zu ihr s. u.) wissen wir jedenfalls nichts über größere Veränderungen, und soweit es Bewegung innerhalb der Clientelen gab, hatten sie, auf das Ganze besehen, kein politisches Gewicht. Auch für die lockere Clientel der Spätzeit ist vielmehr das Beharrungsvermögen der einmal gebildeten Clientelen charakteristisch. Die Clientel hob sich in aller Regel auch nicht mit dem Tode ihrer Partner auf; sie vererbte sich im allgemeinen in der Familie weiter, und die meisten römischen Clientelen waren jahrhundertealt. Das Verhältnis zwischen Patron und Client erscheint so fest verankert, daß wir die Dauerhaftigkeit der Bindung einzelner Clienten oder größerer Gruppen von ihnen als eine Norm ansehen und z. B. sagen können, daß ein Ort, der nach unseren Quellen im 3. Jahrhundert v. Chr. zur Clientel der Claudier gerechnet wurde, mit einiger Sicherheit auch noch im 1. Jahrhundert dieser Clientel zuzurechnen ist. Die Gründe für die Unbeweglichkeit der Clientelverhältnisse sind nicht leicht zu erkennen. Auf jeden Fall liegen sie nicht allein in dem Verhältnis selbst, denn gerade die lockere Form der Clientel ist kein Institut, das aus sich selbst heraus soviel Kraft schaffen konnte, daß es den Stürmen der Zeit zu trotzen vermochte. Die wesentlichste Ursache für die Konstanz der Clientelen ist ohne Zweifel der Umstand, daß das eigentliche Kernstück der Clientel, die Sorge für die materielle Sicherheit der Clienten, von den Patronen weitgehend unbeachtet gelassen werden durfte, weil die römische Expansion die materiellen Bedürfnisse der Massen befriedigte. Es konnte dadurch zu keinem Interessenkonflikt zwischen Patronen und Clienten kommen, und die Patrone waren von der Pflicht ständiger materieller Leistungen frei; sie konnten die trotzdem erfolgte Leistung als *beneficium* hinstellen. Aber selbst bei dieser Prämisse erstaunt noch das Beharrungsvermögen der einmal etablierten Clientelen. Selbst wenn wir uns die innere Bewegung noch größer vorstellen, als es gemeinhin getan wird (wir wissen über sie ja sehr wenig), bleibt noch der Eindruck relativer Unbeweglichkeit, für die wir nach rationaler Begründung suchen. Bis zu einem gewissen Grade mag die soziale Ordnung Roms, die durch die materiellen Vorteile der Expansion keiner außerordentlichen ökonomischen Belastung ausgesetzt war, sich nach den großen Erfolgen der Eroberungszeit und getragen von einem kollektiven Stolz auf die Weltmachtstellung sozusagen durch ihr eigenes Schwergewicht erhalten haben. Die Anhänglichkeit der Massen an ihre Patrone muß jedenfalls eher in diesen Voraussetzungen des äußeren Rahmens der römischen Macht als in der spezifischen Natur des römischen Adels gesehen werden: Der römische Adel (Patriziat, Nobilität) war nicht in der Weise Gegenstand charismatischer Achtung, daß allein aus der Zugehörigkeit zu ihm Macht und Einfluß folgten; es gab in Rom kein unbedingtes und absolutes Charisma des Nobilis, kein „Geblüt" im mittelalterlichen Sinne, aus dem sich eine besondere Achtung oder besondere „Rechte" ergaben. Die Leistungen einzelner Geschlechter und die Beharrlichkeit, mit der sie die obersten Ämter besetzten, mögen allerdings mit der Zeit einen Respekt hervorgebracht haben, der nicht weit von Verehrung lag. Aber Charisma kann man dieses Gefühl — abgesehen von dem Fehlen jeglicher übersinnlicher Elemente in ihm — schon deswegen nicht nennen, weil das Patronat niemals ohne die fürsorgende Tätigkeit gesehen werden kann, von der der Begriff des Charismas ja gerade absieht. Außerdem würde der Begriff des Charismas nur die Anhänglichkeit zum Adel insgesamt, nicht die Konstanz der einzelnen Clientelen und also damit erklären, warum die Clienten jahrhundertelang eine bestimmte Familie und nicht eine andere respektierten. Unsere Begriffswelt versagt da etwas. Mit Max Weber, der zwischen traditioneller, charismatischer und legaler Herrschaft unterschied, könnten wir das Clientelverhältnis ein traditionelles nennen, aber damit ist nur ein Begriff für eine Sache gefunden, die sich nicht aus dem Begriff erklärt. Insofern wir die Erklärung vor allem auch in der römischen Expansion suchen müssen (s. u. S. 244 f.), ist ein lediglich aus der inneren Entwicklung des römischen Staates gewonnener Begriff zudem wenig förderlich.

Für die römische Nobilität als Ganze wie für den einzelnen Nobilis bedeutete die Bindung der Massen an sie die Voraussetzung ihrer politischen Macht: Ohne das Gefühl der sozialen Unterlegenheit, das die Bauern ihr entgegenbrachten, konnte sie nicht die „regierende" soziale Schicht sein und bleiben. Aber für sie war nicht minder wichtig, daß die Verteilung der Massen auf die einzelnen Patrone und Familien keinen allzu großen Schwankungen unterworfen war; die relativ gleichbleibende Verteilung der Clienten auf die regierenden Familien bedeutete ihr fast soviel wie die Fortdauer des Clienteldenkens selbst. Denn je größer das Beharrungsvermögen der Clientelen war, desto geringer war die Gefahr des Einbruchs neuer Leute in die Schicht der etablierten Nobilität oder des unangemessenen Machtzuwachses eines einzelnen unter den bereits etablierten Nobiles. Nichts fürchtet eine aristokratische Gesellschaft mehr als solche Einbrüche, die die Grundprinzipien jeder Aristokratie, die Exklusivität und die Gleichheit, zerstören. Abgesehen von der letzten Phase der Republik, die unten noch eingehender behandelt werden wird, waren vor allem in der Zeit des Ständekampfes, in der auch viele Clienten gegen ihre Patrone aufstanden, die bestehenden Clientelverhältnisse aufgebrochen worden; am Ende des Kampfes hatte sich mit der Bildung von Clientelen unter plebejischen Patronen das gesamte Clientelgefüge neu gegliedert. Mit der Festigung der neuen, aus Patriziern und Plebejern bestehenden Adelsschicht (Nobilität) konsolidierten sich dann auch die Clientelen wieder. Danach sind lediglich zwischen den beiden großen Kriegen gegen Karthago die tradierten Clientelen bis zu einem gewissen Grade ins Fließen gekommen: Ganz offensichtlich mit Unterstützung breiter Bürgermassen drang nämlich unter Führung des C. Flaminius eine Gruppe „neuer Leute" in das höchste Amt und damit in den Kreis der Nobiles ein. Ein größerer Einbruch aber wurde durch den beginnenden Krieg gegen Hannibal verhindert, in dem diese Gruppe das falsche strategische Konzept, nämlich die offensive Kriegführung, vertrat und nach den schrecklichen militärischen Niederlagen den bewährten Aristokraten, die in die Defensive gingen, das Feld räumen mußte. Bis zu den Gracchen haben sich danach keine breiteren Massen für Personen eingesetzt, die der Nobilität nicht schon angehörten, und blieb auch die Bevorzugung einzelner Nobiles, wie z. B. des älteren und jüngeren Scipio, durchaus auf die Hochschätzung der militärischen Fähigkeiten beschränkt.

Eine stärkere Verschiebung der bestehenden Clientelverhältnisse konnte bei dieser Sachlage nur durch eine plötzliche große Erweiterung des römischen Bürgerverbandes kommen, die eventuell „neue Leute" als Exponenten der Neubürger in die Nobilität geschoben oder Personen, die der Nobilität bereits angehörten, unverhältnismäßigen Zuwachs an Einfluß gebracht hätte. Solche Erweiterungen erfolgten zunächst in der Phase der Eroberung Italiens; in ihr hat Rom den ganzen mittleren Westen Italiens und große Teile des Nordens annektiert und die Bewohner dieser Gebiete in seinen Personenverband hineingezwungen. Vielfach rechneten sich diese „Neubürger" zur Clientel desjenigen Nobilis, der als Feldherr ihre Übergabe (*deditio*) entgegengenommen hatte; erhofften sie sich doch damit eine milde Behandlung durch den Feldherrn, der sie vor Vernichtung bewahrte und ihnen gleichsam als zweiter Vater die Existenz zurückgab, und weiterhin gute Behandlung durch den Einfluß dieses Beamten bzw. seines Geschlechtes in der Zukunft. Da die Eroberung Italiens und damit die Inkorporierung großer Gebiete in den römischen Bürgerverband gleichzeitig mit der Bildung der neuen Adelsschicht aus patrizischen und plebejischen Geschlechtern (Nobilität) vor sich ging, dürften besonders die neuen plebejischen Geschlechter ihren Einfluß bei den Bürgern auch durch solche Patronate begründet haben. Nach dem Abschluß der italischen Eroberung, also seit dem ersten Drittel des 3. Jahrhunderts v. Chr., ist es dann bis auf den Bundesgenossenkrieg (91—88 v. Chr.) zu keinen größeren Erweiterungen des Bürgerverbandes mehr gekommen. Zwar wurden eine Anzahl auch größerer römischer Kolonien errichtet und wurde das römische Bürgerrecht vielen Personen einzeln oder in Gruppen verliehen, doch hat dies die Balance der Clientelen kaum berührt: Mit der Eroberung Italiens waren die Clientelverhältnisse und damit auch bis zu einem gewissen Grade die

Nobilität als diejenige Gesellschaft, die die politische Macht in Händen hatte, konsolidiert, und zwar sowohl im Hinblick auf die Zahl der Geschlechter, die der Nobilität angehörten, als auch im Hinblick auf die Verteilung des Einflusses der einzelnen Geschlechter.

Die weitere Entwicklung brachte jedoch die Gefährdung, wenn nicht der Clientel als solcher, so doch des überkommenen Verteilungsmechanismus, und dies in mehrfacher Weise. Unter den Belastungen der Weltherrschaft begann die aristokratische Gesellschaft in der neuen Situation, die den machtpolitischen Ehrgeiz, den materiellen Egoismus und die kulturellen Bedürfnisse des einzelnen Nobilis stärkte, sich allmählich aufzulösen. Die Nobilität als Ganze reagierte auf entsprechende Ansätze verständlicherweise zunächst mit Härte; sie suchte jeden, der aus dem Comment ausbrach, mit allen Mitteln wieder einzuordnen. Für die Clientel besagt das, daß die Nobilität auch hier die bestehenden Verhältnisse um jeden Preis zu konsolidieren suchte. Der aus der Nobilität ausbrechende Adlige war der Alptraum der Gruppe, und er ist potentiell auch derjenige, der die wohl abgewogenen Clientelverhältnisse in Unordnung bringen konnte. Man wehrte sich daher auch gegen jede weitere Aufnahme von Bürgern, die nur Unruhe in die überkommene Verteilung des Einflusses bringen konnte. Mit anderen Worten: Das römische Bürgerrecht wurde exklusiv. Insbesondere wehrte sich die Nobilität gegen jede Bürgerrechtsverleihung an größere Gruppen von Personen außerhalb Italiens, denn das hätte die Reichsprobleme sozusagen in die Schicht der Nobiles selbst hineingetragen. Die Clientel auswärtiger Staaten zählte allerdings nicht viel; sie verteilte sich auf die Nobilität, hatte aber nur einen geringen politischen Effekt, da sie außerhalb des römischen Staates im engeren Sinne stand. Eine Erweiterung des römischen Bürgerverbandes über die Grenzen Italiens hinaus aber mußte der Mehrheit der Nobiles als ein für die innere Lage folgenreiches Unternehmen erscheinen. Es hätte in der Tat den letzten Rest einer personalen Kommunikation, auf der die Clientel beruhte, beseitigt, denn wie hätten die Nobiles angesichts der Entfernungen mit den außeritalischen Clienten eine engere personale Verbindung aufnehmen sollen? Da diese Bürger für das freie Spiel der miteinander konkurrierenden Nobiles ausfielen, wären sie — als eine außerhalb der Bürgermassen stehende Gruppe — automatisch die billige Beute derjenigen oder desjenigen geworden, der sich für deren Ansiedlung außerhalb Italiens bzw. für die Verleihung des Bürgerrechts an sie eingesetzt hatte. Das waren aber, wie die Dinge einmal lagen, gleichzeitig die innenpolitischen Gegner der Nobilität (z. B. die Gracchen, Marius): Es wären somit größere Gebiete außerhalb Italiens zu einer geschlossenen Clientel der Gegner der Nobilität (bzw. Senatsmehrheit) geworden, die dazu noch außerhalb jeder personalen Kommunikation und damit außerhalb jeder Möglichkeit der Beeinflussung durch die übrige Gesellschaft gestanden hätten. Es ist danach verständlich, daß im Zusammenhang mit den Versuchen, außerhalb Italiens römische Städte zu gründen, das Wort von dem „zweiten Rom" bzw. dem „neuen Rom" geprägt wurde, das sich dem alten Rom entgegenstellen könnte, und daß alle derartigen Bemühungen scharf bekämpft wurden.

Während die Nobilität bei der Bekämpfung der außeritalischen Kolonisation Erfolg hatte — die Niedersetzung der Kolonie Iunonia auf dem Boden des alten Karthago durch C. Gracchus wurde wieder aufgehoben und alle folgenden Versuche vereitelt —, gelang es nicht, die römischen Bundesgenossen in Italien, die das römische Bürgerrecht begehrten, vom römischen Staatsverband fernzuhalten. Sie, die mit den Römern zusammen die Welt erobert hatten, die zum Teil bereits lateinisch sprachen und wie die Römer dachten und fühlten, beanspruchten mit einem gewissen Recht seit der gracchischen Zeit den Status des römischen Bürgers; ihre Zurücksetzung wurde im Laufe der Zeit als ein großes Unrecht empfunden: Sie dienten in den Heeren wie die Römer, waren aber bei der Verteilung der Beute zurückgesetzt, genossen auch nicht denselben Rechtsschutz wie sie. Diese Bundesgenossen haben schließlich den Eintritt in den Bürgerverband in einem Krieg erzwungen, der an den Grundfesten des Staates rüttelte: Die Nobilität wehrte sich verzweifelt, aber sie mußte den Bundesgenossen am Ende das Bürgerrecht zugestehen, weil sie ihrer anders nicht Herr geworden wäre (s. u. S. 209). Man könnte sich vorstellen, daß die Verleihung des Bürgerrechts an die Massen der Bundesgenossen (Italien wurde dadurch ein geographisch geschlossener Verband römischer Bürger) neue Clientelen geschaffen und damit, was die Nobilität gerade gefürchtet haben dürfte, viele neue Leute in die Nobilität gebracht hätte bzw. einzelne Adlige der bereits etablierten Geschlechter, nämlich diejenigen, die sich für die Verleihung des Bürgerrechts an diese Bundesgenossen eingesetzt hatten, übermächtig gemacht hätte. Letzteres ist auch zum Teil geschehen. Aber die Entwicklung nach diesem Krieg, dem Bundesgenossenkrieg (91—88 v. Chr.), überschlug sich dann, und es kamen diese neuen Entwicklungsmöglichkeiten entweder nicht mehr oder nur verdeckt zum Tragen. Denn es begann jetzt, gleichzeitig mit dem Bundesgenossenkrieg, eine andere Entwicklung einzusetzen, die das bestehende Clientelsystem und damit auch die Grundlage der bisherigen politischen Machtverhältnisse zum Zusammenbruch brachte.

Die Auflösung der überkommenenen Clientelverhältnisse wurde dadurch hervorgerufen, daß sich größere Heeresverbände geschlossen als die Clientel des Feldherrn betrachteten, der diese Verbände befehligte; die Clienten wurden somit zur militärischen Gefolgschaft und die so militarisierte Clientel zu einer Gefahr für die Republik. Die Voraussetzungen für diese Entwicklung sind einmal darin zu sehen, daß die Römer, um die großen Reichsaufgaben bewältigen zu können, seit dem Ende des 2. Jahrhunderts v. Chr. große Heeresverbände aufstellen mußten, die jahrelang in den entferntesten Teilen der Welt operierten und auf diese Weise einen sehr engen Kontakt zu ihren Befehlshabern erhielten. Allerdings hatte es solche Konzentration von militärischer Macht in der Hand einzelner Beamter oder Sonderbeamter schon früher gegeben und brachte darum dieser Umstand allein das bestehende System noch nicht ins Wanken. Es kam noch ein weiteres hinzu. Das römische Heer war ursprünglich ein Milizheer gewesen, d. h. es wurden für einen Krieg jeweils so viele Bauern, die alle wehrpflichtig waren und sich selbst ausrüsteten (daher mußten sie ein bestimmtes Maß an Vermögen haben), rekrutiert, als gerade benötigt wurden; nach Beendigung des Krieges schickte der Feldherr sie mit reicher Beute beladen wieder heim auf ihren Hof. Das Bauerntum aber war einmal durch die Entstehung gewaltiger

Großgüter geschwächt worden, die die angrenzenden Kleinbauern verdrängten; auf ihnen fanden die Bauern selbst als Landarbeiter nur selten Beschäftigung, weil die Verwendung von Arbeitssklaven, die durch die Kriege und den wachsenden Sklavenhandel leicht zu beschaffen waren, eine billigere Bewirtschaftung der Güter versprach. Ferner erwies sich das alte Milizsystem, nach dem der Bauer im Frühjahr nach der Feldbestellung ausgehoben und im Herbst wieder entlassen wurde, auch deswegen längst als überholt, weil es auf der Voraussetzung beruhte, daß die Kriege nicht nur zeitlich, sondern auch geographisch begrenzt waren. Schon die beiden großen Punischen Kriege, erst recht dann aber die Kriege gegen die östlichen Monarchien und die langen spanischen Feldzüge des 2. Jahrhunderts v. Chr. hatten die Milizen überfordert: Der langjährige überseeische Krieg verlangte ein Rekrutierungssystem, das von dem Zivilberuf des Soldaten absehen konnte. Um die großen Heere für die anstehenden Reichsaufgaben aufstellen zu können, verfiel man daher seit dem Ende des 2. Jahrhunderts darauf, als Soldaten auch den besitzlosen Bürger anzuwerben (Marius war der Reformer). Da es aber nun nicht mehr möglich war, diese Soldaten nach dem Feldzug einfach wieder zu entlassen (wohin sollten die Habenichtse denn gehen?), mußten sie das, was sie unter dem neuen System bei ihrer Rekrutierung nicht besessen hatten, nämlich einen Bauernhof, zugewiesen bekommen, d. h. mit ihrer Entlassung war die Ansiedlung notwendig verbunden. Da andererseits aber die Aristokratie, in deren Besitz die Masse des Landes war, sich weigerte, das Land dafür herauszurücken, und sie auch in den Provinzen kein Land zur Verfügung stellen wollte, weil das Clientelsystem auf persönlicher Kommunikation beruhte und damit eine geographische Begrenzung verlangte, waren die Soldaten mehr und mehr auf ihren Feldherrn angewiesen, der ihnen das Gewünschte bereits mit der Rekrutierung versprochen hatte oder doch wie selbstverständlich dazu verpflichtet zu sein schien, es zu beschaffen. So bildete sich ein Patronatsverhältnis zwischen dem Feldherrn und seinen Soldaten und entstand damit eine militärische Clientel, mit der der Feldherr machen konnte, was er wollte: Er setzte mit ihr einmal unter militärischem Druck durch, daß den entlassenen Soldaten Land geschenkt wurde; aber daneben suchte er mit derselben Clientel auch seine persönlichen politischen Ziele zu erreichen. Die Aussicht auf Land machte den Heeresdienst, anders als zu den Zeiten des reinen Milizheeres, außergewöhnlich attraktiv, und es war daher nicht schwierig, selbst sehr große Heeresverbände aufzustellen. Diese militarisierte Clientel stürzte dann alles um: Sie schuf nicht nur neue, sondern vor allem auch dynamische Clientelen, die mit militärischer Gewalt die politischen Wünsche einzelner Aristokraten durchsetzten. Marius, Sulla, Pompeius, Caesar, Crassus, Antonius und Octavian waren solche adligen Potentaten, die mit ihren Heeren die alte aristokratisch-republikanische Welt zerstörten. In dem überkommenen System adliger Regierungspraxis war kein Raum für eine grundsätzliche Umgruppierung der Clientelen und schon gar nicht für eine Militarisierung derselben. Cicero und mit ihm manche Nobiles haben dann in letzter Minute versucht, dem Unheil dadurch zu steuern, daß sie diese Potentaten gegeneinander auszuspielen suchten oder sich gar in höchster Not einem von ihnen in die Arme warfen. Der letzte, dem sich die Republikaner „anvertrauten", war Octavian (Cicero hatte sich auch für ihn eingesetzt), der also seine Soldaten gleichsam als „Privatarmee der Republik" führte; er aber war kein Republikaner, wie man sehr bald, aber leider zu spät erkannte.

Die Entwicklung endete damit, daß einer, der aus dem Kampf der Mächtigen als Sieger hervorging, alle Heere auf sich konzentrierte und also die militärische Clientel bei sich monopolisierte. Octavian/Augustus hat das erreicht. Selbstverständlich gehörten alle Heere des Reiches seitdem zu seiner und seiner Nachfolger Clientel: Die machtpolitische Basis des römischen Kaisertums war die militarisierte Clientel. Auch diejenigen Bürger, die nicht Soldaten waren, suchte der Kaiser als „zivile" Clientel bei sich zu konzentrieren und sie damit gleichzeitig von den alten Geschlechtern und von den neuen, in die Rolle der Nobilität hineinwachsenden Mitgliedern des *ordo senatorius* abzuschirmen. Das erreichte er u. a. dadurch, daß alle Bürger durch Eid auf seine Person bzw. auf das kaiserliche Haus verpflichtet wurden. Der Zerstörung der alten Clientelbindungen diente auch, daß zahlreiche römische Städte (Kolonien) außerhalb Italiens gegründet und viele nichtrömische Städte in den Provinzen mit dem römischen Bürgerrecht beschenkt wurden: Der Patron aller dieser Städte war natürlich der Kaiser. Er tat dann noch ein übriges, indem er den Angehörigen des senatorischen Standes die Annahme von Clienten außerhalb Italiens verbot und ihnen sogar das freie Umherreisen im Reich untersagte, weil jeder reisende Senator hätte Verbindungen anknüpfen können. Aus all diesen Maßnahmen ersieht man, daß der Kaiser sehr wohl wußte, wo seine machtpolitische Basis lag.

b) Die aristokratische Gesellschaft (Nobilität)

Die regierende Gesellschaftsschicht Roms wird hier öfter als Aristokratie oder als Adel angesprochen. Obwohl die römische Nobilität mit anderen Adelsgesellschaften zahlreiche Gruppenmerkmale gemeinsam hat und darum die Verwendung der genannten Begriffe nicht unberechtigt ist, könnte der in der Verwendung der Begriffe liegende Bezug auf die mittelalterlich/frühneuzeitliche Adelsgesellschaft, der dem heutigen Menschen naheliegt, zu Mißverständnissen führen. Moderne Assoziationen könnten die Vorstellung eingeben, der römische Adel verdanke seine Stellung dem Glauben an die übernatürlichen Kräfte des Blutes, die den Adligen „geheiligt“ und gleichsam von Natur aus von den anderen geschieden hätte, oder auch nur dem Glauben an die verbindliche Kraft einer altüberlieferten Vorrangstellung. Daß sich gegenüber jeder Person, der man zunächst aus konkreten, rational verständlichen Motiven einen Vorrang einräumt, mit der Zeit dann auch eine emotional verankerte Anhänglichkeit einstellt, gilt gewiß auch für den römischen Adligen. Aber sie berührt weder den Urprung des römischen Adels noch hatte sie überhaupt jemals entscheidendes Gewicht. Der römische Adlige ist zunächst und vor allem der Repräsentant eines Sozialprestiges, das auf sozialpolitischen, nicht auf religiösen Faktoren ruhte.

Man könnte auch bestreiten und hat es auch bestritten, daß die römische „Nobilität“ überhaupt eine Aristokratie oder ein Adel gewesen sei, und demgegenüber behaupten, daß es sich bei ihr vielmehr um eine Beamtenschicht gehandelt habe. Man kann sich dabei darauf berufen, daß erst die Bekleidung des höchsten Amtes den Römer bzw. dessen Familie zum Nobilis machte. Aber abgesehen davon, daß ein Beamtenadel einen Bezug zu einer höheren Autorität, von der der Status des Beamten abhängt, haben muß, ist die in dem Begriff steckende Voraussetzung, daß die Bekleidung einer Magistratur den Adel begründet, nur sehr bedingt richtig. Denn zwar waren alle Konsuln Nobiles, und man erwarb, sofern man noch nicht zur Nobilität gehörte, seine *nobilitas* durch die Bekleidung des Konsulats; aber in aller Regel erhielt man das höchste Amt nur dann, wenn man bereits Nobilis war: Die Übernahme der höheren, insbesondere des höchsten Amtes setzte also die Nobilität voraus, und es war durchaus eine Ausnahme von dieser Regel, wenn jemand, der dem Kreis der Nobiles nicht angehörte, das höchste Amt erreichte und damit in diesen Kreis eindrang. Wer daher die römische Nobilität als Beamtenschicht oder auch als Beamtenadel apostrophiert, sieht die Verhältnisse rein funktional, nicht von der sozialen Struktur her. Funktional betrachtet wurde der Adel durch die Bekleidung des höchsten Amtes erworben, doch wird diese Betrachtungsweise durch den politisch-soziologischen Tatbestand relativiert, daß tatsächlich mit wenigen Ausnahmen nur solche Leute zum Konsulat gewählt wurden, die schon Nobilis waren.

Den ältesten Adel nannten die Römer *patricii*, das sind die Familienoberhäupter (*patres familias*) und deren Söhne. Die Macht der patrizischen *patres* war innerhalb ihrer Familie ungeheuer groß; sie entschieden über Wohl und Wehe der Familienmitglieder und waren auch die Verfolger strafrechtlicher Delikte. Die Verfügungsgewalt des *pater familias* über seine Familie (*patria potestas*) ist eine spezifisch römische Erscheinung; sie hat sich mit manchen Veränderungen und Abschwächungen bis in die späte Zeit hinein erhalten. Die Familie der *patres*, also der Familienoberhäupter bzw. der Häupter der Großfamilien, bildeten die abhängigen Hausangehörigen, die Frau, Söhne, Töchter und das Gesinde (die Sklaven waren von Rechts wegen nicht Person, sondern Sache) sowie eine Gruppe von Bauern, die selbst zwar eigene Familien hatten, aber doch von dem patrizischen *pater* abhängig waren. Diese Bauernfamilien bildeten die Clientel des *pater familias*; wahrscheinlich hat man sie — oder aber anfangs nur unabhängige Bauern, die nicht Patrizier waren — auch Plebejer genannt (s. o. S. 20 ff.).

Die Patrizier nahmen alle staatlichen Funktionen wahr. Schon in der Königszeit hatten sie großes Gewicht, doch vermögen wir nicht sehr genau zu sagen, wie stark es gewesen ist. Auf jeden Fall gab es in der Königszeit schon den Senat, in dem die Häupter der Großfamilien (*gentes*) saßen. Der König war zumindest in der späten Königszeit vom Senat nicht unabhängig gewesen, und er wurde dann ja auch von ihm gestürzt: Der Adel, die Patrizier also, beseitigten das Königtum. In der Republik ging das höchste Kommando auf die Patrizier über: Nach der Abschaffung des Königtums trat eine wohl zunächst nur einstellige Magistratur an dessen Stelle, die jährlich neu besetzt wurde, und zwar zunächst gewiß vom Senat, später dann von der Volksversammlung. Das höchste Amt — der Inhaber hieß wahrscheinlich *praetor maximus* — konnte selbstverständlich nur bekleiden, wer dem Kreis der Geschlechterhäupter, den Patriziern, angehörte. Anfangs scheint dieser Kreis nicht so genau fixiert gewesen zu sein; mit der Vergrößerung des Staatsgebietes sind vielleicht Geschlechter, die auf dem neu erworbenen Land saßen, hinzugestoßen (z. B. Sabiner). Bisweilen nahm man auch ein Geschlecht auf, das mit Sack und Pack von irgendwo hergezogen kam, wie z. B. der Großklan der Claudier so unter die Patrizier eingereiht worden ist.

Der Ständekampf verwandelte diese oberste Schicht. In ihm erkämpften sich schließlich eine Reihe von nicht-patrizischen (plebejischen) Familien den Zugang zum obersten Amt und damit den Anspruch, in Zukunft dem Kreis der führenden Geschlechter zugerechnet zu werden. Die Patrizier hatten in dieser Zeit das oberste Amt zu einer doppelstelligen Magistratur (Konsulat) ausgebaut, um mittels des Prinzips der Kollegialität die Plebejer, die in dieses Amt vorstießen, durch einen Patrizier überwachen zu können; um diese Kontrolle ununterbrochen ausüben zu können, hatten sie auch durchgesetzt, daß einer der beiden obersten Beamten stets Patrizier sein mußte (s. u. S. 77). Sehr schnell eroberten sich die Plebejer auch alle anderen Magistraturen. Doch als der Kampf abflaute und die Gegensätze verschwanden, wurden die Unterschiede zwischen einem alten patrizischen und einem neuen plebejischen Geschlecht, das mit dem Konsulat sich neben die Patrizier gestellt hatte, weniger wichtig, denn viele konsularische Familien der Plebejer standen jetzt den patrizischen kaum noch an Ansehen nach, und bald erkannten auch die Patrizier selbst diese Familien als ebenbürtig an. Nach dem Ende der Kriege gegen die Samniten (nach ca. 290 v. Chr.), in denen sich zahlreiche Plebejer ausgezeichnet hatten und zu hohen Ämtern gekommen waren, verfestigte sich schließlich der Kreis derjenigen plebejischen Familien, die ihren Einfluß erhalten und folglich immer wieder die höheren Ämter besetzen konnten. Die anfängliche Fluktuation, in der plebejische Familien aufgestiegen und vielfach sehr schnell wieder in die Anonymität der Masse abgesunken waren, hörte daher allmählich auf. Der Kreis der konsularischen und damit „regimentsfähigen" plebejischen Familien bildete am Ende zusammen mit den alten patrizischen Familien, die ihren Einfluß über die Ständekämpfe und die schweren Samnitenkriege hinaus hatten retten können, eine neue Schicht von Vornehmen, die, wie alle Gruppen mit herausgehobenem Sozialprestige, zur Exklusivität neigte. Es wurde Plebejern, die außerhalb standen, immer schwerer, in diese Gruppe einzudringen, da die etablierten Familien nach dem Ende des Sozialkampfes und nach den Erfolgen der Samnitenkriege, die alle materiellen Bedürfnisse durch die zahlreichen Koloniegründungen befriedigte, die Masse der römischen Bevölkerung wieder fest in der Hand hatten. Die sich herausbildende neue Schicht regierender Herren nennen wir Nobilität, weil die Römer jedenfalls in spätrepublikanischer Zeit den Angehörigen eines Geschlechtes, das Konsulate aufzuweisen hatte, als *nobilis* bezeichneten.

Die höchsten Ämter wurden nach dem Ständekampf also wieder von einem fixierten Kreis von Geschlechtern besetzt, und folglich war in der Regel ein Mann nicht Aristokrat, weil er das Konsulat erlangt hatte, sondern erlangte er das Konsulat, weil er Aristokrat war, d. h. dem fixierten Kreis der herausgehobenen Geschlechter angehörte. Der Theorie nach jedoch war diese Gesellschaft nicht auf einen bestimmten Personenkreis beschränkt, denn da die Volksversammlung, nicht die Aristokratie den Amtsinhaber bestellte, konnten theoretisch stets „neue Leute" (*homines novi*) das Konsulat besetzen und, da die Bekleidung des Konsulats nach dem Bewußtsein der Zeit die Zugehörigkeit zur regierenden Schicht in sich schloß, auch von sich behaupten, daß sie dieser Schicht nunmehr angehörten. Das war in der Tat auch so, doch gelang es nach den Ständekämpfen praktisch nur noch selten einem Außenseiter, das Konsulat zu bekleiden. Aber es kam immerhin doch gelegentlich noch vor, und sehr selten konnten sogar in verhältnismäßig kurzer Zeit gleich mehrere Männer, die der Nobilität nicht angehörten, das Konsulat besetzen. Vielfach mögen vor allem innenpolitische Spannungen dazu beigetragen haben, daß in der Volksversammlung ein „neuer Mann" gewählt wurde, wie es z. B. bei der Wahl des C. Flaminius zum Konsul der Fall gewesen war. Mit ihm zugleich waren in den Jahren vor Beginn des Hannibalkrieges viele *homines novi* ins Konsulat vorgestoßen; sie scheinen eine mehr oder minder geschlossene Gruppe mit bestimmten Zielsetzungen gebildet zu haben und nahmen vor Ausbruch des Krieges (218 v. Chr.) eine wichtige Stellung innerhalb des politischen Lebens des Staates ein. Nachdem Flaminius in der Schlacht am Trasumenischen See (217 v. Chr.) umgekommen war und seine Anhänger die Niederlage von Cannae (216 v. Chr.) verschuldet hatten, war dem Angriff dieser Gruppe jedoch der Elan genommen. Die Nobilität schloß sich seitdem noch schärfer ab. Und wenn es dennoch einmal jemand geschafft hatte, die Barrieren zu durchbrechen, so in aller Regel nur deswegen, weil er sich vorher bereits als ein treuer Anhänger der aristokratischen Gesellschaft und der herkömmlichen Politik dieser Gesellschaft ausgezeichnet hatte, wie M. Porcius Cato (Konsul 195 v. Chr.) und M. Tullius Cicero (Konsul 63 v. Chr.), die berühmtesten *homines novi*. Natürlich gliederten sich diese Leute geflissentlich ein und die Bedeutendsten unter ihnen, wie die beiden Genannten, zeichneten sich eben auch dadurch aus, daß sie die Tradition der Gesellschaft mit besonderem Nachdruck vertraten. Cato wurde sogar der Prototyp des Nobilis schlechthin, dessen Propagierung aristokratischen Verhaltens durch übertriebene, den Wandel der privaten und politischen Sitten nicht berücksichtigende Forderungen bisweilen eine Spannung zwischen den Normen und der Wirklichkeit kenntlich machte. Allerdings bestanden solche Dissonanzen meist nur in den offiziellen Deklarationen; in der politischen Praxis handelte selbst Cato in aller Regel wie die von ihm kritisierten Standesgenossen, zumal wenn es um sein persönliches Interesse ging: Er paßte sich in der Unterwerfung unter ein Ideal ebenso an wie in der praktischen Ausrichtung des privaten und politischen Lebens auf einen naiven, nur durch das allgemeine Standesinteresse gebremsten Egoismus. Noch bekannter ist dieser Zug bei Cicero, der keine Gelegenheit vorübergehen ließ, sich als einen Nobilis von altem Schrot und Korn vorzustellen, und der die Politik und die Ideale dieser Gesellschaft noch vertrat, als die Masse der alten Aristokraten die Republik bereits aufgegeben hatte. Daß das letzte Haupt der Republik ein *homo novus* war, ist sehr bezeichnend; man sollte bei allem, was Cicero tat und sagte, niemals seine Herkunft vergessen. Die Unsicherheit Ciceros ebenso wie der Tatbestand, daß er am Ende über sich selbst (und auch über seine Unsicherheit) hinauswuchs, sind zu einem guten Teil in seiner Herkunft begründet. — Es versteht sich, daß die Nobilität solche Leute wohlwollend anerkannte und daß sie diejenigen, die nicht durch sie, sondern durch andere, außerhalb der Nobilität stehende Kräfte emporkamen, wie jener C. Flaminius, von Herzen haßte und bekämpfte.

Bei aller Exklusivität war doch die Nobilität, wie die vorangehenden Ausführungen zeigten, kein formell abgeschlossener „Stand“; sie war theoretisch offen und wurde auch im Bewußtsein der Römer als ein prinzipiell außenstehenden Personen zugänglicher Kreis empfunden. Und selbst wenn man den Standpunkt vertritt, daß die Nobilität doch faktisch eine geschlossene Gruppe darstellte, ist darin nicht eingeschlossen, daß sie auch regierte; es war vielmehr, wie gleich weiter zu zeigen sein wird, die „Regimentsfähigkeit“ an Bedingungen gebunden, die diejenigen, die zu der Führungsschicht gezählt wurden, nicht alle — oder doch jedenfalls nicht alle gleichzeitig — erfüllten. Wie die Nobilität nicht als ein fest geschlossener Stand anzusehen ist, war auch der Senat, in den man durch die Bekleidung eines Amtes (seltener durch außerordentliche Zuwahl) eintrat, nicht die „institutionalisierte Nobilität“. Zwar saßen die einflußreichsten Nobiles in den obersten Rängen des Senats, und angesichts ihrer Autorität war die Politik des Senats die Politik der Mehrheit der Nobilität, aber es gab auch Nobiles, die nicht dem Senat angehörten, weil sie noch zu jung waren, keinen Ehrgeiz hatten oder ihr Ehrgeiz bei Volk und Standesgenossen keine Resonanz fand, und es gab andererseits viele Senatoren, die sich der Nobilität nicht zuzählen konnten, weil kein Mitglied ihrer Familie das Konsulat erreicht hatte, sie selbst nur niedere Ämter bekleidet hatten und auch kaum Aussicht auf höhere Würden haben mochten. Wenn daher der Senat wohl als ein Instrument der Nobilität bezeichnet werden kann, war er doch nicht die Versammlung der Nobiles. Andererseits war das Verhältnis zwischen den Nobiles und den übrigen Senatoren nicht rivalisierender Art. Es gab unzählige Bande der politischen Freundschaft und auch Verwandtschaft zwischen ihnen; in irgendeiner Form war jeder Senator einem oder mehreren Nobiles verbunden. Die Fronten innerhalb des Senats liefen also zwischen den verschiedenen politischen Gruppierungen der Nobiles und ihres Anhangs; sie waren von den jeweiligen politischen Interessen, nicht von Standesinteressen her bestimmt. Der Senator, der nicht Nobilis war, dachte demnach in den Denkkategorien der Nobiles, hatte an deren Leben und politischen Wollen Anteil, und es war ja auch das höchste Ziel eines jeden Senators, in den Kreis der Nobiles einzudringen. Der persönliche und politische Lebensstil des Senators war der des Nobilis, und es überrascht daher nicht, daß die Römer, wenn sie die den Staat regierende Gruppe benennen wollten, oft die Senatoren anstatt der Nobiles nannten und dies sogar tun mußten, wenn sie die regierenden Herren formell — z. B. in einem Gesetzestext — als Gruppe ansprechen wollten, denn die Nobiles waren ja formell nicht als Gruppe zu erfassen. Die Nobilität war der entscheidende politische Faktor im römischen Staat, aber sie war dies als ein sozialer Faktor, der in dem institutionellen Rahmen der staatlichen Ordnung nur unvollkommen in Erscheinung trat.

Jede durch Sozialprestige herausgehobene Schicht bildet feste Verhaltensregeln aus, die alle ihr zugehörigen Personen binden. Auch die römische Nobilität kannte solche Regeln, und da sie diejenige Schicht war, die die römische Politik lenkte, waren diese Regeln ein Teil der staatlichen Ordnung, auch wenn sie nicht in Rechtsnormen objektiviert waren. Ein wichtiger Teil von ihnen steckte in den Formen der Kommunikation der Nobiles untereinander. Da die Politik ausschließlich von Nobiles gemacht wurde (s. u. S. 120ff.), lag in den Kommunikationsformen der politische Willensbildungsprozeß. Er äußerte sich darin, daß sich einzelne Personen oder Familien zu gegebenem politischen Anlaß zusammenschlossen. Solche politischen Verbindungen konnten sich sehr schnell und kurzfristig bilden, doch war die Willkürlichkeit politischer Koalitionen durch feste Vorstellungen von dem Wert bestehender, seit längerem bewährter Bindungen und von der Verbindlichkeit der Beziehungen bestimmt, die einzelne, meist jüngere mit älteren einflußreichen Nobiles eingegangen waren; in diesen Beziehungen wirkte ein Denken, daß dem Clienteldenken sehr verwandt war. Das Netz der Beziehungen — es wurde von den Römern technisch als *amicitia* / *necessitudo* bzw., bei negativer Einstellung zueinander, als *inimicitiae* bezeichnet — war demnach bei aller Vielfalt und Veränderlichkeit im großen ganzen berechenbar. Ein Bewegungsspielraum war allerdings durchaus vorhanden; das zeigt sich uns schon deutlich darin, daß der Nobilis für eine von ihm gewünschte Sache — z. B. eine Wahl — um *amici* warb. Wenn die Sache besonders einsichtig war, mochte man mit der Werbung auch Erfolg haben und neue Anhänger an sich ziehen. Aber es gab doch eben eine nicht geringe Anzahl von Konstanten, mit denen ein jeder rechnen konnte, und diese Konstanten lagen — wie im allgemeinen auch in den Beziehungen zwischen Patron und Client — im rein persönlichen, nicht im politisch-sachlichen Bereich: Die *amicitia* konnte die Politik absorbieren.

Nicht minder wichtig waren diejenigen Spielregeln, die die Nobilität als eine geschlossene Gesellschaft gegen ein Übermächtigwerden einzelner absicherten. Entsprechende Regeln kennt jede geschlossene Schicht, da ihr Bestand an den Grundsatz der prinzipiellen Gleichheit ihrer Mitglieder gebunden ist. Dieser Gleichheitsgrundsatz galt selbstverständlich auch für die römische Nobilität, dies allerdings mit der Einschränkung, daß Rangstufen innerhalb der Gesellschaft anerkannt wurden: Obwohl die Normen, seien sie nun rechtlicher oder nichtrechtlicher Natur, von dem Grundsatz der Gleichheit beherrscht waren, bildeten die Rangstufen (*gradus dignitatis*) ein konstitutives Element der Nobilität. Daß sie von allen Nobiles stets beachtet wurden, hängt damit zusammen, daß die Nobilität einer Person bzw. Familie nicht lediglich auf Tradition und Anhänglichkeit der Massen, sondern auch auf unmittelbare Tätigkeit im Dienste der staatlichen Gemeinschaft, von der die Anhänglichkeit der Massen wiederum direkt abhing, gegründet war. Nobilis mochte man zwar jeden nennen, der einer konsularischen Familie angehörte, doch war dieser nur dann ein einflußreicher, d. h. der „regierenden Schicht“ zuzurechnender Mann, wenn er Ämter bekleidete und sich danach im Senat betätigte. Das unterschiedliche Maß an Tätigkeit und Leistung begründete in aller Regel den *gradus dignitatis*; die Beurteilung einer Persönlichkeit hing selbstverständlich auch von dem Ansehen des Geschlechts ab, das auf sie zurückstrahlte, doch wirkte es grundsätzlich nur im Zusammenhang praktischer politischer Arbeit.

Innerhalb dieser Grenzen galt das Gleichheitsprinzip für die Nobilität und sind die Regeln zu verstehen, die dieses Prinzip gegen den allzu Ehrgeizigen und insbesondere gegen denjenigen absichern sollten, der sich zum Herrn (*dominus*, *tyrannus*, *rex*) über alle emporschwingen wollte — das eigentliche Schreckbild jeder Aristokratie, das für die Römer im Bilde des tyrannischen Königs Tarquinius Superbus symbolisiert war. Die Regeln betrafen die vielfältigsten Verhaltensweisen des politischen Lebens. Die politische Karriere des Adligen war verständlicherweise besonders scharf reglementiert, denn das politische Amt bestimmte den Einfluß. So war z. B. festgelegt, mit welchem Amt ein junger Nobilis zu beginnen hatte, wie die ungefähre Reihenfolge der Ämter sein sollte, wie lange einer warten mußte, bis er das nächste Amt in der Stufenleiter bekleiden oder das höchste Amt zum zweiten Male innehaben durfte. Das alles war ursprünglich nicht gesetzlich geordnet gewesen, weswegen denn nicht alle dieselbe Leiter emporstiegen, etwa manche ein Amt überschlagen, andere an das eine Amt gleich das nächste anschließen konnten; Persönlichkeit, Umstände und Einfluß des Geschlechts, auch besondere politische Anschauungen brachten den einen früher empor als den anderen. Aber im Prinzip herrschten jene ungeschriebenen Normen. Der aus ihnen sprechende Wille, den Kreis adliger Familien in sich zu festigen, ihn zu ordnen und zu erhalten, reflektiert den Gleichheitsgrundsatz selbst dann noch, wenn die Regeln nicht die Gleichheit, sondern die Rangstufen, also gerade die Ungleichheit in den Vordergrund stellten. Denn die Rangstufe eines Nobilis richtete sich nicht nach einem absoluten Wertmaßstab aus wie in der mittelalterlichen Adelsgesellschaft, sondern war eine relative Größe, die der einzelne Nobilis durch Tätigkeit für den Staat, also durch persönliche Leistung erreichen konnte, und diese Bedingung, unter der die Gleichheit stand — nämlich das Maß der politischen Aktivität —, war ja im Grunde auch nichts anderes als die Forderung, ein Nobilis nicht nur zu sein, sondern als solcher sich auch aktiv darzustellen. Allerdings enthielt der Leistungsgrundsatz auch die Gefahr, daß der allzu eifrige Nobilis durch seine Aktivität und einen aus ihr fließenden Erfolg übergroße Macht erhielt, die zwar normgerecht erworben worden war, weil sich der Betreffende innerhalb der geforderten Verhaltensnorm gehalten hatte, aber doch die Grenze des noch Erträglichen erreichte. Kam dergleichen vor, konnte dies zu Mißstimmung oder gar zu schweren Zerwürfnissen selbst mit loyalen Standesgenossen führen, wie im Falle des Hannibalbezwingers P. Cornelius Scipio. Im allgemeinen allerdings reagierte die Führungsschicht auf eine mit großen Leistungen verbundene Tätigkeit eines Nobilis eher positiv und war selbst gegenüber einem starken Autoritätsgewinn nicht empfindlich; jedenfalls im 2. Jahrhundert v. Chr. blieb noch das Vertrauen darauf erhalten, daß die Ausgewogenheit der Machtverhältnisse innerhalb der Nobilität sich immer wieder von selbst einpendeln, der übermäßige Einfluß des einzelnen also eine vorübergehende Erscheinung sein würde. Die Rangstufen innerhalb der Nobilität zerstörten daher nach dem Bewußtsein der Zeit nicht den Gleichheitsgrundsatz, sondern sie sind gleichsam dasjenige Element der Ordnung, das die Regierung einer im Grundsatz homogenen Schicht überhaupt erst ermöglichte, denn die Regierung verlangt Erfahrung, Initiative und Aktivität, die der Gleichheitsgrundsatz aus sich selbst heraus nicht erzeugen kann. So waren, wie die Gleichheit, auch die Rangstufen zum Besten der Regierung der herrschenden Schicht fest geordnet. — Die Rangordnung wirkte sich konkret vor allem im Senat aus, wo sie die allgemeine Geschäftsordnung beherrschte (s. u. S. 110f.). Es war in ihr durch Herkommen genau festgelegt, zu welchem Zeitpunkt der Debatte der einzelne Senator das Wort ergreifen durfte. Wenn ein Quästorier, also ein ehemaliger Inhaber der niedrigsten Magistratur, etwa vor den ehrwürdigen Konsularen und Prätoriern, also ehemaligen Konsuln und Prätoren, etwas gesagt hätte, konnte dieser dreiste Mensch sicher sein, bei seiner späteren Karriere große Schwierigkeiten zu haben. Es zeugt von dem Funktionieren dieses sozialen Comments, daß dergleichen eben nicht vorkam. Umgekehrt zahlte es sich hingegen für einen jungen Senator aus, bei einflußreichen Männern zu antichambrieren, etwa bei der allmorgendlichen Begrüßung (*salutatio*) vor dem Haus eines einflußreichen Konsulars unter den Begrüßenden zu stehen.

Die Geschlossenheit einer Gesellschaft hängt nicht nur von der Beachtung fester politischer Spielregeln, sondern auch von einer gewissen Einheitlichkeit der Lebensanschauung ganz allgemein ab. Auch die private Lebensweise der römischen Nobiles war daher einem Comment unterstellt, und er berührte das politische Gemeinwesen insofern, als die Nobilität die dieses Gemeinwesen beherrschende Schicht war.

Der römische Aristokrat war Landmann, und zwar Großgrundbesitzer (nicht einfacher Bauer, wie man in der spätrepublikanischen und frühkaiserzeitlichen Literatur es gern sah). Insofern waren seine Lebensweise und seine Anschauungen über die Welt zu einem erheblichen Grade festgelegt und auch die Einheitlichkeit dieser Anschauungen gesichert. Als Rom größer wurde, der Nobilis abseits seines Gutes in der Stadt Rom bleiben mußte, als er gar durch die überseeischen Feldzüge zu Geld kam — es galt nicht als ehrenrührig, auch an seine Tasche zu denken, wenn es nur in Maßen geschah und nicht ruchbar wurde —, begann auch der Nobilis, aus dem Denken des Bauern etwas herauszuwachsen und sich Handels- und Geldgeschäften zuzuwenden. Man war sich der daraus resultierenden Gefahren für die innere Geschlossenheit der regierenden Gesellschaftsschicht wohl bewußt und schuf daher im Jahre 218 v. Chr. ein Gesetz (*lex Claudia*), das die Senatoren und die Nachkommen von Senatoren, unter denen die Nobilität natürlich die besonders angesprochene Gruppe war, an die ländliche Lebensweise dadurch zu binden beabsichtigte, daß es ihnen einfach alle Handelsgeschäfte verbot und lediglich gestattete, die Früchte der eigenen Güter auf den Markt zu bringen. Das Gesetz wurde übrigens aus dem Kreise des verhaßten *homo novus* C. Flaminius eingebracht, woran man sieht, daß auch dieser originelle Politiker nicht nur aristokratisch, sondern sogar aristokratischer dachte als die Aristokraten selbst; denn die Masse der Nobiles lehnte zunächst das Gesetz wohl nicht nur aus Haß gegen seinen Initiator, sondern auch wegen der mit ihm verbundenen Einschränkung der wirtschaftlichen Freizügigkeit ab. Nach dem Untergang des Flaminius und dem Sturz seiner Anhänger zu Beginn des Hannibalkrieges wurde das Gesetz jedoch nicht aufgehoben, und es hat dann bis zum Ende der Republik gegolten. Die Wirkung des Gesetzes war außergewöhnlich groß. Obwohl die Nobiles bzw. Senatoren manche Wege suchten und fanden, das Gesetz zu umgehen, und sie es auch öfter einfach unbeachtet ließen, wurde der in der Zeit des Weltreiches ins Ungemessene wachsende Handel und das Geldgeschäft im Prinzip als nicht vereinbar mit der Würde eines Senators gedacht und geriet daher in die Hände der nicht der Senatorenschaft angehörigen Reichen, die allmählich zu der wichtigsten Gruppe eines sich neu bildenden Standes, des Ritterstandes, wurden (s. u. S. 60ff.). Die Senatoren waren demgegenüber gezwungen, ihre Gelder, die sie sich als Herren der Welt auf redliche und unredliche Weise erwarben, in Grund und Boden zu stecken. Sie wurden auf diese Weise zu Besitzern von Ländereien bisher nicht gekannten Ausmaßes. Sie vergrößerten ihren Grundbesitz aber nicht nur durch den Ankauf von Land. Da das Staatsland (*ager publicus*) jedem Römer, der wollte, zur Benutzung freistand, bemächtigten sie sich als die wirtschaftlich Stärkeren auch dieses Landes. Ihre Ländereien nutzten sie dabei nach neuen, vor allem von Karthago übernommenen rationalen ökonomischen Prinzipien, die bei geringen Kapitalinvestitionen große Produktivität versprachen (z. B. Produktion von Öl anstatt von Getreide; Nutzung der Sklavenarbeit auf Großplantagen; Bevorzugung der wenig arbeitsintensiven Viehwirtschaft). In der Schrift des älteren Cato über die Landwirtschaft (*de agricultura*) etwa treten uns dokumentarisch solche Einwirkungen rationaler Ökonomie auf die römische Wirtschaft entgegen.

Die vornehmlich auf den Agrarsektor gelenkte wirtschaftliche Energie der Senatoren und unter ihnen insbesondere der Nobiles gefährdete allmählich die kleinen und mittleren Bauernstellen und mit ihnen die Wehrverfassung, die auf der Existenz eines zahlenmäßig starken Bauerntums ruhte. Die Agrarreform des Ti. Gracchus (133 v. Chr.) versuchte, diese Entwicklung wenigstens zu einem Teil wieder rückgängig zu machen, indem sie das von Reichen okkupierte Staatsland diesen zum großen Teil nahm und es zu kleinen Parzellen an landlose Römer vergab. Aber nachdem das Veräußerungsverbot, das diese Agrarreform den neuen Eigentümern gerade zum Schutz gegen das Aufkaufen der kleinen Bauernstellen durch die Großgrundbesitzer auferlegt hatte, nach der Katastrophe der beiden Gracchen wieder beseitigt worden war, setzte sich die ältere Entwicklung erneut fort. Erst die großen Potentaten der späten Republik, Sulla, Pompeius, Caesar und schließlich Octavian, haben die Ansiedlungen fortgesetzt, allerdings nun unter völlig veränderten Vorzeichen: Sie hatten ihre Soldaten, die keine Milizen mehr waren, sondern Bürger ohne Land, mit einer Bauernstelle zu versorgen (s. o. S. 37 ff.); da aber in Italien kein Staatsland mehr zur Verfügung stand, verteilten sie die Güter ihrer innenpolitischen Gegner. Die wechselvollen Kämpfe der späten Republik sorgten auf diese Weise für eine Korrektur der durch den Großgrundbesitz verzerrten Agrarstruktur Italiens. Die Voraussetzung war allerdings die physische Vernichtung eines großen Teils der Nobilität. Die republikanische Ordnung selbst war durch die unlösliche Verbindung der Nobilität mit einer ungehemmten Expansion der Großgüter nicht imstande gewesen, das Gleichgewicht zwischen der überkommenen sozialen, politischen und wirtschaftlichen Struktur zu erhalten. Der materielle Egoismus und die mangelnde Einsicht in die Wichtigkeit wirtschaftspolitischer Entwicklungen hatte die Nobilität in dem Glauben gelassen, daß die Agrarentwicklung ihre Stellung innerhalb der herkömmlichen Sozialstruktur nicht berühren würde.

Auch der persönliche Lebensstil des Nobilis war von Normen geprägt, die beinahe alle Bereiche des Lebens erfaßten. Viele von ihnen bezogen sich auf Lebensgewohnheiten und Lebensanschauungen der Landbewohner, zu denen die Nobiles ja auch gehörten oder doch zu gehören beanspruchten. Tatsächlich entsprach der allgemeine Lebensstil schon verhältnismäßig früh den geistigen und materiellen Bedingungen einer herausgehobenen Schicht, doch blieb das ländliche Leben stets Bezugspunkt bzw. wurde aus ihm, zu dem die Nobiles wegen der wachsenden Distanz zu der tatsächlichen Arbeit und Lebenshaltung der Bauern im Laufe der Zeit den lebendigen Kontakt verloren, allmählich eine Anzahl idealer Verhaltensweisen abstrahiert (z. B. Einfachheit, Gediegenheit, Sparsamkeit), die für den Bauern eher eine durch die Bedingungen seines Daseins auferlegte Notwendigkeit waren und lediglich durch ihre Loslösung aus diesen Bedingungen die Qualität von Tugenden erhielten. Soweit der Nobilis tatsächlich nicht mehr Landbewohner war — und das wurde er in dem Maße weniger, wie er die Stadt Rom als Aufenthaltsort bevorzugte bzw. als Konsequenz seiner politischen Tätigkeit bevorzugen mußte —, war die Idealisierung mancher bäuerlicher Verhaltensweisen eine Möglichkeit, den Wandel der äußeren Lebensbedingungen nicht innerlich verarbeiten zu müssen. In diesem Sinne war auch das Leben des Nobilis in allen seinen Äußerungen selbst privatester Art geordnet. Kleidung, Eßgewohnheiten, die Wohnkultur, die Art zu reisen ebenso wie die Formen des Umgangs entsprangen einem von allen geteilten Selbstverständnis, das zunächst ungebrochen zu sein schien. Dementsprechend gab es bis in das 3. Jahrhundert v. Chr. hinein für alle diese Verhaltensweisen keine geschriebenen Regeln; die selbstverständliche Übung der herkömmlichen Gewohnheiten machte sie überflüssig. Und wenn bei der mangelnden positiven Fixierung der Sitten nicht deutlich war, was jemand in dieser oder jener Hinsicht sollte, so war doch jedem klar, was er nicht durfte.

Der Einheitlichkeit des äußeren Lebensstils entsprach die innere Einstellung zur gesellschaftlichen Ordnung und zum staatlichen Leben. Die Pflichten des Nobilis gegenüber seinen zahllosen Clienten, von denen oben gesprochen wurde (s. S. 21 f.), empfand man als einen wesentlichen Bestandteil der Tätigkeit eines Nobilis und sah deren Verletzung als eine Tat an, die den betreffenden Patron aus dem Kreis der Nobiles ausschloß. Auch die Freigebigkeit gegenüber Clienten und Bürgern galt als ein Wesenszug, der von einem Nobilis wohl erwartet werden konnte. Der Reichtum selbst, der für jeden vornehmen Mann wie selbstverständlich vorausgesetzt wurde, war hingegen kein Ideal im Sinne des Standesethos; er vertrug sich nicht mit dem bäuerlichen Lebensstil, den alle Nobiles jedenfalls der Idee nach als Grundlage ihrer Lebensweise gesetzt hatten. Der angesichts der sozialen und politischen Aufgaben notwendige Reichtum stand daher immer in einer gewissen Spannung zu dem Ethos eines Nobilis. — Das Verhältnis zum Staat ist ebenfalls als ein Stück aristokratischen Comments anzusehen. Die politische Entwicklung des Staates, insbesondere die wachsende Herrschaft über die Völker Italiens und der Welt wurde von der gesamten Nobilität als eine positive Entwicklung gesehen und aus dem gewaltigen Machtzuwachs eine Bestätigung für die Güte der sozialen Verfassung und für die Tüchtigkeit der führenden Geschlechter abgeleitet. Da der Staat nicht als Abstraktum, sondern als die Summe der Bürger, insbesondere der regierenden Geschlechter angesehen wurde, war der Ruhm Roms gleichzeitig derjenige der führenden Familien. Die Betonung des Ruhmesgedankens und das Streben nach Ruhm ist ein wesentlicher Zug der römischen Nobilität, und der durchaus persönliche Ehrgeiz des einzelnen stand dabei im Prinzip nicht dem staatlichen Ganzen gegenüber, sondern wurde als ein Teil von ihm gedacht.

Die Normen, nach denen die Bürger und insbesondere die Nobiles lebten, sind zunächst soziale und politische Verhaltensregeln, auf die nicht reflektiert wurde, sondern die einfach praktiziert wurden. Die Römer benutzten für sie den Ausdruck *mores*. *Mos* ist also unreflektierte Gewohnheit, die im Bewußtsein der Handelnden solange nicht die Vorstellung einer Norm hatte, als diese Gewohnheit tatsächlich geübt wurde. Die gewaltigen Veränderungen, die das Wachsen des Staates, die Ausdehnung der Herrschaft über andere Völker und die kulturellen Einflüsse aus allen Teilen der Welt mit sich brachten, führten aber schon bald dazu, daß bestehende Gewohnheiten unbeachtet gelassen wurden, und bisweilen erschien es manchen Nobiles schon so, als ob die Gesamtheit der *mores* in großer Gefahr wäre. Die Furcht, mit einer grundsätzlichen Änderung der politischen und privaten Lebensverhältnisse die staatliche Ordnung und damit auch die Stellung der Nobilität zu gefährden, führte bald zu den immer wieder erhobenen Forderungen nach Beachtung der alten *mores*, die den Staat doch auf die Höhe seiner Macht gebracht zu haben schienen. Selbstverständlich sperrte sich die Nobilität nicht gegen jede Veränderung einer Gewohnheit; die Expansion des Staates verlangte bisweilen allen einsichtige Korrekturen. Vor allem die Regeln der politischen Kommunikation unter Bürgern und insbesondere unter den Nobiles und die private Lebensweise, die unter dem Druck der veränderten Gesamtsituation ins Wanken gerieten, suchte man aber zu erhalten und hämmerte sie mit dem Hinweis auf ihre jahrhundertealte Bewährung immer wieder ein. Die *mores* wurden damit zunehmend als Normen bewußt, die auf die Vergangenheit als auf die Quelle der Norm verwiesen. Der Begriff des *mos maiorum* (Verhalten der Vorfahren), der nun aufkam, ist für diese Entwicklungsstufe charakteristisch. Natürlich waren nicht alle, sondern meist nur die für das öffentliche Leben wichtigen *mores* gefährdet, und ebenso natürlich mußte nicht das, was jeweils als *mos maiorum* hingestellt wurde, wirklich der *mos* der älteren Zeit sein, sondern konnte das sein, was man später unter ihm sich vorstellte oder vorgestellt wissen wollte. Im Ganzen gesehen jedoch gab es eine Spannung zwischen vielen herkömmlichen sozialen und politischen Normen und der tatsächlichen Verhaltensweise. Besonders rigorose Bemühungen, das Alte zu erhalten, konnten eine so große Spannung zwischen Praxis und geforderter Verhaltensweise erzeugen, daß die als Verhaltensnormen hingestellten *mores maiorum* der Realität entrückten, daß sie romantische Züge zeigten und mit der wachsenden Entfernung von der Wirklichkeit zu Ideen wurden. Die Gesamtheit der *mores maiorum* wuchs schließlich in der Krise der späten Republik und in der frühen Kaiserzeit zu einem gewaltig überhöhten Gemälde von dem guten alten Rom zusammen, in dem der idealisierte ältere Zustand am Ende aus einer Summe absoluter, dem Konkreten entleerter Begriffe bestand, die, alle verhältnismäßig nichtssagend und in sich austauschbar, eine ziemlich abstrakte und daher wenig verbindliche Allerweltsethik bedeutete. Es ist gewiß kein Zufall, daß diese Entwicklung erst in der augusteischen Literatur ihren Höhepunkt hatte, da mit der Etablierung des Kaisertums kaum einer, auch nicht mehr die Senatoren, noch wirklichen Anteil an der Politik hatten und damit das Ideal der Vergangenheit sich nicht im politischen Leben der Gegenwart zu bewähren brauchte.

Die Normen, nach denen die Gesellschaft und insbesondere die Nobilität lebte, sind als *mos* bzw. *mos maiorum* jedenfalls zu einem Teil also als Normen bewußt geworden. Schon der Gedanke an eine Quelle dieser Normen (die *maiores*) rückte die *mores* damit in eine Nähe zum Recht (nicht zum Gewohnheitsrecht, da die *mores*, von denen man sprach, sich vielfach gerade nicht auf Gewohnheit, sondern auf eine fraglich gewordene Gewohnheit bezogen). In dem Bemühen, die gefährdete Ordnung zu erhalten, hat die Nobilität sich jedoch nicht allein auf die bloße Forderung nach Beachtung der *mores* beschränkt, sondern suchte besonders gefährdete Teile der Ordnung dadurch zu objektivieren, daß sie sie auf eine höhere Ebene der Verbindlichkeit, nämlich auf die Rechtsebene hob. Insbesondere die politischen und sozialen Regeln, nach denen die Nobilität lebte, wurden seit dem 2. Jahrhundert v. Chr. zunehmend durch Gesetzesrecht (gelegentlich auch durch Senatsbeschluß) zu Rechtsnormen. Mit der Umwandlung der *mores* in Rechtsnormen wandelte sich auch die Konsequenz der Übertretung: Der gesellschaftliche Boykott gegenüber einer Person, die den *mos* übertreten hatte, wurde nun durch die konkrete Strafsanktion ersetzt; letztere war um so wirkungsvoller, als die Ächtung der Gesellschaft bei der wachsenden Distanz zu den alten Verhaltensregeln nicht mehr recht funktionierte, der Rechtssatz hingegen die Strafe auf alle Fälle verlangte. Es waren vor allem drei größere Komplexe, die auf diese Weise nunmehr rechtlich geordnet wurden. Eine Gruppe von Gesetzen betraf die Ämterlaufbahn; durch sie sollte der wachsende Ämterehrgeiz kanalisiert werden (*leges annales*, so benannt nach den Altersvorschriften für das einzelne Amt). Die meisten der auf uns gekommenen Gesetze dieser Art gehören in das 2. Jahrhundert, unter denen die *lex Villia annalis* (180 v. Chr.) die erste Stelle einnimmt. Eine weitere Gruppe von Gesetzen betrifft die Wahlbestechung und ist also gegen den Versuch gerichtet, die Wähler der Volksversammlung anstatt durch die *auctoritas* der Kandidaten durch Geld zu beeinflussen (*leges de ambitu*). Während die Gesellschaft auf die Einhaltung der *leges annales* streng achtete und sich hier auch durchsetzte, hatte sie mit den Ambitusgesetzen nicht denselben Erfolg, was wir am besten an der häufigen Wiedereinschärfung der gesetzlichen Bestimmungen erkennen. Die dritte Gruppe der hier zu besprechenden Gesetze richtete sich gegen die Verfeinerung des privaten Lebensstils, der besonders unter dem Einfluß östlicher Lebenskultur zum Teil groteske Formen angenommen hatte. Es gab schon seit dem 3. Jahrhundert v. Chr. zahlreiche solcher Gesetze gegen den Luxus bzw. gegen den Aufwand, wie die Römer sagten (*leges sumptuariae*), die ebenso drastisch wie wirkungslos waren. Es wurde beinahe alles reglementiert, was zum privaten Lebensstil gehörte, etwa wieviel Pfund silbernen Tafelgeschirrs jemand haben, wie viele Personen er zu Gastmählern einladen durfte, was der einzelne sich an Festen schenken lassen bzw. selbst verschenken konnte, welche Luxusgegenstände Frauen besitzen und mit welchen Farben man welche Stoffe färben durfte, wer, wann und wo einen Reisewagen benutzen konnte usw., usw. Das alles hat natürlich wenig genützt. Der einzige Erfolg war eine große Heuchelei, aber selbst dazu ließen sich die meisten nicht herab. Es kam soweit, daß diejenigen, die die Einfachheit predigten, belächelt und Witze über diejenigen gemacht wurden, die tatsächlich noch in einfacher Weise lebten. Die Norm war bereits soweit überspielt, daß ihre Einhaltung eine Ausnahme geworden war.

Wenn auch in der ausgehenden Republik viele Verhaltensweisen durch Rechtssatzung normiert wurden und also Übertretungen, die durch die Rechtsnorm objektiviert waren, bestraft werden konnten, blieben doch weite Teile der gesellschaftlichen und staatlichen Ordnung von der Jurifizierung ausgeschlossen, ja konnten zum Teil aus der Sache selbst nicht in die Rechtsordnung hineingenommen werden. Sowohl die Spätzeit als auch besonders die ältere Zeit, in der die Rechtsnorm noch die Ausnahme bildete, waren daher für die Beachtung der als *mores* verstandenen Verhaltensweisen darauf angewiesen, daß die Gesellschaft den Übertreter mit Nichtachtung, unter Umständen mit dem allgemeinen gesellschaftlichen Boykott bestrafte. Noch zu Beginn des 3. Jahrhunderts v. Chr. hat man ganz offenbar fest damit rechnen können, daß die Gesellschaft in dieser Weise reagierte. Im Jahre 300 v. Chr. z. B. wurde in einem Gesetz, das einen wesentlichen Grundsatz des politischen Strafrechts festlegte (es betraf das Provokationsrecht, das dem Magistrat die Führung des politischen Prozesses untersagte), die Übertretung des gesetzlichen Gebots nicht mit einer konkreten Strafe, sondern lediglich mit der Erklärung der Unredlichkeit (*improbitas*) des Übertreters geahndet; man war sich damals also der gesellschaftlichen Reaktion noch sicher. Diese nur bei übersichtlichen personalen Verhältnissen denkbare Art der Sanktion mußte mit der Expansion des Bürgergebietes unwirksamer werden, und sie mußte schließlich völlig fragwürdig werden, als in der Zeit der Weltherrschaft die alten Verhaltensweisen nicht mehr die Verbindlichkeit besaßen wie früher. Man brauchte jetzt, als die Reaktion nicht mehr automatisch kam, eine Behörde, die die Übertretungen der *mores* feststellen und unter Umständen als Ersatz für die mangelnde Reaktion der Gesellschaft der Strafe adäquate Konsequenzen für Übertretungen festsetzen konnte. Insbesondere mußten die Nobiles, die mit dem Wachsen der römischen Herrschaft aus den alten Bindungen herauswuchsen, auch unter der neuen Situation weiterhin von einem Fehlverhalten abgehalten werden, damit sie, die die Mitte des Staates bildeten, nicht zugleich mit ihren Gewohnheiten die staatliche Ordnung in einem nicht gewünschten Sinne wandelten. Die Kontrollbehörde, die sich die aristokratische Gesellschaft daraufhin schuf, war die Censur. Sie war keine Strafbehörde, das wollte und konnte sie auch nicht sein; sie war lediglich eine Institution, die — in bestimmten Zeitabständen kollegialisch gewählt, später meist alle fünf Jahre (= *lustrum*) — Übertretungen der allgemeinen Sitten (lat. *improbe facta*) feststellte. Die Übertragung dieser Aufgabe an die Censur bedeutete die Institutionalisierung einer Kontrollfunktion, die ursprünglich einmal die Gesellschaft als Ganze vorgenommen, dann aber nicht mehr oder nur noch unvollständig wahrgenommen hatte. Vielleicht ist diese Aufgabe der Censur erst Ende des 4. Jahrhunderts (durch die *lex Ovinia*, ca. 318/312 v. Chr.) übertragen worden, aber unter Umständen reicht sie noch in die Zeit des rein patrizischen Staates zurück. Der Censor bzw. die Censoren (sie mußten alles gemeinsam tun; es gab bei diesem wichtigen Amt keine praktische Aufgabenteilung, wie etwa bei den Konsuln) vollzogen ihr Amt als „Sittenwächter" (*regimen morum*) zunächst einfach durch die amtliche Feststellung der kritisierten Verhaltensweise. Die so vollzogene öffentliche Kritik (*nota*) sollte den Boykott der Gesellschaft, der nicht mehr von selbst kam, aktivieren und hat das jedenfalls in älterer Zeit auf Grund der Autorität der Censoren auch wohl erreicht. Für den kritisierten Senator — in aller Regel haben die Censoren nur die Senatoren „notiert"; was der einfache Mann tat, ging den *pater familias*, der den Übeltäter in seinem Hausgericht aburteilen mochte, nicht oder nur wenig die öffentliche Gewalt an — war die Konsequenz seines Verhaltens der Verlust des Senatssitzes. Da der Notierte später meist nicht mehr von selbst aus ihm wich, hat der Censor ihn ausgestoßen. Die Ausstoßung geschah einfach dadurch, daß der Censor, dem die Überwachung der Senatsliste übertragen war, bei der Verlesung derjenigen, die im Senat zu sitzen berechtigt waren (*lectio senatus*), die Namen der Übeltäter überlas. Der so Notierte war praktisch ein erledigter Mann, jedenfalls politisch tot. Man verfolgte ihn weiter nicht; es genügte, daß er als ein politisches Wesen nicht mehr existierte, und es interessierte dann kaum jemanden, was er künftig tat. Nur selten gelang es einem solchen Mann, wieder in die Gesellschaft, die ihn ausgestoßen hatte, zurückzukehren. Das war nur möglich über die

Bekleidung eines Amtes, durch das er ja ein erneutes Anrecht auf einen Senatssitz bekam; sehr selten wurde ein solcher Mann als Büßer wieder aufgenommen, aber jeder folgende Censor konnte ihn erneut überlesen und damit den Versuch, über das Amt wieder in den Senat zu gelangen, verhindern. — Die Censur ist nicht regelmäßig im Abstand von fünf Jahren und in der späten Republik sogar längere Zeit überhaupt nicht besetzt worden. Das Amt setzte in der Tat voraus, daß ihre Inhaber in der Lage waren, sich aus den Parteiungen der Nobilität zu lösen und sich über die Gesellschaft zu stellen, die sie überwachen sollten, und es setzte ferner voraus, daß die Kritik an der Verhaltensweise auch noch wirklich Resonanz hatte; jedenfalls das erstere war in der ausgehenden Republik nicht mehr der Fall und das letztere zumindest partiell bereits sehr in Frage gestellt.

c) Der Ritterstand

Wenn die Römer im letzten Jahrhundert der Republik, wenn etwa Cicero alle in der staatlichen Gemeinschaft zusammengeschlossenen Gruppen ansprechen wollte, benutzten sie häufig die Wendung: *senatus*, *ordo equester*, *populus Romanus* oder ähnliche Ausdrücke, die jedenfalls diese drei Glieder nannten: Die Senatoren, die Ritter und das römische Volk, unter dem hier alle Personen verstanden werden sollten, die nicht zu den beiden anderen Gruppen gehörten.

Wer waren die Ritter? Sie waren nach dem dreigliedrigen Begriff keine Senatoren, aber auch keine einfachen Bürger, sondern offenbar eine Gruppe, die ihrem sozialen Rang nach aus der Masse der Bürger herausragte, aber unterhalb der Senatorenschaft stand. Der Begriff *ordo equester* besagt, daß man die Ritter als eine fixierte Gruppe von Personen betrachtete, und es bietet sich daher für sie der deutsche Begriff des „Standes“ an. Der Begriff „Stand“ enthält allerdings die Vorstellung nicht nur eines festen, abgeschlossenen Personenkreises, sondern auch einer Lebens- und Verhaltensart, die die zu dem „Stand“ gehörigen Personen auszeichnet und sie von den übrigen Gruppen der Gesellschaft abschließt. In der römischen Kaiserzeit waren sowohl die Ritter als auch die

Senatoren in der Tat „Stände“, die die genannten Bedingungen (feste Zahl; einheitlicher Comment) erfüllten, und der römische Begriff *ordo*, den in der Kaiserzeit diese „Stände“ trugen (*ordo senatorius*, *ordo equester*), entsprach denn auch zu dieser Zeit eher dem deutschen Begriff „Stand“. In der römischen Republik galt das nur mit Einschränkung. Zwar war die Nobilität eine faktisch abgeschlossene Gruppe mit einem ihr spezifischen Comment, aber die Senatorenschaft — auch für sie begegnet bereits in der ausgehenden Republik der Begriff *ordo senatorius* —, von der die Nobiles nur einen Teil bildeten, war doch eine verhältnismäßig lockere, jedenfalls zu einem nicht geringen Prozentsatz stetig wechselnde Gruppe von Familien. Auf die Ritterschaft, die jedenfalls unsere spätrepublikanischen Quellen häufig als *ordo* bezeichnen, trifft hingegen der Begriff des „Standes“ nicht so recht zu, obwohl sie eine Bedingung dieses Begriffs tatsächlich erfüllte: Der Kreis derjenigen, die Ritter waren, lag genau fest. Um diese Verhältnisse richtig verstehen, vor allem den Charakter der Gruppe, die die Römer „Ritter“ nannten, klar erfassen zu können, müssen wir einen Blick in die Geschichte dieser Gruppe werfen.

Der Begriff „Ritter“ (*eques*) entstammt der Heeresordnung Roms und meint natürlich „Reiter“; der heute übliche Begriff „Ritter“ wurde den *equites* in Anlehnung an mittelalterliche Vorstellungen gegeben. Zu einem auch politischen Begriff wurde der *eques*, als in den Ständekämpfen die Heeresordnung zur Grundlage der neuen Volksversammlung wurde, in der das politische Stimmrecht sich nach der Leistung im Kriege bemaß (s. u. S. 98). Die Verbindung von Stimmrecht und Leistung im Heere rechtfertigte sich nach damaliger Vorstellung daraus, daß jeder seine Ausrüstung selbst stellen mußte (die Zeiten, da man die Ausrüstung aus dem staatlichen Zeughaus bekam, waren noch fern) und also ein Heeresdienst, der eine teuere Ausrüstung verlangte, einen größeren materiellen Einsatz für das Gemeinwohl erforderte. Obwohl diese neue Ordnung, die man wegen ihres Bezuges auf das Vermögen des einzelnen als timokratische Ordnung (von griech. τιμή, Schatzung, Vermögen, und κράτος, Herrschaft) bezeichnet, die Besitzenden bevorzugte, war sie in der Zeit ihrer Entstehung (Mitte des 5. Jahrhunderts v. Chr.) außergewöhnlich modern, da sie das politische Recht nicht mehr auf ein Vorrecht, das an der adligen Geburt haftete, sondern auf eine rationale, berechenbare Größe, die das Vermögen nun einmal darstellt, gründete. Diejenigen, die nach dieser Ordnung das beste politische Recht hatten, waren die Reiter, da sie außer den Waffen noch je ein oder zwei Pferde zu unterhalten hatten. Nach ihnen rangierte der schwerbewaffnete Fußsoldat, der in der Phalanx kämpfte; auch er mußte für seine Ausrüstung (Schwert, Lanze, Dolch, Schild, Panzer) viel ausgeben, aber natürlich weniger als der Reiter. Der Leichtbewaffnete benötigte nur wenige Ausrüstungsgegenstände, etwa einen Schild und eine Schleuder, und folglich war sein politisches Recht von geringerem Gewicht. Entsprechend der Abstufung der verschiedenen Vermögensklassen, die gleichzeitig Waffengattungen darstellten, war die neue Volksversammlung gegliedert: An der Spitze standen die 18 Centurien (eine Centurie ist eine militärische Abteilung) der Reiter, dann kamen die 80 Abteilungen der Schwerbewaffneten, die insgesamt *classis* genannt wurden, dann diejenigen, die weniger Vermögen hatten als die Schwerbewaffneten (*infra classem*) und wiederum in mehrere Gruppen unterteilt waren. Das bessere politische Stimmrecht der Vermögenderen ergab sich daraus, daß ihre Abteilungen zahlenmäßig das Übergewicht (später fast das Übergewicht) über alle anderen Abteilungen hatten und daß die Reiter und Schwerbewaffneten vor den anderen abstimmten, die Reiter auch (später eine Centurie der Schwerbewaffneten) die allererste Stimme abgaben; da die anderen Abteilungen sich gern nach den ersten und insbesondere nach der ersten abgegebenen Stimme richteten — wahrscheinlich sah man in dem ersten Stimmergebnis ein religiöses Zeichen (*omen*), das zu beachten man sich verpflichtet fühlte —, war das Recht der ersten Stimmabgabe (die zuerst stimmende Centurie hieß *centuria praerogativa*) ein wichtiges Vorrecht. Die politische Besserstellung der Reiter und Schwerbewaffneten ergab sich nicht nur aus dem Vorstimmrecht und der absoluten (später fast absoluten) Mehrheit ihrer Abteilungen, sondern auch daraus, daß die Centurien der Vermögenden sehr viel weniger Bürger umfaßten als die der wenig oder nichts Besitzenden; auch wenn ursprünglich einmal die Mitgliederzahl aller

Centurien 100 Mann betragen haben sollte (darauf verweist der Begriff *centuria*, von *centum*, hundert), trat doch sehr bald eine so große Differenzierung des Vermögens ein, daß die untersten Gruppen der Centurienordnung, die nach Anzahl und Einteilung der Centurien im großen ganzen unverändert blieb, zahlenmäßig immer stärker wurden (s. u. S. 98f.).

Die Reiter oder Ritter, wie sie nun genannt werden sollen, waren also die reichen, im Heer als Reiter dienenden Römer. Selbstverständlich gehörten daher zu ihnen alle Nobiles (früher: Patrizier) und auch die nicht zur Nobilität zählenden Senatoren, die ja ohne Ausnahme großes Vermögen hatten. Umgekehrt aber waren bei weitem nicht alle Ritter Nobiles bzw. Senatoren. Die Gruppe der Ritter umfaßte sowohl die Nobilität bzw. Senatorenschaft als auch die reichen Römer, die nicht zu ihr gehörten. Innerhalb der Ritterschaft wurde zunächst zwischen Rittern, die Nobiles bzw. Senatoren waren, und den übrigen Reichen nicht unterschieden.

Diese Verhältnisse begannen sich durch ein Gesetz vom Jahre 218 v. Chr. zu ändern, das die Erwerbsmöglichkeiten der Senatoren ordnete (*lex Claudia de nave senatorum*) und bereits oben S. 50f. im Zusammenhang mit der Entwicklung des Senatorenstandes besprochen wurde. Da es auch für die weitere Entwicklung des Ritterstandes grundlegend war, soll es jetzt unter einem für die Zwecke dieses Kapitels veränderten Aspekt erneut besprochen werden.

Das Claudische Gesetz über „das Schiff der Senatoren“ kam aus dem Kreise des Reformers C. Flaminius und besagte, daß kein Senator und kein Sohn eines Senators größere Schiffe besitzen dürfe als solche, die 300 Amphoren tragen könnten. Schiffe solcher Tragfähigkeit waren verhältnismäßig kleine Einheiten, die gerade ausreichten, um die Waren, die man selbst produziert hatte, von den Äckern auf den nächsten Markt zu bringen. Die Tendenz des Gesetzes richtete sich gegen die einflußreichste Gruppe der Senatoren, nämlich die Nobilität, und ist bereits im Zusammenhang mit der Darstellung der Nobilität näher ausgeführt worden: Die Nobilität sollte ihre ländliche Lebensweise beibehalten bzw. sie wieder zurückgewinnen; der Nobilis sollte jedenfalls der Idee nach ein Bauer sein und bleiben. Das seiner Tendenz nach restaurative Gesetz war die Reaktion auf Veränderungen der traditionellen wirtschaftlichen Struktur. Mit der Ausdehnung der römischen Macht über ganz Italien im 3. Jahrhundert v. Chr. waren zahlreiche große griechische Handelsstädte, die ihrerseits wieder mit den großen Handelszentren der ganzen Mittelmeerwelt verbunden waren, in den römischen Einflußbereich geraten und dadurch das Handels- und Geldgeschäft in Rom zu einem wichtigen Wirtschaftszweig geworden. In der Mitte desselben Jahrhunderts begannen die Römer zum ersten Male Silbermünzen zu prägen; bis dahin hatten sie lediglich ein ziemlich rohes Bronzegeld besessen, das aus unhandlich großen Stücken bestand. Die einsetzende Silberprägung zeigt, daß die Römer sich nunmehr den entwickelteren Wirtschaftsverhältnissen anzupassen begannen. Die Begegnung mit der Handelsmacht Karthago in den Kriegen der zweiten Jahrhunderthälfte trug weiterhin dazu bei, die römischen Herren mit dem Handel und dem Geldgeschäft bekannt zu machen. Die Eroberung von Sizilien im 1. Punischen Krieg (241 v. Chr.) und die darauf folgende Annektion von Sardinien und Korsika brachte die Römer in den Besitz weiterer alter Handelszentren und machte sie zu Herren des Ost-Westverkehrs. Da die genannten Inseln nicht in das italische Bundesgenossensystem (s. u. S. 197 ff.) eingeordnet, sondern als direkte Herrschaftsbezirke (Provinzen) organisiert wurden, die unter einem militärischen Kommando (Statthalter) standen und als untertänige Gebiete Abgaben an den neuen Herrn zu leisten hatten, wurde der allgemeine Geldverkehr durch die Einziehung dieser Tribute weiter angekurbelt. Da die Römer keinerlei Verwaltungsapparat besaßen, durch den sie die Abgaben aus den Provinzen hätten einziehen können, und sie wegen der aristokratischen Herrschaftsstruktur, die keine Bürokratie und schon gar nicht eine zentrale Bürokratie zu verkraften vermag (s. u. S. 145), auch keine umfangreiche Verwaltung einrichten konnten, wurden die Tribute an Privatleute verpachtet und damit ein neuer Zweig des Geldgeschäftes begründet. Die Steuerpachtungen, die der Censor in Rom nach dem Prinzip des höchsten Gebots vergab, waren gigantische Geldgeschäfte.

Es war nur natürlich, daß die einflußreichste Schicht der römischen Gesellschaft, nämlich die Nobilität, sowohl die Steuerpachten als auch andere Geldgeschäfte und insbesondere den Handel an sich zu ziehen trachtete. War noch bis zum Beginn des 3. Jahrhunderts der Nobilis seiner inneren Einstellung nach dem ländlichen Leben verwachsen gewesen, wo er als Eigentümer mittlerer und auch schon größerer Güter einen Teil des Jahres lebte, neigten viele Angehörige der Nobilität nunmehr zu den einträglicheren Geld- und Handelsgeschäften. Das Claudische Gesetz des Jahres 218 wollte dem einen Riegel vorschieben. Obwohl das Gesetz unpopulär war und von vielen Nobiles hart bekämpft wurde, blieb es auch gültig, nachdem C. Flaminius und seine Anhänger untergegangen waren bzw. ihren politischen Einfluß verloren hatten. Die Masse der Nobiles scheint sehr wohl erkannt zu haben, daß die durch den Einbruch von Handel und Geldgeschäft bedingte Entwicklung von wirtschaftlichen Sonderinteressen innerhalb der Nobilität die überkommenen Wertvorstellungen und mit ihnen die Einheit der herrschenden Gesellschaftsschicht gefährdete. Jedenfalls setzte sich das Gesetz durch: Das Geld- und Handelsgeschäft war in Zukunft für einen Nobilis nicht mehr standesgemäß.

Die gesetzliche Beschränkung der Erwerbsmöglichkeiten eines Senators auf den landwirtschaftlichen Sektor war nun die Voraussetzung für die Bildung eines „Ritterstandes“, nämlich einer Gruppe reicher Leute, die sich gegenüber den Senatoren, die auch reich waren, durch ihre besonderen wirtschaftlichen Interessen auszeichnete. Denn die Ritter, die nicht Senatoren waren, stürzten sich jetzt verständlicherweise auf die freigegebenen Geld- und Handelsgeschäfte und wurden die Großhändler und Bankiers Roms. Das soll nicht heißen, daß sie keinen Grundbesitz hatten; natürlich besaßen sie viel Land. Aber ihr Charakteristikum wurde doch das große Geld- und Handelsgeschäft, denn sie unterschieden sich von den Senatoren eben dadurch, daß die letzteren diese Geschäfte nicht betrieben.

Das Gesetz stammte aus dem Jahre 218 v. Chr. Zwischen 218 und 133 v. Chr., dem Beginn der Reformen der Gracchen, liegt die Zeit, in der die Römer Weltherrscher wurden; in diesen Jahrzehnten geriet insbesondere der reiche Osten des Mittelmeerraumes, in dem seit Jahrhunderten Handels- und Geldgeschäfte in großem Stil getätigt wurden, unter den Einfluß- oder gar Herrschaftsbereich Roms. Mit dieser Entwicklung wurde Rom das wirtschaftliche Herz der damals bekannten Welt. Unter Ausnutzung der römischen Herrschaftsstellung zogen die Ritter, die nicht Senatoren waren, allmählich mit mehr oder weniger brutaler Gewalt alle einträglichen Geschäfte an sich, meist unterstützt von den römischen Beamten und nicht beamteten Senatoren, die mit den Familien der Ritter durch Verwandtschaft, Patronat oder wirtschaftliche Interessen eng verknüpft waren. Die Verbindungen der Ritter reichten nun von Spanien bis an das Schwarze Meer, und das Forum Romanum wurde der Ort, auf dem die Handels- und Geldgeschäfte der Welt, soweit sie Bedeutung hatten, von ihnen betrieben wurden. Neben dem Handel wuchs mit der Ausdehnung der direkten Herrschaftsbezirke Roms die Steuerpacht ins Unermeßliche. Der einzelne Ritter war meist gar nicht in der Lage, dem Censor bei der Verpachtung in Rom die Pachtsumme z. B. für die Steuern oder für eine bestimmte Steuerart einer Provinz auf den Tisch zu legen. So bildeten sich Gesellschaften (*societates*), die gemeinsam eine Steuerpacht übernahmen und eintrieben. Das hatte auch noch das Gute, daß die Risiken verteilt werden konnten. Denn wenn die verlangte und bezahlte Pachtsumme aus einer verarmten Provinz nicht herausgeholt werden konnte, war angesichts der hohen Summen, die auf dem Spiele standen, der wirtschaftliche Bankrott eines Pächters vorauszusehen. Zur Vermeidung des Risikos beteiligte sich ein Ritter selbst dann, wenn er von seinen finanziellen Möglichkeiten her die ganze Pacht kaufen konnte, doch lieber an zehn verschiedenen Pachten und reduzierte damit sein Risiko auf ein Zehntel. In der Provinz wurde die Pacht von den Rittern selbst eingetrieben. Sie hatten dabei wenig Skrupel. Es gab zwar bestimmte Tributsätze, die vom Senat oder auch durch magistratisches Dekret festgelegt waren, aber es ließ sich mit diesen Summen leicht manipulieren. Und was wollten die Bewohner der Provinzen, die Provinzialen, machen, wenn die Ritter einfach mehr verlangten? Die Instanz, an die sich die Provinzialen im Streitfalle hätten wenden können, war der Statthalter der Provinz, also der beamtete Vertreter der römischen Macht, und natürlich haben die Provinzialen vielfach versucht, gegen die räuberischen Ritter bei ihm Hilfe zu erhalten. Aber der Statthalter sah seinen Landsleuten, die er zudem oft von Rom her kennen mochte, vieles durch die Finger, und er sah ihnen sogar alles nach, wenn man ihm hinreichend Geld zusteckte. Oft blieb den Provinzialen nichts anderes übrig, als in Konkurrenz zu den Rittern den Statthalter zu bestechen, und sie mochten sich glücklich schätzen, wenn es ihnen gelang. — Neben Handel und Steuerpacht zogen die Ritter selbstverständlich auch die großen Staatsaufträge, wie z. B. die Beschaffung von Waffen und Proviant für das Heer, an sich; die größeren Produktionsstätten für diese Lieferungen waren natürlich auch in ihren Händen. Nicht nur bei der Steuerpacht, sondern auch bei diesen und anderen Geschäften verfuhr man dabei nach dem Prinzip der Verteilung des Risikos. Das war besonders bei solchen Geschäften üblich, bei denen Waren über weite Seestrecken verschickt werden mußten, denn da damals Schiffe den Gefahren des Meeres weit stärker ausgesetzt waren als heute, war das Risiko hier besonders groß. Ein Ritter belud daher selten allein ein Schiff mit seiner Ware, sondern teilte sich eine Schiffsladung mit zwei oder mehr Partnern.

Der Umsatz und mit ihm das Vermögen der Ritter wuchs ins Unermeßliche, und es war kein Ende dieser Entwicklung abzusehen. Die Beseitigung der Steuerpacht war unmöglich, weil die aristokratische Struktur des Staates den Aufbau einer ordentlichen Finanzverwaltung verhinderte: Die Aristokratie war zur Kontrolle und zur Lenkung eines solchen Apparates nicht fähig. Und das private Handels- und Geldgeschäft fiel den Rittern als Konsequenz der römischen Herrschaft wie von selbst zu, und es wuchs und mehrte sich in dem Maße, wie die römische Macht sich weiter bis an die Grenzen der bekannten Welt ausdehnte. Die Konzentration der wirtschaftlichen Macht in der Hand der Ritter war um so intensiver und lückenloser, als jeder Konkurrent der römischen Macht verschwand, der als Korrektiv noch hätte wirken können. Das parthische Reich, das unabhängig blieb, konnte diese Rolle sowohl wegen seiner geographischen Lage als auch wegen seiner inneren Schwäche zu keiner Zeit übernehmen.

Die Ritterschaft, die durch die Weltstellung Roms zu wirtschaftlicher Macht gekommen war, lebte zunächst ganz ihren privaten Sonderinteressen und war mit dem staatlichen Leben im engeren Sinne gar nicht verbunden. Die Ritter hatten auch noch nicht einmal ein festes Bewußtsein davon, daß sie ein besonderer, von der Nobilität geschiedener „Stand" waren. Sie bildeten ja sogar noch — jedenfalls nominell — mit den Senatoren eine Gruppe: Ritter war jeder, der ein bestimmtes Vermögen besaß (später 400000 Sesterzen), und das besaßen natürlich auch alle Senatoren. Zwar unterschieden sich Nobiles bzw. Senatoren und die übrigen Ritter dadurch, daß der Senator keine Geld- und Handelsgeschäfte betrieb — dies jedenfalls nicht in großem Stile tat — und daß der Senator als Mitglied der höchsten Behörde und unter ihnen vor allem der Nobilis an den großen politischen Entscheidungen teil hatte, während der Ritter, der nicht Senator war, wie jeder andere römische Bürger jedenfalls formell lediglich durch die Abstimmungen in der Volksversammlung in den politischen Willensbildungsprozeß hineinragte. Aber diese Unterschiede wurden, obwohl als solche bewußt, doch nicht als Standesunterschiede aufgefaßt: Der Senator konnte sagen, daß doch auch er ein Ritter sei, und in der Tat stimmte er ja auch zusammen mit den Rittern in den Rittercenturien der nach Centurien geordneten Volksversammlung ab.

Es war C. Gracchus, der die entscheidende Wende in der Entwicklung der Ritterschaft zu einem Stand herbeiführte. Der Ansatz zu den nun eintretenden Veränderungen entsprang dem Willen des C. Gracchus, den Widerstand der Nobilitätsmehrheit gegen seine Gesetzesanträge, die den Staat wieder auf eine solide Grundlage zu stellen beabsichtigten, zu überwinden. Da die Nobilität die Politik bestimmte und die formelle staatliche Ordnung diesem Tatbestand durchaus entsprach, suchte C. Gracchus nach innenpolitischen Bundesgenossen, die er als neue soziale Gruppe der Nobilität entgegenstellen konnte und die er für diese Aufgabe auch mit einer Ergänzung der staatlichen Ordnungsmechanismen formell für diese Aufgabe rüsten wollte. Da er kein Vertreter der Massen des Volkes war und niemals daran gedacht hat, die Stellung der Nobilität grundsätzlich anzugreifen, sondern nur Bundesgenossen zur Durchsetzung seiner Forderungen suchte, kamen für ihn die Massen der Bürger als Helfer nur bedingt in Frage; ihre Mobilisierung hätte auch eine Auflösung der Clientelstruktur verlangt, an die wohl kaum jemand gedacht hat. So boten sich als eine durch Sozialprestige herausgehobene Gruppe diejenigen Ritter an, die ohne Beteiligung an den politischen Entscheidungen des Senats in den vergangenen 100 Jahren zu großem Einfluß gelangt waren und durch ihre wirtschaftlichen Sonderinteressen eine gewisse innere Geschlossenheit erreicht hatten. Zwar waren nicht alle nicht-senatorischen Ritter Fernhändler, Bankiers, Steuerpächter oder Eigentümer größerer Produktionsstätten, doch gaben diese Berufszweige unter ihnen den Ton an und kamen die Eigentümer größerer oder mittlerer Güter, von denen viele mehr oder weniger unbemerkt als Honoratioren in den kleinen Landstädten Italiens lebten, kaum zu Wort. Um diese Gruppe zu politisieren, mußte ihr aber erst einmal deutlich gemacht werden, daß sie eine eigenständige Schicht war, und das hieß vor allem: Sie mußte von den Senatoren, mit denen sie ja formell noch eine Einheit bildete, getrennt werden. Das geschah dann auch schon einige Jahre vor dem ersten Volkstribunat des C. Gracchus durch ein Gesetz, nach dem der Senator mit dem Eintritt in den Senat sein Ritterpferd abgeben mußte (*lex reddendorum equorum* vom Jahre 129 v. Chr.). Damit waren die Senatoren plötzlich keine Ritter mehr. Und da im Senat die gesamte Nobilität von Bedeutung saß (nur manche Söhne von Nobiles, die noch kein Amt bekleidet hatten, und einige wenige Personen einflußreicher Familien, die kein Amt bekommen hatten oder auch keines wollten, saßen nicht im Senat), waren die Senatoren bzw. ihre einflußreichste Gruppe, die Nobiles, und die Ritter zwei verschiedene Gruppen der Gesellschaft. Und jetzt kam für den „Standesunterschied" auch die verschiedene Berufsstruktur zum Tragen: Die Senatoren waren diejenigen, die nur Großgrundbesitzer waren, die Ritter diejenigen, die vor allem Geld- und Handelsgeschäfte betrieben. Das Standesbewußtsein der Ritter wurde in den folgenden Jahrzehnten weiter dadurch gehoben, daß sie Standesabzeichen erhielten, nämlich den goldenen Ring, den schmalen Purpurstreifen an der Toga (*angustus clavus*; die Senatoren hatten einen breiten Streifen, den *latus clavus*) und besondere Sitze im Theater.

All dies aber hätte kaum zu einem Standesbewußtsein geführt, das in dem von C. Gracchus beabsichtigten Sinne wirksam geworden wäre, wenn dieser neuen Gruppe nicht gleichzeitig eine Aufgabe zugewiesen worden wäre, die politisch relevant war. C. Gracchus gab den Rittern nun die Geschworenenbänke in derjenigen Strafbehörde, die sich mit der Auspressung der Untertanen durch die Statthalter (*de repetundis pecuniis*, d. h. betreffend die Zurückforderung der [sc. erpreßten] Gelder) beschäftigte und die damals die einzige ständige (nicht nur ad hoc zusammengestellte) Strafbehörde (*quaestio perpetua*) war. Das klingt zunächst harmlos. Aber wenn man bedenkt, daß das Repetundendelikt das einzige politische Delikt der Zeit war, das nicht die lediglich auf den konkreten Fall hin zusammentretende Volksversammlung, sondern ein ständiges, nur dieses Delikt behandelndes „Sondergericht" aburteilte, kann man ermessen, daß die strafrechtliche Sonderbehandlung eine Konsequenz der politischen Brisanz des in Frage stehenden Deliktes war: Sie war gegen die Statthalter der Provinzen gerichtet und hatte eine ordentliche Provinzialverwaltung zum Ziele. Zur Zeit der Schaffung dieser Strafbehörde (149 v. Chr.) war die Ausbeutung der Provinzen durch die Statthalter besonders offensichtlich oder richtiger: Die an sich allgemein verbreiteten Ausbeutungspraktiken waren in der Mitte des Jahrhunderts durch eine Reihe besonders skandalöser Fälle zu sehr an die Oberfläche geraten, als daß man sie noch hätte übersehen können.

Nicht immer nämlich gingen die Statthalter, wenn sie ihre Taschen füllten, nach vornehmer Konvention vor und ließen sich etwa auf einer Reise durch ihre Provinz nur mit Ehrenkränzen beschenken, die natürlich nicht aus Lorbeer, sondern aus Gold waren. Manche trugen keine Bedenken, sich bei Prozessen, denen sie vorsaßen, bestechen zu lassen oder wertvolle Kunstschätze einfach mitzunehmen, wenn die einheimischen Behörden den feinen Wink des Statthalters, sie zu schenken, nicht verstanden oder übersehen hatten. Es kam sogar nicht ganz selten vor, daß ein Statthalter unter dem Vorwand, er habe eine Rebellion in seiner

Provinz zu unterdrücken, Gefangene machte und diese ganz unschuldigen Menschen dann als Insurgenten auf dem Sklavenmarkt verkaufte (und die Verkaufssumme selbst einstrich). In solcher Not konnten die gequälten Bewohner der Provinzen sich nun nach Rom an den Vorsitzenden der Strafbehörde *de repetundis* wenden, den Statthalter nach seinem Amt — während seiner Amtszeit konnte er nicht belangt werden — dort anklagen und einen oder mehrere vornehme Römer, die ihnen gewogen oder mit dem Angeklagten verfeindet waren, bitten, als Patron ihre Sache vor diesem Gericht zu vertreten. Die Geschworenen der Strafbehörde waren zunächst selbstverständlich Senatoren; sie urteilten als solche folglich über Angehörige des eigenen Standes, da die angeklagten ehemaligen Statthalter als gewesene Beamte Senatoren waren und oft genug auch dem engeren Kreise der Nobiles angehörten. Obwohl die Strafbehörde daher eher als Standesgericht anzusprechen ist, das über ein Delikt urteilte, das man mehr oder weniger jedem Angehörigen der Gruppe vorwerfen konnte und das man deswegen gern in seiner deliktischen Substanz herunterzuspielen geneigt war, mochte es doch vorkommen, daß diese Geschworenen einen Statthalter, der sich schamlos bereichert bzw. der die Spielregeln der Ausbeutung nicht beachtet hatte, auch verurteilten; die Strafbehörde mochte auch schon allein durch ihre Existenz einer allzu brutalen Ausbeutung vorbeugen. Aber selbst wenn man bedenkt, daß nach dem Bewußtsein der Zeit nur ein Senator Geschworener sein konnte, läßt sich vorstellen, daß gerade bei einem Delikt, das nur Senatoren begehen konnten und das zudem so verheerende Folgen hatte, auch den Römern der Gedanke kommen konnte, daß das Standesgericht nicht das für dieses Delikt angemessene Gericht war. Wenn daher C. Gracchus nun den Rittern die Geschworenensitze in der Strafbehörde *de repetundis* gab, hätte durchaus der Wille dahinterstehen können, mittels der Kontrolle des einen Standes durch den anderen eine bessere Provinzialverwaltung zu schaffen. Aber das hat C. Cracchus bei dieser „Reform“ wohl kaum im Auge gehabt. Denn es war vorauszusehen, daß die Ritter als Geschworene nur diejenigen Statthalter verurteilen würden, die ihnen bei ihren Geschäften in den Provinzen, bei den Handelsgeschäften oder bei der Eintreibung der Steuerpacht, Schwierigkeiten gemacht hatten. Wer ihnen hingegen alles nachgesehen hatte, durfte auf milde Richter hoffen: Für die Ritter konnte Politik angesichts ihrer Gruppenstruktur nur ihr bestimmtes ökonomisches Interesse bedeuten, und es war gar nicht zu erwarten, daß sie gegen dieses ihr spezifisches Interesse Politik im Sinne einer staatlichen Gesamtverantwortung treiben würden. C. Gracchus kann das kaum entgangen sein; er wollte ja auch nur seinen Gegner, die Nobilität bzw. die Senatsmehrheit, auf die Knie zwingen, um sie für die Annahme seiner politischen Ziele reif zu machen.

Die politische Spannung zwischen den Senatoren und den Rittern, die C. Gracchus hervorrufen wollte, wurde in der Tat erzeugt. Es entwickelte sich zeitweise eine Todfeindschaft zwischen den beiden „Ständen“, die das Gruppenbewußtsein der Ritter nur noch stärkte. Die Feindseligkeiten erhielten zusätzlich noch dadurch Nahrung, daß nach der Zeit der Gracchen die gesamte Kriminaljustiz einschließlich der politischen Delikte sehr bald von dem kapitalen Privatprozeß (s. u. S. 177) bzw. von der Volksversammlung auf eine Reihe ständiger Geschworenenhöfe übertragen wurde, die als Dauergerichte jeweils für ein Delikt zuständig wurden, so für Mord (*quaestio inter sicarios*), Fälschung (*de falsis*), Schändung von Heiligtümern (*de sacrilegiis*), Gewalt (*de vi*) und Majestätsverbrechen (*de maiestate*). Alle diese Delikte konnten neben rein kriminellen Tatbeständen auch solche politischer Natur umfassen (insbesondere etwa *maiestas* und *vis*), und die Ritter wurden auf diese Weise zu allmächtigen Herren über das politische Verbrechen. Es ergab sich dadurch die groteske Situation, daß der eigentliche Herr des Staates, die Nobilität, unter der ständigen Bedrohung durch eine Gruppe stand, die ihre privaten Sonderinteressen in die Politik einbrachte; beugte sich ihr der einzelne Nobilis nicht, drohte ihm die Vernichtung seiner Persönlichkeit durch ein Gericht. Unter diesem Druck mußte jede ordentliche Verwaltung stocken, und dies angesichts der Vielzahl der Möglichkeiten in den verschiedenen Strafbehörden nicht nur in den Provinzen. Es überrascht daher nicht, daß nach C. Gracchus ein erbitterter Streit um die Geschworenenbänke ausbrach. Je nach politischer Lage wurden sie den Rittern wieder genommen, ihnen erneut gegeben, sie ihnen gemeinsam mit den Senatoren gewährt oder sie schließlich auf Senatoren, Ritter und Ärartribunen, eine weitere einflußreiche Gruppe wohlhabender Leute (die Vorsteher lokaler Bezirke), aufgeteilt. Das durch C. Gracchus aufgeworfene Ritterproblem haben einzelne Politiker auch dadurch zu lösen versucht, daß sie den dynamischen Teil der Ritterschaft durch einen Pairschub von 300 oder mehr Personen in den Senat einreihten und so die Stoßkraft des Ritterstandes zu schwächen suchten (so z. B. M. Livius Drusus im Jahre 91 v. Chr.); radikalere Nobiles, wie Sulla, meinten sogar, daß nur die physische Vernichtung der Elite der Ritter noch helfen könne.

Aber alle Versuche haben die eigentliche Problematik nicht lösen können, die darin lag, daß die ökonomischen Interessen der Ritterschaft nicht Teil des staatlichen Gesamtinteresses werden konnten. Auch der Versuch, die einflußreichsten Ritter in den Senat aufzunehmen und sie dadurch zu einem Teil der „regierenden" Schicht zu machen, konnte nur eine sehr kurzfristige Erleichterung des Problems bringen. Zwar war die Ritterschaft auf diese Weise für den Augenblick ihrer Führungsschicht beraubt, da diese ja mit der Aufnahme unter die Senatoren ihre Handels- und Geldgeschäfte aufgeben mußte und in die Bewußtseinslage der Senatoren hineinwuchs; doch bildete sich naturgemäß nach einiger Zeit immer wieder eine neue Gruppe von Rittern, die in die Führungsrolle der anderen nachrückte. Die andere denkbare Lösung, daß nämlich die Senatoren zu den Handels- und Geldgeschäften zugelassen worden wären, war deswegen kaum durchführbar, weil das erst recht den Widerstand der nun standesbewußt gewordenen Ritterschaft hervorgerufen hätte; darüber hinaus dürfte ein so erweitertes ökonomisches Interesse den Nobiles den letzten Rest staatlicher Gesamtverantwortung genommen und damit die Einheit der herrschenden Gesellschaftsschicht gesprengt haben (s. o. S. 50 f.). So blieb das Geld- und Handelsgeschäft ein „privates" Element, das in die staatliche Ordnung nicht zu integrieren war und dessen trotzdem vorgenommene Politisierung zu einer bleibenden Gefährdung der überkommenen sozialpolitischen Struktur führen mußte: Das Verhältnis von Ritterschaft und Politik war als Problem unter den gegebenen Bedingungen unaufhebbar.

Es sei zum Schluß noch mit Nachdruck darauf hingewiesen, daß es auch zahlreiche Ritter gab, die nicht mit jener Finanz- und Handelswelt verknüpft waren. Sie saßen aber nicht in Rom, sondern in den kleinen Städten des römischen Bürgergebietes, das seit dem Bundesgenossenkrieg (91—88 v. Chr.) ja ganz Italien umfaßte. Viele dieser Ritter waren die Honoratioren der Landstädte (*municipia*, danach: Munizipalaristokratie), deren Selbstverwaltung sie in Händen hatten. Sie waren meist Grundbesitzer, betrieben auch wohl kleinere, gelegentlich auch größere Handelsgeschäfte oder besaßen Manufakturen; nur eine geringe Anzahl von ihnen aber war mit den Geschäften der großen Welt verknüpft. Als die maßgebenden Herren in den Städten Italiens richteten sie sich nach Rom aus und waren nach ihrer Lebenshaltung und Lebensauffassung in allem ein Abklatsch der Nobilität. Cicero meint oft gerade sie, wenn er von Italien spricht. Doch zunächst standen sie außerhalb der großen Politik, an der sie nur ganz gelegentlich — etwa bei der Rückkehr Ciceros aus der Verbannung — lebhafteren Anteil nahmen. Ihre Interessen erschöpften sich, soweit sie politisch dachten, in der Lokalverwaltung und waren dem Getriebe in Rom in aller Regel nur durch einen Nobilis verbunden, den sie als Patron ansahen. Sie gelangten erst in der Kaiserzeit, als sie zu dem Reservoir der kaiserlichen Beamtenschaft wurden, zu größerer politischer Bedeutung.

d) Die Institutionen (Magistratur, Volksversammlung, Senat)

Die staatlichen Institutionen der Republik können wir in drei Bereiche gliedern; dasselbe haben auch schon die antiken Schriftsteller getan, und diese Einteilung der Institutionen liegt auch auf der Hand. Es sind dies die Magistrate, die Volksversammlungen und der Senat. Zunächst zu den Magistraten.

Die Zahl der Magistrate war nicht groß. Sie hat sich auch nur relativ gering vermehrt, als Rom erst die Herrin Italiens, dann die der Welt wurde. Die Ursache für diesen auf den ersten Blick erstaunlichen Tatbestand soll später erörtert werden (u. S. 145); hier sei er zunächst nur als solcher hingestellt. Die wichtigsten Magistrate waren die beiden Konsuln als die obersten Leiter der Staatsgeschäfte, die Prätoren als die Gerichtsmagistrate und (später) Statthalter der Provinzen, die kurulischen und plebejischen Ädile als die Marktpolizei und die Ausrichter der großen öffentlichen Feste und die Quästoren als die Finanzbeamten. Dazu traten die plebejischen Beamten, die im Ständekampf die Kampforganisationen der Plebejer, also außerstaatliche, „revolutionäre" Institutionen, gewesen waren und nach Durchsetzung der plebejischen Forderungen als Ämter des Gesamtstaates übernommen wurden. Das waren einmal die bereits genannten plebejischen Ädile und die zehn Volkstribune. Bevor die einzelnen Ämter vorgestellt werden, einige allgemeine Bemerkungen zu den Magistraten.

Die Beamten heißen lateinisch *magistratus*. Alle Ämter sind ehrenamtlich, d. h. vor allem: Kein Magistrat erhielt einen Sold. Dies ist die Konsequenz des Tatbestandes, daß die Beamten entweder zur Nobilität oder doch zu den reicheren Schichten (Ritterstand) gehörten. Den Beamten stand kein staatlicher bürokratischer Apparat zur Seite; jeder Beamte brachte die Hilfskräfte, die er benötigte, selbst mit; meist nahm er das Hilfspersonal aus seiner Familie, insbesondere aus den Freigelassenen und Sklaven. Lediglich für einige Spezialdienste verfügte der Magistrat über staatlich besoldete Dienstkräfte (*apparitores*), die in Berufskorporationen organisiert waren. Es waren dies unter anderen die Schreiber (*scribae*), die Liktoren (*lictores*), die die magistratischen Hoheitssymbole (*fasces*) trugen und auch Exekutionsbeamte waren, ferner Boten (*viatores*) und Herolde (*praecones*). Die Apparitoren waren faktisch auf Lebenszeit angestellt und, da das übrige hohe und subalterne Beamtenpersonal jährlich wechselte, das einzige kontinuierliche Element des Beamtenapparates, aber ohne jedes politische Gewicht.

Die Römer haben ihre Beamtenschaft nach bestimmten Rechtsprinzipien durchorganisiert. Der größte Teil des öffentlichen Rechts betraf sie. In dem gut durchgebildeten Beamtenrecht drückt sich das Bemühen der aristokratischen Gesellschaft aus, die Beamten als die Exekutoren des Willens der gesamten Gesellschaft fest zu binden und Eigenmächtigkeiten zu verhindern. Die Rechtsprinzipien, unter denen die Beamtenschaft stand, galten daher — im Sinne der aristokratischen Gesellschaft — als Prinzipien der Freiheit, ihre Übertretung als tyrannischer Akt. Die wichtigsten Prinzipien sind folgende:

Jeder römische Magistrat amtierte nur ein Jahr (Prinzip der Annuität des Amtes). In älterer Zeit hat der Tag des Amtsantritts offenbar häufig geschwankt; seit dem Ende des 3. Jahrhunderts v. Chr. war es dann der 15. März, ab 153 v. Chr. der 1. Januar. Die Volkstribune traten bereits am 10. Dezember ihr Amt an. — Die Annuität wurde mit der Beseitigung des Königtums im 5. Jahrhundert v. Chr. eingeführt; sie ist dasjenige Prinzip, das die Republik von der Königszeit abgrenzt: Die patrizische Aristokratie vertrieb den letzten König und ließ die königliche Gewalt, die dieser lebenslänglich innegehabt hatte, nunmehr alljährlich unter den patrizischen Geschlechterhäuptern reihum gehen. Der jährliche Inhaber der königlichen Gewalt hieß sehr wahrscheinlich *praetor maximus*. Er dürfte zunächst keinen Kollegen gehabt haben, da nur die Annuität, nicht aber auch die Kollegialität des Amtes sich aus dem Sturz des Königtums logisch ergibt. Die Republik ist also an ihrem Anfang allein durch das Prinzip der Annuität definiert. — Für zwei Sondermagistrate wurde aus Sachgründen die Amtszeit etwas anders festgelegt. Die Censoren waren bis zu 18 Monate im Amt, weil ihre zahlreichen und langwierigen Aufgaben eine längere Amtszeit verlangten. Der Diktator, der als Notstandsbeamter besonders starke Vollmachten hatte, durfte nur 6 Monate im Amt sein. Dies ist als eine wegen der außerordentlichen Befugnisse besonders scharfe Einschränkung der Befristung zu verstehen, die im übrigen ja auch den besonderen Bedürfnissen des Amtes genügte: Da der Notstand meist aus einer militärischen Notlage entsprang und jedenfalls in älterer Zeit im Winter nicht Krieg geführt wurde, genügte für den Feldzug die 6-Monats-Frist.

Das zweite Prinzip, unter das die römische Magistratur gestellt war, ist die Kollegialität. Jeder römische Magistrat — mit Ausnahme des Diktators, der sozusagen alle Kräfte des Staates in seiner Person vereinen sollte — hatte einen oder mehrere Kollegen. Das Prinzip der Kollegialität wurde von den Römern mit aller Wahrscheinlichkeit eingeführt, als gegen Ende des Ständekampfes (Mitte des 4. Jahrhunderts v. Chr.) die Patrizier den Plebejern den Zugang zu dem höchsten Amt zugestehen mußten: Um zu verhindern, daß in dieser noch von großer innerer Unruhe und von Mißtrauen gekennzeichneten Schlußphase des Kampfes ein Plebejer die ursprünglich einstellig besetzte oberste Magistratur (*praetura maxima*) allein besetzte, wurde die oberste Behörde dreistellig eingerichtet und dann den Plebejern gestattet, eine von den Stellen einzunehmen. Da etwa gleichzeitig das ursprünglich dem *praetor maximus* allein unterstellte militärische Aufgebot in zwei Abteilungen (*legiones*) aufgeteilt wurde, konnten dieses nur zwei der drei Kollegen befehligen. Von diesen beiden Kommandostellen beanspruchten und erhielten die Plebejer, die ja die Hauptlast des Heeresdienstes trugen, eine Stelle, so daß künftig ein patrizischer und ein plebejischer Oberbeamter das Heer führten; dem dritten Kollegen fiel die Leitung der Geschäfte in Rom zu. Obwohl dieser dritte Kollege nominell der Sprecher der Behörde war, wurde sein Gewicht entsprechend der größeren Bedeutung der beiden Heerführer, die auch *consules* genannt wurden, geringer. Die *consules* haben sich nach einiger Zeit als Sonderkollegium von dem dritten Kollegen abgespalten und ihn, dem als einzigen die Bezeichnung Prätor blieb, schließlich nicht mehr als gleichrangig anerkannt. So entstand als oberste Behörde das zweistellige Konsulat. Der Prätor übernahm die Zivilgerichtsbarkeit in Rom und bildete, nachdem in der zweiten Hälfte des 3. Jahrhunderts v. Chr. ein zweiter Gerichtsbeamter geschaffen worden war, mit diesem zusammen das Kollegium der Prätoren. Die ursprüngliche Zugehörigkeit des Prätors zu dem höchsten Kollegium zeigte sich aber noch darin, daß er (und alle Inhaber der später neu geschaffenen Prätorenstellen) bis zum Ausgang der Republik in Zeiten der Not Heerführer sein konnte und daß die besonderen Herrschaftsbezirke (Provinzen), die im Zuge der Expansion über den gesamten Mittelmeerraum errichtet wurden und die die Führung militärischer Unternehmungen einschlossen, einem Beamten unterstellt wurden, der auch Prätor hieß und jedenfalls nominell dem Kollegium der Prätoren zugerechnet wurde.

Ihrem Ursprung nach ist die Kollegialität als ein Kontrollmechanismus gedacht, der eine allzu große Ausdehnung der Macht des beamteten Plebejers verhindern sollte. Nach dem Ausgleich der Stände und der Entstehung einer neuen Adelsschicht, der Nobilität, in der die patrizische oder plebejische Herkunft eines Nobilis keine politische Rolle mehr spielte, diente die Kollegialität dann nicht mehr der Kontrolle des einen Standes durch den anderen Stand, sondern sollte den Mißbrauch der Amtsgewalt zu eigennützigen Zwecken durch den Einspruch des oder der Kollegen, die jetzt die Interessen der ganzen Gesellschaft vertraten, verhindern. Die Kollegialität war seitdem ein Institut, das den einzelnen Beamten an die Gesellschaft band und seinen Eigenwillen bremste.

Der besondere Charakter der römischen Kollegialität lag — entsprechend ihrem Sinn — darin, daß alle Kollegen einer Magistratur für alle der Gesamtmagistratur übertragenen Aufgaben kompetent waren; jeder Kollege blieb also für alle Handlungen auch seiner Kollegen zuständig, selbst wenn in der Praxis die Kompetenz innerhalb des Kollegiums sachlich oder geographisch aufgeteilt war. Z. B. waren beide Konsuln — jeder für sich — für die gesamte oberste Staatsleitung, sowohl für die Kriegsführung als auch für die allgemeine Verwaltung kompetent, auch wenn praktisch der eine Konsul im Felde stand, der andere die Staatsleitung in Rom in der Hand hielt oder wenn der eine Konsul in Spanien, der andere im Osten Krieg führte. Die Gesamtzuständigkeit eines jeden Kollegen für alle Geschäfte des Kollegiums war juristisch dadurch abgesichert, daß jeder Beamte jede Maßnahme seines bzw. seiner Kollegen verbieten konnte (*intercedere*, davon interzedieren). Der Sinn der Interzession (*intercessio*) war es, für die Aktivität des Kollegiums stets einen Konsensus herzustellen. Denn da die Interzession einen jeden Akt des Kollegen rechtsungültig machen konnte, mußte dieser, wollte er etwas durchsetzen, seine Handlungen den Wünschen seiner Kollegen anpassen; er erreichte das nur durch den Verzicht auf alle Maßnahmen, die den Kollegen mißliebig erscheinen konnten.

Auf diese Weise wurde dem Institut der Kollegialität die Problematik genommen, die in der Forderung nach der Gemeinsamkeit der Amtsgeschäfte mehrerer Gewaltenträger liegt: Die Kollegen wurden gezwungen, ihre Amtstätigkeit vorher untereinander abzustimmen. Obwohl also das Institut der Kollegialität seinem juristischen Wert nach die eigenmächtige Aktion des einzelnen Beamten verhindern, sie kassieren sollte, war sein tatsächlicher Effekt und auch sein eigentlicher Sinn nicht negativer, sondern positiver Art: Es zwang den Beamten, seine Handlungen als solche einer größeren Gruppe zu sehen und sich vor der Aktion mit dieser Gruppe zu arrangieren. Tatsächlich ist darum auch die kollegiale Interzession nicht allzu häufig eingelegt worden; das Institut der Kollegialität hat in Rom durchaus seinen Zweck erfüllt.

Neben dem Prinzip der Kollegialität stand das des Verbietungsrechts der höheren gegenüber der niederen Amtsgewalt. Dieses Prinzip ist eine Konsequenz der Vielgestaltigkeit der Ämter. Die republikanische Magistratur war schon in der hohen Republik ein entwickeltes Gebilde; zwar war sie im Verhältnis zu dem Umfang des Herrschaftsbereichs und der staatlichen Aufgaben zahlenmäßig außergewöhnlich klein, jedoch im Verhältnis zu der aristokratischen Herrschaftsstruktur, die nur eine sehr geringe Anzahl von Gewaltenträgern effektiv kontrollieren konnte, ziemlich groß und differenziert. Die beschränkten Kontrollmöglichkeiten des Senats hatten zu der Notwendigkeit geführt, die Magistratur durch sich selbst kontrollieren zu lassen. So eine institutionelle Kontrolle war für die Magistrate gleicher Ordnung die Kollegialität mit der ihr zugehörigen Interzession (s. o.), für die Magistrate ungleicher Ordnung wurde es das Verbietungsrecht der „höheren" Magistratur, das auf dem Gedanken der verschiedenen Qualifikation der einzelnen Ämter (Konsulat, Prätur usw.) beruhte. Die gesamte Hierarchie der Magistraturen wurde zusammengebunden und auch — im Sinne der aristokratischen Gesellschaft — in Balance gehalten dadurch, daß die höhere Gewalt (*maior potestas*) der niederen Gewalt (*minor potestas*) eines Amtsinhabers alle Handlungen von Rechts wegen verbieten konnte. Voraussetzung für das Funktionieren dieses juristischen

Instituts war selbstverständlich, daß für jede Magistratur innerhalb der Hierarchie der höhere bzw. niedere Rang gegenüber den anderen Magistraturen feststand. So konnte der Konsul allen Beamten (außer dem Volkstribunen und dem Diktator) verbieten, der Prätor allen außer dem Konsul (und dem Volkstribunen und dem Diktator), der Tribun allen Beamten ohne jede Ausnahme, der Quästor niemandem, denn er war allen anderen Beamten gegenüber geringer.

Da das Verhältnis der Beamten innerhalb derselben Magistratur, also im Kollegium, in dem ja jeder Kollege gleiche Gewalt (*par potestas*) hatte, das oben beschriebene Institut der Kollegialität regelte, waren somit alle Beamten gleicher und ungleicher Gewalt durch das Rechtsinstitut der *potestas* zusammengefaßt: Die Beamtenhierarchie ist in der Vertikalen und in der Horizontalen durch das aus den verschiedenen *potestates* resultierende Interzessions- bzw. Verbietungsrecht als eine Einheit konstruiert worden, die das Auseinanderfallen der Beamtenschaft in verschiedene „Willenszentren" verhinderte. Gleichzeitig ist aber dadurch, daß in der Interzession bzw. in dem Verbot nicht allein der Wille des Interzedierenden bzw. Verbietenden, sondern auch der Wille der Standesgenossen, die mit dem Magistrat immer in Rapport standen, zum Tragen kam, die *potestas* der Beamten auch Instrument der aristokratischen Gesellschaft zur Kontrolle der Magistratur: Obwohl die magistratische *potestas* eine Inter-Organ-Kontrolle darstellte, funktionierte sie gleichzeitig auch als Kontrolle des Kollektivs.

Die magistratische *potestas* bedeutete, wie *auspicium* und *imperium*, Amtsgewalt. Aber während *auspicium* und *imperium* sich immer auf den Inhalt einer bestimmten Amtsgewalt beziehen, meint *potestas* Amtsgewalt in bezug auf eine andere Amtsgewalt; sie ist also ein abstrakter Begriff, der Gewaltverhältnisse (die Relationen von Gewalten untereinander) bestimmt.

Weitere Rechtsprinzipien waren die Verbote, an ein Amt ein anderes Amt unmittelbar anzuschließen (Verbot der Kontinuation des Amtes) und dasselbe Amt, sei es nun in kürzeren oder längeren Intervallen zwei- oder gar mehrere Male zu bekleiden (Verbot der Iteration des Amtes). An sich bestanden in älterer

Zeit keine sehr strengen Vorschriften darüber, wie oft und in welcher Folge die einzelnen Ämter übernommen werden konnten. Die Ämterlaufbahn war abhängig von den Absprachen der einzelnen Geschlechter untereinander, und die Versuche einzelner, schneller voranzukommen und, hatte jemand die höchsten Ämter erreicht, diese häufiger zu bekleiden, wurden durch die Abwehr der anderen Mitglieder des für die Ämterbekleidung in Frage kommenden Personenkreises paralysiert. Als der römische Staat aber größer geworden und insbesondere das römische Herrschaftsgebiet gewachsen war, wurde der Ehrgeiz des einzelnen stärker und wurden in dem weiträumiger werdenden staatlichen Aufgabengebiet die Kontrollmöglichkeiten durch die Standesmitglieder schwieriger. Um diese bedenkliche Entwicklung aufzufangen, begann man daher, die Ämterkarriere durch deren gesetzliche Fixierung zu objektivieren: Es wurde durch Gesetz ein zweijähriges Intervall zwischen der Bekleidung der verschiedenen höheren Ämter festgesetzt, Vorschriften über ein Mindestalter für die wichtigeren Ämter und zahlreiche andere, die Ämterlaufbahn betreffende Gesetzesvorschriften erlassen. Da alle diese Gesetze das Amtsjahr betrafen, wurden sie *leges annales* genannt. Sie stellten keinen vollständigen Katalog von Vorschriften für die Amtsbewerbung dar, sondern waren lediglich Reaktionen auf aktuelle Mißbräuche. Da hingegen der Ehrgeiz sich besonders auf die höheren Ämter richtete, ist die Bewerbung gerade um sie ziemlich genau durch Gesetzesvorschriften reguliert worden.

Seit jeher galt ferner die Vorschrift, daß nicht eine Person gleichzeitig mehrere Ämter in einer Hand vereinen durfte (Verbot der Kumulation von Ämtern). Sie ist streng eingehalten worden.

In der ältesten Zeit hat die damals patrizische Gesellschaft die einzelnen Ämter durch Absprachen untereinander vergeben. Der Bestellungsmodus ist uns heute nicht mehr klar erkennbar. Vielleicht hat der Senat, in dem die einflußreichsten Familienhäupter saßen, die Magistrate gewählt; doch auch wenn das so gewesen ist, wurde der so Gewählte erst durch die Ernennung des Vorgängers zum Magistrat (*nominatio*). Im Laufe der Ständekämpfe ist dann an die Stelle der Ernennung die Wahl durch das Volk getreten. Da es mehrere Volksversammlungen gab, die sich durch grundsätzlich verschiedene Gliederungsprinzipien unterschieden, war der Wahlkörper je nach dem zu wählenden Beamtentyp nicht immer derselbe. Warum dieser Beamte von diesen, andere von anderen Volksversammlungen gewählt wurden, hatte historische Gründe, die ursprünglich einmal sehr wichtig gewesen waren, aber später oft nur noch geringe Bedeutung hatten. Die höchsten Beamten, nämlich jene, die latent militärische Aufgaben wahrnehmen konnten, also die Konsuln und Prätoren, wurden z. B. von den Centuriatcomitien, jener Volksversammlung, die von ihrem Ursprung her das römische Volk in Waffen (Heeresversammlung) darstellte, gewählt, die Volkstribune hingegen vom *concilium plebis*, der einstmaligen Versammlung der Plebejer, die aber seit 287 v. Chr. eine allgemeine, den Gesamtstaat repräsentierende Volksversammlung war.

Für alle Beamten war ferner die Verbindung zum sakralen Bereich ein konstitutives Element. Die Römer schieden zwar später scharf zwischen dem öffentlichen (*ius publicum*) und dem sakralen Bereich (*ius sacrum*), doch hatte jeder Beamte auch sakrale Funktionen. Die Neigung zur Mischung der Bereiche ist darin begründet, daß der göttliche Wille bzw. die göttliche Kraft als etwas angesehen wurde, das sich nicht nur auf die Handlungen des einzelnen, sondern auch auf die der Gesamtheit aller Mitglieder der Gemeinschaft richtete. Die Absicherung der staatlichen Aktionen gegenüber einem möglichen göttlichen Unwillen verlangte daher, ständig den Frieden mit der überirdischen Welt zu erbitten. Praktisch geschah das in der Weise, daß die Magistrate mit Hilfe von kompetenten Priestern (den Auguren) vor jeder wichtigen staatlichen Aktion, etwa vor dem Auszug in den Krieg, vor der Schlacht, vor Beginn einer Senatssitzung und vor dem Beginn einer Volksversammlung, die Götter um ihre Meinung zu dem Unternehmen fragten. Technisch erfolgte das meist durch die Beobachtung von Hühnern bzw. des Vogelfluges oder durch die Eingeweideschau. Der Vorgang hieß *auspicium* (von *aves aspicere*, Vögel beobachten). Insofern nur derjenige Beamte, der für den staatlichen Akt kompetent war, das Auspicium für ihn anstellen durfte, sprach man auch von einem *ius auspicii*. Umgekehrt ist auch der Satz richtig, daß ein jeder Beamter, der das Auspicium für bestimmte staatliche Handlungen anstellte, für diese Handlungen auch zuständig war. In ältester Zeit ist das Auspicium wohl der eigentliche Ausdruck zur Bezeichnung der Amtsgewalt gewesen, da entsprechend der engen sakralen Bindung der frühen Periode das Recht, die Frage an die Götter zu stellen, als das wesentliche Charakteristikum der magistratischen Gewalt angesehen worden sein dürfte. Später benutzten die Römer zur Bezeichnung der magistratischen Amtsgewalt meist das Wort *imperium* (von *imperare*, befehlen). Es meinte vor allem die magistratische Gewalt auf dem militärischen Sektor und kam folglich auch nur denjenigen zu, die militärische Aufgaben wahrnehmen konnten, also den Konsuln und den Prätoren. Insofern der Begriff Imperium sich vor allem auf die militärische Befehlsgewalt bezog, wurde er der Inbegriff römischer Macht und römischen Herrschaftswillens.

Zu den einzelnen Beamten:

Die Konsuln hatten als die oberste Behörde zunächst die staatliche Lenkung in Rom, führten insbesondere die Verhandlungen mit dem Senat und mit dem Volk. Ihre Hauptaufgabe aber bestand in der Leitung der militärischen Operationen. Da die Konsuln als Kriegsherren Roms das volle alte königliche Imperium, eingeschränkt lediglich durch die Prinzipien der Annuität und der Kollegialität, innehatten, erschienen sie besonders auch den Außenstehenden als die Inkarnation römischer Macht. Die Fülle ihrer, während des Amtes rechtlich kaum eingeschränkten Gewalt ist die Voraussetzung für die Expansion Roms: Die römische Aristokratie hat die Kontrolle der exekutiven Gewalt nicht, wie die Griechen, durch die Aufsplitterung der magistratischen Kompetenzen erreicht, sondern durch andere, bereits erörterte oder später zu erörternde Mechanismen, die den Willen des Magistrats im Sinne der aristokratischen Gesellschaft binden sollten. Darüber, insbesondere über die Ursache dieser von den Griechen verschiedenen Kontrollmechanismen soll später im Zusammenhang gehandelt werden (u. S. 128 ff.).

Unter den Konsuln stand das Kollegium der Prätoren. Die älteren unter ihnen sind die beiden Gerichtsprätoren, von denen der frühere, der Stadtprätor (*praetor urbanus*, seit ca. 367/366 v. Chr.), die Jurisdiktion zwischen römischen Bürgern, der spätere, der Fremdenprätor (*praetor peregrinus*), die Jurisdiktion zwischen Römern und Fremden (*peregrini*) ausübte. Während der Fremdenprätor seinen Namen von seiner speziellen Jurisdiktionsgewalt hatte (*is, qui inter cives Romanos et peregrinos ius dicit*), rührt der Name des Stadtprätors noch daher, daß er von den Kollegen der ursprünglich aus drei Personen bestehenden obersten Behörde derjenige war, der die Staatslenkung von der *urbs* (Rom) aus innehatte, während die beiden Kollegen das Feldheer führten (s. o. S. 77). Zu dem Kollegium der Prätoren gehörten auch die Statthalter der auswärtigen Herrschaftsbezirke Roms (Provinzen), obwohl sie durch ihre völlig anders geartete Aufgabe und durch die ständige räumliche Trennung faktisch kein Teil des Kollegiums der Gerichtsprätoren waren: Hier führte also der feste Geschäftsbereich eines Beamten zur Aufweichung des Kollegialprinzips, denn die Kollegialität selbst der Statthalter untereinander war eine rein theoretische Angelegenheit. Die ersten Statthalter (Provinzialprätoren) wurden für die im 1. Punischen Krieg den Karthagern abgenommene Insel Sizilien und die zwischen den beiden ersten Punischen Kriegen annektierten Inseln Sardinien und Korsika geschaffen (227 v. Chr.); zwei weitere ordentliche Statthalterschaften wurden im Jahre 197 v. Chr. für die jüngst eroberten spanischen Provinzen (Hispania ulterior und citerior) hinzugefügt, und bei dieser Zahl ist es trotz der weiteren Zunahme von Provinzsprengeln bis auf Sulla geblieben. — Der Statthalter hatte in seiner Provinz die oberste militärische und jurisdiktionelle Gewalt. Er vertrat die römische Herrschermacht in vollem Umfang und war durch nichts eingeschränkt als durch seine sozialen Bindungen an das Volk bzw. an den Stand, dem er zugehörte. Die Fülle seiner Macht wird uns am besten verständlich, wenn wir uns klar machen, daß viele römische Provinzen ehemals griechische Königreiche gewesen sind, in denen der Statthalter gleichsam die Stellung des einstigen Königs hatte.

Die Prätur wurde durch den Diktator Sulla, wahrscheinlich im Jahre 81 v. Chr., insofern umgestaltet, als die Zahl von bisher sechs (2 Gerichtsprätoren, 4 Provinzialprätoren) auf acht erhöht und allen Prätoren gerichtliche Funktionen übertragen wurden, nämlich außer der Ziviljurisdiktion zwischen Bürgern und zwischen Bürgern und Fremden, die unverändert jeweils der Stadtprätor und der Fremdenprätor innehatten, auch die Leitung der zum Teil schon vor Sulla, zum Teil erst durch ihn geschaffenen sechs ständigen Gerichtshöfe für Strafsachen (s. u. S. 178). Damit entfiel die Provinzialprätur und waren alle Prätoren in der Stadt Rom tätige Gerichtsbeamte. Nach dem Amt übernahmen dann die Prätoren als Proprätoren — wie auch die Konsuln als Prokonsuln — eine Statthalterschaft; da es zur Zeit der Reform zehn Provinzen gab, war nunmehr der jährliche Wechsel in der Statthalterschaft gesichert und damit eine gewisse Ordnung in die Provinzialverwaltung gebracht. Gleichzeitig wurde durch diese Koppelung von Prätur bzw. Konsulat und Proprätur bzw. Prokonsulat die Promagistratur ein reguläres Amt (s. u. S. 96).

Die Ädile hatten, wir ihr Name zeigt (von *aedes*, Tempel), ursprünglich eine Aufsicht über die Tempel, insonderheit über die unter dem Schutz des Tempelgottes stattfindenden Handelsgeschäfte. Später war letzteres, also die Aufsicht über den Markt der Stadt sowie die Sorge für die öffentlichen Straßen und Plätze, ihre Hauptaufgabe. Daneben trat allmählich die Ausrichtung der großen Feste für die Götter, mit denen Spiele, Festschmäuse und andere Festivitäten verbunden waren (*cura ludorum*). Die wichtigsten dieser Feste waren die „Römischen Spiele“ (*ludi Romani*), die „Plebejischen Spiele“ (*ludi plebei*) und das Fest zu Ehren der aus Kleinasien stammenden „Großen Mutter“ (*Megalesia*). Die Finanzierung dieser Feste oblag zum größten Teil ihren Ausrichtern selbst; trotzdem war die Ädilität ein begehrtes Amt, da ihre Inhaber sich durch besonders prächtige Ausschmückung der Feste beim Volk beliebt machen und dadurch die Wahl zu den höheren Ämtern erleichtern konnten. Die Kosten hofften sie sich zurückzuholen, wenn sie sich durch das erstrebte höhere Amt die Möglichkeiten zur persönlichen Bereicherung, etwa als Statthalter in einer Provinz, verschafft hatten.

Die Quästoren waren Finanzbeamte, die im Auftrage des Senats bzw. der Magistrate die zentrale Kasse der Hauptstadt (*aerarium*) bzw. die Einzelkassen der hohen Beamten verwalteten. Die beiden Quästoren, die die zentrale, im Tempel des Saturn am Forum Romanum verwahrte Kasse (*aerarium Saturni*) verwalteten, hießen *quaestores urbani*. Je ein Quästor wurde in aller Regel dem ins Feld ziehenden Konsul mitgegeben; hier konnte er erforderlichenfalls auch militärische Aufgaben unter der Leitung des Konsuls übernehmen. Regelmäßig hatten auch die Provinzialprätoren einen Quästor (der Provinzialprätor von Sizilien deren zwei), die reine Finanzbeamte waren. Schließlich gab es noch seit 267 v. Chr. die vier Flottenquästoren (*quaestores classici*), die in den italischen Flottenbasen Roms (Ostia, Cales in Kampanien, Ravenna, die vierte Basis ist unbekannt) die militärische Verwaltung innehatten. Die Quästoren waren in der Finanzgebarung an die Weisungen des Senats bzw. der Beamten gebunden; sie hatten, mit Ausnahme vielleicht der Flottenquästoren, keinen selbständigen Aufgabenkreis.

Die Volkstribune (*tribuni plebis*) nahmen eine besondere Stellung innerhalb der römischen Beamtenschaft ein. Das Amt war in den Ständekämpfen von den Plebejern als Kampfinstrument gegen die herrschende patrizische Adelsschicht geschaffen worden, war also ursprünglich eine gegen den Staat gerichtete revolutionäre Gewalt. Da der Tribun nicht Bestandteil der öffentlichen Rechtsordnung und folglich seine Aktionen rechtens nicht abgesichert waren, hatte die gegen die Patrizier revoltierende Plebs ihn mit einem religiösen Tabu belegt, das ihn — als Ersatz für die mangelnde Rechtsstellung — vor Angriffen schützte und den Angreifer als einen Sakralverbrecher brandmarkte. Der so geheiligte Tribun war also unverletzlich (*sacrosanctus*). Als der Führer der Plebs war er gleichsam die oberste Behörde eines „Staates im Staate" gewesen, der den Plebejern gebot und vor der Versammlung der Plebs (*concilium plebis*) Anträge stellte wie der ordentliche Beamte vor den ordentlichen Volksversammlungen, der mit der Plebs zusammen über politische Gegner zu Gericht saß und den Plebejern bei Übergriffen der ordentlichen Magistrate zu Hilfe eilte (*auxilium*). Der Tribun vollzog seine Pflicht zur Hilfe in der Weise, daß er zwischen den ordentlichen Magistrat und den angegriffenen Plebejer trat und durch seine mit religiösem

Tabu belegte Person den Magistrat am Zugriff hinderte. Faktisch kam diese Hilfe einem Verbot an den ordentlichen Magistrat gleich. Da die Volkstribune — es waren schließlich zehn — der ordentlichen Magistratur nichts befehlen, sondern allenfalls versuchen konnten, deren Aktionen durch ihr Dazwischentreten, durch Massenaufläufe der Plebs und durch den politischen Streik (nämlich durch den Auszug der Plebs aus Rom, *secessio plebis*) zu verhindern, war ihre Gewalt eher negierender Art: Durch die Lahmlegung des staatlichen Apparates suchten sie die Patrizier auf die Knie zu zwingen. — Nach dem Sieg der Plebs und der Eingliederung der vornehmeren Plebejer in die Führungsschicht des Staates wurden die Volkstribune ihrer eigentlichen Aufgabe beraubt. Trotzdem wurde das Volkstribunat, das gleichsam der Garant für das im Ständekampf Erreichte war, nicht aufgehoben, sondern in die vorhandenen Magistraturen eingegliedert; auch die Versammlung der Plebejer, der die Volkstribune vorstanden, wurde nun als Volksversammlung anerkannt (287 v. Chr.). Die Anerkennung des Volkstribunats als ein ordentliches Amt bedeutete auch die Legalisierung der von den Volkstribunen usurpierten Gewalten, und die Tribune erhielten auf diese Weise u. a. das Recht, sogar den höchsten Beamten verbieten zu können (*ius intercessionis* der *maior potestas*), vor der Versammlung der Plebejer nun das gesamte Volk bindende Gesetze beschließen zu lassen (*ius cum plebe agendi*) und den Senat zu versammeln (*ius senatus habendi*). Dem reinen Buchstaben des Rechts nach wurden die Tribune damit die oberste Behörde der Stadt. Aus mehreren Gründen konnte die römische Führungsschicht jedoch die Legalisierung des Tribunats ohne große Bedenken vornehmen: Der Volkstribun, dessen Gewalt von ihrer Entstehung her ja vornehmlich negierender Art war, konnte dem Konsul zwar verbieten, aber nicht die Geschäfte des Konsuls übernehmen, und er war folglich nicht fähig, zu „regieren". Allerdings blieb die Gesetzesinitiative der Tribune ein möglicher Hebel für eigenständige Politik. Dem war aber dadurch wirksam vorgebeugt, daß die Volkstribune nach der Einordnung der einflußreichen Plebejer in die Aristokratie (Nobilität) grundsätzlich in keinem Gegensatz mehr zu ihr standen, ja sehr oft ihr selbst auch angehörten. Sie traten daher jetzt, nach dem Verlust ihrer alten Aufgaben der Kampfzeit, in aller Regel für die Interessen und Ziele der neuen Adelsgesellschaft ein, betrachteten sich als die Wächter der durch den Ständekampf aufgerichteten Ordnung und schützten diese Ordnung durch den Einsatz ihrer umfangreichen Rechtsmittel. Sie wurden schließlich sogar der verlängerte Arm der neuen Nobilität, die sie gegen jeden widerspenstigen Magistrat einsetzte und damit die Geschlossenheit der aristokratischen Gesellschaft vor dem Angriff ehrgeiziger Einzelner schützte. Eine trotzdem denkbare etwaige Opposition aus dem Kreise des Tribunenkollegiums konnte leicht dadurch verhindert werden, daß einer aus dem vielstelligen Kollegium zur Interzession gegen den nicht im Sinne der Nobilität handelnden Tribunen aufgefordert wurde, denn selbstverständlich war das Tribunenkollegium nach seiner staatlichen Anerkennung im Sinne der bereits bestehenden Kollegien konstituiert worden. — Das Volkstribunat konnte für die etablierte Ordnung erst dann wieder eine Gefahr werden, wenn die Spannungen innerhalb der Nobilität so groß wurden, daß eine umfangreiche, gegen die Mehrheit der Nobilität gerichtete politische Programmatik nach einer Institution innerhalb des staatlichen Apparates suchte, von der aus sie sich verwirklichen konnte. Einer Politik, die auf Erneuerung aus war, mußte sich das Volkstribunat allerdings von selbst anbieten, da es nicht nur die umfangreiche rechtliche Apparatur an die Hand gab, sondern auch noch den Mythos seiner Herkunft anzubieten hatte. Es fragte sich, ob das Institut der Kollegialität, das durch die Interzession solche Versuche zu hindern vermochte, dann noch funktionieren würde. Diese Situation ist seit den Gracchen gegeben, die mit Hilfe des Volkstribunats den Staat gegen den Willen der Mehrheit der Nobilität zu restaurieren trachteten.

Unter den nicht wenigen außerordentlichen Beamten, die nicht jährlich, sondern in größeren Abständen oder nur bei bestimmtem Bedarf gewählt wurden, sind die Censoren die bei weitem wichtigsten. Sie wurden in der Regel alle fünf Jahre gewählt, doch begegnen in der ausgehenden Republik auch längere Intervalle. Von dem religiösen Akt der Reinigung des Volkes (*lustratio*), den die Censoren am Schluß ihrer Amtsperiode vollzogen, nannten die Römer den Zeitraum von fünf Jahren auch *lustrum*. Wie der Name sagt (*censor* von *censere*, schätzen, mustern), ist die ursprüngliche Aufgabe des Censors die Schatzung des Bürgers; sie war nicht nur wegen steuerlicher Umlagen erforderlich, sondern auch wegen der Heeresdienstpflicht, die sich nach dem Vermögen der Bürger richtete (s. u. S. 98). Vielleicht hat diese Aufgabe zunächst der oberste Beamte (*praetor maximus*) vorgenommen und ist erst im 4. Jahrhundert v. Chr. einem Sonderbeamten, nämlich dem Censoren, übertragen worden. Da die Schatzung nur den vertrauenswürdigsten Leuten überlassen werden konnte, galt die Censur in der Rangordnung der Ämter als das vornehmste Amt; es wurde in aller Regel nur Personen, die bereits das Konsulat bekleidet hatten, anvertraut. Die Natur des Amtes machte den Censor auch für andere, an die Moral einer Person besonders hohe Anforderungen stellende Aufgaben geeignet. Als sich durch die wachsenden Möglichkeiten und Beeinflussungen des römischen Herrschaftsraumes die ersten Anzeichen einer Desintegration der führenden Schichten zeigten, wurde die Censur diejenige Behörde, die Verstöße gegen die überkommenen Verhaltensweisen durch deren Kenntlichmachung feststellte und die Gesellschaft zum Boykott solcher Personen aufforderte, gegenüber Senatoren auch dadurch selbst als strafende Behörde auftrat, daß sie einem unwürdigen Senator unter Umständen den Senatssitz entzog (s. o. S. 59 f.). Schließlich entwickelte sich die Censur im Laufe der Zeit auch zu der wichtigsten Magistratur für das allgemeine Finanzwesen, die das staatliche Vermögen beaufsichtigte und insbesondere das Finanzgefälle aus staatlichem Vermögen einzog. Da dem Staat jeder bürokratische Apparat fehlte, geschah dies in aller Regel durch die Verpachtung der Gefälle an einzelne Privatleute oder private Gesellschaften; die Verpachtung erfolgte meist nach dem Prinzip des Meistbietenden und gegen sofortige Hinterlegung der Pachtsumme. In derselben Weise wurden Neubauten oder die Reparatur alter Bauten in Auftrag gegeben. Nachdem Rom besondere Herrschaftsbezirke errichtet hatte, die Steuern und Abgaben anderer Art dem römischen Herrn zu zahlen hatten, wurden auch diese Einnahmen als öffentliches Gefälle von den Censoren in Rom (mit einer Ausnahme: auf Sizilien zog der in Syrakus sitzende Quästor den Zehnten ein) verpachtet.

Zuletzt noch zu dem Diktator. Er ist der Notstandsbeamte, der zur Beseitigung der Notlage alle Vollmachten hatte und zu diesem Zweck die gesamte Exekutivgewalt in seiner Person konzentrierte. Ursprünglich traten alle anderen Beamten zurück, wenn ein Diktator ernannt worden war; später blieben die ordentlichen Beamten im Amt, wurden jedoch dem Diktator unterstellt. Da ihn auch das Veto des Kollegen nicht behindern sollte, wurde auf ihn — und übrigens allein auf ihn — das Prinzip der Kollegialität nicht angewandt. Der Diktator war schließlich auch von der Volkswahl ausgenommen: Er wurde nicht gewählt, sondern von einem der Konsuln ernannt, weil die akute Notlage unter Umständen die sofortige Bestellung eines Diktators verlangte und darum nicht erst langwierige Wahlen abgewartet werden konnten. Der Konsul ernannte den Diktator allerdings nicht nach freiem Ermessen, sondern folgte hier wie auch sonst den Instruktionen des Senats: Der Senat bestimmte, ob ein Notstand ausgerufen und, falls ja, welcher Mann zum Diktator ernannt werden sollte; der Konsul war hier nur ausführendes Organ des Senats. Als Gegenstück zur unumschränkten Gewalt des Diktators war dessen Amt zeitlich stark befristet: Es sollte nicht länger als 6 Monate dauern, welche Zeit für die militärischen Operationen auch genügte (man führte in älterer Zeit ja in aller Regel nur im Sommer Krieg). War der Notstand in dieser Zeit nicht bewältigt, wurde gegebenenfalls im folgenden Jahr noch einmal ein Diktator ernannt. Der Diktator ernannte als Hilfsbeamten einen Reiterführer (*magister equitum*).

Die Notlage, deretwegen ein Diktator ernannt wurde, war in früherer Zeit immer eine äußere Notlage, also eine von einem außenstehenden Feind herrührende Bedrohung. Der Diktator hieß daher auch *dictator rei gerundae causa* (*res gerere*, Krieg führen). Die ersten historischen Diktaturen sind uns aus den Samnitenkriegen, also aus dem Kampf Roms um die Vorherrschaft in Italien in der zweiten Hälfte des 4. und dem ersten Drittel des 3. Jahrhunderts v. Chr. bekannt. Auch im Krieg gegen Hannibal, in dem Italien ja direkt bedroht wurde, sind öfters Diktatoren ernannt worden. Seit dem Jahre 202 v. Chr. hat dann niemand mehr dieses Sonderamt bekleidet. Es spricht manches dafür, daß einige Nobiles am Ende des 2. Punischen Krieges versucht haben, mit Hilfe der Diktatur innenpolitische Vorteile zu gewinnen und damit das Institut des Notstandsbeamten in für die aristokratische Gesellschaft gefährlicher Weise zu mißbrauchen. Aber wie dem auch immer gewesen sein mag: Die Diktatur verschwand vor allem deswegen, weil es seit dem Ende des 2. Jahrhunderts v. Chr. keine äußere Notlage für Rom mehr gab: Der Weltherrscher Rom brauchte das Institut nicht mehr; Italien war nicht mehr bedroht. Die beiden späten Diktaturen des 1. Jahrhunderts, die Sullas und Caesars, sind denn auch keine Diktaturen im alten Sinne mehr. Die beiden genannten Politiker haben vielmehr in Zeiten schwerster innerer Zerrissenheit die Diktatur benutzt, um den auseinanderbrechenden Staat wieder auf eine solide Grundlage zu stellen. Der Diktator Sulla nannte sich daher auch *dictator rei publicae constituendae causa* (Diktator zur Wiederaufrichtung des Staates); Caesar bezeichnete seine Diktatur in herkömmlicher Weise, doch war sie in den letzten Jahren seiner Alleinherrschaft der Sache nach von der Sullas nicht verschieden. Da sowohl Sulla als auch Caesar deswegen, weil sie aus eigener Machtvollkommenheit den Staat ordnen wollten, die Kritik ihrer aristokratischen Standesgenossen fanden, und zwar auch Sulla, obwohl er den Staat im Sinne der Nobilität restauriert hatte, bekam der Begriff der Diktatur einen pejorativen Sinn, den er ursprünglich durchaus nicht gehabt hatte: Der Diktator wurde der die Freiheit der (aristokratischen) Gesellschaft bedrohende Mann, und deswegen vor allem hat auch der spätere Kaiser Augustus seine Herrschaft nicht mit dem Begriff der Diktatur verbunden.

Die Erklärung des Notstandes war also in älterer Zeit identisch mit der Ernennung eines Diktators. Da der Senat die Ernennung anordnete, war faktisch er die den Notstand erklärende Behörde. Der Umstand, daß faktisch der Senat für den Staatsnotstand zuständig war, fand auch darin seinen Niederschlag, daß der Diktator trotz seiner diskretionären Gewalt während des Notstandes beim Senat stets anfragte, was zu tun sei. Der Senat, der ursprünglich einmal nach der Ernennung des Diktators das Kriegskleid angezogen und sich ins Heer eingereiht hatte, blieb daher später immer zur Verfügung des Notstandsbeamten versammelt. Noch deutlicher tritt der Senat als die zentrale Notstandsbehörde in der Spätzeit hervor. Denn es herrschte zwar zunächst Friede in Italien, und aus diesem Grunde war die Diktatur ja auch entbehrlich geworden; aber mit den Tribunaten der Gracchen (seit 133 v. Chr.) begannen die inneren Unruhen, die die aristokratische Gesellschaft zwangen, zur Wiederherstellung der traditionellen Ordnung sich erneut einer Notstandsgewalt zu bedienen. Da es sich hier um bürgerkriegsähnliche Unruhen handelte, wäre es aber gefährlich gewesen, die alte Diktatur wieder aufleben zu lassen; die mächtige Notstandsmagistratur hätte in dieser Situation ja leicht zum Kristallisationspunkt der gerade bekämpften politischen Richtung werden können. Bei schweren innenpolitischen Konflikten aber mußte der Senat, soweit das für ihn als eine vielköpfige Behörde möglich war, die Exekutive der Notstandsvollmacht noch schärfer kontrollieren als bei dem äußeren Notstandsfall. Er erreichte das dadurch, daß er jetzt nicht mehr nur indirekt, sondern direkt die den Notstand erklärende Behörde wurde und daß er als Exekutive nicht einen einzelnen Mann, sondern alle ordentlichen Beamten ernannte. Technisch ging das so vor sich, daß der Senat einen „letzten“ (d. h. den letzten ordentlichen, vor dem Notstand beschlossenen) Senatsbeschluß faßte (*senatus consultum ultimum*, auch „Senatsbeschluß zur Verteidigung des Staates“ genannt, *senatus consultum de re publica defendenda*), in dem er alle Beamten, an erster Stelle die Konsuln, zur Rettung des Staates aufforderte (*consules videant, ne quid detrimenti res publica capiat*). Später wurde in diesem Senatsbeschluß dann auch bisweilen der innere Gegner direkt angesprochen und er selbst und alle, die ihm helfen würden, zu Staatsfeinden (*hostes publici*) erklärt. Dieses Notstandsverfahren hatte gegenüber der Diktatur für den Senat den Vorteil, daß die Erklärung des Notstandes nunmehr auch formell beim Senat lag und die Exekutive aus einer Mehrzahl von Beamten (mindestens zwei) bestand, die gegebenenfalls gegeneinander ausgespielt werden konnten. Selbstverständlich waren alle Beamten während des Notstandes weiterhin an den Senat verwiesen und also gehalten, sich in der Durchführung der Notstandsmaßnahmen vom Senat beraten zu lassen. Der Wandel von der Diktatur zum *senatus consultum ultimum* ist aufschlußreich. Er zeigt deutlich, daß in der Zeit der inneren Krise der wahre Herr im Staate, die Nobilität, keine Bedenken trug, zur Rettung der Ordnung sich selbst auch als den formalen Herrn dieser Ordnung hinzustellen: Im *senatus consultum ultimum* verfügte der Senat über die Ordnung.

Bisher sind nur die ordentlichen Beamten vorgestellt worden. Abgesehen von einer ganzen Reihe Sonderbeamter, auf deren Vorstellung hier verzichtet werden kann, gab es aber noch einen Beamtentyp, der sowohl wegen seines häufigen Vorkommens als auch deswegen, weil er den Charakter des republikanischen Staates ganz gut kennzeichnet, dargestellt werden muß. Es handelt sich um die sogenannten Promagistrate. Das sind, wie ihr Name sagt, keine ordentlichen Magistrate, sondern Personen, die „anstelle eines ordentlichen Magistrats" (*pro magistratu*, also *pro consule*, *pro praetore*, danach substantivisch: *proconsul*, *propraetor*) standen. Eine Promagistratur durfte jedenfalls im Prinzip nicht selbständig, sondern lediglich im Anschluß an eine ordentliche Magistratur (Konsulat, Prätur, Quästur) geführt werden. Die Inhaber von ordentlichen Magistraturen konnten also als Promagistrate im folgenden Jahre und unter Umständen auch noch länger ihre Amtsgewalt (nicht: ihr Amt, denn die Verlängerung des Amtes über ein Jahr hinaus hätte gegen das Prinzip der Annuität verstoßen) weiterführen, z. B. ein Konsul, der einen Feldzug unternahm, die für dieses Unternehmen notwendige Kommandogewalt (*imperium*) nach dem Ende seines Amtsjahres, also nach dem letzten Februar und später nach dem letzten Dezember, behalten. Dieser Usus hatte sich daraus entwickelt, daß die neuen Amtsinhaber, vor allem die Konsuln, in den ersten Tagen des Jahres meist noch mit Staatsgeschäften in Rom festgehalten wurden und erst verspätet im Felde eintrafen (z. B. um einen Krieg weiterzuführen), so daß ihre Vorgänger während dieser Zeit das Kommando behalten mußten. Man sieht, daß diese Verhältnisse bereits den weiträumigen Krieg voraussetzen, in dem der Feldherr zum Amtswechsel nicht mehr schnell nach

Rom kommen konnte, sondern weitab, in Spanien z. B., festsaß. In großen Kriegen verfiel man dann später darauf, auch nach Eintreffen des Nachfolgers den Vorgänger als Promagistrat zu behalten, wenn die militärischen Verhältnisse mehrere Führer und vor allem auch solche, die sich bewährt hatten, verlangten. So wurde den ordentlichen Magistraten dann das Kommando offiziell verlängert (prolongiert, prorogiert), und sie dienten als Promagistrate weiter, allerdings den ordentlichen Beamten gegenüber nicht gleichrangig, sondern untergeordnet. Vor allem in den Samnitenkriegen, in denen die Prorogation überhaupt zuerst vorgekommen zu sein scheint, und im Hannibalischen Krieg erforderten die zahlreichen verschiedenen Kriegsschauplätze viele bewährte Feldherren; seit dieser Zeit wurde die Prorogation des Amtes zu einer jährlich praktizierten Gewohnheit. — Wichtig ist nun, daß die Prorogation nicht etwa das Volk, sondern der Senat als die für die Außenpolitik und für die Strategie des Krieges kompetente Behörde beschloß. Damit erhielt er eine ungeheure, direkt in die Exekutive eingreifende Gewalt; er verfügte gleichsam über die Ernennung eines großen Teils der exekutiven Kommandoträger. Das Institut der Promagistratur ermöglichte ferner eine Anpassung an ständig wechselnde kriegerische Verhältnisse und vor allem auch den Verzicht auf eine für die aristokratische Gesellschaft nicht ungefährliche starke Erhöhung der ordentlichen Magistrate. Die Aristokratie war auf eine übersichtliche Zahl von Gewaltenträgern angewiesen, da nur die Übersichtlichkeit die Kontrolle garantierte. War man also gezwungen, mehrere Kriege gleichzeitig zu führen, brauchte man nicht die Zahl der obersten Kriegsherren, der Konsuln, zu vermehren, sondern arbeitete nach Bedarf mit Promagistraten; mußte man neue Provinzen einrichten, war es nicht notwendig, auch gleich einen neuen ordentlichen Statthalterposten, also eine Prätur, zu schaffen; man verwandte einfach Promagistrate. Praktisch sind dies Provisorien, aber die Republik hat von solchen Provisorien gelebt. So ist z. B. zwischen 197 und 82 v. Chr. die Zahl der Provinzialstatthalter (seit 198 waren es vier, was damals mit der Zahl der Provinzen übereinstimmte) nicht erhöht worden, obwohl in dieser Zeit fünf neue Provinzen hinzukamen. Die Promagistratur ist demnach, um es etwas scharf auszudrücken, eine Form der Magistratur, die unter den veränderten Verhältnissen der Weltherrschaft das aristokratische Regiment noch ermöglichte: Sie machte eine starke Erhöhung der ordentlichen Magistraturen entbehrlich und hielt die notwendigen Aushilfsbeamten unter einer besonders effektiven Kontrolle des Senats. Vor allem das letztere stützte das Gefüge der überkommenen sozialen Ordnung, denn die Promagistrate wurden nicht nur vom Senat (statt vom Volk) ernannt, sondern konnten von ihm auch jederzeit ihres Kommandos wieder beraubt werden: Der Senat verfügte über sie, über ihr Dasein als Promagistrat und über ihre Tätigkeit in so totaler Weise, daß das Problem der Kontrolle durch die Vermehrung der Promagistraturen überhaupt nicht akut wurde. — Die Promagistrate waren reine „Außenbeamte“; sie wirkten nur im Felde bzw. in römischem Herrschaftsgebiet (*militiae*), nicht in Rom (*domi*), wo nur die ordentlichen Beamten tätig werden konnten. Rechtlich fanden diese Verhältnisse darin ihren Niederschlag, daß der Promagistrat, der die Bannmeile von Rom (das Pomerium) betrat, automatisch alle seine Gewalt (das Imperium) verlor und also Privatmann wurde. Das bereitete übrigens bisweilen demjenigen Kopfzerbrechen, der einen Triumph abhalten wollte. Denn der Triumphator mußte als Feldherr, ausgerüstet mit seiner vollen Amtsgewalt, mitsamt seinem Heere bis zum Kapitol ziehen, wo er dem Iuppiter Capitolinus ein Dankopfer darbrachte. Vollzog er aber diesen Triumph nicht in der Zeit seines ordentlichen Amtes, sondern erst im Jahr danach als Promagistrat, hatte er für den Triumph, den er ja innerhalb der Bannmeile führen mußte, kein Imperium. Man half sich aus der Schwierigkeit, indem das Volk oder auch der Senat diesem Feldherrn das Imperium für einen Tag verlieh. Da der Triumph von der Gewährung des Imperiums abhängig war, wurde praktisch das Volk bzw. der Senat die den Triumph gewährende Instanz. Die ursprüngliche Zuständigkeit des Feldherrn für den Triumph zeigte sich später nur noch darin, daß ihn bei Verweigerung des Triumphs durch den Senat (und das Volk) niemand hindern konnte, einen Triumphzug außerhalb Roms, auf dem Albanerberg, abzuhalten.

Unter Sulla trat eine einschneidende Änderung in der Behandlung der Promagistratur ein: Sulla erhöhte die Zahl der höchsten Beamten, der Imperiumsträger, auf zehn (zwei Konsuln, acht Prätoren) und übertrug ihnen die Leitung der Staatsgeschäfte (Konsuln) und der Zivil- und Strafgerichtsbarkeit (Prätoren) in Rom und Italien; erst nach Ablauf der ordentlichen Magistratur gingen diese Beamten dann als Promagistrate (*pro consule; pro praetore*) in die Provinzen, wo sie ein Jahr als Statthalter regierten; die Zahl der Provinzen betrug damals zehn und stimmte also mit der Zahl der Promagistrate überein. Durch diese Reform war die Promagistratur ein reguläres Amt geworden. Mit der Beschränkung der Magistrate auf Rom und Italien war ferner praktisch der zivile von dem militärischen Geschäftsbereich getrennt worden, und natürlich hat das Sulla auch beabsichtigt: Er wollte die militärische Gewalt, die in den innenpolitischen Bereich eingedrungen war und zu einer Militarisierung der Politik geführt hatte, durch die Entmilitarisierung Italiens und durch die Verteilung des militärischen Potentials auf die zehn Provinzstatthalter von dem Zentrum der Politik fernhalten und schwächen. Die sullanische Ordnung hat mit mancherlei Änderungen (der zeitliche Anschluß von ordentlicher und außerordentlicher Magistratur wurde später aufgegeben) bis in die Kaiserzeit bestanden.

Nun zu den Volksversammlungen (lat. *comitia*). Zu ihnen ist zunächst zu bemerken, daß die römischen Volksversammlungen das gesamte Volk darstellten; es gab also keine Repräsentative. Dies ist die Konsequenz des Tatbestandes, daß Rom ein Stadtstaat war, und der antike Stadtstaat kannte die Volksversammlung lediglich als die Summe aller Bürger.

Mit allen anderen antiken Stadtstaaten hat Rom auch gemein, daß in der Volksversammlung ausschließlich die erwachsenen männlichen Bürger abstimmten; die Frauen hatten nicht nur kein Stimmrecht, sie durften zu den Volksversammlungen nicht einmal erscheinen.

Die römische Volksversammlung trat an bestimmten Plätzen zusammen, meist auf dem Forum Romanum. Die Centuriatcomitien mußten deswegen, weil sie ursprünglich eine Heeresversammlung gewesen waren, sich außerhalb der Bannmeile Roms, also im Gebiet *militiae*, versammeln; ihr Versammlungsplatz war das Marsfeld (*campus Martius*). Die Volksversammlung wurde von den ordentlichen Beamten einberufen, die für die Berufung der verschiedenen Versammlungsarten (s. u.) jeweils zuständig waren (*ius cum populo/plebe agendi*); so berief der Konsul z. B. die Centuriatcomitien, der Volkstribun die plebejischen Tributcomitien. Der berufende Magistrat leitete auch die Versammlung, insbesondere stellte er die Gesetzesanträge (*rogationes*), präsentierte bei den Wahlen die Kandidaten und brachte beim Volksgericht die Anklage vor. Nach der Abstimmung verkündete er das Ergebnis.

Die römische Volksversammlung unterschied sich grundsätzlich darin von anderen, insbesondere den griechischen Volksversammlungen, daß sie nicht die ungegliederte Masse aller Bürger, sondern stets die Summe einzelner Abteilungen darstellte, auf die die Bürger nach bestimmten, im Laufe der Jahrhunderte nach und nach entstandenen Prinzipien verteilt waren. Die Gliederungsprinzipien — es sind deren drei — spiegelten die historische Entwicklung vom gentilizisch strukturierten Personenverbandsstaat zu einem stärker territorialstaatlich organisierten Bürgerverband wider. Diese Entwicklung erscheint lediglich auf den ersten Blick eine Demokratisierung gebracht zu haben. Soweit einzelne Einrichtungen mit Demokratisierungstendenzen verbunden werden können, entsprechen sie oft nicht den tatsächlichen, durch die Sozialstruktur ausgewiesenen Verhältnissen (s. o. S. 20ff.). Es bestand also vielfach eine Spannung zwischen dem Eindruck, den der Anblick der Institutionen vermittelte, und der sozialen Realität.

Das älteste Gliederungsprinzip ist die Curie (*curia*), das ist eine in einer Verwaltungseinheit zusammengefaßte Summe von Geschlechtern bzw. Familien. Entsprechend den Abhängigkeitsverhältnissen in der Familie bzw. in dem Sippenverband (*gens*) regierten in den Curien die *patres familias* als die Familien- bzw. Sippenoberhäupter. Es gab 30 Curien, und die Summe dieser Curien war das römische Volk (*populus Romanus*) bzw., als Institution, die nach Curien gegliederte Volksversammlung (*comitia curiata*).

In den Ständekämpfen ertrotzten sich die Plebejer zwei neue Typen von Volksversammlungen. Die organisatorische Grundlage der älteren von diesen bildete eine militärische Einheit, die Centurie (*centuria*, das ist die Hundertschaft); die Summe aller Centurien — später waren es 193 — war die nach Centurien gegliederte Volksversammlung (*comitia centuriata*), die ursprünglich einmal die Heeresversammlung gewesen war. Da das politische Stimmrecht in dieser Versammlung danach abgestuft war, welche Ausrüstung der einzelne zum Militärdienst beisteuerte, gab es verschiedene Stimmklassen. Ursprünglich gab es deren drei, nämlich die Centurien der Reiter (*centuriae equitum*), die der schwerbewaffneten Fußsoldaten (*classis*) und alle übrigen Kombattanten, also die Leichtbewaffneten, Musiker usw. (*infra classem*); später teilte sich die Gruppe *infra classem* noch in vier Klassen (2. bis 5. *classis*; die *classis* der Schwerbewaffneten hieß dann 1. *classis*) und in die Centurien der Musiker, Zimmerleute und derjenigen, die kein Vermögen hatten (*proletarii*). Der durch die Forderung nach Selbstausrüstung gegebene Zusammenhang von Waffengattung und Vermögen wies die verschiedenen Waffengattungen den einzelnen Vermögensklassen zu; da gleichzeitig derjenige, der sich teurer ausrüstete, auch das bessere politische Stimmrecht besitzen sollte — man sieht: nach dem Vermögen richtete sich die militärische Leistung, nach der militärischen Leistung wieder das Gewicht des politischen Rechts —, war das politische Gewicht der Centurien, in die die Besitzenden eingeschrieben waren, unverhältnismäßig größer als das derjenigen, in denen die Minderbemittelten abstimmten: Die Centurien der Ritter und der 1. Klasse hatten ursprünglich zusammen bereits die Mehrheit (98 von 193), später, nach der Reform der Centuriatcomitien in der zweiten Häfte des 3. Jahrhunderts v. Chr., fehlten ihnen nur fünf Centurien an der Mehrheit. Ferner wurde deswegen, weil die Zahl der Centurien der einzelnen Vermögensklassen auch bei wachsender Bürgerzahl konstant blieb, der Unterschied zwischen der Zahl der in den Centurien der Ritter und der 1. Klasse einerseits und der in den Centurien der weniger Besitzenden abstimmenden Bürger andererseits in dem Maße größer, wie die wirtschaftliche Differenzierung vorwärts schritt und die Masse der verarmten Bürger zunahm: In einer Centurie der Ritter stimmten 100, in einer der 1. Klasse vielleicht 200, in einer Centurie der 3. Klasse aber viele Hundert, in der Centurie der Nichtbesitzenden sogar viele Tausende; nach Cicero gehörten zu der zuletzt genannten Centurie zu seiner Zeit beinahe ebenso viele Personen wie in der gesamten 1. Klasse (70 Centurien). Das Prinzip der Abstufung des politischen Rechts nach dem Vermögen (timokratisches Prinzip) bzw. nach der militärischen Leistung, die der einzelne auf sich nahm, war in der Zeit, als diese timokratisch organisierte Volksversammlung aufkam, also in den Ständekämpfen, sehr modern, denn sie löste die gentilizisch organisierte Volksversammlung, in der der einzelne als Glied seiner Familie und das heißt natürlich nach dem Willen des *pater familias* abstimmte, durch eine Versammlung ab, in der eine rational berechenbare Größe, nämlich die militärische Ausrüstung bzw. das Vermögen, das einer besaß, der Maßstab für den Anteil des politischen Willens war. Der Wille des einzelnen war dadurch freier geworden, und vor allem war der einzelne nicht mehr nur mittelbar durch seine Familie (seinen *pater familias*), sondern als Individuum nun unmittelbar Glied des Staates: Der Staat war nicht mehr die Summe der Familien, sondern die Summe der erwachsenen, männlichen Bürger.

Das dritte Gliederungsprinzip der Volksversammlungen ist der lokale Bezirk (*tribus*). Man teilte die Bezirke in städtische, also der Stadt Rom zugehörige (*tribus urbanae*) und in ländliche Bezirke ein (*tribus rusticae*). Die Zahl der Tribus wuchs von anfänglich nur wenigen in der zweiten Hälfte des 3. Jahrhunderts v. Chr. auf 35 Tribus; danach ist dann die Zahl der Tribus nicht mehr erhöht worden; wurde neues Gebiet zum römischen Territorium hinzugeschlagen, teilte man es den bereits bestehenden Tribus zu. Die Bewohner der Stadt Rom waren in nur vier der 35 Tribus eingeschrieben, die übrigen Tribus waren *tribus rusticae*. Bei den Tribus wurden übrigens auch die Bürgerlisten geführt. Die nach Tribus gegliederte Volksversammlung (*comitia tributa*) wurde von den Plebejern in den Ständekämpfen geschaffen. Sie war ursprünglich die Versammlung der Plebejer gewesen, die sich gerade in Abwehr des gentilizischen Prinzips nach lokalen Bezirken organisiert hatten (*concilium plebis*). Insofern diese plebejische Versammlung gleichsam das Volk in Aufruhr, einen „Staat im Staate", wie man auch gesagt hat, darstellte, war sie zunächst keine Institution der staatlichen Ordnung, sondern bedeutete gerade den Widerspruch gegen sie. Nach der Erfüllung der plebejischen Forderungen und dem Abklingen des Ständekampfes wurde diese Versammlung jedoch als ordentliche Versammlung, deren Beschlüsse das ganze Volk banden, konstituiert (durch die *lex Hortensia* vom Jahre 287 v. Chr.). Die Leiter dieser Versammlung blieben weiterhin die Volkstribune; nur sie durften diese Versammlung berufen und ihr vorsitzen. Das lokale Gliederungsprinzip der Volksversammlung war das demokratischste Gliederungsprinzip und ist als solches den Massen jedenfalls während der Ständekämpfe ohne Zweifel als ein besonders begrüßenswertes Prinzip erschienen. Da es sich auch in der Abstimmungspraxis praktikabler als die anderen erwies, schuf man dann noch zusätzlich eine nach Tribus organisierte Volksversammlung, in der auch Patrizier abstimmen und die ordentlichen (ehemals patrizischen) Beamten, wie Konsuln, Prätoren und Ädile, den Vorsitz führen konnten (patrizisch-plebejische Tributcomitien). Durch die geringe Anzahl von Abstimmungskörpern waren die Tributcomitien in der Tat eine handlichere Institution als die schwerfälligen, aus 193 Stimmkörpern bestehenden Centuriatcomitien, und folglich bediente man sich ihrer, wenn es irgend möglich war, eher als der Centurienversammlung. Trotzdem verloren die Centurien nicht an Bedeutung, vor allem weil sie als die ehemalige Heeresversammlung die Wahl der höchsten, mit dem Imperium ausgestatteten Magistrate (Konsuln, Prätoren) behielten. Als das römische Bürgergebiet größer wurde und die wenigen Bewohner weiter entfernt wohnender Bezirke nur noch vereinzelt zu den Abstimmungen kommen konnten, versuchte man, die Centuriatcomitien, in denen das stadtrömische Volk später überwog, so zu reformieren, daß diejenigen Bürger, die aus den entfernteren Gebieten zu den Abstimmungen nach Rom gekommen waren, von den Stadtrömern nicht völlig überstimmt werden konnten. Das wurde durch die Verknüpfung des timokratischen Prinzips der Centurien mit dem lokalen Prinzip der Tribus erreicht (zwischen 241 und 219 v. Chr.). Die Reform wies nunmehr jedem Bürger zugleich eine Centurie und eine Tribus zu, so daß die Stimme der Landbewohner auch dann, wenn sie nur vereinzelt nach Rom gekommen waren, deswegen stärker wog, weil es für den Abstimmungskörper ja einerlei war, ob in ihm viele oder nur wenige abstimmten. Allerdings machte die durch die Reform komplizierter gewordene Centurienversammlung diese noch schwerfälliger, als sie an sich schon war.

Bei den Abstimmungen in den Volksversammlungen stimmten die einzelnen Abteilungen (Curien, Centurien, Tribus) in sich nach dem Mehrheitsprinzip; jede Abteilung hatte eine Stimme, und die Mehrheit der Abteilungen entschied über den Antrag. Die Abstimmung war ursprünglich offen. In der zweiten Hälfte des 2. Jahrhunderts, zum Teil noch vor den gracchischen Unruhen, teils auch bald danach, wurde die geheime Abstimmung (mittels Stimmtafel, *tabella*; danach heißen die Gesetze, die die geheime Abstimmung vorschrieben, *leges tabellariae*) eingeführt. Es war ihr Ziel, die Abstimmenden von dem Einfluß der Nobilität abzuschirmen. Insofern der Einfluß der Nobiles auf die Bürger/Clienten eine Grundnorm der staatlichen Ordnung war, rüttelten diese Gesetze an deren Fundamenten. Obwohl die geheime Abstimmung die Beeinflussungsmöglichkeiten auf die abstimmenden Bürger verminderte, wurden die Bürger durch sie nicht „freier", sondern im Gegenteil ihre Verfügbarkeit eher größer. Das lag an den besonderen Gegebenheiten des Willensbildungsprozesses in den Volksversammlungen, auf den nun etwas näher eingegangen werden soll.

Die römische Volksversammlung konnte aus sich heraus keine Initiative entwickeln. Es gab also kein Antragsrecht eines Bürgers aus der Volksversammlung heraus; die Volksversammlung vermochte nicht einmal, einen ihr vorgelegten Antrag zu reformieren. Sie konnte zu den Vorschlägen nur „ja" oder „nein" sagen bzw. — bei den Volksgerichten — verurteilen oder freisprechen oder — bei den Wahlen — unter den präsentierten Kandidaten aussuchen (nicht etwa Kandidaten benennen, die nicht präsentiert waren). Die Passivität der Volksversammlungen resultierte aus der Familien- bzw. Clientelstruktur des

Staates; der einfache Römer hatte danach keine Möglichkeiten, die Initiative zu ergreifen. Diese Sachlage gab dem Magistrat, der die Vollversammlung leitete, ein überaus großes Gewicht. Er war nicht reiner Vollzugsbeamter der Volksversammlung, wie in Griechenland, sondern er war Herr der Versammlung: Er formulierte die Anträge und präsentierte die Kandidaten für die Wahlen, und d. h.: Was das Volk wollte bzw. was sein Interesse war, stellte der Beamte fest. Einen Willen des Volkes gab es nur durch den Mund des Magistrats, und da die Magistrate der Nobilität angehörten oder doch ihr nahestanden, spiegelten die Gesetzesthematik und die Vorschläge für die Beamtenwahlen in aller Regel die Bewußtseinslage der Nobilität wider. Angesichts dieser Sachlage überrascht es daher nicht, wenn wir sehen, daß der Senat, also dasjenige Kollektiv, durch das die Nobilität als Ganze ihren Willen kundtat, auch von sich aus direkt in die Gesetzgebung eingriff, indem er durch Beschluß die Beamten aufforderte, bestimmte Gegenstände vor die Volksversammlung zu bringen. Die Beamten gehorchten natürlich solchen Senatsbeschlüssen, zumindest fand sich immer einer, der es tat. Und auch die Volksbeschlüsse, die der Senat nicht direkt angeregt hatte, widersprachen nicht den Intentionen dieses Gremiums. Und kam es doch einmal vor, daß ein Magistrat einen Antrag vor dem Volk stellte, der der Senatspolitik nicht entsprach, suchten die Nobiles einen Kollegen dieses widerspenstigen Beamten dazu zu bewegen, gegen den Antrag zu interzedieren. Praktisch lag damit die Gesetzesinitiative beim Senat bzw. bei der Nobilität.

Als in der späten Republik einzelne Reformer versuchten, gegen den Senat Gesetze durchzubringen, rüttelten sie damit an die Grundfesten der Ordnung. Sie setzten ihre Beamtenrechte, zu denen das Antragsrecht vor der Volksversammlung gehörte, damit ja absolut: Sie lösten sich durch diesen Akt der Verselbständigung der Magistratur aus der Nobilität, deren Exekutive sie waren, und stützten sich auf das reine Recht. Es gibt aber kein Recht ohne einen sozialen Bezug dieses Rechts. Das haben die Reformer auch gesehen, und sie beriefen sich, wie Ti. Gracchus, deswegen auf das Interesse des Volkes, das sie angeblich stärker vertraten als der Senat. Tatsächlich aber haben auch die Reformer, genau wie die Nobiles, das, was das Interesse des Volkes sei, selbst formuliert: Durch sie wurde das Volk nicht in der Weise mündig, daß die Bürger nun selbst die Initiative ergreifen konnten; die Passivität der Volksversammlungen haben die Reformer (die wegen ihrer Wendung zum Volk auch „*populares*" hießen) nicht beseitigt. Und wenn gerade diese Reformer auch die geheime Abstimmung einführten, machte diese die Bürger doch nicht freier; denn die geheime Abstimmung sicherte die Abstimmenden nur von dem Einfluß der Nobiles ab, machte damit aber gleichzeitig die Stellung des die Versammlung leitenden Beamten, eben jenes Mannes, der die Anträge formulierte und stellte, innerhalb der Volksversammlung nur noch stärker: Die geheime Abstimmung diente folglich nicht der Demokratisierung der Volksversammlung, sondern sie diente dazu, das Volk dem die Abstimmung leitenden Beamten verfügbarer zu machen dadurch, daß man es während der Abstimmung aus den Clientelbindungen zu lösen suchte.

Die römischen Volksversammlungen waren zuständig für die Wahl der Beamten, für die Aburteilung der schweren politischen Delikte und für die Gesetzgebung. Die ersten beiden Zuständigkeiten hatte das Volk sich auf dem Höhepunkt des Ständekampfes erstritten, die (normative) Gesetzgebung trat gegen Ende des Ständekampfes hinzu. Für die Wahl der Beamten ist bis zum Ende der Republik das Volk ausschließlich zuständig geblieben. Die politischen Verbrechen hat es nicht in derselben Ausschließlichkeit abgeurteilt: das war — bei zunehmendem Umfang des Bürgerverbandes — auch schon von der Zahl der Prozesse her gesehen ganz unmöglich. Seit dem Jahre 149 v. Chr. schuf man für die Aburteilung von politischen und kriminellen Delikten allmählich eine Reihe von ständigen Gerichtshöfen (*quaestiones perpetuae*), die das Volksgericht im Laufe der Zeit ersetzten und schließlich die für die Verfolgung von Verbrechen allgemein zuständige Strafbehörde wurden. Insofern diese Gerichtshöfe Geschworenengerichte waren, setzten sie auch das Prinzip des Laiengerichts fort, das die Volksversammlung repräsentiert hatte. Das Volksgericht wurde durch diese Gerichtshöfe nominell zwar nicht beseitigt, doch trat es nur noch selten zusammen.

Die Gesetzgebungstätigkeit war — neben den Wahlen — die wichtigste Aufgabe der Volksversammlungen. Sie war sehr umfangreich. Es lassen sich dabei gegenüber den anderen beschließenden Institutionen, also gegenüber den Magistraten und dem Senat, keine sehr scharfen Kompetenzgrenzen aufzeigen. Teils beschloß das Volk über Gegenstände, die auch der Senat oder dieser oder jener Magistrat durch Senatsbeschluß bzw. Dekret regelte, teils wurde, jedenfalls zeitweilig, ein bestimmter Kompetenzbereich als dem Volk allein gehörig angesehen. Die römische Gesetzgebung umfaßte ferner auch nicht nur normative Beschlüsse, also Beschlüsse, die Gebote oder Verbote allgemeiner Art festsetzten; Gesetz (*lex*) war auch derjenige Volksbeschluß, der einen lediglich vorübergehenden, sich in einer speziellen Situation erschöpfenden Gegenstand regelte, wie z. B. die Weihung eines Tempels, die Ernennung eines außerordentlichen Beamten für einen bestimmten Krieg, die Regelung der Modalitäten eines bestimmten Prozesses usw. Diese Beschlußgegenstände, die wir heute zum Teil unter das Verwaltungsrecht ordnen würden, betrafen also die aktuelle Tagespolitik; sie hatten nicht die Absicht, in ferner Zukunft zu wirken, so wie es Normen nun einmal wollen. Auch wir kennen heute Parlamentsbeschlüsse dieser Art, wie z. B. die Gesetze über die jeweiligen Jahresbudgets; die Juristen ordnen sie deswegen, weil sie keine Normen setzen, unter die „formellen" Gesetze, d. h. sie betrachten sie nicht als Gesetze im eigentlichen Sinne (als materielle Gesetze), sondern nur insoweit sie von derjenigen Körperschaft beschlossen werden, die die (normativen) Gesetze macht. Die Römer kannten diese Unterscheidung von formellen und materiellen Gesetzen nicht, obwohl der nichtnormative Volksbeschluß mindestens die Hälfte (eher mehr) aller Beschlüsse ausmachte. Das lag daran, daß die Römer nicht, wie die modernen Juristen, davon ausgingen, daß das Volk als Souverän die Basis der Ordnung und also diejenige Instanz wäre, aus der die Normen flossen, dergegenüber die Exekutive und die Judicatur nur die Normen exekutierten. Die Ordnung lag für sie vielmehr fest; sie wurde von der Volksversammlung nur gelegentlich ergänzt oder auch korrigiert, aber niemand dachte auch nur daran, sie im Grundsätzlichen zu bestreiten. Der Wille in der Volkversammlung konnte sich folglich gar nicht auf die Grundordnung beziehen, ein Tatbestand, der dem modernen Menschen fremd vorkommt, da ihm die Veränderbarkeit der Ordnung etwas Selbstverständliches ist und er, je weiter die Zeit fortschreitet, desto beweglicher darin wird, sie zu manipulieren.

Der Wille des römischen Volkes wurde also nicht als etwas Ursprüngliches aufgefaßt, der als der Anfang und der Grund aller menschlichen Lebensformen auch der Herr über sie sei. Der Volkswille richtete sich ganz unmittelbar auf die konkrete Situation, die den besonderen Fall regelte und dabei, je nach Lage, unter Umständen auch generelle Ordnungen schuf, aber eben niemals als Herr über die Grundordnung auftrat. Da dieser Wille zudem abhängig war von dem, was der Magistrat, also der Nobilis, dem Volk als möglichen Willen unterstellte, war es daher auch in aller Regel die Bewußtseinslage der Nobilität, die auf die Gesetzgebungstätigkeit wirkte, und sie verharrte selbstverständlich besonders stark in den tradierten Formen. Die Gesetze reflektierten die Bewußtseinslage der Nobilität aber nicht nur insofern, als sie die aristokratische Ordnung des Staates widerspiegelten; sie reflektierten auch Einzelinteressen von Nobiles, die Kämpfe der aristokratischen Parteiungen und die Reaktion des Senats darauf. Denn die die Volksversammlung leitenden Beamten, die die Gesetzesvorlagen einbrachten, wurden oft dazu verführt, das Volksgesetz als Instrument zur Durchsetzung ihrer persönlichen Wünsche oder der einer Gruppe einzusetzen. So wurde das Gesetz vielfach das dem einzelnen Nobilis oder einer Gruppe von Nobiles dienende Mittel zur Bewältigung wichtiger und unwichtiger Probleme der Tagespolitik. Wenn wir daher sehr viele Volksbeschlüsse haben, die sich auf aktuelle, vorübergehende politische Ereignisse beziehen, diente das Gesetz hier vielfach nur als Instrument im Kampf der adligen Parteien untereinander.

Der Wille des Volkes war, wie man sieht, ein durch die sozialen Gegebenheiten beschränkter Wille. Selbst als institutionalisierter Wille (in den Abstimmungen der Volksversammlungen) drückte sich diese Beschränkung in der überstarken Stellung des Magistrats klar aus. Damit waren die Volksversammlungen jedoch nicht reines Instrument der Nobiles, nicht bloße Vollzugsorgane des aristokratischen Willens. Solange die verschiedenen Nobiles bzw. ihre politischen Gruppierungen bei den Abstimmungen um die Stimmen warben (in aller Regel durch die Aktivierung der Clientelen) und damit das Volk zum Schiedsrichter machten, ragte der Wille des Volkes in den gesamtstaatlichen Willensbildungsprozeß noch hinein. Und selbst dann, wenn die Nobilität als Ganze der Volksversammlung geschlossen gegenübertrat, war das Volk, das dann allerdings nur dem Willen der Nobilität zustimmen konnte, noch nicht zu einer reinen Akklamationsinstanz herabgesunken. Die Volksversammlung garantierte nämlich auch dann immer noch die Öffentlichkeit der Politik, und das hieß auch, daß alle Politik einen Bezug auf das Volk haben mußte, was immer auch die Nobiles unter diesem Bezug verstehen mochten. Tatsächlich haben die Nobiles selbst in den letzten Tagen der Republik das Volk stets als die Instanz angesehen, vor der die Politik begründet wurde und vor der man um sie werben mußte; kein Nobilis konnte sich die staatliche Ordnung ohne die Volksversammlung auch nur vorstellen. Dies war selbstverständlich nicht die Konsequenz einer „guten" aristokratischen „Gesinnung", die das Volk immer in ihre Berechnung einschloß, sondern der Grund für diese Verhaltensweise ist genau derselbe, aus dem heraus das Volk seine Passivität als solche gar nicht empfand: Das Clientel- bzw. Patronatsdenken, auf dem die Sozialstruktur basierte, hinderte den Nobilis ebenso wie das Volk daran, dem anderen als dem Partner eines sozialen Verhältnisses die ihm in diesem Verhältnis zugestandene Rolle zu nehmen; der stärkere Partner, also die Nobiles, konnten ihre Rolle überbetonen, die des Volkes einschränken, aber die Aufhebung der Beziehung bedeutete eine Aufhebung der sozialen Gegebenheiten, und sie konnte daher niemand auch nur denken.

Noch eines sei zum Schluß zu den Volksversammlungen bemerkt. Die Erstreckung des Bürgergebietes über weite Strecken Mittelitaliens und schließlich — seit dem Bundesgenossenkrieg von 91/88 v. Chr. — über ganz Italien machte es den Bürgermassen nicht mehr möglich, auch nur zu den wichtigsten Abstimmungen der Volksversammlungen zu erscheinen. Den einfachen Mann hielt — neben den Reisekosten selbst — schon seine Arbeit zurück, die er — sei es nun, er war selbständiger Bauer, sei es, er war lohnabhängiger Arbeiter — nicht für längere Zeit verlassen konnte. Selbst die wenigen Landbewohner, die nach Rom kamen, wurden in den Tribus, die ja sowohl die Tributcomitien als auch die Centuriatcomitien als Grundlage ihrer Ordnung hatten, von in der Stadt Rom wohnenden Bürgern überstimmt, denn es hatten sich viele Landbewohner in Rom niedergelassen, ohne ihre alte Landtribus aufzugeben und für die Stadttribus, in der sie tatsächlich wohnten, einzutauschen: Sie, die längst mit dem Leben der Stadt Rom verwachsen waren, vertraten also nicht mehr das ländliche Bauerntum und dessen Problem- und Bewußtseinslage. Lediglich in den Centuriatcomitien, in denen sich das Stimmrecht auch nach der Höhe des Vermögens bemaß, konnten die reichen Bürger aus den Landstädten, die sich die Reise nach Rom zu leisten vermochten, die Entscheidung beeinflussen; doch kamen auch sie nur bei für sie wichtigen Abstimmungen. Die Volksversammlungen wurden auf diese Weise weitgehend mit den in der Stadt (*urbs*) Rom lebenden Bürgern (*plebs urbana*) identisch. Die Einführung der geheimen Abstimmung löste sie, die als hauptstädtische Bevölkerung an sich schon beweglicher und dem Neuen aufgeschlossener war, zudem noch aus den gewachsenen Clientelen. Als sich in der ausgehenden Republik die Richtungskämpfe innerhalb der Nobilität verschärften und der Streit um die Wahlen und die Reformgesetze hitziger wurde, versuchte mancher Politiker, die an sich durch die geheime Abstimmung bereits dem Versammlungsleiter verfügbarer gewordene Volksversammlung noch zusätzlich durch Bestechungsgelder zu korrumpieren. Die Nobiles wetteiferten aber nicht nur in der Ausschüttung von Bestechungsgeldern (*ambitus*), sondern schließlich auch in der Ausübung physischen Drucks (*vis*) auf die Abstimmenden. Immer weniger mochte daher einem nüchternen Betrachter die Volksversammlung noch das römische Volk repräsentieren. Manche, wie Cicero, suchten das „wahre Volk" (*verus populus*) denn auch nicht mehr in den Volksversammlungen, sondern nannten *populus* andere Versammlungen, z. B. im Theater, die ihnen das Volk jedenfalls eher widerzuspiegeln schienen als die ordentliche Volksversammlung. Schließlich wandte man sich von Rom weg und sprach von Italien (*tota, cuncta Italia*), d. h. von der Gesamtbevölkerung Italiens, die seit 88 v. Chr. ausnahmslos römisch war, aber zu den Abstimmungen in Rom nur zu einem geringen Bruchteil erscheinen konnte, wie von dem römischen Volk. Man mochte mit solchen Überlegungen recht haben, doch war nur das institutionalisierte Volk, also die Volksversammlung, fähig, einen Willen nicht nur zu haben, sondern ihn auch als einen formalen in die Welt zu setzen und wirken zu lassen. So sind jene Wendungen nicht Ausdruck von etwas Neuem, sondern nur der Reflex einer Verzweiflung über den Verfall einer Institution, die ein fester Bestandteil der Ordnung war.

Nun zur dritten Institution, dem Senat. Das Wort kommt von *senex* und bezeichnet also die Versammlung der „Alten". Gemeint sind die Häupter der Familien bzw. Geschlechter, die in aller Regel in einem bereits etwas vorgerückten Alter waren und die Masse der Bürger an Erfahrung und Weisheit übertrafen. Gewöhnlich sehen wir und sahen auch die Römer im Senat die Repräsentation der Nobilität. Entscheidend ist daher für die Beurteilung dieses Gremiums die Frage nach dessen Zusammensetzung.
Ursprünglich ist der Senat gewiß die Versammlung der Oberhäupter derjenigen Sippenverbände gewesen, die sich zu der römischen *res publica* zusammengeschlossen hatten, doch können wir dieses Stadium aus unseren Quellen kaum noch rekonstruieren. Der älteste uns faßbare Modus der Zusammensetzung knüpfte die Mitgliedschaft im Senat an die Ernennung durch den obersten Magistrat (ursprünglich der *praetor maximus* bzw. die Konsuln, später der Censor), der zugleich mit der Aufgabe der Schatzung auch die Ernennung der Senatoren übernahm (*lectio senatus*). Allerdings war von Anfang an die Zuwahl der Senatoren nicht allein von dem Willen des Oberbeamten bzw. Censors abhängig, sondern an feste Regeln (*mores*) gebunden, die der ernennende Beamte nicht verletzen durfte. Dazu gehörte einmal, daß er eine bestimmte Zahl von Senatoren nicht überschritt (ca. 300), und vor allem, daß er die ehemaligen höheren Magistrate — zu allen Zeiten ohne Zweifel diejenigen, die ein Amt mit Imperium inne gehabt hatten (Konsuln, Prätoren) — auf jeden Fall nicht über-

ging. Seit dem Ende des 3. Jahrhunderts v. Chr. hatten ferner auch die kurulischen Ädile, seit dem Ende des 2. Jahrhunderts ebenfalls die Volkstribune und plebejischen Ädile und schließlich seit Sulla (81 v. Chr.) auch die Quästoren ein Anrecht darauf, der Senatsliste zugeschrieben zu werden. Über die Beamten hinaus konnte der Censor jeden zum Senator ernennen, den er für würdig hielt (*optimus quisque*), auch wenn dieser noch überhaupt kein Amt bekleidet hatte. In der hohen Republik erfolgte die Zuwahl jeweils in der Censur, also in der Regel alle fünf Jahre. Es war jedoch üblich, daß diejenigen, die in der Zeit zwischen zwei Censuren Beamte geworden waren, schon vor ihrer offiziellen Zuwahl durch den nächsten Censor in den Senat aufgenommen wurden. Da jedoch erst der Censor sie regulär aufnehmen konnte, nannte man diese „Anwärter-Senatoren" nicht Senatoren (*qui in senatu sunt*), sondern bezeichnete man sie als Personen, die im Senat ihre Meinung sagen dürfen (*quibus in senatu sententiam dicere licet*). — Sulla führte insofern eine Änderung herbei, als er — außer daß er die Mitgliederzahl des Senats auf das Doppelte erhöhte — die freie Zuwahl des Censors gänzlich abschaffte und den Eintritt in den Senat allein noch auf die Bekleidung eines Amtes abstellte: Wer nunmehr das niedrigste Amt, die Quästur, bekleidete, trat damit automatisch in den Senat ein. Durch diese Reform war die Censur für die Zusammensetzung der Senatorenschaft entbehrlich geworden.

Senator wurde man demnach die längste Zeit der Republik hindurch durch die Volkswahl und die censorische Ernennung; das Volk wählte zwar nicht direkt den Senator, aber doch indirekt, insofern der Censor bei der Aufstellung der Senatsliste vornehmlich die Amtsinhaber berücksichtigte. Damit ist allerdings nicht das Volk als diejenige Instanz anzusehen, die nach Ermessen über die Zusammensetzung der Senatorenschaft entschied. Denn einmal wirkte der Censor, der auch Personen ohne Amt in den Senat wählen und ihm unwürdig erscheinende Personen abwählen konnte, als Regulativ der Volkswahl. Zum anderen aber wählte das Volk die Beamten nicht nach freiem Ermessen, sondern nach dem Sozialprestige, das eine Person auf Grund ihrer Clientelen und ihrer besonderen Leistungen hatte. Sowohl die Volkswahl als auch die Ernennungen durch den Censor/Oberbeamten gingen also immer schon von einer festen Vorstellung davon aus, welche Personen für das Amt und den Senatssitz in Frage kamen: Die Schicht der zu Wählenden stand im vorhinein fest. Allerdings gab der besondere Modus der Bestellung doch immer die Möglichkeit, in Ausnahmefällen anders zu verfahren als üblich: Der Bestellungsmodus reflektierte den Tatbestand, daß die Senatoren bzw. die Nobilität (Patriziat) keine feste Schicht von Herren, sondern eine Gruppe von einflußreichen mächtigen Personen war, für die der ständige Bezug zum Volk als Ganzes ein konstitutives Element ihres Selbstverständnisses darstellte.

Der Senat trat in geschlossenen Räumen zusammen, und zwar nur in der Stadt Rom (die sakrale Stadtgrenze hieß *pomerium*) bzw. innerhalb des 1. Meilensteins, letzteres vor allem dann, wenn er Promagistrate sprechen wollte (der Promagistrat verlor seine Amtsqualität, wenn er das Pomerium überschritt). Die Hauptversammlungsplätze waren die *curia calabra* auf dem Kapitol und die *curia Hostilia* (an ihrer Stelle errichteten der Diktator Caesar und sein Sohn die *curia Iulia*, die noch erhalten ist) oder auch der Innenraum (*cella*) von Tempeln, vor allem des Tempels des Iuppiter Optimus Maximus auf dem Kapitol oder des Castor und Pollux am Forum Romanum; außerhalb des Pomeriums (aber innerhalb des 1. Meilensteins) diente u. a. der Apollon-Tempel als Senatslokal.

Der Senat wurde von den dafür kompetenten Magistraten versammelt und geleitet (Konsuln, Prätoren und Volkstribune); er hatte keinen eigenen Vorstand (wie die griechische Bulé und das moderne Parlament): Er war also in seiner Initiative von Magistraten, nämlich von den Imperiumsträgern und den Volkstribunen, abhängig.

Die Geschäftsordnung des Senats war genau geregelt. Der magistratische Leiter der Senatsverhandlung referierte über die anstehenden Fragen (*relatio*). Aus dem Vortrag entwickelte sich ein magistratischer Antrag, über den der Senat dann beriet. Die Beratung erfolgte in Form einer Umfrage, in der in einer gesetzlich nicht vorgeschriebenen, aber sich aus der Rangordnung der einzelnen Senatsmitglieder ergebenden Reihenfolge die Senatoren ihre Meinung (*sententia*) zu dem Antrag sagten. Da das Sozialprestige eines Senators sich nach den Ämtern, die er bekleidet hatte, bemaß (das Amt erhielt man ja als Reflex eines Sozialprestiges), wurden zuerst die Konsulare (gewesenen Konsuln) gefragt, und zwar innerhalb dieser Gruppe wiederum nach dem Amtsalter; unter ihnen wurden ferner zuerst diejenigen gefragt, die auch die Censur bekleidet hatten. Von allen Konsularen bzw. Censoriern sagte schließlich zuerst derjenige seine Meinung, den alle als den vornehmsten ansahen: Das war bis zum Ende des 3. Jahrhunderts v. Chr. der amtsälteste Censorier, später wählte man unter den patrizischen Censoriern den Würdigsten aus (*princeps senatus*). Nach den Konsularen sprachen die Prätorier, dann die gewesenen kurulischen Ädile, schließlich die Tribunizier und Quästorier. Wie bei den Konsularen bestimmte das Amtsalter und — zusätzlich — auch die Zugehörigkeit zum alten Patriziat die Rangfolge. Man sieht, daß die Rangfolge außergewöhnlich streng gegliedert war: Jeder Senator wußte zu jederzeit genau, wann er reden durfte, und das hieß: wo sein Rang innerhalb der Senatoren war. Es lag völlig außerhalb des Vorstellungsvermögens eines Senatsmitgliedes, außerhalb der Rangfolge zu reden; hätte eines der niederen Mitglieder es gewagt, vor dem ihm zukommenden Ort zu sprechen, wäre der ganze Senat erstarrt, und es hätte nicht nur niemand zugehört, sondern der dreiste Mensch hätte sein ganzes Leben hindurch mit großen Schwierigkeiten in seiner Karriere zu rechnen gehabt, denn diese Geschichte hätte man so schnell nicht vergessen.

Natürlich hatte bei einer Umfrage auch nicht jeder zu reden. Wer von der höchsten Rangklasse nicht sprechen wollte, brauchte es nicht zu tun, aber in der Regel sagten von ihnen viele etwas und vor allem: Auf das, was s i e sagten, kam es an. Die nachfolgenden Rangklassen sagten nicht mehr viel bzw.: Sie hatten nicht mehr viel zu sagen. Einen Prätorier mochte man noch anhören, seltener schon einen Ädilizier, aber die Masse dieser Senatoren hörte nur zu: Ihre Funktion lag einzig in der Abstimmung, bei der sie dann zu der Gruppe traten, deren Meinung sie zustimmen wollten. Da ihre Tätigkeit allein in der Abstimmung lag, nannte man sie *pedarii* (von *pes*, der Fuß, da man mit den Füßen, nämlich durch Auseinandertreten, *discessio*, Hammelsprung, abstimmte).

Die Umfrage behandelte den magistratischen Bericht bzw. Antrag. Die Senatoren waren nicht gehalten, ihre Meinung dazu lediglich auf Annahme oder Ablehnung abzustellen. Anders als die Bürger in der Volksversammlung konnten sie den Antrag abändern, und zwar sowohl ganz verändern oder nur mit Zusätzen versehen. Abgestimmt wurde also über die aus der Umfrage sich ergebenden Meinungen. Man ersieht daraus, daß der Wille der Senatoren ein Wille im echten Sinne war: Das, was der Senat, und d. h. angesichts der Gewichtsverteilung der Senatoren: was die Nobilität wollte, war nicht einfach nur ein Reflex auf die Willensmeinung des Versammlungsleiters. Der Senat konnte aus sich selbst heraus Willen erzeugen, und das mußte auch so sein, wenn der römische Staat seiner Struktur nach eine aristokratische Ordnung war. Die Abstimmung erfolgte, wie gesagt, durch Hammelsprung: Ein jeder trat zu den Personen, deren Meinung er zustimmen wollte. Die Mehrheit entschied. Für die Gültigkeit einer Abstimmung war nach späterem Usus ein Quorum erforderlich, allerdings dies nur für bestimmte Beschlußmaterien; das Quorum betrug zwischen 100 und 150 Personen.

An der Rangfolge der Senatoren und dem daraus ersichtlichen Unterschied des politischen Einflusses unter den Senatoren erkennt man einmal, daß nicht der Senat als Institution, sondern diejenige Gruppe von Senatoren, die wir als Nobilität bezeichnen, das eigentliche Gewicht hatte. Die anderen waren auch vornehme Leute, vielleicht sogar Anwärter auf die höhere Stufenleiter, aber sie „regierten" nicht. Und es regierte zudem nicht einmal die Nobilität als Ganze. Denn Nobilis war ja jeder, der in seiner Familie ein Konsulat aufweisen konnte, im Senat aber saßen viele Nobiles noch auf den unteren Rängen, weil sie noch jung waren und daher noch kein höheres Amt erreicht oder auch — schon älter — kein höheres Amt erhalten und kaum noch Aussicht auf ein solches hatten. Die regierende Nobilität war also nicht identisch mit den Personen, die man als Nobiles bezeichnen mochte; die Zugehörigkeit war abhängig von der Amtsaktivität: Der einzelne mußte als hoher Beamter tätig gewesen sein, sich im

Amt bewährt, Erfahrung in der Politik gesammelt haben: Die regierende Nobilität war immer ein in den politischen Geschäften auch wirklich tätiger Personenkreis. Es ist eines der Arcana für die Dauerhaftigkeit der aristokratischen Struktur des Staates, daß die Nobilität niemals zu einem Kreis von Personen degenerierte, die die politische Macht ohne eine ständige Beschäftigung mit der Politik inne zu haben beanspruchten. Wollten Mitglieder einflußreicher Familien ihren persönlichen Neigungen leben, konnten sie es tun, aber sie hatten dann keinen Einfluß mehr in der Politik. Es ist daher nicht von ungefähr, wenn wir etwa bei Cicero immer wieder davon hören, daß zu einem (regierenden) Nobilis eine Leistung gehöre, die darin bestehe, sein Leben der Politik auch wirklich gewidmet zu haben.

Ferner kommt in der Rangordnung des Senats zum Ausdruck, daß die römische aristokratische Gesellschaft keine Gesellschaft absolut gleicher Personen war. Zwar ist das republikanische Staatsrecht von dem Prinzip der Gleichheit durchdrungen; wie für jede aristokratische Gesellschaft galt auch für die römische dieses Prinzip als eine Basis der Ordnung. Aber es gab kein von der sozialen Ordnung unabhängiges Recht auf Gleichheit. Die Gleichheit bemaß sich nach den sozialen Bedingungen, und zwar wie in dem Verhältnis der einfachen Bürger zur Nobilität, so auch in dem Verhältnis der Nobiles untereinander. Das Gleichheitsprinzip war dabei an manche Relationen gebunden. Es zählte nicht nur der Einfluß eines Geschlechtes, der sich — auch ganz unabhängig davon, ob ein Mitglied dieses Geschlechtes ein Amt bekleidet hatte oder nicht — auf eine große Anzahl von Clienten und auf ein allgemeines Bewußtsein von den Leistungen des Geschlechtes oder einzelner seiner Mitglieder gründete, sondern auch, wie die Rangordnung des Senats zeigt, die Tätigkeit des Nobilis im öffentlichen Bereich und das Amtsalter und damit die Erfahrung.

Sehen wir uns nun die Zuständigkeit des Senats an. Es ist schwierig, sie konkret zu fassen, und das ist ganz gewiß kein zufälliger, sondern ein sehr aufschlußreicher Tatbestand. Die modernen systematischen Handbücher versuchen bisweilen eine Abgrenzung der Zuständigkeiten, aber solche Versuche sind fast nutzlos. Man muß vielmehr zunächst davon ausgehen, daß der Senat als diejenige Behörde, in der die aktiv tätigen Nobiles saßen und das entscheidende Gewicht hatten, grundsätzlich für alles, was die allgemeine Staatsleitung anbetraf, zuständig war. Da die Magistrate, wie das noch zu zeigende Verhältnis zwischen ihnen und dem Senat ausweist, lediglich ausführende Organe des Senats waren, hatte die Exekution der staatlichen Aktivität praktisch der Senat; jedenfalls hatte er die allgemeinen Grundlinien dieser Aktivität zu bestimmen, aber tatsächlich beschäftigte er sich auch, sofern er wollte, mit einzelnen, ins Spezielle gehenden Fragen der magistratischen Tätigkeit. Wer also die Zuständigkeiten des Senats bestimmen will, braucht nur generell danach zu fragen, was denn in Rom überhaupt unter die Zuständigkeit staatlicher Aktivität fiel. Ursprünglich einmal, etwa am Anfang der Republik, ist es auch tatsächlich so gewesen, daß staatliche Kompetenz und Kompetenz des Senats quasi völlig miteinander identisch gewesen waren. Im Laufe der republikanischen Geschichte sind aber dann dem römischen Staat Aufgaben zugewachsen, die zu übernehmen der Senat ausdrücklich nicht befugt war. Es ist besser, bei der Frage nach der Zuständigkeit des Senats von ihnen anzugehen als davon, was der Senat denn eigentlich durfte.

Seitdem in den Ständekämpfen die Volksversammlung ein größeres Gewicht erhalten hatte, wurden manche staatliche Aufgaben, die der römische Staat im Laufe dieses Kampfes übernahm (der Ständekampf machte ja den römischen Staat dichter), mit ihr verbunden. Zu ihnen gehörte in erster Linie die Wahl der Magistrate, die früher der Senat, nunmehr die Volksversammlung vornahm. Analog dazu wurden später auch außerordentliche Beamte mit Imperium durch das Volk gewählt. Auch die Abänderung wesentlicher Bestandteile der normativen Ordnung konnte nur die Volksversammlung vornehmen. Eine Abänderung und Korrektur der Grundelemente der Ordnung war in älterer Zeit natürlich undenkbar gewesen; den Gedanken daran hatten erst die Unruhen der Ständekämpfe gebracht. Doch selbst während dieser Kämpfe hat die Führungsschicht eine notwendige Korrektur der Ordnung zunächst noch nicht durch Volksbeschluß, sondern dadurch vorgenommen, daß sie (im Senat) beschloß, künftig praktisch anders als nach Herkommen zu handeln (so wohl noch bei der Gründung der Konsulatsverfassung in der Mitte des 4. Jahrhunderts v. Chr.); erst seit dem Ende des 4. Jahrhunderts wurde es üblich, dergleichen durch das Volk zu beschließen (z. B. die *lex Hortensia*), da die öffentliche und schriftliche Niederlegung der geforderten Korrekturen den Plebejern eine größere Sicherheit für deren Verwirklichung gab. Später ist es dann dabei geblieben, daß alle wesentlichen, die staatliche Ordnung berührenden Normen durch Volksbeschluß (*lex*) aufgestellt wurden. Ferner wurde seit altersher auch die Kriegserklärung nur durch das Volk ausgesprochen, und schließlich ist der politische Prozeß nicht Sache des Senats gewesen, sondern fiel in die Zuständigkeit des Volkes (Volksgericht) oder — später — größerer Geschworenengerichte bzw. — im Bereiche der in Rom umfangreichen Polizeigewalt — in die Zuständigkeit der Beamten.

War also der Senat nicht befugt, die genannten Zuständigkeiten an sich zu ziehen, gab es doch viele Möglichkeiten, auf sie einzuzuwirken. Beschlüsse normativen Inhalts hat der Senat jedenfalls anfangs nicht gefaßt, jedoch die Magistrate zu Anträgen vor dem Volk aufgefordert, also eine Gesetzesinitiative in dieser Richtung entwickelt. Da der Senat in der Zeit der großen Staatskrise seit dem 2. Jahrhundert v. Chr. dazu neigte, die auseinanderbrechende Ordnung durch das gleichsam auf höherer (d. h. außerhalb der Nobilität liegender) Ebene stehende Volksgesetz wieder zusammenzufügen und die vielen neuen Aufgaben durch normative Satzung zu regeln, war seine Tätigkeit als Gesetzesinitiator entsprechend stark. Angesichts der wachsenden Passivität der Volksversammlung können wir sogar von einem faktischen (nicht formellen) Gesetzesmonopol des Senats sprechen (vgl. o. S. 102). Und was den Kriegsbeschluß anbetrifft, kam es darauf an, was die herrschende Schicht denn als Krieg bezeichnen wollte. Nicht alle Unruhen an den Grenzen oder in den Provinzen waren in den Augen des Senats Krieg; viele von ihnen wurden einfach als Maßnahmen zur Aufrechterhaltung der Ordnung betrachtet, für die kein Volksbeschluß nötig war. Am Ende der Republik hat sich der Senat sogar auch als Gericht konstituiert, denn die Erklärung der politischen Gegner zu Staatsfeinden, die der Senat als die für den Notstand zuständige Behörde schon gleich bei dem Ausruf des Notstandes oder während des Vollzugs der Notstandsmaßnahmen vornahm (s. o. S. 92), war nichts anderes als ein Schuldspruch über ein politisches Delikt.

Senat und Volksversammlung standen also in vielen Bereichen, für die die Volksversammlung als zuständig angesehen wurde, in einer gewissen Kompetenzkonkurrenz. Das Verhältnis ihrer Zuständigkeiten war zu den verschiedenen Zeiten nicht dasselbe, und es wurde teilweise auch dadurch verwischt, daß viele Gegenstände formell durch die Volksversammlung, jedoch faktisch durch den Senat entschieden wurden; und es wurde auch ferner noch zusätzlich dadurch verdunkelt, daß der Senat auch manches, für das im Grunde ein Volksbeschluß nicht notwendig schien, durch die Beamten zum Volksbeschluß erheben ließ, weil er eine „Verstärkung" seines Willensentscheides wünschte.

Hat sich durch den Überblick über das, für das der Senat mehr oder minder nicht zuständig war, gezeigt, daß sein Gewicht auch hier außergewöhnlich groß, in gewissen Zeiten (vor allem seit dem Ende des 3. Jahrhunderts v. Chr.) faktisch allherrschend war, zeigt sich seine Allgewalt besonders in den klassischen Ressorts der Regierung, nämlich in der Finanzgebarung, in der Heeres- und allgemeinen Kriegsführung sowie in der Außenpolitik. Der Senat rüstete die Magistrate mit Geld aus, bestimmte die Steuersätze für die Römer und vor allem auch für die Untertanen in den Provinzen und beschloß über alle außerordentlichen Ausgaben. Er befahl ferner, wieviel Mannschaft der einzelne Magistrat ausheben, wo er seine Truppen einsetzen sollte und wie die verschiedenen Magistrate und Promagistrate zusammenzuarbeiten hätten. Er empfing schließlich die auswärtigen Gesandten und faßte über die Beziehungen zu den auswärtigen Staaten und zu den in den Provinzen liegenden halbautonomen Gemeinden Beschlüsse. Wenn gelegentlich auch die Volksversammlung Beschlüsse über die Beziehungen zu Dritten, etwa über Verträge, vor allem Friedensverträge, faßte, war das nicht Ausdruck einer unmittelbaren Kompetenz des Volkes, sondern meist nichts anderes als die vom Senat gewünschte und geförderte Verstärkung eines Senatsbeschlusses.

Die Macht des römischen Senats war allen Römern bewußt; sie war ihnen auch ganz unproblematisch, denn sie war nur die Konsequenz einer Verhaltensweise, die dem Vornehmen die Geschäfte der Politik überließ. Der Einfluß und die Macht des Senats als die zentrale Mitte des Staates (*auctoritas senatus*) wurde erst gegen Ende der Republik von den großen Reformern und von den Potentaten der letzten Jahrzehnte der Republik (Pompeius, Caesar) angegriffen. Aber auch von ihnen hat niemand sie grundsätzlich in Frage gestellt, denn der Angriff gegen die *auctoritas senatus* ergab sich lediglich aus dem Willen, eine Politik gegen die Mehrheit der Senatoren durchsetzen zu wollen, richtete sich also nicht gegen den Senat als Institution. Aber wenn auch niemand sich vorstellen konnte, daß der Senat seine beherrschende Stellung im Staat verlor, bedeutete doch schon der nicht mehr vereinzelte, durch den Eigensinn und den Ehrgeiz oder auch materiellen Egoismus des einzelnen verursachte, sondern nunmehr ständige, durch den Reformeifer oder durch die Militarisierung der Politik bedingte Angriff auf den Senat den Anfang vom Ende der Republik.

Den auswärtigen Städten und Fürsten hingegen war und blieb der Senat selbstverständlich der Inbegriff römischer Macht. Obwohl der römische Magistrat derjenige war, mit dem sie es zunächst zu tun hatten, begriffen sie doch bald die Abhängigkeit des Magistrats vom Senat in Rom. Die Städte und Fürsten empfingen daher überall im Reiche einen Senatoren wie einen regierenden Herrn, was er ja auch in der Tat war, und es gab im Osten sogar einen Kult des Senats; der Senat wurde hier mit dem hellenistischen Herrscher, den die Griechen göttlich verehrten, gleichgesetzt. Die Unterwürfigkeit, mit der Gesandtschaften auswärtiger Staaten und sogar die Monarchen selbst vor dem Senat in Rom oder vor reisenden Senatoren auftraten, war kaum noch zu überbieten. Typisch war die Verhaltensweise des bithynischen Königs Prusias II., der im Jahre 166 v. Chr. in der Haltung und Kleidung eines Freigelassenen, den *pileus* (das ist die Kappe des Freigelassenen) auf dem Haupt, vor den Gesandten des Senats erschien (Polyb. 20, 18, ff.): Der Senat war ihm der Herrscher, dem er — wie der Freigelassene seine Existenz als juristische Person dem Herrn — verdankte, daß sein Reich noch existierte.

In dem Senatsbeschluß steckte der Wille, durch den der römische Staat und die Herrschaft über die Welt gelenkt wurden. Wie konnte der Senat, der doch ein Kollektiv ohne eigene Leitung, also eine von den Magistraten völlig abhängige Behörde war, sich durchsetzen und sich als zentrale Mitte des Staates erhalten? Dies ist eine Frage nach dem Verhältnis von Senat und Magistratur.
Der größte Historiker Roms, Theodor Mommsen, hat dem Senatsbeschluß in seinem „Römischen Staatsrecht" ein verhältnismäßig geringes Gewicht gegeben. Da Mommsen den römischen Staat als eine Rechtsordnung ansah — er identifizierte den Staat mit dem Staatsrecht, betrachtete nur die rechtlichen Elemente als zu dem Wesen des Staates gehörend —, interpretierte er die römische Republik von der Volksversammlung und von der Magistratur her, die als Institutionen Rechtsinstitutionen waren, deren Zuständigkeiten rechtlich formuliert und deren Willensentscheide Recht waren. Obwohl der Senat, auch eine Institution darstellte — er hatte z. B. eine feste Zusammensetzung und eine Geschäftsordnung —, schien er Mommsen gegenüber den beiden anderen Institutionen jedenfalls insoweit geringeres Gewicht zu haben, als es das Recht anging: Der Senatsbeschluß war gegenüber dem magistratischen Dekret und dem Volksbeschluß nach strengem positiven Recht — jedenfalls nach den Vorstellungen der Juristen des 19. Jahrhunderts — irrelevant. Zwar wußte selbstverständlich auch Mommsen — und kaum jemand besser als er — ,daß der Senat die Mitte des Staates war; aber er war es nach Mommsen eben nur „faktisch": Von Rechts wegen bedeutete der Senatsbeschluß nach ihm nichts. Diese rechtspositivistische Staatslehre, die die rechtlichen Erscheinungen des Staates als das Wesentliche des staatlichen Seins ansieht und konsequent alles das ausscheidet, was nicht in die Form des Rechts gegossen ist (Sozialstruktur; Politik; Sitte; Ökonomie; Philosophie usw.), konnte zum Beweise der Richtigkeit ihrer These anführen, daß *senatus consultum* doch auch nichts anderes heiße als „Ratschlag" des Senats und daß

der Senat, wenn er in seinem Beschluß den Magistraten Anweisungen gab, stets formulierte, die Magistrate (z. B. die Konsuln) sollten so und so verfahren, „wenn es ihnen so gut schiene" (*si iis videatur*). Doch tatsächlich kommt in dieser Formulierung nur zum Ausdruck, daß der Senat als Kollektiv keine ausführende Behörde war und er dem ausführenden Organ diejenige Stellung in der Öffentlichkeit erhalten wollte, die es seit der Königszeit gehabt hatte und auf der die Stärke des Staates und in gewissen Schranken sogar deren Existenz ruhte, nämlich die in einer Person bzw. in einem Kollegium auf Zeit konzentrierte Macht. Vor allem aber vermittelt der rechtliche Aspekt nur die eine Seite des Verhältnisses von Senat und Magistratur: Die reine Rechtslehre verschweigt den Bezug des Rechts: Es gibt keine Rechtsordnung ohne den sozialen Bezug, und letzterer lag in der römischen Republik eindeutig darin, daß der Magistrat nichts anderes darstellte als ein Stück des Kollektivs, dem zur Effektivierung des kollektiven Willens die ausführende Gewalt gegeben worden ist. Das Kollektiv aber war, wie die römische Verfassung ebenso klar ausweist, nicht das römische Volk oder das Volk doch nur in ganz gewissen, sehr eingeschränkten Grenzen: Der Magistrat war Nobilis und in erster Linie an seine engere Gruppe gebunden. Die soziale Bindung des Rechts verwies ihn also an den Senat. Die Verbindlichkeit des Senatsbeschlusses für den Magistrat war darum überhaupt kein Problem, sondern ist dies erst durch eine unangemessene, nämlich die rechtspositivistische Darstellung des römischen Staates geworden. Problematisch war nicht der Gehorsam, sondern umgekehrt der mögliche Ungehorsam des Magistrats gegenüber dem Senat. Er rührte an die überkommene soziale Ordnung. Ihn galt es zu verhindern. Es geht hier um die Frage: Wie kontrollierte der Senat die Magistratur, wie hielt er sie im Gehorsam, wie wurde das Kollektiv mit dem ungehorsamen, die soziale Ordnung nicht respektierenden Magistrat fertig? Diese Frage, die auf das Verhältnis von Senat und Magistratur zielt, berührt einen, vielleicht den eigentlichen Kern der römischen Verfassungsordnung. Sie soll in dem folgenden Kapitel als erstes behandelt werden.

II. Das staatliche Leben

a) Die Grundsätze aristokratischer Regierungspraxis

Der Überblick über die Gruppen der Gesellschaft und die rechtlichen Institutionen hat bereits die Wesenszüge gezeigt, die die staatliche Ordnung in Rom prägten. Von zentraler Bedeutung waren hier die Bindungen der Masse der Bürger an eine Gruppe höhergestellter Personen, die in dem Institut der Clientel ihren Niederschlag fand. Die politische Führung des Staatswesens war danach einer herausgehobenen Schicht (die Nobilität und die nicht der Nobilität angehörenden Senatoren, die im folgenden bei Gebrauch des Wortes „Nobilität" mitgedacht sein sollen) überlassen, und dies nicht nur in dem Sinne, daß diese Gruppe „regierte", sondern auch in dem Sinne, daß sie die Grundlagen politischer Entscheidung, auf Grund derer regiert wurde, selbst bestimmte. Die politische Rolle der Masse der römischen Bürger war passiver Natur, da die durch Familie und Clientel gegebenen Bedingungen sozialen Verhaltens eine gegen die Familienhäupter und Patrone gerichtete dynamische Politik von vornherein nicht zuließen: Das Clienteldenken absorbierte die Politik. Die Volksversammlungen sind daher auch nicht der institutionelle Niederschlag einer aktiven Teilhabe des römischen Volkes am politischen Leben. Zwar gab es bestimmte Bereiche, in denen seit den Ständekämpfen nach Herkommen die Volksversammlungen entschieden; über die Wahlen, aber auch über die Gesetze und hier vor allem über die wichtigen, wesentliche Fragen der staatlichen Ordnung betreffenden normativen Gesetze und — jedenfalls bis in das 2. Jahrhundert v. Chr. hinein — über den politischen Strafprozeß wurde in den Volksversammlungen abgestimmt. Aber selbst in diesem dem Volk vornehmlich oder auch ausschließlich eingeräumten Kompetenzbereich wirkten sich die allgemeinen Bedingungen des sozialen Lebens in der Weise aus, daß die in den Volksversammlungen abstimmenden römischen Bürger aus sich heraus keinen Willen zeigten, sondern lediglich auf Vorschläge der Magistrate, die jener herausgehobenen Gruppe von Personen angehörten, reagierten und selbst niemals Initiator von Politik wurden; die Bindungen waren so stark, daß es sogar nur selten möglich war, die Vorschläge abzulehnen: Vor allem wenn die Nobilität geschlossen hinter dem magistratischen Antrag stand, war die Zustimmung so gut wie selbstverständlich. Gegen Ende der Republik, ja auch bereits im 3. und 2. Jahrhundert v. Chr., wurde ferner die Volksversammlung als Institution dadurch erheblich geschwächt und folglich ihr Gewicht innerhalb der Ordnung noch zusätzlich gemindert, daß die in Rom sich zu den Versammlungen einfindenden Bürger immer weniger als das römische Volk angesehen werden konnten; der Tatbestand, daß faktisch die stadtrömische Bevölkerung die Rolle des gesamten *populus Romanus* spielte, konnte jedenfalls nicht zu einer Hebung der politischen Rolle der Volksversammlung innerhalb des Staatsganzen führen. Diese Verhältnisse berechtigen dazu, die römische Verfassungsordnung als eine aristokratische Ordnung zu bezeichnen; auch wenn die aristokratische Gesellschaft keine ganz fest abgeschlossene Gruppe darstellte, hatte sie doch, wie oben dargelegt wurde, alle wesentlichen Gruppenmerkmale, die auf eine Aristokratie zutreffen.

Wie für jede aristokratische Gesellschaft lag auch für die römische das eigentliche Problem ihrer politischen Stellung in der Lösung zweier Aufgaben: Einmal mußte sie ihr soziales Prestige, auf dem ihr politisches Gewicht ruhte, zu erhalten suchen, zum anderen mußte sie dafür sorgen, daß der Gruppenwille sich zunächst einmal bilden und als Gruppenwille sich effektiv insbesondere gegenüber eventuellen Minderheiten der Gruppe selbst auch durchsetzen konnte. Die erste Aufgabe, nämlich die dauerhafte Sicherung der Nobilität als führender Gesellschaftsschicht, ist als die Voraussetzung für die zweite die wichtigere, aber gerade sie war in republikanischer Zeit niemals ein Problem, und sie war daher als eine „Aufgabe" auch gar nicht bewußt: Die sozialen Bedingungen, denen die Nobilität ihre politische Existenz verdankte, veränderten sich nicht. Die Gründe für die Konstanz der Sozialstruktur, die sich lediglich aus einer entwicklungsgeschichtlichen

Betrachtung der sozialen Verhältnisse gewinnen lassen, sollen in einem späteren Kapitel, das die Ursachen für die Konstanz und den Verfall der republikanischen Verfassung erörtern wird, behandelt werden (s. u. S. 244 f.). Es bleibt hier lediglich zu untersuchen, wie die Nobilität als ein Kollektiv ihren Willen artikulieren und ihn zur Geltung bringen, d. h. die Regierungsgewalt effektiv ausüben konnte. Eine Antwort auf diese Frage können uns vor allem die Formen liefern, nach denen der Willensbildungsprozeß ablief und der Wille der Nobilität effektiv durchgesetzt wurde. Sie können uns sowohl Aufschlüsse über den Grad der Effektivität der aristokratischen Regierungspraxis als auch über das Maß des Bewußtseins von deren Problematik geben. Sie lassen sich entsprechend der doppelten Frage nach dem Prozeß der Willensbildung innerhalb der führenden Schicht und nach der Umsetzung dieses Willens in effektive Maßnahmen der Exekutive in zwei Komplexe ordnen. Der eine Komplex betrifft die Kommunikationsformen zwischen den einzelnen Nobiles bzw. innerhalb der ganzen Gruppe, der andere das Verhältnis der Nobilität als Ganzer zu den exekutiven Organen, die zwecks Ausübung der Regierung aus dem Kollektiv gleichsam auf Zeit herausgehoben und mit formeller Macht ausgerüstet werden mußten. Der zweite Komplex berührt also das Verhältnis zwischen der Nobilität und der Magistratur. Zunächst jedoch zu dem ersteren.

Die Formen der Kommunikation innerhalb der Nobilität sind bereits oben S. 47 ff. ausführlich dargestellt worden; sie sollen lediglich unter dem hier interessierenden Aspekt ergänzend weiter verfolgt werden. — Der stadtstaatliche Charakter Roms verlangte die Konzentration der regierenden Gesellschaftsschicht in der Stadt Rom. Da die permanente und enge personale Kommunikation der Mitglieder der Nobilität und der anderen führenden Schichten, wie der maßgebenden Gruppen unter den Rittern und der Senatoren, die nicht zur Nobilität im engeren Sinne gehörten, als eine Voraussetzung für die aristokratische Ordnung anzusehen ist, war die Erhaltung Roms als Zentrum des politischen Lebens auch eine der Lebensbedingungen für diese Ordnung. Selbst als mit der Ausweitung des römischen Bürgergebietes viele Nobiles große Güter weit außerhalb Roms besaßen und manche Familien aus entfernteren Gebieten des *ager Romanus* in die führende Schicht aufgenommen worden waren, blieb der stadtstaatliche Charakter Roms doch auch darin gewahrt, daß jeder Nobilis bzw. auch Senator im Prinzip in Rom wohnte, und wenn auch die meisten ein Landgut in der Nähe Roms hatten, auf das sie sich zu kürzeren oder längeren Aufenthalten zurückzogen, war doch für jeden Rom die eigentliche Residenz und also jeder für die routinemäßigen wie auch für die außerordentlichen Geschäftsgänge stets greifbar.

Die wichtigsten offiziellen Geschäfte wurden im Senat und in den großen politischen Prozessen verhandelt, wo die Angehörigen der führenden Schicht als ordentliche Mitglieder des Senats oder als Geschworene von Rechts wegen tätig waren. Die Entscheidungen, die hier gefällt wurden, waren jedoch in aller Regel lediglich das Ergebnis eines Willensbildungsprozesses, der außerhalb dieser Institutionen begonnen und meist bereits so gut wie abgeschlossen war, wenn im Senat oder vor Gericht verhandelt wurde; lediglich unvorhergesehene Ereignisse konnten die eigentliche Willensbildung in die Entscheidungsgremien selbst verlegen. Die Diskussionen, die die politischen Entscheidungen vorbereiteten, wurden also meist in „privatem" Kreise, etwa in den Häusern einflußreicher Senatoren, geführt, in denen unter Abwägung der bestehenden Machtverhältnisse Absprachen getroffen, Kompromisse geschlossen und alle denkbaren Eventualitäten erwogen wurden, die bei der Diskussion im Senat oder vor Gericht auftauchen konnten. Es versteht sich von selbst, daß die führenden Männer dabei die bestehende Anhängerschaft zu erhalten suchten und um neue politische Freunde (*amici*) warben. Es bildeten sich auf diese Weise größere Koalitionen von Familien, die nach dem jeweiligen politischen Gegenstand, dem Einfluß der einzelnen Familien und der besonderen Anziehungskraft einer Persönlichkeit wechseln konnten, aber oft auch über lange Zeit hindurch konstant blieben; nach manchen gewiß übertriebenen Vorstellungen einiger Forscher waren solche Verbindungen sogar so fest, daß ihre Existenz über lange Zeit hin und selbst dann vorausgesetzt werden darf, wenn die Quellen von ihnen nicht mehr sprechen. Aber auch wenn im Gegensatz dazu die

Forschung heute vielfach doch mit einer größeren Mobilität rechnet, waren solche politischen Verbindungen bisweilen dauerhaft und auf jeden Fall für kürzere Zeit, insbesondere für einzelne Entscheidungen außergewöhnlich wirksam. Man hat sich jedoch zu vergegenwärtigen, daß diese Verbindungen nicht den Charakter einer modernen politischen Gruppe (oder gar Partei) besaßen. Auch wenn einzelne Familien sich zur Durchsetzung eines bestimmten Sachgegenstandes zusammentaten, war meist nicht das politische Programm, sondern die Person (oder Personen) bestimmend, die die Verbindung herstellte und aufrecht erhielt. Mochte auch bisweilen der politische Gegenstand und unter Umständen sogar eine über die Tagespolitik hinausgehende politische Konzeption (z. B. über die Ostpolitik in der ersten Hälfte des 2. Jahrhunderts v. Chr.) die politische Gruppenbildung stark beeinflussen, war doch dem Charakter dieser Verbindungen gemäß der eigentliche Orientierungspunkt personaler Natur und verdeckte die Person oft genug die Sache. Aufs Ganze gesehen sind solche Koalitionen, vor allem sofern sie länger bestanden, vornehmlich eine Koalition von Familien mit dem Ziel einer Erhaltung und Verbreiterung der Machtbasis innerhalb der Führungsschicht, nicht eine solche zur Durchsetzung eines (für die moderne politische Gruppe konstitutiven) besonderen politischen Programms.

In der ausgehenden römischen Republik, in der innere Spannungen den Entwicklungsgang bestimmten, scheint sich auf den ersten Blick die Qualität der personalen Verbindungen innerhalb der regierenden Schicht geändert zu haben. Seit dem Ende des 2. Jahrhunderts v. Chr. läßt sich nämlich eine schärfere Gruppierung beobachten, für deren Entstehung — ausgehend von den Reformen der Gracchen — ein politisches Programm entscheidend gewesen sein könnte: Es beginnen sich jetzt die Gruppierungen der Nobiles auf zwei einander gegenüberstehende Blöcke zu polarisieren — jedenfalls scheint es oberflächlich gesehen so bzw. drängt uns die politische Diskussion der späten Republik dieses Bild auf —, und es bürgern sich für sie seit der Jahrhundertwende allmählich die Begriffe der *optimates* (von *optimus*, der Beste, gemeint sind die sich an der Tradition ausrichtenden Nobiles) und *populares* (von *populus*, das Volk, also die Nobiles, die ihre Politik nach dem Willen des Volkes ausrichten) ein. Daß diese Gruppen nicht die Repräsentanten zweier grundsätzlich verschiedener Anschauungen von der römischen Staatsform waren — etwa die eine Gruppe der Vertreter der Beibehaltung der aristokratischen Ordnung, die andere derjenige der Einführung der Demokratie —, steht zunächst außer Frage: Beide Gruppen standen auf dem Boden der gegebenen Ordnung. Die Popularen wollten lediglich als diejenige Gruppe, die innerhalb der politischen Führungsschicht meist in der Minderheit war, ihren Willen der Mehrheit durch die Benutzung der Volksversammlung als eines reinen Instrumentes ihres Willens (nicht als Vollzugsorgan eines echten Volkswillens, vgl. u. S. 139) aufzwingen, demgegenüber sich ihre Gegner auf den Senat (*auctoritas senatus*) beriefen, die letzteren im Sinne der tradierten Ordnung (natürlich nicht immer auch im Sinne der adäquaten Beurteilung der zur Debatte stehenden Sachgegenstände) insoweit mit dem besseren Argument, als gemäß der aristokratischen Natur der Staatsordnung die politischen Grundfragen innerhalb der Führungsschicht, und d. h. im Senat entschieden werden mußten. Ferner läßt sich auch für die Popularen nur sehr beschränkt eine politische Programmatik als ein konstitutives Element der Gruppierung feststellen, das gestattet hätte, sie als eine feste politische Gruppe von den anderen, stärker durch personale Verbindungen charakterisierten Gruppierungen abzusetzen; ein politisches Programm existierte eigentlich nur am Anfang der Entwicklung, nämlich unter den Gracchen, also zu einem Zeitpunkt, von dem aus die genannte Polarisierung ihren Ausgang nahm und in dem die Begriffe der Optimaten und Popularen noch gar nicht benutzt wurden. Nach der Zeit der gracchischen Unruhen ist dann die Politik der Popularen kaum noch auf feste Sachgegenstände bezogen und hängt überhaupt nur noch sehr locker mit dem zusammen, was die Gracchen wollten (und was jedenfalls zum Teil am Ausgang der Republik auch nicht mehr politisch aktuell war). Was von dem politischen Gegensatz optimatischer und popularer Politik übrig bleibt, ist im Grunde nur noch die Methode, nach der die beiden Gruppen ihren politischen Willen durchzusetzen suchten, nämlich sei es durch den Senat (so die Optimaten), sei es über die Volksversammlung (so die Popularen) den politischen Willen zu artikulieren, ihn unter Berufung auf eine der beiden Institutionen zu legitimieren und ihm Geltung zu verschaffen. Optimaten und Populare waren demnach spätrepublikanische Parteiungen (*factiones*), die in einer innenpolitisch veränderten Situation die alten lockeren Familiengruppierungen jedenfalls zeitweilig in einer durch die gracchischen Unruhen gegebenen Richtung polarisiert haben, und sie stellten somit grundsätzlich keine neue Form politischer Gruppenbildung dar. Lediglich insofern die Popularen sich oft auf das Volk beriefen und ihren Willen mit Hilfe der (rein instrumentalisierten) Volksversammlung einer Mehrheit im Senat aufzuzwingen suchten, führten sie eine neue Form der Willensbildung ein, die aber eigentlich nicht mehr eine Kommunikation innerhalb der Nobilität darstellte, sondern einen außerhalb der Nobilität stehenden Faktor, nämlich das Volk (dieses allerdings in seiner instrumentalisierten Form der zu einer reinen Apparatur herabgesunkenen Volksversammlung), in den Willensbildungsprozeß formal einbezog, damit den gruppeninternen Prozeß der Willensbildung sprengte und folglich nicht mehr unter eine systematische Betrachtung der Kommunikation der Nobiles untereinander, sondern als Symptom der Auflösung der aristokratischen Gesellschaft bereits in den Übergang der aristokratischen Ordnung in eine andere Staatsform fällt.

Die zweite, nicht minder wichtige Frage des hier angeschnittenen Problemkreises betrifft die Umsetzung des Willens der führenden Gesellschaftsschicht in effektive Regierungshandlungen exekutiver Organe. Es geht hier also um das Verhältnis der führenden Gruppe zur Exekutive, d. h. um das Verhältnis der Nobilität zur Magistratur. Es sei vorausgeschickt, daß in Rom das Verhältnis zwischen der Nobilität und der Magistratur nicht durch eine systematische Schwächung der exekutiven Gewalt (Magistratur) bestimmt und also die Exekutive nicht auf diese Weise „beherrscht“ wurde. Da die griechische Demokratie so verfahren ist, lohnt es sich, einen Augenblick über die Gründe für den Verzicht auf diese Möglichkeit der Kontrolle nachzudenken. Es hat dabei wohl eine geringe Rolle gespielt, daß der römische Oberbeamte der Nachfolger des Königs war, dessen Gewalt auf dem militärischen Sektor — die anderen Bereiche staatlichen Lebens gehörten damals meist noch den Geschlechtern — unumschränkt gewesen zu sein scheint; auch die griechischen Beamten waren Nachfolger eines Königs und haben eine durchaus andere Entwicklung durchgemacht. Sehr viel gewichtiger ist hingegen die Überlegung, daß die Magistratur in den Ständekämpfen, die beinahe unmittelbar an die Vertreibung der königlichen Dynastie anschlossen, von der herrschenden Gruppe der Patrizier als Instrument gegen die rebellierenden Plebejer ausgebaut und daher auch zum Träger aller — nicht nur der militärischen — Aufgaben gemacht wurde, die in den Ständekämpfen und in der Folgezeit sich der staatlichen Gemeinschaft stellten. Nach dem Ende der Ständekämpfe wurde diese dem Beamten zugewachsene Macht nur zu einem geringen Teil, nämlich seine usurpierte Zuständigkeit für den politischen Strafprozeß, wieder zurückgenommen, weil die starke militärische Beanspruchung während der Kriege gegen das mittelitalische Volk der Samniten, die in der Endphase des Ständekampfes einsetzten, die Notwendikeit einer starken Exekutive weiterhin deutlich vor Augen geführt hatte. Somit trat Rom mit einer starken Beamtengewalt in die Phase der Weltherrschaft ein, in der erst recht kein Raum für eine Schwächung der Beamtengewalt war. Darüberhinaus hat für die Beibehaltung einer starken Beamtengewalt gewiß eine große Rolle gespielt, daß eine überschaubare Gruppe, welche eine aristokratische Gesellschaft darstellt, eine Rationalisierung und Versachlichung der Exekutive, wie sie für demokratische Ordnungen selbstverständlich sind, scheut, weil sie die Bedingungen der Gruppenherrschaft, die diese Gruppe ja gerade erhalten will, zu zerstören geeignet ist: Einmal nämlich kann keine Aristokratie einen großen Apparat kontrollieren, der aber durch eine Aufsplitterung der Beamtenschaft auf viele Personen und durch eine von ihnen allen verlangte Rechenschaftsablegung entstanden wäre; zum anderen beruht die politische Praxis einer Aristokratie auf der persönlichen Kommunikation ihrer Mitglieder: Die Versachlichung hätte den persönlichen Charakter der Regierung und damit die Gruppe selbst aufgelöst. In der Tat hat die römische Nobilität daher die Zahl der Beamten übersichtlich gehalten und deren Macht nicht geschwächt. Der römische Magistrat war, vor allem auf dem militärischen Sektor, während seines Amtes mit beinahe unumschränkter Vollmacht ausgerüstet, und er hatte nach seiner Amtszeit nicht automatisch Rechenschaft über seine Amtshandlungen abzulegen; zwar konnte die römische Führungsschicht jeden Beamten nach dem Amt wegen schlechter Amtsführung anklagen und hat es auch oft getan; aber es gab keine Pflicht der Rechenschaftsablegung, und niemand hat auch nur daran gedacht, sie einzuführen.

Das Problem der Kontrolle der Magistratur durch die Gesellschaft, die die politische Macht in Händen hielt, wurde in Rom in anderer Weise gelöst, nämlich einmal durch Rechtskontrollen, die in die Magistratur selbst gelegt wurden — teils betrafen sie die einzelne Magistratur (z. B. die strenge Befristung der Magistratur), teils die Beziehungen der verschiedenen Magistrate untereinander (z. B. das Rechtsinstitut der Kollegialität und das Verbietungsrecht der höheren Gewalt gegenüber der niederen) —, zum anderen durch einen (nicht rechtlich, sondern durch Gewohnheit) institutionalisierten Zwang zur ständigen Konfrontation der Magistrate mit den nichtbeamteten Mitgliedern der regierenden Gesellschaftsschicht. Diese beiden Kontrollmechanismen sollen im folgenden näher auseinandergesetzt werden.

Diejenige Kontrolle, die in die Magistratur selbst gelegt worden war, gehört dem Staatsrecht im engeren Sinne an, da die der Kontrolle zugrundeliegenden Prinzipien in Rechtsnormen umgesetzt worden sind. Von ihnen ist bereits gesprochen worden (s. o. S. 76 ff.), und es genügt daher hier, an sie zu erinnern. Das wichtigste Prinzip war das der Annuität. In ihm verwirklichte sich der Gedanke der Kontrolle sowohl dadurch, daß kein Amtsinhaber Zeit erhielt, seinen politischen Einfluß mit Hilfe des Amtes über Gebühr auszubauen, als auch dadurch, daß er auch während seiner Amtszeit immer den Kreis der jeweils nichtbeamteten Nobiles zu berücksichtigen hatte, in den er schon sehr bald wieder zurücktrat. — Nächst der Annuität stand das Prinzip der Kollegialität (s. o. S. 76 ff.). Es zwang als Intra-Organkontrolle jeden Magistrat, sich bei allen amtlichen Aktionen mit seinen Kollegen abzusprechen, wollte er nicht Gefahr laufen, daß seine Aktion durch die kollegiale Interzession kassiert und dadurch seine Autorität gemindert wurde. In der Vertikalen der Beamtenhierarchie sorgte das Verbietungsrecht der höheren gegenüber der niederen Gewalt als Inter-Organkontrolle dafür, daß der individuelle Wille des einzelnen Beamten in einen Gesamtwillen der ganzen Beamtenschaft integriert wurde. Die Gesamtheit der Magistrate hielt sich dadurch gleichsam im Gleichgewicht; einem einzelnen war es so gut wie unmöglich, aus dem Zwang dieses Systems auszubrechen und eigene Wege zu verfolgen. Es versteht sich von selbst, daß hier, wo alle Beamten zur Kommunikation miteinander gezwungen waren, auch die Mitglieder der Nobilität, die jeweils keine Beamtenposten bekleideten, an dieser Kommunikation teilhatten: Das System der Kollegialität integrierte in der Praxis (nicht rechtlich-formal) die gesamte Nobilität in die Magistratur. — Neben diesen wichtigsten Prinzipien stand eine große Anzahl weiterer, die als Rechtsprinzipien die Magistratur banden. Die Versammlung und Leitung der Volksversammlungen und des Senats, die Ankündigung von Gesetzesvorlagen und die Verkündung der Beschlüsse der Volksversammlungen waren Rechte, die nicht nur die Kompetenz des einzelnen Magistrats regelten, sondern sie zugleich auch einschränkten. Während wir am Anfang der Republik entsprechend der noch beschränkten Zuständigkeit der zentralen Staatsgewalt nur wenige Sätze des Beamtenrechts haben — die Masse der späteren staatlichen Aufgaben lag ja noch bei den Geschlechtern —, wurde das Beamtenrecht im Laufe der Zeit umfangreicher und differenzierter. Der wachsende Umfang war dabei nicht nur durch die sich erweiternden staatlichen Aufgaben bedingt; gerade die wichtigsten Stücke des Beamtenrechts entstanden vielmehr vor allem auch aus dem Bedürfnis nach mehr Kontrolle. So ist z. B., wie bereits dargelegt wurde (s. o. S. 77), die Kollegialität aus dem Wunsche geboren, die Plebejer, die sich das oberste Amt, das Konsulat, erobert hatten, durch den patrizischen Kollegen zu kontrollieren, und sie bildete sich dann zu einer umfassenden, den Beamten schlechthin kontrollierenden Institution aus. In der Zeit der allgemeinen Staatskrise, als sich im Gefolge der Weltherrschaft eine Aushöhlung des Normenkonsenses innerhalb der Aristokratie bemerkbar machte, wurde die Magistratur dann immer schärfer durch Rechtssätze ausgestaltet, die die Amtsinhaber binden und beschränken sollten. So wurde etwa zu Beginn des 1. Jahrhunderts v. Chr. das magistratische Antragsrecht genauer gefaßt, indem durch verschiedene Gesetze unter anderem die Fristen für Gesetzesanträge festgesetzt und die Zusammenfassung sachlich verschiedener Inhalte in einem Gesetz verboten wurden. Auch die Qualifikation der Amtsbewerber wurde dadurch geregelt, daß für die einzelnen Magistraturen schon seit dem 2. Jahrhundert v. Chr. Altersvorschriften erlassen, die Reihenfolge der Ämter bestimmt und die Fristen zwischen der Bekleidung verschiedener Ämter festgelegt wurden (*leges annales*). Durch die wachsenden staatlichen Aufgaben und die offensichtliche Notwendigkeit, die Magistratur zu binden und zu beschränken, erscheint die Magistratur am Ende der Republik als eine rechtlich außergewöhnlich scharf durchgebildete Institution, und es ist daher kein Zufall, wenn diejenigen modernen Darstellungen zum römischen Staat, die das Gewicht der einzelnen Teile des staatlichen Bereichs an deren Rechtsqualität messen, die Magistratur in die Mitte des staatlichen Lebens rücken. Die Magistratur ist nicht nur die am schärfsten durchgebildete Institution der Republik, sie ist überhaupt die einzige Institution, die von den Römern mit vollem Bewußtsein und mit Konsequenz als eine Rechtsinstitution ausgebildet wurde. Die Volksversammlungen hatten demgegenüber Rechtsqualität eigentlich nur durch ihr institutionelles Gewicht, das gegenüber der Magistratur nicht anders denn als Recht gewertet werden konnte, und durch ihre Verbindung zur Magistratur; jedenfalls fehlte ihnen die Sorgfalt, mit der die Magistratur als eine Rechtsinstitution ausgebaut worden war. Und der Senat schließlich ist überhaupt niemals mit besonderer Rechtsqualität ausgerüstet worden; er hatte eigentlich nur insoweit Rechtsqualität, als er institutionell mit der Magistratur verbunden war (*ius senatus habendi*, *ius relationis*) und lebte im übrigen — wie die Volksversammlungen — von seinem institutionellen Gewicht und von seiner strengen Geschäftsordnung, die allerdings niemals als Rechtssatzung verstanden worden ist. Der Kern des öffentlichen Rechts war also magistratisches Recht; soweit die staatliche Ordnung Rechtsordnung war, war sie zunächst und vor allem beamtenrechtliche Ordnung. Dieser Tatbestand ist nicht Ausfluß einer Auffassung, die den Staat vornehmlich als Rechtsordnung faßte, sondern ist der Reflex eines Willens zur Kontrolle, der die Magistratur als dasjenige Organ, das die „Herrschaft" der Führungsschicht am ehesten gefährden konnte, mit Hilfe des Rechts zu einem für diese Schicht ungefährlichen und zugleich in ihrem Sinne brauchbaren Instrument machen wollte.

Neben der Rechtskontrolle, die in die Magistratur gelegt worden war, stand die Kontrolle durch die aristokratische Gesellschaft selbst, die die Magistrate ständig zur Auseinandersetzung mit den einzelnen Mitgliedern der Gesellschaft bzw. mit dem Senat als dem Repräsentanten der ganzen Gesellschaft zwang. Es mag zunächst erstaunen, daß sich die regierende Gesellschaftsschicht gegenüber der Magistratur nicht auch als Rechtsinstanz konstituiert und somit die in die Magistratur selbst hineingelegte Kontrolle durch die höhere Rechtsaufsicht des Standes ergänzt und vervollkommnet hat. Aber dergleichen hätte nicht nur vorausgesetzt, daß die regierende Schicht ein in sich fest geschlossener Kreis von Personen gewesen wäre (die Etablierung eines Standes als eine Rechtsinstitution verlangt ja die formelle Festsetzung der zu dem Stand gehörigen Personen), sondern hätte vor allem auch diesen Stand von Rechts wegen als den eigentlichen Herrn der staatlichen Ordnung hingestellt. Das alles hätte in klarem Widerspruch zu den sozialen Voraussetzungen der römischen Republik gestanden, die weder die Annahme eines — etwa durch das Blut — gegebenen absoluten Vorrangs bestimmter Personen gegenüber anderen noch die Vorstellung erlauben, daß die aus der Gemeinschaft herausgehobenen Personen Herrschaft ausübten. So stand in der Republik die Gesellschaftsschicht, die auf Grund ihres sozialen Prestiges die Politik lenkte (Patriziat, später Nobilität), nicht über, sondern neben der Magistratur. Soweit die letztere nicht durch die Rechtsordnung kontrolliert und gebändigt wurde, mußte daher jedes weitergehende Bemühen um Kontrolle von dem Tatbestand einer relativen Selbständigkeit der Magistratur ausgehen. Es blieb demnach als Möglichkeit nur noch, die Magistrate während ihres Amtes ständig an ihre Zugehörigkeit zu der herrschenden Schicht zu erinnern, sie auch als Beamte gleichsam in diese Schicht einzubinden und damit die ungeheuren Möglichkeiten zu paralysieren, die das Amt dem einzelnen bot. Das wurde auf verschiedene Weise erreicht.

Eine ständige Erinnerung an seine Zugehörigkeit zur regierenden Schicht war zunächst der jeden Magistrat umgebende Rat (*consilium*). Das Consilium war keine den Magistrat rechtlich bindende Einrichtung. Kein Rechtssatz zwang ihn, es überhaupt einzuberufen und, wenn er es tat, bestimmte Personen heranzuziehen. Er berief es trotzdem vor jeder wichtigeren Entscheidung — z. B. vor einer Schlacht, vor der Urteilsfällung —, und er wählte in das Consilium auch nicht beliebige Personen, sondern stets alle Nobiles, die in seiner Nähe waren, und weitere einflußreiche Leute aus seiner Umgebung. Aber der Beamte fühlte sich nicht nur an die ungeschriebenen Regeln für die Hinzuziehung eines Consiliums und für die Auswahl der Mitglieder (*consiliarii*), sondern auch an das Urteil des Consiliums gebunden: Er überging die Entscheidung der Ratgeber nicht ohne große Not. Aber auch wenn er sich anders als das Consilium entschied, blieb der eigentlich kontrollierende Wert dieser Einrichtung erhalten: Jeder Beamte war, wo immer in dem riesigen Herrschaftsgebiet er sich auch aufhielt, gleichsam unter der Beobachtung des ganzen Standes. Die Fäden zwischen den Consiliums-Mitgliedern und den in Rom oder anderenorts weilenden einflußreichen Personen der Nobilität sicherten die (aristokratische) Öffentlichkeit einer jeden magistratischen Aktion; es geschah nichts, was nicht der Nobilität bekannt wurde. Es bedarf keiner besonderen Erklärung, daß diese Verhältnisse den Beamten außergewöhnlich stark an den Gesamtwillen der Nobilität bzw. an den Willen einflußreicher Gruppen dieser Nobilität verwiesen. Das Consilium ist eine Einrichtung gegen die Selbständigkeitsbestrebungen des beamteten Nobilis.

Wie das Consilium war auch das Institut der Senatsgesandten (*legati*) eine Einrichtung, die den beamteten Nobilis zur ständigen

Kommunikation mit den jeweils nicht beamteten Nobiles bzw. mit der Nobilität als Ganze zwingen sollte. Diese Legaten waren ständige Begleiter des Beamten, die vom Senat nicht als Boten mit einem bestimmten Auftrag an den Magistrat gesandt, sondern die ohne Sonderauftrag dem Beamten von Amtsbeginn an mitgegeben wurden. Der Senat bestimmte dabei, ob und gegebenenfalls wie viele Legaten zu schicken seien. Natürlich erhielt nur der außerhalb Roms wirkende Magistrat einen oder mehrere Legaten. Die Legaten begleiteten den Magistrat überall hin, saßen selbstverständlich in seinem Consilium und wirkten darüber hinaus auf die Entscheidungen des Beamten einfach dadurch, daß sie anwesend waren; sie erinnerten den im Ausland übermächtigen Beamten ständig daran, wo seine Bindung lag. Und selbst der Legat, der mit dem Beamten befreundet war — und er war es in der Regel —, blieb noch ein Aufpasser. Denn obwohl er selbst nicht Beamtenqualität hatte, war er doch — nicht rechtlich, aber moralisch — verantwortlich für das, was der Beamte tat. Wurde in Rom Klage gegen einen Beamten erhoben, richteten sich die Vorwürfe auch gegen dessen Legaten, der unter Umständen die gleichen Sanktionen der Gesellschaft auszustehen hatte wie der Magistrat selbst. — Die ständigen, den Beamten beigegebenen Legaten hat die frühe Republik jedenfalls nicht in ihrer ausgebildeten Form gekannt, wie denn ihre Notwendigkeit erst gegeben war, als die Beamten durch die Expansion Roms weitab von Rom, in Unteritalien oder gar in Übersee, operierten. Die Ausbildung dieser Legatur ist daher nicht früher als das Ende des 3. Jahrhunderts v. Chr.

Neben diesen ständigen Legaten gab es noch die aus mehreren (2, 3, 4, 5, 10) Mitgliedern bestehenden Senatsgesandtschaften. Sie wurden aus gegebenem Anlaß zu dem im Ausland weilenden Feldherrn gesandt, um ihn bei wichtigen außenpolitischen Entscheidungen zu beraten; bei sehr wichtigen Fragen, wie zum Beispiel bei der Neuordnung von erobertem Gebiet, waren es regelmäßig Zehnergesandtschaften. So wurde etwa dem Konsul L. Aemilius Paullus nach der Schlacht bei Pydna (168 v. Chr.), die das makedonische Reich niederwarf, eine Zehnerkommission vom Senat geschickt, die die Neuordnung Makedoniens regelte, d. h.

den makedonischen Staat auflöste. Solche Senatskommissionen konnten auch entsandt werden, ohne daß sie einen bestimmten römischen Beamten als Adressaten hatten: Viele Senatsgesandtschaften reisten zu einzelnen auswärtigen Fürsten, zogen durch einzelne Provinzen, forschten die Stimmung aus oder schlichteten Streit. Soweit sie in den Provinzen reisten, waren auch diese nicht zu bestimmten Beamten gehenden Gesandtschaften mit der Magistratur (hier dem Statthalter) konfrontiert. Der außerhalb der Stadt Rom (im Bereiche *militiae*) allmächtige Beamte wurde somit bei wichtigen Fragen zusätzlich zu seinem Consilium durch reguläre Senatskommissionen „beraten" und überwacht: Der „Rat", den hier der Beamte empfing, war nicht der eines von ihm zusammengesetzten Consiliums, sondern war ein vom Senat direkt autorisiertes Ratgebergremium. Es bedarf keines Hinweises, daß der Rat dieser Gesandtschaften berücksichtigt wurde. Die Legaten trafen gleichsam die Entscheidungen. — Der Senat, der solche Senatsgesandtschaften aussandte, bestimmte im allgemeinen nicht direkt die Personen der Gesandtschaft, sondern überließ deren Ernennung dem die Senatssitzung leitenden Beamten oder ließ sie durch das Los bestimmen. Dadurch wurde es möglich, daß der die Senatssitzung leitende Beamte Freunde des Magistrats, zu dem die Gesandten geschickt wurden, ernannte; da die Auswahl vor der aristokratischen Öffentlichkeit vorgenommen wurde, waren zwar grobe Fehlentscheidungen selten, aber es blieb doch die grundsätzliche Möglichkeit, die Legaten im Sinne des zu Kontrollierenden auszuwählen. Die Aristokratie war, wie dieses Verfahren zeigt, ganz offensichtlich wie selbstverständlich der Meinung, daß sich in einer Mehrzahl von Senatoren die repräsentative Meinung des Gesamtsenats widerspiegeln würde. Dieses naive Vertrauen darauf, daß eine Mehrzahl von Personen das Individuum im Sinne der Gesamtheit generalisieren könne und also der individuelle Wille durch den Querschnitt entpersönlicht würde, war bei aller Parteiung offenbar ungebrochen. Und in der Tat ist dieses Vertrauen eine Voraussetzung für die aristokratische Struktur des Staates überhaupt; als es nicht mehr gegeben war, können wir nur noch in sehr eingeschränktem Sinne von einer aristokratischen Ordnung Roms sprechen.

Die nichtrechtliche, durch die persönliche Kommunikation gegebene Kontrolle der Magistratur wurde schließlich auch durch den Senat selbst ausgeübt: Er war gleichsam das höchste Consilium des Magistrats. Das gegenüber dem gewöhnlichen Beamtenconsilium höhere Gewicht des Senats ergab sich daraus, daß in ihm dem Magistrat die gesamte Führungsschicht gegenüberstand. Entsprechend konnte der Magistrat nichts anderes tun, als dem gehorchen, was der Senat ihm riet. Wie in dem Verhältnis zu dem Consilium zwang den Magistrat kein Rechtsgebot zur Befolgung der Senatsbeschlüsse. Der Zwang zum Gehorsam resultierte aus der sozialen Bindung des Magistrats an den Senat: Der Magistrat war Glied der im Senat repräsentierten Gesellschaftsschicht; der Sinn seines Amtes lag allein in der Exekution des Willens der im Senat versammelten Personen. Das Beamtenrecht hatte keinen in sich selbst ruhenden Wert; es war nicht absolut, sondern bezog sich formal auf die Gesamtheit der in dem Staat zusammengeschlossenen Personen, also auf das römische Volk, das das (öffentliche) Recht setzte, faktisch auf diejenigen, die die politische Initiative hatten, also auf die Nobilität. Insofern die Gehorsamspflicht des Beamten gegenüber dem Senat eine soziale, keine rechtliche Basis hatte, gab es gegenüber dem ungehorsamen Magistrat auch keine rechtlichen Sanktionen, aber der Ungehorsam war trotzdem nicht folgenlos: Der ungehorsame Magistrat schloß sich mit seiner Tat aus dem Kreis der führenden Schicht von selbst aus und war in aller Regel nach seiner Amtszeit ein politisch toter Mann. Nun hatte allerdings nicht jeder Ungehorsam diese weitgehende Konsequenz. Anders als bei einem Rechtsverhältnis fehlte hier ja auch jeder klar berechenbare Automatismus: Da es um soziale, also um zwischenmenschliche Verhaltensweisen ging, setzte die Reaktion nicht gegen jeden Akt des Ungehorsams und, sofern sie sich gegen eine magistratische Handlung wendete, nicht immer in gleicher Härte ein. Es kam zum einen durchaus auch auf den Grad der Erheblichkeit an, den eine ungehorsame Handlung für das gesamtstaatliche Leben hatte; in unwichtigen Dingen mochte der Senat über sie hinwegsehen oder kam erst später bei Gelegenheit auf sie zurück. Zum anderen war es wichtig, ob die ungehorsame Handlung bei einer starken

Minderheit der Senatoren auf Verständnis stieß; es spielte daher auch der Grad der Isoliertheit des Beamten eine Rolle. Obwohl hier zwei Institutionen, die Magistratur und der Senat, einander gegenüberstanden, war doch das Verhältnis von Befehl und Gehorsam (Senatsbeschluß und Exekution des Beschlusses) nicht wie bei reinen Rechtsverhältnissen klar berechenbar. Aber die Beziehungen der Institutionen waren andererseits auch nicht völlig willkürlich, denn es gab zwischen ihnen einen Grad der Dissonanz, der allen als solcher bewußt war und von allen als unerträglich empfunden wurde. Mit anderen Worten: In einem Streit zwischen Magistratur und Senat durfte eine nicht klar berechenbare, aber von allen empfundene Schwelle nicht überschritten werden. Überschritt ein Magistrat sie dennoch, wie die Volkstribune Ti. und C. Gracchus und der Prokonsul Caesar, stand er damit nicht notwendig außerhalb des Rechts — gerade die Gracchen und insbesondere Caesar haben sich in ihrem Streit mit dem Senat auf das Beamtenrecht berufen —, aber notwendig außerhalb der Verfassung, für die die bestimmende Rolle der Nobilität als der regierenden Gesellschaftsschicht konstitutiv war; er rüttelte an den Grundmauern der republikanischen Ordnung, und, wenn er, wie Caesar, auch die politische Macht hatte, einen solchen Streit bis zum Ende durchzustehen, stürzte er diese Ordnung. Ein Streit, der den relativen, jedem bewußten, aber niemals genau berechenbaren Schwellenwert überschritt, durfte daher im Grunde gar nicht vorkommen: Der Senat war keine Rechtsinstitution, gegenüber der man — wie gegenüber einer höheren Instanz — mit rechtlichen Argumenten sich durchzusetzen versuchen konnte. Er war die Versammlung der durch ihren sozialen Status herausgehobenen Personen, die Quelle aller politischen Initiative und also die soziale und politische Mitte der staatlichen Ordnung: Man konnte versuchen, sich an ihm vorbeizudrücken, aber man konnte sich mit ihm im Grundsatz nicht streiten.

Das Gewicht des Senats war in dem Begriff der *auctoritas senatus* verdichtet. Der Begriff ist, auch so, wie er in der Moderne benutzt wurde und noch wird, römisch; in der Antike gab es ihn nur in Rom. Die Griechen kannten ihn so wenig, daß es ihnen nicht möglich war, ihn richtig und genau zu übersetzen. Auch wir können seinen Sinngehalt, obwohl er uns durch die Tradition zugewachsen ist, nur noch schwer nachempfinden, weil wir ein gestörtes Verhältnis zum Autoritätsbegriff erhalten haben. Das Wort, dessen frühestes Entwicklungsstadium wir bei dem altzivilen Kaufgeschäft (*mancipatio*) nachweisen können (der Verkäufer gewährleistet hier [*auctorem esse*], daß die verkaufte Sache sein Eigentum ist), besagt, daß derjenige, der *auctoritas* hat, etwas „gewährleistet". Das, was gewährleistet wird, wird außerhalb des Privatrechts nicht gesagt, und auch derjenige, der der *auctoritas* folgt, fragt nicht danach: Die *auctoritas* trägt den Grund für den Gehorsam in sich selbst bzw. sie liegt in der Person desjenigen, der *auctoritas* hat (*auctor*). *Auctoritas* ist also keine Eigenschaft; sie kann als absoluter Wert nicht abstrahiert werden: *Auctoritas* gibt es nur in bezug auf bestimmte Personen. Der Grund für die Autorität liegt darum in ihnen. Er kann verschiedenster Art sein, kann sich auf das Sozialprestige einer Person beziehen, auf ein bestimmtes Fachwissen, auf eine einzelne große Leistung, aber immer ist er rein persönlich bezogen; jenseits der bestimmten Person ist *auctoritas* ein leeres Wort.

Den Personen, denen der Römer *auctoritas* zuerkannte, folgte er ohne jede weitere Begründung seines Tuns. In dem Begriff der *auctoritas* ist der „Wert" einer Person unreflektiert zusammengezogen. Der Sozialeffekt dieses mehr oder minder bewußt empfundenen Wertes erzeugte eine Kraft, die stärker war als die rationale Argumentation: Der Römer folgte einem Mann von Autorität auch „gegen die Vernunft". Er folgte etwa einem Juristen von Autorität, ohne weiter die (juristischen) Gründe dafür aufzuführen, einem Philosophen von Autorität, ohne die (philosophischen) Argumente dafür vorzubringen: Die *auctoritas* stand anstelle dieser Gründe. Im politischen Leben hatten diejenigen *auctoritas*, die selbst oder deren Familie große Leistungen aufweisen konnten, die Sozialprestige hatten und gewaltige Clientelen ihr eigen nannten. Die *auctoritates* der verschiedenen Personen standen in dem Bewußtsein der Menschen in einer Beziehung zueinander; die der einen war stärker, der anderen schwächer, die mancher sozusagen apriorisch stärker als die aller anderen. Die Gesamtheit aller *auctoritates* der sozial hoch angesehenen Personen war die *auctoritas senatus*. Als die Summe aller sozialen Kräfte und zugleich als die Summe aller politischen Leistungen Roms war sie die stärkste Kraft in der staatlichen Gemeinschaft. Der Streit eines einzelnen Magistrats mit dem Senat war von hierher gesehen nicht nur ein aussichtsloses, sondern auch ein asoziales Unternehmen. Das Gewicht des Senats drückte sich eindrucksvoll darin aus, daß der Senatsbeschluß, gegen den von einem Magistrat interzediert wurde, nicht, wie die magistratische Handlung, durch den Akt der Interzession zerstört wurde, sondern als *auctoritas senatus* (d. h. nicht als regulärer Senatsbeschluß, sondern als Autorität) bestehen blieb. Der durch Interzession kassierte Senatsbeschluß wirkte als *auctoritas senatus* weiter: Der Wille des Senats war unzerstörbar; er existierte als ein Wille, den zu verwirklichen jeder selbst dann noch aufgerufen war, wenn er von Rechts wegen nicht mehr bestand.

b) Der Anteil des Volkes am öffentlichen Leben: Staatliche Ordnung und Freiheit

Zur offiziellen Bezeichnung des Staates diente in der römischen Republik — neben dem abstrakten *res publica* — der Doppelbegriff *senatus populusque Romanus*; er war insbesondere im Verkehr mit auswärtigen Staaten der regelmäßig verwendete Begriff. An ihm ist bemerkenswert, daß hier nicht nur das römische Volk, das dem Usus aller antiken Stadtstaaten entsprechend wie selbstverständlich den „Staat" in der Summe der Bürger vorstellt, sondern zugleich mit ihm eine Institution als wesentlicher Bestandteil des „Staates" genannt wird, nämlich der Senat. Zwar wurde auch in griechischen Städten häufig neben dem Volk der Rat genannt, doch figurierte der Rat hier nur als ein reines Funktionsorgan und erschien darum auch niemals formelhaft neben dem namentlich genannten Volk (z. B. „die Athener"), sondern nur neben dem unpersönlichen Volksbegriff (δῆμος). In Rom steht neben „den Römern" der Senat und ist also letzterer durch die ausdrückliche Nennung aus dem Volk herausgehoben: Die Römer haben schon in ihrem Staatsbegriff das besondere Gewicht der Nobilität vorausgesetzt.

Entsprechend der Sozialstruktur, die einer bestimmten Gruppe von Personen bzw. Familien im sozialen und politischen Leben ein großes Gewicht zuteilte, war der Anteil der Massen der römischen Bürger am politischen Leben eingeschränkt. Dem Volk wurde zwar seit den Ständekämpfen eine wichtige Rolle im politischen Leben zugewiesen und diese Rolle ist auch durch die Institutionalisierung des Volkes in den verschiedenen Volksversammlungen fest umrissen worden, aber das Volk gewann dadurch — abgesehen nur von gewissen Perioden des Ständekampfes — keinen aktiven Anteil am politischen Regiment. Es blieb im politischen Leben passiv, reagierte lediglich auf die Initiative der Vornehmen. Nachdem das römische Bürgergebiet seit dem Ende des 4. Jahrhunderts v. Chr. sich über weite Gebiete Italiens ausgedehnt und seit dem Bundesgenossenkrieg (91 bis 88 v. Chr.) sich sogar über ganz Italien erstreckt hatte, verlor selbst dieser passive Anteil des Volkes an Gewicht, denn die sich in Rom versammelnden Bürger konnten nur noch sehr eingeschränkt als der *populus Romanus* aufgefaßt werden (s. o. S. 106 ff). Wenn die Nobiles sich auch in den letzten Jahrzehnten der Republik trotzdem immer wieder an die Volksversammlungen wandten, vor ihr argumentierten und Gesetze beantragten, ist das aber nicht der Ausdruck einer Heuchelei, die eine heruntergekommene Institution zur Kaschierung persönlichen Herrschaftswillens noch erhalten wollte, sondern tritt daraus eine Bewußtseinslage hervor, die das römische Volk wie selbstverständlich in das politische Leben einbezog. Sie war im Grunde nur der Reflex der sozialen Situation: Der Patron war nicht Herr seiner Clienten, sondern ihr fürsorgender Vater, und er befahl ihnen nichts, sondern warb vor ihnen um die von ihm vertretene Politik. Die aus dieser Beziehung resultierende Öffentlichkeit aller Politik zwang daher den Nobilis, selbst dann vor die Volksversammlung zu treten, wenn sie das Volk nicht mehr repräsentierte, denn die Volksversammlung war eben der einzige Ort, wo die jeweils von der Nobilität vertretene Politik dem Volk als Ganzem vorgestellt werden konnte. An eine grundsätzliche Änderung der Struktur der Volksversammlung, etwa an die Etablierung einer Repräsentativverfassung, die wieder alle Bürger in die Versammlungen hineingenommen hätte, konnte in Rom niemand denken, weil den Römern der stadtstaatliche Charakter Roms immer selbstverständlich blieb und weil die Existenz der Nobilität an dieser Vorstellung hing.

Aus dem Gesagten ergibt sich, daß die Passivität des römischen Volkes als der Reflex der bestimmten Sozialstruktur lediglich dann einer aktiven Teilnahme am politischen Leben weichen konnte, wenn die Sozialstruktur zu wanken begann. Das war immer dann der Fall, wenn die Patrone nicht mehr ihren aus dem Clientelverhältnis entspringenden Pflichten nachkamen. In aller Regel haben die Nobiles nun ihre Pflichten erfüllt, und wenn ihr materieller Egoismus die Fürsorge für ihre Clienten hintansetzte, was seit dem 3. Jahrhundert v. Chr. ohne Zweifel vielfach der Fall war, hat doch die allgemeine Expansion die ärmeren Schichten stets mit Land versorgt und dadurch die bestehenden sozialen Verhältnisse gesichert (s. u. S. 244 f.). Es gab daher in der Republik nur sehr wenige Perioden ausgesprochener Spannungen zwischen den Nobiles und dem Volk; abgesehen vom Ständekampf, in dem sich materielle Forderungen mit solchen nach Teilhabe am politischen Regiment vereinigt hatten, ist vor allem in der Gracchenzeit, in der sich die seit dem Hannibalischen Krieg aufgestaute wirtschaftliche Not der Bauern Luft machte, die überkommene Ordnung gefährdet gewesen; die Ansiedlungen dieser Zeit und die Soldatenansiedlungen seit der Jahrhundertwende haben die Ausweitung dieser Spannungen zu einer allgemeinen Sozialkrise verhindert und zugleich damit alle denkbaren Ansätze zu einem grundsätzlichen Wandel der politischen Willensbildung beseitigt.

Die Freiheit (*libertas*) in der römischen Republik, die selbst noch Historikern der Moderne als Vorbild einer freiheitlichen Ordnung erschienen ist, war von den geschilderten sozialen Verhältnissen abhängig. Sie war kein unabhängiger, aus theoretischer Reflexion gewonnener Begriff, von dem her man die bestehenden Verhältnisse interpretiert und eventuell kritisiert hätte, sie war nicht der Motor, der die Menschen zur politischen Aktivität antrieb: Freiheit bedeuteten den Römern vielmehr nur ganz bestimmte Errungenschaften, die sie sich — vor allem in den Ständekämpfen —

ertrotzt hatten, wie z. B. das politische Stimmrecht und das Laiengericht, das den politischen Prozeß und später den Kriminalprozeß ganz allgemein dem Beamten entzog und dem Volk bzw. großen Geschworenengerichten übertrug. Diese Freiheiten waren in der Geschichte errungen und wurden, wenn der Römer sich ihrer erinnerte, stets mit den bestimmten historischen Ereignissen verbunden, die sie hervorgebracht hatten. Sie lösten sich nicht aus dem Ort ihrer historischen Entstehung, um als abstrakte Idee sich zu verselbständigen und aus der Abstraktion etwa dynamische Kräfte zur Veränderung der gesellschaftlichen Bedingungen zu erhalten. Freiheit gab es nur unter den gegebenen sozialen Bedingungen; das Gefühl freiheitlichen Stolzes, das auch der einfache Römer — gerade gegenüber anderen staatlichen Ordnungen — haben mochte, berührte nicht seine Achtung vor den Vornehmen.

Der Inhalt der Freiheit des römischen Volkes ist bestimmt durch das, was in den Ständekämpfen errungen wurde. Er betraf einmal den politischen Willen, insoweit dem Volk in den Volksversammlungen ein Anteil am politischen Leben gegeben wurde (*suffragium*); dieser Wille war nach dem Gesagten eingeschränkt durch die sozialpolitischen Gegebenheiten: Die Passivität des Willens resultierte aus der Abhängigkeit der Freiheit des Volkes von dem Einfluß (*dignitas*, *auctoritas*) der Vornehmen. — Auch bereits auf die Ständekämpfe geht die Vorstellung von Freiheit als Schutz vor der Willkür des Beamten zurück. Auch diese Freiheit war jedoch nicht als abstrakte Idee gedacht, sondern sie existierte in ganz konkreten Einrichtungen, die der Ständekampf hervorgebracht hatte. Einmal handelte es sich dabei um die bereits genannte Übertragung des politischen Prozesses von dem inquisitorischen Beamtenprozeß auf ein Laiengericht (ursprünglich das Volksgericht, später auch größere Geschworenengerichte), die sich in dem Begriff der *provocatio* (d. i. die Anrufung des Volksgerichts gegen den Magistrat) niedergeschlagen hat, zum anderen um die Erhaltung und Legalisierung des in den Ständekämpfen eingerichteten Volkstribunats, das durch das seinen Inhabern zukommende Hilferecht (*ius auxilii*) dem einfachen Mann gegenüber dem Beamten (z. B. bei der Aushebung) beistand.

Der Inhalt von Freiheit ging in der Republik jedoch noch über die genannten Bezüge hinaus. So wurde insbesondere die Beseitigung des letzten Königs als freiheitliche Tat gefeiert und entsprechend jeder Versuch eines Vornehmen, sich mehr Macht im Staate zu verschaffen, als nach Herkommen dem einzelnen gestattet war, als eine die Freiheit zerstörende Tat gebrandmarkt: *Regnum*, *tyrannis* und *dominatio*, also das Streben nach Königsherrschaft, Tyrannis oder Herrschaft ganz allgemein, waren die Antibegriffe dieser Freiheitsvorstellung. Entsprechend galten alle Rechtsprinzipien, die die Gleichheit sicherten und der Herrschaft des einzelnen entgegenstanden, als Freiheit, so in erster Linie die Annuität und die Kollegialität des Amtes, darüber hinaus aber alle Rechtssätze, die den einzelnen in das Ganze eingliederten und sein Ausbrechen verhindern sollten. Da die die Gleichheit sichernden Prinzipien als Rechtsprinzipien konstitutiert wurden und im Laufe der Zeit das Gesetzesrecht im besonderen Maße dazu diente, die Gesellschaft als eine in sich gleiche zusammenzuhalten und vor Herrschaft zu schützen, wurde schließlich das Recht selbst, insbesondere das Gesetzesrecht, als Teil der Freiheit empfunden. Dieser Inhalt von Freiheit betrifft, wie man sieht, in allererster Linie die exekutive Gewalt: Die genannten Rechtsprinzipien, die als Freiheit empfunden wurden, sollten den mit großer Macht ausgestatteten Beamten bremsen und dessen Ausbruch aus der Gesellschaft verhindern. Insofern nicht das Volk, sondern lediglich die herausgehobene Schicht der Vornehmen überhaupt mit der Exekutive befaßt war, bezog sich dieser Teil von Freiheit faktisch auf die Nobilität, war also „aristokratische Freiheit" und nur insofern Freiheit des ganzen Volkes, als auch das Volk nicht die Herrschaft des einzelnen, sondern die der Gemeinschaft der Patrone wollte. In der ausgehenden Republik, als einzelne mächtige Nobiles, wie Marius, Sulla, Pompeius und Caesar, sich nur noch schwer in die Nobilität einzuordnen vermochten, spielte diese Freiheit in unseren antiken Quellen eine große Rolle: Die Freiheit, um die Brutus und seine Mitverschwörer stritten, richtete sich gegen den aus der Nobilität ausbrechenden einzelnen Nobilis, und der Tyrannenmord war nur ein anderes Wort für sie.

Der römische Freiheitsbegriff (*libertas*) ist auf das Gesagte beschränkt. Nach unserer Vorstellung davon, was Freiheit ist, war der freiheitliche Geist der republikanischen Verfassung weit größer, ohne daß jedoch dieser Freiheitsraum von den Römern als *libertas* angesprochen worden wäre. So war insbesondere alles, was wir heute unter „liberaler" oder „persönlicher" Freiheit verstehen, in Rom ganz unproblematisch. Die Freiheit der Meinung, der Lehre und des Glaubens, die Freiheit des Wohnungswechsels (Freizügigkeit) und der wirtschaftlichen Initiative, die Vereinsfreiheit, die freie Veräußerlichkeit des Eigentums, die Testierfreiheit, der Schutz des Hauses und vieles andere waren den Römern selbstverständlich, aber insofern diese Möglichkeiten von den Römern nicht als *libertas* und damit als ein unverbrüchliches Recht auf etwas empfunden wurden, fehlte diesen „Freiheiten" auch die rechtliche Garantie: Sie brauchten ja auch nicht gegen Andersdenkende verteidigt zu werden. Andererseits bewirkte die fehlende Rechtsgarantie für diese „Freiheiten", daß sie, wenn besondere Verhältnisse dazu zwangen, beiseite gestoßen werden konnten, und kein Römer hat darin ein Problem gesehen: Bei außerordentlichen Notlagen oder dann, wenn man die geltende Sittenordnung in Gefahr glaubte, konnte durch Gesetz, durch Senatsbeschluß oder durch Beamtendekret der freiheitliche Spielraum eingeschränkt werden. Die staatliche Autorität war nicht durch die Vorstellung eines individuellen Freiheitsraumes eingeschränkt, aber sie gefährdete andererseits auch nicht grundsätzlich diesen Freiheitsraum.

c) Staat und Verwaltung

Die Römer haben keinen besonderen Begriff für die Verwaltungsebene unterhalb der höchsten Verwaltungsträger, der Regierung, besessen. Verwaltung (*administratio*) bedeutete für sie die Tätigkeit der überschaubaren Anzahl der Magistrate (Konsuln, Prätoren, Ädile, Quästoren, Volkstribune, Censoren usw.). Unterhalb dieser Ebene gab es nur wenige Hilfsbeamte, Schreiber, Herolde, Platzmacher usw., die die Magistrate teils aus ihrer Familie mitbrachten, teils aus den Angehörigen gewisser staatlicher Korporationen übernahmen. Es fehlte also der bürokratische Apparat, der den heutigen Staat charakterisiert. Ebenso fehlte die heute selbstverständliche Aufgliederung der Verwaltung in Zuständigkeiten; es gab etwa nicht die klassischen Ressorts (Äußeres, Heer, Finanzen und Rechtspflege). Der Gedanke der Ressorttrennung verbot sich in Rom schon deshalb, weil keine scharfe Trennung von Legislative und Exekutive bestand, sondern sich die Exekutive auf die Beamten, den Senat und bis zu einem gewissen Grade sogar auch auf die Volksversammlung verteilte. Insofern aber die Beamten die Anordnungen von Senat und Volksversammlung ausführten, können wir sie als die Exekutive im engeren Sinne bezeichnen, doch gingen auch sie bei dem Vollzug der staatlichen Aufgaben nicht von Ressorts aus. Den Konsuln gehörte vielmehr die staatliche Gesamtleitung, aus der im Laufe der Jahrhunderte einzelne Zuständigkeiten an bestimmte Beamte — so das Finanzwesen an die Quästoren, die Rechtspflege u. a. an die Prätoren — ausgegliedert wurden, ohne daß das Prinzip dieser Ausgliederung von abstrakten Zuständigkeiten ausgegangen wäre. Die Gründe dafür, warum dieser Beamte jenes, ein anderer anderes, wieder andere das Gleiche besorgten, lagen in der Geschichte, in der etwa dem Volkstribunen in den Ständekämpfen das Anklagerecht im politischen Prozeß zugewachsen war und er dieses Recht nicht mehr abgab, selbst als es seinen historischen Sinn verloren hatte.

Die Art und Weise, in der in der Republik verwaltet wurde, ist aber nicht nur abhängig von den einzelnen Etappen der historischen Entwicklung des Beamtenapparates, sondern sie ist vor allem auch die Konsequenz der aristokratischen Struktur des Staates. Insofern der römische Staat am Anfang der Zusammenschluß einzelner Sippenverbände war, die die „Verwaltung" des menschlichen Lebens noch selbst regelten und nur einzelne Funktionen, wie insbesondere das Kriegswesen, auf den Gesamtverband übertrugen, war der Umfang der Verwaltung zunächst sehr eingeschränkt; er wurde wie selbstverständlich von den einflußreichen Männern wahrgenommen, die erst als Könige, dann als republikanische Magistrate die Amtsaufgaben mit Hilfe ihrer Familie, insbesondere mit Freigelassenen und Sklaven, bewältigten. Dieses Prinzip wurde auch beibehalten, als die staatlichen Aufgaben —

beispielsweise durch die weitgehende Übernahme der Rechtspflege, die anfangs noch bei den Geschlechtern gelegen hatte — mehr und mehr von den Beamten wahrgenommen wurden und sie auch durch das Entstehen völlig neuer Tätigkeitsbereiche umfangreicher wurden. Wenn auch das Hilfspersonal des Beamten weiterhin in alter Weise zusammengestellt wurde, konnte doch angesichts des wachsenden Aufgabenbereiches, der Zunahme des römischen Bürgergebietes und des sich mehrenden Herrschaftsgebietes die Zahl der Beamten nicht dieselbe bleiben; die Beamtenschaft vermehrte sich daher im Laufe der Jahrhunderte nicht unerheblich. Allerdings durfte sie nicht beliebig wachsen. Sie erfuhr an der aristokratischen Struktur des Staates ihre unüberwindliche Schranke, denn die Lenkung des Staates durch die Nobilität war an eine überschaubare Zahl von Gewaltenträgern und an die persönliche Kommunikation der Nobiles mit ihnen gebunden. Die Forderung nach Überschaubarkeit der Verwaltungsträger versteht sich schon aus den beschränkten Kontrollmöglichkeiten und vor allem auch aus der Notwendigkeit eines ausgewogenen Verhältnisses zwischen nichtbeamteter und beamteter Führungsschicht: Wenn der Beamtenapparat so weit auswuchert, daß die Mehrzahl der Nobiles jeweils von ihm absorbiert wird, also gleichsam die herrschende Führungsschicht weitgehend in der magistratischen Exekutive aufgeht, hebt sich die aristokratische Natur des Staates von selbst auf. Wenn man bedenkt, vor wie wenigen Nobiles Cicero seine Kampfreden gegen Antonius (Philippische Reden, 44/43 v. Chr.) gehalten hat — zu dieser Zeit waren die meisten Nobiles, die nicht in den vorangehenden Bürgerkriegen umgekommen waren, in irgendeiner amtlichen Funktion außerhalb Roms tätig —, kann man ermessen, wie es mit der republikanischen Verfassung damals bestellt war. Ein großer bürokratischer Apparat konnte ferner schon deswegen nicht errichtet werden, weil ein Kollektiv ihn weder lenken noch kontrollieren kann, und dessen Unübersichtlichkeit und Unpersönlichkeit hätte außerdem die personalen Bedingungen zerstört, von denen die römische wie jede Aristokratie abhängig war. Die Geschichte der römische Republik, die eine Geschichte auch der Expansion des römischen Staates und des römischen Herrschaftsgebietes ist, muß jedem unverständlich bleiben, der sich dies nicht stets vor Augen hält. Diese Vorbemerkungen mögen den folgenden kurzen Überblick über die einzelnen großen Verwaltungsgebiete verständlicher machen.

Von demjenigen klassischen Ressort, an dem sich die Idee der Volkssouveränität im 19. Jahrhundert zunächst verwirklicht hat, dem Finanzwesen, ist das römische Volk die ganze Republik hindurch so gut wie ausgeschlossen gewesen: Die Bewilligung und Verteilung der Gelder bestimmte mit ganz geringen Ausnahmen der Senat; der Beamte führte nur die Senatsbeschlüsse aus. — Trotz der riesigen Summen, die der römische Staat einnahm und ausgab, ist die Finanzverwaltung außergewöhnlich kümmerlich; an ihr zeigen sich die Bedingungen, unter denen in Rom die Regierung stand, außergewöhnlich scharf. Das weniger komplizierte Geschäft der Ausgabe und auch der Aufbewahrung der Gelder besorgten der Senat und die Oberbeamten mit Hilfe einer geringen Anzahl von Quästoren, die dem Senat und den Beamten beigegeben waren (s. o. S. 85 f.). Der für den heutigen Staat so charakteristische riesige Apparat der Steuereintreibung hingegen (die Finanzämter) fehlte in Rom fast völlig: Unfähig dazu, eine die Steuern eintreibende Finanzverwaltung und den zu ihr gehörigen Kontrollapparat zu errichten, wälzte die Republik dieses Geschäft auf Privatleute ab: Die Steuern und alles übrige staatliche Finanzgefälle wurden an Private verpachtet. Selbstverständlich waren durch den Senat bzw. durch die Beamten bestimmte Hebesätze festgestellt worden, an die die Steuerpächter (*publicani*) sich halten sollten. Aber da mit dem staatlichen Finanzapparat auch die diesen Apparat kontrollierenden Instanzen fehlten, waren die Pächter in ihrer Finanzgebarung doch ziemlich frei; ihre Übergriffe konnten auf ordentlichem Verwaltungswege somit nicht oder nur unvollkommen festgestellt werden, und also waren die Steuerpflichtigen ihnen ausgeliefert. Lediglich ein Zufall oder aber die außerordentliche Not der Erpreßten konnte die Vergehen publik machen, und oft genug reagierte der Beamte oder der Senat selbst dann nicht, weil die persönlichen oder geschäftlichen Beziehungen der Nobiles zu den Steuerpächtern letztere vielfach schützten, die für eine Finanzkontrolle notwendige Versachlichung der Kontrolle aber wegen der auf dem

Persönlichkeitsprinzip ruhenden aristokratischen Ordnung unmöglich war.

Auch die Rechtspflege zeigte die typischen Merkmale einer aristokratischen Ordnung. Was zunächst die Ermächtigung zur Setzung der Prinzipien des materiellen und prozessualen Rechts angeht, so gehörte sie, soweit die Rechtsordnung nicht durch die Tradition festgelegt war, in dem Bereich des öffentlichen Rechts und des Strafrechts dem Volk; auf dem Gebiet des Privatrechts konkurrierte das Volk mit dem Gerichtsprätor (s. u. S. 176). — Die Verwaltung des Privat- und Strafrechts, also die Gerichtsbarkeit (Iudicatur), lag in der Frühzeit weitgehend bei den Geschlechtern. Nur ganz allmählich drang die staatliche Autorität in diesen Bereich ein, und die Einflußnahme war auf dem Gebiete des Privatrechts sehr viel anders als auf dem Gebiete des politischen und kriminellen Strafrechts. Man hat bei den folgenden Ausführungen zu berücksichtigen, daß die Grenzen von Privat- und Strafrecht nicht immer unseren heutigen Vorstellungen entsprechen. So gehörte z. B. die Beleidigungs- und die Diebstahlsklage dem Privatrecht an, das für diese Delikte eine im staatlichen Interesse geschärfte Klageform entwickelt hat.

Auf dem Gebiete des Privatrechts wurde die staatliche Autorität niemals Urteilsfinder im Sinne unserer heutigen Gerichtsordnung. Der Prätor, der in der Nachfolge priesterlicher Autorität (der Pontifices) die Rechtspflege übernahm, sprach kein Urteil, sondern brachte die streitenden Parteien lediglich dahin, ihren Streit unter einer bestimmten Rechtsformel auszufechten (*litis contestatio*). In diesem Verfahren vor dem Prätor (*in iure*) wurden also die Rechtssätze zusammengestellt, nach denen das Urteil gefällt werden sollte. Das Urteil selbst wurde dann in einem zweiten Verfahren (*in iudicio*) von einem Laienrichter, den der Prätor zusammen mit den Parteien bestimmte, anhand der beim Prätor ausgehandelten Rechtsformel gefällt, die der Richter mit den von den Parteien vorgebrachten Tatbeständen verglich. Wie man sieht, ist der Prätor kein Richter, sondern er autorisierte lediglich durch die ihm mit dem Amt verliehene Gewalt den Prozeß; er sorgte dafür, daß er zustande kam. Als derjenige, der die rechtlichen Grundsätze, nach denen verfahren werden sollte, zurecht-

legte, hat er auch dann, wenn für einen vorliegenden Fall keine passenden rechtlichen Grundsätze vorhanden waren, neue Grundsätze geschaffen; er bediente sich dabei rechtskundiger Fachleute (*iuris consulti*), die also zusammen mit dem Prätor auf dem Gebiete des Privatrechts rechtsschöpferisch wirkten. Das prätorische Recht (*ius honorarium*, weil es von dem Träger eines Amtes = *honos* gesetzt wurde) ergänzte zunehmend das altzivile Recht und gewann dadurch, daß es die Privatrechtsordnung an die veränderten Verhältnisse anpaßte, schließiich das entscheidende Gewicht.
Wie in der Privatrechtsordnung trat die staatliche Autorität ursprünglich auch auf dem Gebiete des Kriminalrechts, wenn überhaupt, dann nur als die den Prozeß autorisierende Gewalt auf. Sie drang erst sehr allmählich über den politischen Prozeß tiefer in die Strafrechtspflege ein. Es wurde für die Entwicklung des Strafrechts dann entscheidend, daß am Ende des Ständekampfes dem römischen Magistrat der politische Prozeß, den er sich in eben diesem Kampf zur Vernichtung des politischen Gegners usurpiert hatte, wieder genommen wurde: In Zukunft durfte der Beamte den Prozeß nur einleiten, insbesondere die Anklage formulieren, das Urteil fällte die als Gericht zusammengetretene Volksversammlung (*iudicium populi*) oder besondere, vom Volk niedergesetzte Geschworenenhöfe unter der Leitung eines Sonderbeamten (*quaestiones*). Seit der zweiten Hälfte des 2. Jahrhunderts v. Chr. wurden dann diese lediglich für den besonderen Fall eingesetzten Gerichte durch ständige Geschworenenhöfe (*quaestiones perpetuae*) ersetzt, die erst für politische, dann auch für kriminelle Delikte, und zwar jeder Gerichtshof für ein Delikt, zuständig waren. Seit Sulla saß jeder *quaestio* ein Prätor vor.
Die römischen Beamten wirkten in der Rechtspflege also lediglich als die den Prozeß einleitenden und ihn autorisierenden Personen; sie waren nicht Richter. Die staatliche Zurückhaltung war ohne Zweifel auch der Reflex einer Grundhaltung, die die Selbständigkeit des Sippen- und Familienverbandes anerkannte; es wurde gleichsam lediglich die private Selbsthilfe kanalisiert: Die staatliche Gewalt zwang die Parteien zu dem Prozeß, in dem sie sich friedlich auseinandersetzen sollten, aber sie fällte nicht das Urteil. Auf diese Art von Rechtspflege mußte die Ausbreitung des rö-

mischen Bürgergebietes besonders verhängnisvoll wirken. Die geringe Zahl der Gerichtsmagistrate konnte die anfallenden Privat- und Strafprozesse nicht mehr bewältigen und die weiterab wohnenden Bürger konnten sich die Reise zu dem Gerichtsort nicht leisten. Da an eine Ausweitung der Justizverwaltung aus den angegebenen Gründen nicht zu denken war, hat die Nobilität die Rechtspflege zeitweise sehr stiefmütterlich behandelt; wir wissen darüber wenig, aber wenn die Lobredner des römischen Rechts die aus der mangelnden Justizverwaltung resultierende Rechtsunsicherheit gern verschwiegen, war sie damit nicht aus der Welt gebracht. Zum Teil half man sich mit Provisorien: Sowohl in der Zivil- als auch in der Strafrechtspflege wurden einzelne Beamte (Präfekten, *iudices*) in die entfernteren Gegenden abgeordnet, die in mehr oder weniger engem Kontakt zu den in Rom wirkenden Prätoren standen. Darüber hinaus fanden die Römer in den überall auf dem römischen Bürgergebiet befindlichen und aufblühenden Städten (*municipia*, *coloniae*) Stützen, die sie als Verwaltungsträger benutzen konnten; ihnen wurde mit der Zeit ein Teil der Zivilgerichtsbarkeit überlassen.

Die Heeresverwaltung, die bei der Bedeutung des Kriegswesens für Rom besondere Aufmerksamkeit verdient, erforderte an sich keinen den anderen Verwaltungsressorts vergleichbaren Apparat. Die Zuständigkeit für ihn war im Gegensatz zu den anderen Verwaltungsbereichen verhältnismäßig klar. Die Aufstellung, Ausrüstung und Art der Heeresverbände regelte im Prinzip der Senat, gegebenenfalls gemeinsam mit den Beamten; die Ausführung der Anordnungen des Senats oblag den für die Kriegführung kompetenten Beamten, also den Konsuln und Prätoren, insbesondere den ersteren; an der Kriegführung selbst waren weiterhin die Promagistrate beteiligt (s. u. S. 164).

Die für das Kriegs- und Verteidigungswesen erforderliche Verwaltung beschränkte sich im großen ganzen auf die Erfassung und Auswahl der Wehrpflichtigen und auf die Ausrüstung der Truppe. Was zunächst die Ausrüstung anbelangt, entfiel sie anfangs völlig, da jeder Bürger die Waffen, Rüstung und, sofern er Reiter war, auch das Pferd selbst mitbrachte (s. u. S. 154). Entsprechend dieser Voraussetzung war die Wehrpflicht an ein gewisses Vermögen gebunden und, da die Ausrüstung für die verschiedenen Waffengattungen ungleich teuer war, bestimmte das Vermögen auch, welcher Waffengattung man zugeteilt wurde. Trotzdem hat schon im 3. Jahrhundert v. Chr. gelegentlich der Staat noch zusätzlich Kriegsmaterial bereitstellen müssen, besonders natürlich in Zeiten großer äußerer Belastung, in der die Bürger die ganze Bürde der Ausrüstung nicht mehr zu tragen vermochten. Seitdem dann durch die Heeresreform des Marius am Ende des 2. Jahrhunderts v. Chr. auch die Besitzlosen dienen konnten, mußte der Staat in viel größerem Umfang für die Waffenlieferung sorgen. Da die Römer auch nach Marius nicht zu einer staatlichen Waffenverwaltung übergehen, insbesondere auch keine staatlichen Waffenfabriken einrichten und unterhalten wollten oder konnten, wurde die Waffenlieferung — wie übrigens auch andere Heereslieferungen, wie z. B. die Beschaffung von Verpflegung — an Privatleute gegen feste Summen verpachtet. — Lediglich für die Aufstellung der Wehrpflichtigen leisteten sich die Römer den Luxus der listenmäßigen Erfassung, woran man erkennt, wie wichtig ihnen das Heerwesen war. Die Wehrpflichtigen wurden zunächst alle fünf Jahre durch den Censor in die Vermögensklassen eingestuft und damit den verschiedenen Waffengattungen zugeteilt, und es wurden Listen aller Dienstpflichtigen geführt, dies übrigens auch für die bundesgenössischen Kontingente (*formula togatorum*). Die Aushebung selbst nahmen die Konsuln auf Senatsbeschluß vor und gliederten die auf das Edikt des Konsuls hin erschienenen Bürger nach einem feststehenden System auf die verschiedenen Einheiten auf; den Abschluß dieses Vorgangs der Rekrutierung bildete die Ableistung des Fahneneides (*sacramentum*). Das gesamte Rekrutierungsverfahren, auch z. B. die Entschuldigungsgründe für Nichterscheinen und Strafbestimmungen für die ohne Entschuldigung Ferngebliebenen, war genau geregelt. Abgesehen von der Censur und der listenmäßigen Erfassung der Wehrpflichtigen war „Verwaltung" kaum nötig; auch das System der Belohnungen nach dem Feldzug bedurfte keines Apparates.

Noch weniger Verwaltungsarbeit kostete der auswärtige Bereich. Für ihn war grundsätzlich der Senat zuständig, dessen Beschlüsse über kriegerische und diplomatische Unternehmungen der Beamte auszuführen hatte. Initiativen, die der Beamte auf diesem Gebiet selbst ergriffen hatte, galten im Prinzip nur als Vorleistungen, die vom Senat und eventuell auch vom Volk zu bestätigen seien. Das Volk hatte bei Kriegs- und (seltener) bei Friedensbeschlüssen das entscheidende Wort, doch ist es regelmäßig nur vor Beginn größerer Kriegshandlungen zur Stellungnahme aufgefordert worden (s. o. S. 115).

Mit dem Wachsen des Staates und der damit verbundenen Zunahme und Differenzierung der staatlichen Aufgaben sind noch eine ganze Reihe weiterer Verwaltungsaufgaben hinzugekommen. So war für Rom wie für jede antike Stadt insbesondere die Wasserversorgung wichtig; auch die Straßen bedurften einer ständigen Beobachtung. Ferner gab es außerordentliche Verwaltungsaufgaben, wie die mit der Neugründung einer Stadt (*colonia*) verbundene Arbeit. Für manche dieser Aufgaben wurden sogar ständige Beamtenstellen eingerichtet; so beaufsichtigte die Münzprägung z. B. ein Dreimännerkollegium (*IIIviri aere argento auro flando feriundo*) und besorgten zwei weitere Kollegien, bestehend aus drei bzw. zwei Männern, die Reinigung der Straßen innerhalb und außerhalb Roms (*IIIviri viis in urbe purgandis*, *IIviri viis extra urbem purgandis*), doch zeigt die verhältnismäßig späte Einrichtung dieser Magistraturen (die Straßenreinigung ist wohl erst unter dem Diktator Caesar zu einer ständigen Einrichtung geworden), wie zögernd man an die Vermehrung der ordentlichen Magistraturen heranging, mochten sie — machtpolitisch — auch noch so bedeutungslos sein. Desto großzügiger war man darin, für bestimmte Aufgaben außerordentlicherweise ein Beamtenkollegium zu errichten; denn da es nach der von ihm zu erledigenden Aufgabe sich wieder auflöste, vermehrte es nicht die ordentliche Beamtenschaft. Zu diesen Aushilfsbeamten müssen wir auch die vorsullanischen Promagistrate (s. o. S. 93ff.) und ebenso die genannten Beamten zählen, die eine Stadtgründung (*IIIviri coloniae deducendae*) oder auch die nicht mit einer Stadtgründung verbundene Ansiedlung von Bürgern (*IIIviri agris dandis assignandis*) besorgten. Doch es gab darüber hinaus für eine große Anzahl von Gelegenheiten Hilfsbeamte der verschiedensten Art, wie z. B.

ein Fünfmännerkollegium zur Ausbesserung der Mauern und Türme von Rom und je zwei Dreimännerkollegien für die Aufzeichnung von Opfergeräten und die Ausbesserung von Tempeln, die im Jahre 212 v. Chr., als sich Rom durch Hannibal gefährdet sah, die Verteidungsbereitschaft der Stadt und den guten Willen der Götter stärken sollten. Diese und zahllose andere, übrigens stets kollegialisch organisierte Sonderbeamte enthüllen die Verwaltungsmisere der römischen Republik: Die mangelhafte und auch sachlich nicht durchgearbeitete Verwaltung, deren Notlage in dem aus herrschaftssoziologischen Gründen fehlenden Willen zur Verwaltung begründet ist, zwang dazu, selbst für einfachste Verwaltungsvorgänge ad hoc außerordentliche Verwaltungsträger zu errichten, die durch ihren provisorischen Charakter demonstrieren, daß die republikanische Staatsform zwar zur Expansion fähig, aber zu einer ordentlichen Verwaltung des okkupierten Raumes weitgehend unfähig war.

d) Das römische Heerwesen

Die Bedeutung, die in Rom das Heerwesen für die staatliche Ordnung und deren Entwicklung gehabt hat, rechtfertigt eine gesonderte Betrachtung. Sie soll sowohl die Wehrverfassung im engeren Sinne als auch die Kommandoverhältnisse und die Kampfesweise umfassen.
Das römische Heer der republikanischen Zeit war ein Milizheer, d. h. jeder männliche Bürger war wehrpflichtig und wurde nach Bedarf zum Kriegsdienst ausgehoben. Es gab demnach kein Berufsheer und kein „stehendes Heer", nicht einmal Kadereinheiten, die man gegebenenfalls aufgefüllt hätte. Auch gab es nicht den Typ des Berufsoffiziers; die Offiziere waren wie die einfachen Soldaten Milizen. In Friedenszeiten stand also theoretisch kein Bürger unter Waffen. Die größte Militärmaschine der Welt, die Rom war, konnte zeitweilig höchste Friedfertigkeit vorspielen. Außer in den Jahrzehnten der ausgehenden Republik, über die gesondert zu sprechen sein wird, war der Gedanke der Miliz verhältnismäßig rein durchgeführt. Der Erfolg des römischen Militärs beruhte unter anderem darauf, daß das in einer Miliz-

verfassung steckende Militärpotential jahrhundertelang auch tatsächlich genutzt wurde bzw. aus bestimmten, noch zu nennenden Gründen genutzt werden konnte.

Der römische Bürger war vom 17. bis zum 46. Lebensjahr wehrdienstpflichtig (*iuniores*), vom 46. bis zum 60. Lebensjahr (*seniores*) diente er nur noch in äußersten Notfällen und auch dann in aller Regel nur als Besatzungssoldat. Die Aushebung ordnete der Senat an; er bestimmte auch deren Umfang und die Verteilung der Soldaten auf die einzelnen Befehlshaber. Die Aushebung selbst nahmen dann aufgrund des Senatsbeschlusses diejenigen Beamten vor, die für die Führung von Heeren zuständig waren, nach römischer Terminologie die Beamten mit *imperium* (d. i. die militärische Befehlsgewalt), also in erster Linie die Konsuln, lediglich ausnahmsweise auch die Prätoren und, im Notstandsfall, der Diktator; selbst nachdem seit der sullanischen Zeit das militärische Kommando dem ordentlichen Magistrat genommen und auf die Promagistratur übertragen worden war (s. o. S. 96), blieb der Konsul der aushebende Beamte. Er bestimmte durch Edikt, das über das römische Bürgergebiet verschickt wurde, die Bürger, die ausgehoben werden sollten, und gab in ihm auch an, wo und wann sie sich zu versammeln hätten. Das Nichterscheinen wurde mit außergewöhnlich harten Strafen geahndet. Waren die Rekruten erschienen, wurden sie in einem sinnvollen Verfahren, das das Alter und die körperliche Tauglichkeit berücksichtigte, gleichmäßig auf die aufzubauenden Militäreinheiten verteilt. Das Aushebungsverfahren wurde abgeschlossen mit einem Fahneneid (*sacramentum*), durch den der Soldat formell zum Waffengebrauch berechtigt wurde und er sich gleichzeitig zum „richtigen“ Gebrauch der Waffen, d. h. zum Gehorsam gegenüber dem Vorgesetzten verpflichtete; die Verletzung des Eides kam einem religiösen Frevel gleich und wurde mit dem Tode bestraft.

Die Chargen unter den gemeinen Soldaten (zum Teil mit unserem Unteroffiziersstand zu vergleichen) und das niedere Offizierskorps (der wichtigste Offizier war der *centurio*, der seinem sozialen Status nach eher zu den Unteroffizierskorps, seiner Funktion nach aber auch zu dem niederen Offizierskorps moderner Prägung gerechnet werden kann) bestimmte der aushebende Magistrat, doch war er dabei an Regeln gebunden, die unseren Karrieren gleichzusetzen sind und die er ohne Not nicht überschreiten durfte.

Die Ausrüstung brachte ursprünglich jeder Soldat, sowohl der Reiter als auch der schwerbewaffnete Fußsoldat, selbst mit. Der Wehrdienst setzte demnach jedenfalls für die Reiter und die schwerer Bewaffneten ein Einkommen voraus, das ihnen die Anschaffung der Ausrüstung ermöglichte; aus der größeren Leistung dieser Gruppen erwuchs dann auch der Anspruch auf ein besseres politisches Recht gegenüber den wenig oder nichts Besitzenden (s. o. S. 98). Die ärmeren Bevölkerungsgruppen waren damit nicht wehrdienstunfähig; sie wurden als Leichtbewaffnete und als Ersatzleute eingesetzt, die in der Schlacht die Waffen der Gefallenen aufsammelten und sich mit ihnen in die Schlachtordnung einreihten. Erst die ausgehende Republik hat auch Besitzlose zum Dienst in den Abteilungen der Schwerbewaffneten herangezogen; die Beschaffung der Ausrüstung war seitdem nicht mehr ausschließlich Sache des Milizen, sondern mußte jedenfalls teilweise von der staatlichen Behörde besorgt werden.

Die Soldaten erhielten in ältester Zeit für ihren Militärdienst keinen Sold (*stipendium*), denn als Milizen leisteten sie ja keine Lohnarbeit für andere, sondern waren nichts anderes als das Volk in Waffen, das den Feind abwehrte oder auf Beutezug ging. Ihr Entgelt lag — neben dem allen gemeinsamen Nutzen, der in der Abwehr des Feindes oder in der Niederwerfung eines angegriffenen Gegners lag — in dem Anteil an der Beute, die der kommandierende Feldherr verteilte. Als die Soldzahlung aufkam — nach der Tradition am Ende des 5. Jahrhunderts v.Chr.; für die Reiter soll schon früher eine Summe ausgeworfen worden sein, das spätere Pferde- und Futtergeld (*aes equestre* und *aes hordearium*) —, war sie ursprünglich auch nur ein Entschädigungsgeld für den Unterhalt während des Dienstes (Kleidung, Nahrungsmittel). Im Laufe der Jahrhunderte ist der Sold höher geworden und nahm dann auch mehr und mehr die Rolle einer Zahlung für geleistete Dienste an. Der Übergang von der Unterhaltszahlung zur Bezahlung des Dienstes ist nicht leicht zu bestimmen; jedenfalls war zu der Zeit, als der Sold als „Einkommen“ aufgefaßt zu werden begann, der Milizgedanke weitgehend zerstört. Unter Caesar hat der Sold eine beträchtliche Höhe erreicht (225 Denare im Jahr). Die Dienstzeit war dem Milizwesen selbstverständlich angepaßt. Der Kriegsdienst begann Anfang März, zu welcher Zeit ursprünglich auch die Beamten antraten, und endete Ende August oder Anfang September. Er erstreckte sich also zwischen Aussaat und Ernte und entsprach damit den bäuerlichen Bedürfnissen des Milizsoldaten. Aber schon die Samnitenkriege, in denen die Kämpfe sich über ganz Italien ausdehnten, und erst recht die beiden ersten Punischen Kriege, die den Einsatz in Übersee (Sizilien, Spanien, Afrika) verlangten, überforderten den Milizen, denn er mußte nun oft und bisweilen über Jahre hinweg seinen Hof im Stich lassen. Dasselbe galt dann auch für die Kriege des 2. Jahrhunderts v. Chr. gegen die östlichen Monarchien, die allerdings verhältnismäßig kurz waren und nicht das gesamte Wehrpotential erforderten, und gegen die Aufständischen in den spanischen Provinzen, die Jahrzehnte hindurch starke Heereskontingente beschäftigten. Eine Folge der Überbelastung war eine wachsende Unlust am Kriegsdienst, die sogar in Kriegsdienstverweigerungen münden konnte, und, sofern man um den Dienst nicht herumkam, der wirtschaftliche Ruin vieler Bauernhöfe, deren Bewirtschaftung die zurückbleibenden Familienangehörigen nicht in ausreichendem Maße durchführen konnten. Als die militärische Situation während der Einbrüche der Cimbern und Teutonen in das römische Herrschaftsgebiet am Ende des 2. Jahrhunderts v. Chr. dann erneut große, lange Zeit außerhalb Italiens operierende Truppenmassen erforderte, sah man sich zu einer Änderung des Rekrutierungssystems gezwungen. Marius, der die Reform durchführte, hob nun auch Besitzlose aus bzw. nahm sie als Freiwillige an.

Das neue System brachte den Römern tatsächlich die erforderlichen Heeresstärken, aber es hatte auch unbeabsichtigte Nebenwirkungen, die tiefe Veränderungen der gesamtstaatlichen Ordnung herbeiführten, ja sogar eine der wesentlichen Ursachen für den Zusammenbruch der Republik bilden sollten. Denn da die Soldaten, die ohne Vermögen und ohne Einkommen in den Heeresdienst eingetreten waren, nicht, wie im Milizsystem üblich, mit einem Beuteanteil bzw. mit dem aus der Unterhaltszahlung eventuell verbliebenen Rest auf ihre Arbeitsstätte, in aller Regel einen Bauernhof, zurückgeschickt werden konnten, mußten sie, weil vermögens- und arbeitslos, mit einem den Lebensunterhalt gewährenden Landstück beschenkt werden. Da die Nobilität kein Land zur Verfügung stellen wollte und in der Tat in Italien ohne Enteignungen auch kaum noch Boden zur Verteilung an arme Bürger beschafft werden konnte, mußte sich der Feldherr, unter dem die Soldaten gedient hatten und der nach römischer Vorstellung nicht nur Kommandeur, sondern auch fürsorgender Vater, also Patron seiner Soldaten war, das notwendige Land mit mehr oder weniger Druck von der herrschenden Schicht ertrotzen. In die Innenpolitik brach auf diese Weise die militärische Gewalt ein; die Heere wurden als Militärclientel einzelner Feldherren ein neuer Faktor im staatlichen Leben. Die Militärpotentaten, die natürlich der Nobilität angehörten, entwuchsen mit ihrer Machtstellung der Schicht, der sie zugehörten, und verfolgten eigene politische Wege, die sie mit ihrer Soldatenclientel, die ihnen auch nach der Entlassung treu blieb, durchsetzten.

Mit dem neuen Rekrutierungssystem war das alte Milizwesen noch nicht völlig beseitigt. Denn nicht nur wurden nach wie vor auch in alter Weise die vermögenden Bürger ausgehoben, sondern auch die besitzlosen Soldaten, die nach ihrer Entlassung einen Bauernhof sich erhofften, waren ja Milizen, auch wenn sie nicht mehr jenem idealen Typ des Milizen, der seinen Pflug für die Sommerzeit mit dem Schwert vertauschte, entsprachen. Aber da die letzteren für lange Zeit verfügbar waren, bedeutete es doch für sie nur noch einen Schritt zum Berufssoldatentum; praktisch konnten sie ja zehn oder zwanzig Jahre dienen. Solange die republikanische Ordnung noch bestand, war allerdings kein Raum für so lange dienende Soldaten und schon gar nicht für ein stehendes Heer, das die aristokratische Struktur wegen des Problems des Kommandos über dieses Heer und der Kontrolle eines solchen aus dem Staatsganzen mehr oder weniger herausgehobenen Elements nicht vertrug. Aber die Mentalität des Söldners stellte sich doch bei den großen Heeren der späten Republik, in denen die Armen und Besitzlosen überwogen, mehr oder weniger ein. Denn nicht nur entfremdete der lange und rohe Heeresdienst die Soldaten dem zivilen Leben, in dem sie durch ihre elende wirtschaftliche Lage auch schon vor der Rekrutierung die Rolle der Parias gespielt haben mochten, sondern vor allem überdeckte die Interessenidentität mit dem jeweiligen Feldherrn die Bindungen an die gesamtstaatliche Ordnung, und dies in dem Maße stärker wie der Widerstand der Senatsmehrheit gegen die großen Militärpotentaten größer wurde. Allmählich begann auch für Rom der für alle Zeiten geltende Tatbestand zu wirken, daß Söldner für jedes politische Ziel eingesetzt werden können. Die Milizen hatten demgegenüber immer für gesamtstaatliche Interessen, die ja mit den ihren identisch waren (oder sein sollten), gefochten, mochten diese Interessen auch nur eingebildet oder vorgespiegelt worden sein. Für den Söldner war hingegen der Sold, der ihm in Rom in Form von Geld und Land ausgezahlt wurde, das einzige Interesse. Das Stadium des Söldnerheeres hatte das römische Heer am Ende der Republik noch nicht erreicht, und es gab darum auch zu keiner Zeit ein stehendes Heer; aber das Milizsystem war gebrochen, und in dem Übergang von der einen zu einer neuen (der kaiserzeitlichen) Heeresverfassung bekam die Republik die ganze Problematik dieses Tatbestandes zu spüren.

Die zahlenmäßige Stärke des römischen Heeres wuchs in dem Maße, wie das römische Bürgergebiet sich ausbreitete und die unterworfenen Völker in diesem Bürgerverband aufgingen. In der römischen Königszeit dürfte das mögliche Gesamtaufgebot, also die wehrfähige Mannschaft, nicht mehr als 3000 Mann betragen haben; in der Mitte des 5. Jahrhunderts v. Chr. zählte es wahrscheinlich bereits 20000 und kurz vor Ausbruch des Hannibalkrieges ¼ Mill. Soldaten. Nach der Verleihung des Bürgerrechts an alle Bundesgenossen Italiens kam das Wehrpotential sogar an die Millionengrenze heran. Allerdings war es ohne die Gefährdung der Wirtschaft unmöglich, das gesamte Potential wirklich auszunutzen, aber in Zeiten großer Not haben die Römer doch große Teile ihrer Bürger unter Waffen gehabt. Im Hannibalischen Krieg (218—201 v. Chr.) standen Jahr für Jahr trotz schwerster Verluste durchschnittlich 20 Legionen, das sind 60000—75000 Mann, unter Waffen, zeitweilig sogar auch 25 Legionen. Man wird nicht fehlgehen, wenn man damit rechnet, daß damals mehr als die Hälfte, zeitweise sogar $^2/_3$ aller wehrtauglichen Bürger Soldaten waren. Die Stärke des römischen Heeres wurde noch erheblich dadurch gesteigert, daß immer ein dem römischen Kontingent ungefähr gleich starkes Kontingent von Bundesgenossen Roms in Italien ausgehoben wurde, das zur vollen Verfügung der römischen Befehlshaber stand (s. u. S. 205). Es gab keinen antiken Staat, der auch nur annähernd dem Vergleichbares entgegenzusetzen hatte. Karthago, das durch seine Wirtschaftsstruktur große Geldmengen für Söldnerheere ausgeben konnte, hat zu keiner Zeit die zahlenmäßige Stärke des römischen Gegners zu erreichen vermocht.

Die militärische Einheit war ursprünglich einmal die Tausendschaft gewesen, spätestens seit der Mitte des 4. Jahrhunderts v. Chr. war es die Legion (*legio*, von *legere*, sammeln, auslesen). Sie bestand aus 4200 Fußsoldaten und 300 Reitern, doch schwankte die tatsächliche Stärke von 4000 und weniger bis auf 6000 Mann. Der Kern der Legion bestand aus den schwerbewaffneten Kämpfern der Schlachtordnung (*acies*, griech. Phalanx). Die Schwerbewaffneten einer Legion wurden später in drei Treffen hintereinander aufgestellt und jedes Treffen in 10 Abteilungen (*manipuli*) gegliedert. Die Leichtbewaffneten der Legion (*velites*) stellten etwa $^1/_3$ der Legionsstärke; sie hatten unter anderem vor der Schlacht die feindliche Linie zu verwirren und stellten die Ersatzleute, Kundschafter usw. Die Reiterei war taktisch von geringer Bedeutung. — Seit dem Ende des 2. Jahrhunderts v. Chr. wurde die organisatorische Gliederung der Legion wegen der Änderung der Kampfestaktik (dazu s. u. S. 167) abgeändert. Die drei Treffen einer Legion, die sich nach Alter, Diensterfahrung und Bewaffnung unterschieden hatten, wurden aufgehoben, alle Soldaten gleich bewaffnet und in 10 Abteilungen (*cohortes*) zu je ca. 600 Mann (oft waren es auch weniger) gegliedert. Die neue Ordnung ermöglichte eine größere taktische Beweglichkeit der Legion. Als sich gegen Ende der Republik das Milizheer langsam zu einem Berufsheer wandelte, das allerdings zunächst noch ein Berufsheer auf Zeit war, und damit auch die Einheiten (Legion bzw. Kohorte) länger bestanden, bildeten sich allmählich die für alle stehenden Heere typischen (und im reinen Milizsystem undenkbaren) Traditionseinheiten, d. h. die einzelnen militärischen Einheiten, die nun länger bestanden als in der Milizverfassung, erhielten Namen, bildeten in sich einen Mythos (entsprechend den modernen Regiments- bzw. Divisionsgeschichten) und neigten in dem Maße, wie sie „Geschichte" machten, dazu, sich als Einheiten „zu verewigen". Diese Entwicklung mündete dann in das stehende Heer der Kaiserzeit.

Die Römer haben aber nicht nur der Ordnung in der Schlacht große Aufmerksamkeit geschenkt; sie ersannen auch ins einzelne gehende Vorschriften für den Marsch und das Lagern. Die Marschordnung schrieb genau vor, wo die einzelnen Heeresabteilungen, der Train, die Reiter, die bundesgenössischen Kontingente usw. in dem langen Heereszug (*agmen*) zu marschieren hatten, und dies galt nicht nur für einen einzelnen Feldzug, sondern ein für alle Mal, so daß jeder römische Soldat zu jeder Zeit wußte, wo sein Platz im Heereszug war. Besondere militärische Erfordernisse oder Eigenheiten eines Feldherrn mochten hier und da etwas ändern, aber im Prinzip war jeder Soldatengeneration der Ordnungsplan bekannt. War der Marsch gefährdet, gab es besondere Bestimmungen, die eine schnellere Entfaltung des Heeres aus der Marschordnung in die Schlachtordnung (*acies*) ermöglichen sollten; die der Schlachtordnung am meisten angenäherte Form des Heereszuges war das *agmen quadratum*, in dem die drei Treffen nebeneinander marschierten und durch eine bloße Wendung zur Schlachtordnung wurden.

Ein Muster römischen Organisationswillens ist die Lagerordnung. In aller Regel schlugen die Römer jede Nacht ein befestigtes Lager auf; so provisorisch dieses auch sein mochte, kam es doch einer Festung gleich. Kein anderer antiker Staat kannte diese Einrichtung und keiner hat sie nachahmen können, weil ihm die notwendige Voraussetzung, nämlich die totale Disziplinierung des Soldaten, fehlte. Die Römer aber machte das Lager (*castra*) beinahe unangreifbar. Es wurde nach dem Grundriß einer Stadt erbaut und das Gelände vorher entsprechend vermessen (*limitatio*). Eigene Vermessungsbeamte zogen voraus, wählten einen günstigen Ort aus und steckten den Lagerplatz ab. Kam das Heer an, arbeiteten alle Soldaten nach einem genauen Plan, in dem jeder seine Rolle hatte, an dem Bau des Lagers, bis es in allem (Wall, Graben, Zeltreihen, Appellplatz mit Feldherrnzelt, Wegen, Toren usw.) fertig war. Das Material für den Lagerbau, wie z. B. die Zelte, wurde zu einem guten Teil im Troß mitgeführt. Um aber auf alle Fälle, auch etwa bei Verlust des Trosses, schnell ein befestigtes Lager errichten zu können, schleppten die Soldaten neben ihrer militärischen Ausrüstung (Panzer, Wurfgeschosse und Schwert) auch noch Schanzpfähle mit. Das Leben im Lager selbst war streng geordnet. Schanzarbeit, Wachdienst und die Beschaffung der Verpflegung war ebenso nach einer festen Ordnung durchorganisiert wie das gesamte Signalwesen, von dem uns beispielsweise die sinnvolle Art und Weise, in der unter den Soldaten täglich die Parole (*tessera*) ausgegeben wurde, von dem griechischen Historiographen Polybios anschaulich erzählt ist.

Die für die Schlacht, den Marsch und den Lagerbau erdachten und praktizierten Ordnungen setzen ein Maß von militärischer Disziplin voraus, das in der Antike und überhaupt vor der Zeit des Absolutismus nur die Römer aufgebracht haben. Es stellt sich daher die Frage nach den Ursachen für dieMöglichkeit solcher Disziplin bei den Römern. Daß die Disziplin ein Nationalcharakter der Römer gewesen wäre, wie man in der Antike und auch noch vielfach in der Moderne behauptete, wird heute so leicht niemand mehr nachreden. Wir suchen heute vielmehr nach den Umständen, die sie ermöglichten und sie, nachdem sie sich einmal ausgebildet hatte und den Römern scheinbar wie etwas Unverlierbares anzuhaften schien, so dauerhaft werden ließen. Es liegt nahe, dabei zunächst an die Familienstruktur zu denken, die dem Familienvater eine unumschränkte, nur durch den Sittenkodex gebremste Gewalt über die Hausangehörigen verschaffte, und an die Clientelstruktur, die diese Verhältnisse bis zu einem gewissen Grade — zum Teil strenger, zum Teil weniger streng — auf die sozialen Großverbände übertrug: Im Felde war der Kommandierende gleichsam der „Vater" der Soldaten, und wir haben in der Tat unzählige Beispiele dafür, daß die unerbittliche Gehorsamspflicht der Soldaten gegenüber dem Feldherrn und die Sorgepflicht des Feldherrn gegenüber den Soldaten den Verhältnissen in Familie und Clientel entsprachen. Für die weitere Entwicklung und Erhaltung der Disziplin dürfte auch gesorgt haben, daß die Massen der Bürger das Soldatendasein und d. h. auch: die Kriege als etwas Notwendiges und bisweilen sogar Wünschenswertes angesehen haben. Dies allerdings nicht nur deswegen, weil die Römer ständig von Feinden bedroht waren. Selbst wenn man einmal unterstellt, daß die einfachen Soldaten die Vorstellung der Nobilität teilten, Rom führe nur gerechte Kriege (*bella iusta*), also Abwehrkriege — die Teilnahme an dem kriegerischen Geschehen wird viele Soldaten oft zu einer entgegengesetzten Meinung gebracht haben —, hätte die beinahe unendliche Kette der römischen Kriege auch zu einer Demoralisierung führen können. Tatsächlich gibt es auch dafür Beispiele (vor allem in den spanischen Kriegen des 2. Jahrhunderts v. Chr.); die politische Situation war eben nicht immer so klar, wie im 2. Punischen Krieg, in dem es wahrhaftig um die Existenz Roms ging. Das Interesse, das den Soldaten mit der Kriegspolitik verband, wurde neben der Notwendigkeit, einen angreifenden Feind abzuwehren, aber besonders auch dadurch geweckt, daß er einen Anteil an der Beute, vor allem Land bekam: Die Expansion Roms, d. h. der materielle Erfolg der Militärpolitik erhielt auch die Disziplin. Und nachdem Rom einmal die Herrin der Welt geworden war, konnte selbst dann, wenn für die Massen der Soldaten aus den Kriegen nichts oder nur wenig heraussprang, die Organisation der Militärmaschinerie als ein Wert erscheinen, den es zu verteidigen galt. Denn der ideelle Wert, den die römische Machtstellung für den einfachen Mann hatte und die ihm ein Überlegenheitsgefühl über alle anderen Völker gab, sicherte dem Instrument der Macht, dem Heer, einen festen Platz im Herzen aller. Und solange das Milizsystem noch funktionierte, war jeder Römer Teil dieses Instruments und Teil der Herrschaftsmacht: Jeder Römer war potentiell auch Soldat, und wir mögen nur an moderne Kriegervereine denken, um uns eine Vorstellung davon zu machen, welchen Stellenwert in den Gedanken und Gesprächen der Römer in Dorf und Stadt das Heer hatte. Auf das sich in der ausgehenden Republik ganz allmählich entwickelnde Berufsheer übertrug sich diese Bewußtseinslage des Milizen, die dann allerdings nicht mehr die in sich selbst ruhende Denkungsweise eines Staatsvolkes war, sondern das fixierte, unverrückbare Berufsethos eines Standes wurde, nämlich des Soldatenstandes der Militärdespotie der späten Republik und der Kaiserzeit.

Für die Beurteilung des römischen Heerwesens sind auch die Kommandoverhältnisse außergewöhnlich wichtig und aufschlußreich. Sie sind einerseits ein Zeugnis für die Überlegenheit des römischen Militärsystems über das der anderen antiken Völker, andererseits aber bedeuteten sie auch eine Belastung für dieses System und zeigen, daß das römische Heer solche Belastungen verkraften konnte. Zunächst zu dem positiven Aspekt der Kommandoverhältnisse.

Im römischen Heer war es zu jeder Zeit und in jeder Situation klar, wie die Kommandoverhältnisse beschaffen waren, und dies sowohl für die oberste Kriegführung als auch für die unteren Ränge der militärischen Hierarchie. Von der militärischen Spitze bis zu dem gemeinen Soldaten gab es ein klares, den Dienstverhältnissen angemessenes Rangverhältnis. Bei den unteren Dienstgraden waren Rangordnung und Aufstiegschancen bis ins Kleinste geordnet; Fähigkeit, Dienstalter und besondere Leistung bildeten die Grundlagen der Karriere. Die oberste Führung hatten die Beamten inne, die das Volk jährlich wählte. Ihre innere Ordnung ergab sich automatisch aus der Hierarchie der Beamten. An der Spitze standen danach die Konsuln bzw. in Notstandszeiten der Diktator, unter ihnen die Prätoren und die anderen Beamten und Promagistrate. Insubordination war in diesem System so gut wie ausgeschlossen; wenn sie trotzdem vorkam, wurde die harte Strafe, die auch die Todesstrafe einschloß, von der Masse der Soldaten als etwas Notwendiges anerkannt bzw. hingenommen. Ungehorsam konnten sich allenfalls diejenigen leisten, die zur Schicht der Regierenden gehörten, also die obersten Beamten. Aber auch sie leisteten sich Opposition allenfalls im politischen Bereich — etwa bei der Frage, welcher Konsul einen Krieg übernehmen sollte — und wurden dann gegebenenfalls vom Senat bzw. der Beamtenschaft mit dem Instrumentarium der Rechtsordnung zur Raison gebracht (s. o. S. 128 ff.). Im Felde selbst sind Akte des Ungehorsams von Magistraten jedoch kaum vorgekommen; begehrte doch einmal jemand auf, wie der Reiterführer M. Minucius Rufus gegen den Diktator Q. Fabius Maximus im 2. Punischen Krieg (der Wahrheitsgehalt der von der römischen Historiographie überlieferten Geschichte ist nicht in allen Teilen über jeden Zweifel erhaben), konnte man mit einer einheitlich negativen Reaktion gegen den ungehorsamen Unterführer selbst dann rechnen, wenn dieser in der strittigen Frage Recht hatte. — Durch die klaren Kommandoverhältnisse war das römische Militärwesen gegen die Destruktion der militärischen Schlagkraft infolge von Eigenmächtigkeiten der Unterführer oder Streit der Feldherren um die richtige Kriegführung gefeit. Die Römer nahmen dafür in Kauf, daß oft mit richtigen Kommandoverhältnissen falsche militärische Entschlüsse gefaßt wurden; ja sie taten sich zuweilen sogar etwas darauf zugute, daß sie militärisch falsch, aber nach der Ordnung gehandelt hatten, und schützten den erfolglosen General gegenüber dem ihm untergebenen Kritiker, auch wenn dieser die offenbar bessere Strategie vertreten hatte: Man war sich eben klar bewußt, daß auf die Länge besehen geordnete Kommandoverhältnisse wichtiger waren als der einzelne, durch die Preisgabe dieser Kommandoverhältnisse erzielte Erfolg.

Eine schwerwiegende Belastung bedeutete es hingegen für die Römer, daß auch die Generale Milizen waren, d. h. daß die obersten militärischen Stellen von den Beamten übernommen wurden, die jeweils gewählt waren, und zwar gewählt nicht auf Grund ihrer militärischen Fähigkeit, sondern aufgrund ihrer vornehmen Herkunft: Brach ein Krieg aus, übernahmen ihn die beiden Konsuln, die gerade im Amt waren, oder einer von ihnen und führten die Prätoren unter den Konsuln oder auch selbständig an diesem oder jenem Schauplatz die Operationen. Selbst wenn die Römer vor den Wahlen von einem drohenden Krieg wußten, wählten sie selten nach Feldherrnqualitäten, sondern nach dem persönlichen Rang eines Mannes, und die Nobilität selbst, die die Wahlen mehr oder weniger lenkte, zeigte oft die geringste Einsicht in die Not der Stunde: Die Konkurrenz der Familien und der Ehrgeiz einzelner bestimmte das Wahlergebnis meist auch in schweren Zeiten, weil der Ämterehrgeiz gerade vor einem Krieg wegen der Aussichten auf Ruhm und Beute besonders angestachelt wurde. Die Folge war, daß mit einer beinahe unerschütterlichen Regelmäßigkeit die Kriege, die Rom führte, mit großen Pannen oder gar schrecklichen Katastrophen begannen. Es war nicht immer so schlimm wie in den ersten Jahren des 2. Punischen Krieges, als die nach parteipolitischen Rücksichten gewählten Konsuln alle Feldschlachten gegen Hannibal verloren und dabei die gesamte römische Feldarmee, etwa 1/4 aller wehrfähigen Bürger, auf dem Schlachtfeld blieb, aber es war auch abgesehen von diesem Krieg schon schlimm genug. Erst nachdem man fürchterlich geschockt war, begannen die Massen zu murren und sahen dann auch die einflußreichen Herren im Senat ein, daß sie bei den Wahlen Männer präsentieren mußten, die sich bereits im Felde bewährt hatten. Die kriegserfahrene römische Führungsschicht hatte auch meist Männer solchen Schlages in ihren Reihen. Sie protegierte im Notfalle dann sie für die obersten Beamtenstellen und tat noch ein übriges dadurch, daß sie die Beamten, die sich im Felde bewährt hatten, als Promagistrate (s. o. S. 93 ff.) unter dem Kommando der neuen Beamten solange behielt, wie sie gebraucht wurden. Natürlich waren nicht alle Promagistrate nur fähige Feldherren, oft bestimmte auch Parteipolitik oder einfach der soziale Rang einen Beamten zum Promagistrat. Aber im allgemeinen und vor allem in Krisenzeiten sah man doch darauf, die erprobten Generale zu behalten. Die Samnitenkriege und insbesondere der 2. Punische Krieg wären ohne die Promagistrate zu keinem erfolgreichen Ende gekommen. Wir können, etwas überspitzt, sogar sagen, daß diese Kriege auf weiten Strecken von der Promagistratur, nicht von der Magistratur geführt wurden.

Zum Schluß seien noch einige Bemerkungen zur Kampfesweise des römischen Heeres angefügt. Der adlige Einzelkampf scheint, wenn er für die Kampfesweise der Römer bzw. Latiner überhaupt je große Bedeutung besessen hat, schon seit dem 6. Jahrhundert v. Chr. dem Kampf in der Schlachtreihe gewichen zu sein; seit der Mitte des 5. Jahrhunderts tritt uns die Schlachtreihe in der Centurienverfassung der Volksversammlung (s. o. S. 98) schärfer entgegen. Der Kampf in der Schlachtordnung stellte den schwerbewaffneten Fußsoldaten in das Zentrum des Kampfes und beließ der adligen Reiterei, die an den Flügeln der Schlachtordnung aufgestellt war, nur noch eine sekundäre Rolle. Es konnte nicht ausbleiben, daß die große Zahl von Soldaten, die für die neue Kampfesweise benötigt wurde, zu einer Verbreiterung der politischen Basis des Staates führte: Der veränderten Kampfesweise folgte die Übertragung von politischen Rechten an breite, bisher unter der strengen Clientel der Vornehmen stehende Massen.

Die Kampfesweise in der Schlacht selbst war zunächst sehr einfach. Die Römer rückten in einer starren Linie vor und suchten den Gegner durch die Wucht des Vorstoßes und den Druck der Masse niederzuwerfen. Wenn der Gegner dieselbe Kampfesweise hatte, kam es darauf an, welche Reihe die größere Durchschlagskraft besaß. Der Kampf selbst wurde mit langen Stoßlanzen (*hasta*) geführt. Leichtbewaffnete dienten zur Eröffnung des Kampfes, bei der sie besonders mit Hilfe von Schleudern und Pfeilen die gegnerische Reihe zu lockern suchten. Diese Kampfesweise ist in den Samnitenkriegen nicht unwesentlich verändert worden. Da die Römer sich damals in den gebirgigen Gegenden Mittelitaliens bewegen mußten, paßten sie ihre starre Linie durch leichte Auflockerungen den veränderten Verhältnissen an: Die ursprünglich starre Linie wurde in Abteilungen (Manipel) gegliedert, die auch nebeneinander, aber doch mit einer kleinen Lücke zueinander standen, so daß die vorrückende Reihe beweglicher wurde und bei etwaigen Verwirrungen jeder Soldat an seinem Manipel einen Halt hatte, also ein Loch in der Phalanx nicht alles auseinanderriß. Ferner wurde die Stoßlanze als Hauptwaffe aufgegeben, die ja vor allem in einer geschlossenen Linie wirksam, im beweglichen Kampf aber eine etwas schwerfällige Waffe war. Statt ihrer übernahmen die Römer von ihren samnitischen Gegnern den kurzen Wurfspeer (*pilum*, es hatte sich aus der Wurfkeule entwickelt), der vor dem Zusammenprall der Schlachtreihen geworfen wurde, und benutzten für den Nahkampf das Schwert. Darüber hinaus gliederten sie die jetzt aus Manipeln bestehende Reihe in drei große, hintereinander stehende Treffen, die also nun aus einer Reihe von nebeneinanderstehenden Manipeln bestanden. Das erste Treffen wurde mit den modernen neuen

Waffen ausgerüstet und entsprechend ihrem Standort hießen diese Soldaten *principes* (die Vordersten); die zweite Reihe hatte zunächst noch die alte *hasta*, wonach die Soldaten dieses Treffens *hastati* genannt wurden; das dritte Treffen schließlich füllten die erprobten Veteranen des Heeres (*triarii*). Später wurden dann alle Treffen mit der modernen Ausrüstung versehen und daraufhin die *hastati*, die die jüngsten Soldaten waren, in das erste Glied gestellt (man hatte bei der Einführung der neuen Waffe zuerst die etwas erfahreneren 24—30jährigen ausgerüstet und damit zunächst das Prinzip, nach dem die Staffelung der Glieder sich nach dem Alter zu richten hatte, also vorn die Jüngsten, hinten die Älteren standen, kurzfristig aufgegeben).

Mit der neuen Taktik und Bewaffnung, die die Römer auf Grund der in den Samnitenkriegen (326—290 v. Chr.) gemachten Erfahrungen übernahmen und vervollkommneten, wurden die Kriege gegen die Samniten siegreich beendet. Die Römer hatten sogar einige Aussicht, mit diesem neuen Machtinstrument den hochentwickelten griechischen Heeren begegnen zu können. Der auf die Samnitenkriege folgende Krieg gegen den König Pyrrhus (280—272 v. Chr.), dessen Feldherrnbegabung die hellenistische Kriegskunst voll zu entfalten vermochte, zeigte aber doch noch die militärisch-taktische Überlegenheit des griechischen Ostens. Es scheint, daß die Römer gegen Pyrrhus nicht eine einzige offene Feldschlacht gewonnen haben. Auch zu Beginn des 2. Punischen Krieges, in dem Rom einem militärischen Genie, nämlich Hannibal, gegenüberstand (der 1. Punische Krieg, 264—241 v. Chr., war in erster Linie Seekrieg und Festungskrieg gewesen), war die Überlegenheit der östlichen Kriegskunst noch offenbar; aus Unsicherheit gegenüber Hannibal haben sich die Römer sogar, anstatt sich den neuen Gegebenheiten anzupassen, in der Schlacht zu Haufen massiert, um durch ihre Masse die bewegliche, von Hannibal so gut beherrschte karthagische Phalanx umzustoßen. Indem man sich solche „Dampfwalze" schuf, ging man also sogar noch hinter die Entwicklung der Samnitenkriege zurück. Aber Hannibal hat diese konzentrierte Masse von Soldaten bei Cannae vernichtet (216 v. Chr.) und gezeigt, daß sie kein Gegengewicht gegen eine überlegene taktische Krieg-

führung darstellte. Die Römer zogen daraus eine Lehre: Nach einer Phase der Unsicherheit, in der sie in die Defensive gingen, reformierte P. Cornelius Scipio, später Africanus beigenannt, das römische Heer durch eine Weiterentwicklung der aufgelockerten Phalanx: Die Manipel erhielten innerhalb der Phalanx noch größere Beweglichkeit, so daß sie auch selbständig operieren oder vom Feldherrn sogar einzeln oder in Gruppen aus der Reihe herausgezogen und zu einer operativen Reserve benutzt werden konnten. Mit dieser „Manipulartaktik" hat Scipio Hannibal bei Zama (202 v. Chr.) besiegt und haben andere Feldherren im 2. Jahrhundert die Heere der östlichen Monarchien auf die Knie gezwungen (200—168 v. Chr.).
Eine weitere Änderung erfuhr die römische Kampfesweise in den Kriegen gegen die ins Reich einbrechenden germanischen Stämme am Ausgang des 2. Jahrhunderts (113—101 v. Chr.). Den in massiven Truppenkörpern vorstoßenden Germanen war auch eine bewegliche Schlachtordnung nicht immer gewachsen. Die Römer mußten der Wucht des Stoßes mit stärkeren Verbänden begegnen, als es innerhalb der Schlachtreihe der Manipel möglich war, ohne die operative Beweglichkeit zu verlieren, die die Überlegenheit des römischen Heeres ausmachte. Sie bildeten darum aus den 30 Manipeln 10 größere Einheiten (*cohortes*) und verstärkten gleichzeitig die Mannschaftszahl der Legion. Die Kohorten erhielten auf diese Weise eine Stärke von 500—600 Mann (bisweilen war sie auch kleiner), die, nebeneinander oder — später meist — gestaffelt neben- und hintereinander aufgestellt, der Legion Durchschlagskraft und Beweglichkeit zugleich gaben. Diese Gliederung, in der die Kohorte nun die volle Manövrierfähigkeit hatte, ja sie die eigentliche taktische Grundeinheit war (die Legion war daneben eher nur noch organisatorische Einheit), ließ die vielfältigste Verwendung zu, vor allem konnten so beliebig starke Reserven gebildet werden. Marius hat die Kohortentaktik in den Germanenkriegen entwickelt; Caesar führte sie auf einen Höhepunkt, und von ihm übernahm sie das kaiserliche Heer.
Die ständige militärische Beanspruchung, die gewiß nicht immer, aber doch vielfach den materiellen und ideellen Interessen der

Bürger entgegenkam, und der militärische Erfolg, durch den der Bürger auch dann, wenn er keinen unmittelbaren Gewinn aus den kriegerischen Operationen ziehen mochte, die Expansionspolitik als einen wie immer zu interpretierenden Wert ansehen konnte, schuf eine Bewußtseinslage, die den soldatischen Bereich als einen selbstverständlichen Teil in das allgemeine Leben und Denken integrierte: Bis zu einem gewissen Grade war jeder Römer auch im Zivilleben ein Soldat und war sein Denken und Handeln erfüllt von Wertvorstellungen, die dem soldatischen Leben entstammten. Daraus dürfen wir jedoch nicht schon folgern, daß der Römer sich wegen dieser inneren Einstellung gegenüber anderen Völkern durch eine ihm spezifische Grausamkeit und Brutalität auszeichnete. Solange das römische Heer ein Milizheer war und die Interessen der Soldaten im großen ganzen mit den militärischen Zielen in wenn auch grober Übereinstimmung standen, agierte und reagierte der Römer im Kampf wie die Milizen anderer Völker auch und entsprach die oft grausame Kriegführung durchaus allgemeinen antiken Gepflogenheiten. Erst die allmähliche Auflösung des Milizsystems in der ausgehenden Republik und in der Kaiserzeit brachte dann Erscheinungen, die von den praktizierten (wenn auch moralisch nicht immer anerkannten) Verhaltensnormen auf diesem blutigen Gebiet abwichen. Als eine Konsequenz der Auflösung des Milizsystems, das in der ausgehenden Republik allmählich durch ein Berufssoldatentum abgelöst wurde, betreffen sie weniger den (Berufs-)Soldaten als den Zivilisten, der nun nicht mehr latent auch Soldat war. Denn damit, daß die Masse der Bürger nun keine Soldaten mehr war, wurde nicht auch ihre militärisch-soldatische Grundeinstellung zerstört, der vielmehr der Römer als Bürger weiter anhing, und da er sie als Soldat nicht mehr persönlich verwirklichen konnte, suchte und fand er Ersatz für die verlorene soldatische Realität in dem blutigen Schauspiel. Spiele und Kämpfe als Schauspiel hatte es bereits früher gegeben, aber sie hatten sich auf Scheinkämpfe (als Teil von Leichenfeiern) oder auf Tierkämpfe beschränkt. Die Entwicklung dieser Schaustellungen zu Einzelkämpfen von Menschen, die auf Leben und Tod geführt wurden, und die kommerzielle Ausbildung von Schaukämpfern (Gladiatoren) zur Befriedigung und auch Anheizung der Bedürfnisse der Massen nach Konsum von Brutalität hat sich jedoch erst entwickelt, als das Milizwesen dem Berufsheer gänzlich gewichen war, und hatte bezeichnenderweise in der Kaiserzeit, als es nur noch das Berufssoldatentum gab, seinen Höhepunkt.

Die positive Grundeinstellung des Römers zu der Welt des Soldaten hat die römische Expansion gewiß nicht unerheblich gefördert; sie war nur möglich dadurch, daß die soziale Schicht, der der Römer folgte, diese Grundeinstellung ausbildete und weiterentwickelte. Es war gewiß nicht allein die Abwehr feindlichen Vernichtungswillens, deretwegen die Nobilität die Massen zur Erhaltung der militärischen Stärke und zur ständigen militärischen Bereitschaft anstachelte; auch der Wunsch nach materiellem Gewinn und der Gedanke des Ruhms, der den Nobilis innerhalb seiner Klasse herausstellte und ihm Einfluß vor den anderen gab, trieben die Nobilität zu weiterer Expansion. — Das militärische Kalkül war daher immer präsent, das Leben im Felde auch für den Nobilis etwas Selbstverständliches. Als Rom dann einen großen Einfluß- und Herrschaftsbereich hatte — erst Italien, dann das ganze Mittelmeerbecken —, hat die Herrschaft selbst zur Militarisierung des Denkens beigetragen, weil der Zusammenbruch dieser Herrschaft angesichts der Expansionsgeschichte auch das Ende Roms bedeutet hätte: Das unterworfene Gebiet, das mit ganz geringen Ausnahmen ein völlig passiver, toter politischer Körper war, bewirkte allein durch sein Dasein eine Zementierung der einmal entwickelten Verhältnisse.

Die römische Nobilität hat ihre Rolle als militärische Führungsschicht, die sie ja auch darstellte, mit großer Konsequenz durchgehalten. Für den Erfolg, den sie dabei hatte, war ziemlich unwichtig, daß sie gute Feldherren hervorgebracht hat; die Zahl der Versager hält den Erfolgreichen, wie gezeigt wurde, durchaus die Waage. Wichtig hingegen ist, daß sich jeder, ganz unabhängig von seinen militärischen Fähigkeiten, als potentieller Feldherr ansehen konnte und von seinen Standesgenossen und den Soldaten auch als solcher angesehen wurde. — Wenn sich auch die Führungsschicht nicht durch eine besondere militärische Qualifikation auszeichnete, so doch durch eine Denkungsart, die das Militärische als einen wesentlichen Teil des öffentlichen Lebens ansah, ja es sogar gegenüber dem zivilen Leben überbewertete und feste Handlungsmaximen kannte, von denen niemand abwich. Es gab unumstößliche Prinzipien des soldatischen Verhaltens, die zu dem Comment aller gehörten; sie waren aus der Erfahrung gewonnen und zeigen, daß auch psychologische Erfahrungstatbestände zu dem Reservoir dieser Prinzipien gehörten, und vor allem: Sie zeigen eine Fähigkeit, den Rang bestimmter Grundsätze abzuschätzen, und den festen Willen, die als unverlierbar erkannten Grundsätze im wahrsten Sinne des Wortes auch „um jeden Preis" durchzusetzen. Dazu einige Beispiele. Der Grundsatz der militärischen Disziplin hatte unter den Nobiles den ersten Rang, und, obwohl er durch die Familienstruktur im Prinzip niemals gefährdet war, wurde er doch mit unerhörtem Nachdruck immer wieder bewußt gemacht. Als im Jahre 280 v. Chr. eine ganze römische Legion, die als Besatzung in die griechische Stadt Rhegion gelegt worden war, meuterte, sich der Stadt und des Eigentums der Bürger von Rhegion bemächtigte und einen Räuberstaat gründete, konnte sich der Senat wegen des Pyrrhuskrieges zunächst nicht um die Insubordination kümmern; aber man vergaß die Angelegenheit nicht. Nach dem Ende des Krieges wurde die Stadt Rhegion erstürmt, alle Meuterer, die dabei nicht umgekommen waren, nach Rom gebracht und auf dem Marktplatz füsiliert (270 v. Chr.). — Mit ähnlicher Härte reagierte man auf die Aufweichung der Disziplin infolge von Niederlagen. Die völlig demoralisierten Truppenreste, die der furchtbaren Niederlage von Cannae (216 v. Chr.) entkommen waren, ließ der Senat trotz des Verlustes der gesamten Feldarmee während des ganzen Krieges nicht mehr an den militärischen Operationen teilnehmen; sie wurden zu Schanzarbeiten nach Sizilien geschickt und blieben dort trotz flehentlicher Bitten um Einsatz bis an das Ende des Krieges. Die entehrende Strafe begründete der Senat damit, daß diese Soldaten ihre Kameraden bei Cannae im Stich gelassen hätten (sie hätten also sterben sollen). Die Nobilität hat wie hier auch sonst immer dann die Gehorsamspflicht überbetont, wenn die innere Ordnung auf dem Spiele stand. — Wie gegenüber Soldaten konnte sich die harte Reaktion auch gegen ganze Gemeinden richten. Den Abfall der römischen Stadt Capua nach Cannae — sie war die größte Stadt nach Rom auf dem römischen Territorium und hatte sich innerhalb des römischen Staates eine gewisse Selbständigkeit bewahrt — nahm der Senat wichtiger als den in Italien eingebrochenen und siegreichen Landesfeind: Die Jahre nach Cannae sind vor allem durch den unbeugsamen Willen bestimmt, Capua zurückzuerobern, ein nicht allein aus der strategischen Lage erklärbarer Tatbestand. Hannibal wurde in diesen Jahren eher hingehalten als eigentlich bekämpft. Nach Eroberung Capuas (211 v. Chr.) wurden alle Vornehmen der Stadt getötet, die gesamte Einwohnerschaft enteignet (das capuanische Gebiet war seitdem Staatsland, *ager Campanus*) und Capua als Stadt aufgehoben: Die Erhaltung der inneren Ordnung ging immer dem Kampf gegen den Landesfeind vor.

e) Der Staat und sein Recht

Da die Setzung und die Funktion des Rechts in Rom durchaus anderer Art war als heutzutage, erscheint es angebracht, der Bedeutung des Rechts im republikanischen Rom eine besondere Betrachtung zu widmen. Es geht dabei sowohl um die Frage der Rechtsquelle, also darum, wer das Recht und damit die die Ordnung regelnden Normen setzte, als auch um die Rolle, die das Recht innerhalb der staatlichen Organisation spielte.

Zunächst zum Privatrecht (*ius privatum*). Hier ist vorweg daran zu erinnern, daß sich unsere heutigen Vorstellungen von dem, was das Privatrecht umfaßt, nicht ganz mit den römischen decken. So wurden z. B. Diebstahl (*furtum*) und Beleidigung (*iniuria*) in einem (deliktischen) Privatprozeß verfolgt, der selbstverständlich bei Feststellung der Schuld auch eine Strafe (Bußgeld) festsetzte, aber eben Privatprozeß (*actio*) war. Abgesehen von solchen Unterschieden war jedoch den Römern die Trennung eines privaten von einem öffentlichen Recht verhältnismäßig früh bewußt und ist darum die getrennte Behandlung gerechtfertigt.

Die älteste Schicht des römischen Privatrechts, die uns aus dem Dunkel der Geschichte entgegentritt, galt den späteren Juristen als Volksrecht (*ius civile*), also als dem Schoße des Volkes bzw.

seiner Sprecher entwachsenes, uraltes Recht. Es sind dies Rechtssätze, Prozeßformeln vor allem, die durch einen starren, religiös gebundenen Formalismus ausgezeichnet waren. Entsprechend ihrer religiösen Bindung standen sie zunächst unter der Obhut von Priestern (*pontifices*). Der Geltungsbereich dieses Rechts war ursprünglich auf einen Teil der in dem staatlichen Verband zusammengeschlossenen Personen, nämlich vor allem auf die Patrizier (s. o. S. 25), beschränkt; die Masse der römischen Bevölkerung, die Clienten der Patrizier, hatten an diesem Recht nur über die Patrizier Anteil, die ihre Clienten vor Gericht vertraten. Die rechtliche Stellung der nicht in der Clientel eines Patriziers stehenden Bauern, die zusammen mit den Clienten uns später als die Plebejer begegnen, ist eine freiere gewesen; allerdings bestand auch zwischen ihnen und den Patriziern ein Eheverbot und war ihre Rechtsstellung deswegen, weil das Recht von den patrizischen Priestern verwaltet wurde und damit auch die Rechtsinterpretation bei den Patriziern lag, unsicher. In den Ständekämpfen haben sich jedoch die Plebejer/Clienten die Rechtsgleichheit erkämpft, und im Zuge dieses Kampfes kam es auch zu der ersten und — bis auf die Spätantike — einzigen Kodifikation des Rechts in den XII-Tafeln (Mitte des 5. Jahrhunderts v. Chr.). Die Publikation des Rechts, die die Rechtssätze aus der Obhut und auch aus der diskretionären Verfügungsgewalt der patrizischen Pontifices löste, sollte vor allem der Rechtssicherheit dienen, aber auch sozialpolitisch im Sinne eines Ausgleichs der sozialen Spannungen wirken, und sie hat deswegen neben privatrechtlichem auch öffentliches und sakrales Rechtsgut enthalten. An dem XII-Tafelwerk wirkte sich besonders die Lösung des Rechts von dem Kollegium der Pontifices aus: Das Recht konnte nun auch von Laien traktiert und interpretiert werden, und es öffnete sich damit der Weg für eine freiere Fortbildung des Rechts.

Das römische Privatrecht war von Anfang an dadurch ausgezeichnet, daß die staatliche Gewalt, also der Beamte (zunächst *praetor maximus* bzw. Konsul, dann der Gerichtsprätor), ein sehr viel geringeres Gewicht hatte als heutzutage: Im Prinzip mußte der Kläger das Verfahren selbst einleiten und zusammen mit der Gegenpartei durchführen; der Beamte überwachte lediglich den

Prozeß (*actio*) bzw. sorgte dafür, daß er zustandekam. Der staatliche Einfluß drückte sich darin aus, daß der Beamte seine Autorität dafür einsetzte, daß die streitenden Parteien sich auf eine Rechtsformel (juristischen Rahmen) einigten, unter der sie ihren Streit ausfechten wollten. Diese Formel, die der Gerichtsmagistrat den Parteien an die Hand gab, wurde also von ihm den Parteien nicht aufgezwungen, sondern von letzteren in einer förmlichen Festlegung bzw. Bezeugung des Rechtsstreites (*litis contestatio*) angenommen. Zwar konnte eine Partei, die den Streit nicht aufnehmen wollte, zu dem Prozeß gezwungen werden: Die staatliche Gewalt hätte ihre Rolle als Friedensstifter nicht erfüllt, wenn es jedem anheimgestellt worden wäre, sich einer Klage zu unterziehen oder nicht. Aber im Prinzip galt die Verhandlung vor dem Gerichtsmagistrat als eine Einigung der Parteien, den Streit unter einer bestimmten Rechtsformel, die untereinander ausgehandelt worden war, auszufechten. Mit der Festlegung des Rechtsstreites, die nur den juristischen Rahmen des Streites absteckte, war das Verfahren vor dem Gerichtsmagistrat beendet. Der Magistrat schickte nunmehr die Parteien zu einem (oder mehreren) privaten Richter (*iudex*), der mit Bezug auf die von den Parteien mitgebrachte „Streitbefestigung" die konkrete Beweisführung anstellte und dementsprechend das Urteil fällte. Das Prozeßverfahren war also ein geteiltes: In dem Verfahren vor dem Magistrat (*in iure*) wurde der Prozeßgegenstand abstrakt-juristisch erledigt, in dem Verfahren vor dem Richter (*in iudicio*) erfolgte der Vergleich der Beweise mit der vor dem Magistrat ausgehandelten Formel. Anders als heute wurde demnach der entscheidende Teil des Verfahrens, nämlich die Rechtsfindung, vor der Beweisaufnahme verhandelt.

Für die Weiterentwicklung des Privatrechts wurde es nun entscheidend, daß neben das alte, unbewegliche, auf starren Spruchformeln beruhende *ius civile* eine neue Rechtsquelle trat, die das Recht den sich verändernden wirtschaftlichen und sozialpolitischen Verhältnissen besser anpassen konnte und folglich gegenüber dem alten Zivilrecht zunehmend an Boden gewann. Die Quellen des neuen Rechts entsprangen der Notwendigkeit, den römischen Bürgern Rechtsgeschäfte auch mit Fremden zu ermöglichen. Da für alle antiken Stadtrechte das Personalitätsprinzip galt, mußte im Grunde jede Stadt für den Verkehr mit Fremden ein besonderes Fremdenrecht schaffen. In Rom bildete sich schon verhältnismäßig früh ein Fremdenrecht, das also nicht auf *ius civile*, das nur für die Bürger (*cives*) galt, sondern auf *ius gentium* (*gens* hier: Völker) ruhte, und es umfaßte schon bald alle Gegenstände einer Privatrechtsordnung. Der Schöpfer dieses Fremdenrechts war der römische Magistrat, später der Fremdenprätor (*praetor peregrinus*, s. o. S. 84), und er konnte dies dadurch werden, daß nach römischer Vorstellung der Gerichtsmagistrat in freier Übereinkunft mit den Parteien den rechtlichen Rahmen des Prozeßstreites absteckte, er also schon immer die den Rechtsstreit niedersetzende Behörde gewesen war. War er hingegen bei Prozessen gegenüber Bürgern durch das — nach römischer Vorstellung seit den XII-Tafeln auf Gesetz ruhende — alte Zivilrecht (*ius civile*) beschränkt und konnte er folglich ein Klagerecht nur gewähren, wenn ein entsprechendes Gesetz (*lex*) vorlag, war er in der Rechtsfindung im Bereiche des *ius gentium* völlig frei. Zwar lehnte er sich vielfach an zivilrechtliche Formalgeschäfte an, wie er denn überhaupt dem römischen Rechtsempfinden durchaus verpflichtet blieb — das Fremdenrecht war also durchaus auch römisches Recht —, aber er konnte doch in Zukunft bei allen Klagansprüchen, die nach Zivilrecht nicht bestanden, ihm aber trotzdem schutzwürdig zu sein schienen, nun von sich aus einen Prozeß gewähren. Wohl von Anfang an ist das Fremdenrecht auch für Prozesse nur unter Bürgern, die der Stadtprätor überwachte (s. o. S. 84), angewandt worden; es war jedenfalls schon im 3. Jahrhundert v. Chr. allgemein auch für Klagen unter Bürgern anerkannt. In der Mitte des 2. Jahrhunderts wurde es dann auch gesetzlich (durch die *lex Aebutia*) zum ordentlichen Verfahren (neben dem alten zivilrechtlichen Verfahren, das erst durch Augustus so gut wie vollständig beseitigt worden ist) erklärt.

Da das neue Verfahren im Gegensatz zu dem altzivilen Prozeß, der nur Spruchformeln kannte, mit schriftlichen Formularen (*formula*) arbeitete, die der Prätor den streitenden Parteien bei der *litis contestatio* an die Hand gab, wird es auch Formularverfahren genannt. Der Prätor bzw. die Prätoren entwickelten in ihm ein

Recht, das allmählich alle Rechtsgegenstände erfaßte, aber nicht mehr auf uralter Tradition bzw. Gesetz, sondern allein auf der Amtsgewalt der Gerichtsmagistrate ruhte. Es trat als Amtsrecht bzw. *ius honorarium* (von *honos*, das Amt) neben das Zivilrecht.

Die Grundsätze, nach denen der Prätor in seinem Amtsjahr Recht sprechen, insbesondere welche Formeln er den Parteien an die Hand geben wollte, waren in seinem Edikt niedergelegt, das er bei Amtsbeginn verkündete. Da das Edikt nicht den Amtsnachfolger band, weil es der Ausdruck des Willens des einzelnen Magistrats, nicht des Volkes war, konnte der Theorie nach jeder Prätor völlig neue Rechtsgrundsätze einführen, doch tatsächlich übernahm der Nachfolger praktisch das Edikt des Vorgängers und gab es, vermehrt durch die von ihm selbst während des Amtes hinzugefügten Formeln, an seinen Nachfolger weiter (*edictum tralaticium*, d. i. das vom Vorgänger auf den Nachfolger übertragene Edikt). Das prätorische Edikt enthielt folglich die Summe des jeweils praktizierten Rechts. Für die kontinuierliche Weiterentwicklung und für die Qualität der Rechtssätze sorgten die Rechtsgelehrten (*iuris consulti*), die den Prätor bei der Zusammenstellung der Formeln berieten. Sie waren die eigentlichen Schöpfer des römischen Privatrechts, nicht der Prätor, der meist Laie und oft an privatrechtlichen Problemen wenig interessiert war. Die Rechtsgelehrten gehörten in aller Regel dem gleichen Stand an wie der Prätor, waren also Nobiles, die sich von ihren Standesgenossen durch ein ausgesprochenes Interesse an Rechtsproblemen unterschieden. Es war für die Entwicklung des römischen Rechts von großer Bedeutung, daß sich stets genügend Nobiles als Rechtsberater fanden, doch war der gelehrte Nachwuchs schon dadurch gesichert, daß die Tätigkeit des Rechtsgelehrten als standesgemäß galt.

Das Zivilverfahren vor dem Prätor charakterisiert das römische Rechtsempfinden und erklärt zugleich den besondern Weg, den die Entwicklung des römischen Privatrechts von nun an nahm. Das im Vergleich zu modernen Verhältnissen auffallend schwache Engagement der staatlichen Behörde, das sowohl in dem Gedanken, daß die Parteien sich auf die Rechtsformel einigen mußten, als auch darin, daß nur ein Laienrichter „Urteilsfinder" sein konnte, zum Ausdruck kam, ist ein Erbe des gentilizischen Charakters des Staates: Die staatliche Behörde erscheint nur als der über die Geschlechter gesetzte Friedensstifter, nicht als die richterliche Gewalt. Aus der Besonderheit des Verfahrens wird noch ein weiterer typischer Zug des römischen Rechts deutlich: Der Prätor gab den Parteien ein auf den Streitgegenstand abgestelltes Formular und damit gleichsam einen nur für den einzelnen Fall geltenden Prozeß. Dadurch erklärt sich der prozessualische Charakter des römischen Rechts; man dachte in Prozeßkategorien, weniger in Kategorien des materiellen Rechts, und wenn auch hinter den Formularen allgemeine Rechtsgrundsätze standen, orientierte der Römer sich doch an den Prozeßformen. Im Grunde ist überhaupt die moderne Trennung von materiellem Recht und dessen prozessualer Verwirklichung für Rom unangemessen: Der Römer fühlte die Trennungslinie nicht, wie denn alle römischen Prozeßgesetze gleichzeitig materielles Recht enthalten und umgekehrt. Gleichzeitig erscheint das Recht als Fallrecht, also als ein für den bestimmten Rechtsfall geschaffenes Recht, das zwar für ähnliche andere Fälle jeweils wieder benutzt werden konnte, jedoch stets aus dem bestimmten Einzelfall erwuchs und jedenfalls nicht bei seiner Entstehung als eine auch in der Zukunft wirkende Norm gedacht wurde.

Das prätorische Recht gewann gegenüber den altzivilen Formen immer mehr an Gewicht; auch gelegentliche Volksgesetze, die extrem positivistische Rechtsmaterien oder auch sozialpolitisch brisante Themen regelten, können wir nicht als eine neben dem Prätor stehende Rechtsquelle von Gewicht ansehen: Das Zentrum der Rechtsentwicklung lag beim Prätor. Eine Konsequenz dieses Tatbestandes war, daß das römische Recht immer den praktischen Bedürfnissen entsprach; jede Veränderung der allgemeinen Lebensverhältnisse fand sofort ihren Niederschlag im geltenden Recht. Das Recht war demnach extrem anpassungsfähig, und eine der Ursachen der Größe Roms ist denn auch in dieser Eigenschaft des römischen Rechts zu suchen. Denn abgesehen von den Verhältnissen unter Bürgern war diese Form des Rechts auch besonders geeignet, den Verkehr zwischen Bürgern und Fremden (*peregrini*) zu ordnen, und so war es möglich, die unaufhörlich sich wandelnden Beziehungen Roms zu seiner Umwelt ständig zu erfassen und zu korrigieren. Die große Anpassungsfähigkeit des Rechts machte in den Beziehungen der Römer zu Fremden schließlich das römische Recht zu dem beherrschenden, und zwar nicht nur, weil hinter ihm die römische Macht stand, sondern gerade auch weil es sich den sich ändernden Verhältnissen besser anpaßte als die anderen Rechtskreise: Die Romanisierung erst Italiens und dann der Welt hat auch die kasuistische Struktur des römischen Rechts zur Voraussetzung.

Auch in die Strafrechtspflege drang die staatliche Gewalt nur sehr allmählich ein. Sie hat anfangs wohl, wie im Privatprozeß, lediglich die Aufgabe gehabt, im Interesse des innerstaatlichen Friedens die Geschlechter — in Ablösung einer älteren Stufe der Selbsthilfe — zu einer prozessualen Erledigung krimineller Delikttatbestände zu zwingen; wahrscheinlich liefen diese Strafprozesse in den Formen deliktischer Privatprozesse ab. Lediglich bei Mord (oder wohl eher: Mord von Familienhäuptern; *parricidium*) und bei Hochverrat (*perduellio*), also bei Delikten, die das staatliche Interesse stärker berührten, wurden besondere Strafbehörden eingerichtet, in denen jedoch wahrscheinlich der Magistrat nur die Anklagevertretung und Prozeßleitung innehatte, nicht — jedenfalls nicht bei *perduellio* — selbst das Urteil fällte, sondern die Urteilsfällung einem Laiengremium (in aller Regel wohl dem Volk) überließ. Dem König bzw. Magistrat war jedoch zur Aufrechterhaltung vor allem der militärischen Disziplin ein verhältnismäßig breiter Spielraum gelassen, Bürger zu strafen; dieses nach heutigem Sprachgebrauch der Polizeigewalt (lat. *coercitio*) zuzuordnende Strafermessen konnte vor allem gegenüber dem ungehorsamen Soldaten auch die Todesstrafe (nach römischer Terminologie: kapitale Strafe, von *caput*, Kopf, also Leib und Leben betreffend) umfassen. In der Zeit der Ständekämpfe hat der patrizische Staat diese Polizeigewalt sehr weit ausgedehnt, um die gegen die Patrizier sich auflehnenden Plebejer niederzuhalten. Die Ausdehnung der Polizeigewalt hatte also eminent politischen Charakter, und sie wurde nach dem Ständekampf auch wieder eingeschränkt, indem jedes kapitale Delikt — das waren damals nicht nur alle Verbrechen, auf die die Todesstrafe, sondern auch die, auf die hohe Geldstrafen standen — dem Magistrat im zivilen Bereich (lat. *domi*) genommen und dem Volksgericht übertragen wurde, vor dem der Magistrat lediglich als Anklagevertreter und Prozeßleiter (nicht auch als Urteilsfinder) auftrat; lediglich im militärischen Bereich (lat. *militiae*) war der Magistrat weiterhin von dieser Beschränkung frei. An die Stelle des Volksgerichtes traten seit dem 2. Jahrhundert v. Chr. zunächst außerordentliche, nur für den bestimmten Fall errichtete, später ständige Geschworenengerichte (*quaestiones*). Die Quästionen bestanden aus dem vorsitzenden Magistrat — bei den ständig tagenden Quästionen ein Prätor, bei unständigen auch ein Sonderrichter (*iudex quaestionis*) — und der Geschworenenbank, die meist 51 (gelegentlich auch mehr oder weniger) Richter (*iudices*) umfaßte, die zunächst aus der Liste der Senatoren (*album senatorium*), dann auch der Ritter und Ärartribunen (das sind die Vorsteher der lokalen Bezirke) bestanden (s. o. S. 71 ff). Die Anklage (*accusatio*) vertraten Privatleute; da der Prozeß ohne die Privatklage nicht eröffnet werden konnte (der vorsitzende Prätor konnte nicht anklagen), nennen wir ihn auch Akkusationsprozeß. Die Quästionen haben dann allmählich, und zwar je eine Quästio für je ein Delikt, nicht nur alle politischen, sondern auch alle rein kriminellen Delikte an sich gezogen und damit das Volksgericht sowie den alten kapitalen Privatprozeß abgelöst. Unter Sulla ist das System der Geschworenenhöfe breiter ausgebaut worden, und seitdem können wir von einer staatlichen Strafrechtspflege im vollen Wortsinn sprechen.

Wie man sieht, ist in der staatlichen Strafverfolgung die Polizeigewalt von der ordentlichen Strafjustiz getrennt. Die Polizeigewalt ist verhältnismäßig stark, jedoch geht die Tendenz dahin, sie einzuschränken und dem Römer für jedes schwere Delikt den „ordentlichen" Strafprozeß, und d. h. das Laiengericht zu sichern: Für das Strafsystem der Republik ist das Geschworenengericht — seien nun die Geschworenen die Richter des „kapitalen Privatprozesses" der Frühzeit, seien sie das ganze Volk oder eine fixierte Anzahl von Geschworenen in den Quästionen — konstitutiv. Die Ausbildung der Straftatbestände ist dabei nur sehr langsam vor sich gegangen. Ausgehend von ganz konkreten Straftatbeständen — Vatermord, Verzaubern der Feldfrüchte usw. — differenzierten sich die Tatbestände, ohne jedoch eine Abstraktion wirklich zu erreichen. Denn abgesehen von ganz wenigen als deliktisch aufgefaßten Handlungsweisen, wie z. B. der genannte Vatermord, die seit altersher eine bestimmte Straffolge hatten, blieb die deliktische Formulierung zunächst unsicher: Das Strafrecht entwickelte sich nicht vornehmlich anhand der Weiterentwicklung eines Deliktkataloges, sondern anhand von Prozeßformen: In den Strafprozessen — Volksgericht, Geschworenenhöfe — spielte die Formulierung des Straftatbestandes nur eine sekundäre Rolle; zum Teil deckte ein Begriff — wie z. B. *perduellio* — verschiedene strafbare Handlungsweisen, auf jeden Fall hatte das Bewußtsein von der Strafwürdigkeit einer Handlung größeres Gewicht als eine strafrechtliche Begrifflichkeit. Auch nachdem die Geschworenenhöfe ständige Einrichtungen und nach Deliktskategorien getrennt wurden, es also einen Gerichtshof für Mord, einen anderen für Fälschungen usw. gab, hatte damit die begriffliche Abstraktion nicht den Sieg davongetragen: Das einzelne Delikt wurde vielmehr durch eine unendliche Aufzählung einzelner Handlungsweisen, also kasuistisch definiert und zeigt damit die auch für die Entwicklung des Privatrechts charakteristische Struktur.

Es wäre merkwürdig, wenn das öffentliche Recht seinem Wesen nach anders geartet gewesen wäre als das Strafrecht und das Privatrecht. Das öffentliche Recht war zunächst nur Gewohnheit (*mos*); die Handlungsabläufe im politischen Leben regulierten sich nach einer stets geübten Praxis. Da auf die Gewohnheit zunächst nicht reflektiert wurde und man folglich auch nicht in ihr eine Rechtsquelle sehen konnte, war Gewohnheit nicht identisch mit Gewohnheitsrecht, sondern war eben ständige Übung. Erst der Mißbrauch der Gewohnheit und vor allem auch die Notwendigkeit, bestimmte Ordnungsprinzipien zu ändern, führte zu der bewußten Formulierung bestimmter öffentlich-rechtlicher Sätze. Wie bereits oben S. 129 f. erörtert, erfaßte die rechtliche Ordnung des öffentlichen Bereichs vor allem die Magistratur, in gewissen Grenzen auch die Volksversammlungen, und sie hat ihre ersten, für uns faßbaren Anfänge in den Ständekämpfen, in Ansätzen wohl auch schon in dem Übergang vom Königtum zur Republik. Seit dem Ende der Ständekämpfe wurde die Volksversammlung mehr und mehr zu dem ausschließlichen Schöpfer der öffentlichen Rechtsgrundsätze und wurden seitdem *lex* und *ius* in immer stärkerem Maße synonyme Begriffe. Das Wachsen des Staates — sowohl die rein quantitative Ausdehnung des Bürgerverbandes und des Herrschaftsgebietes als auch die qualitative Zunahme der staatlichen Aufgaben — hatte dann immer mehr den rechtlichen Regelsatz verlangt, und gegen Ende der Republik brachte schließlich die große Krise der aristokratischen Gesellschaft eine Unzahl weiterer Rechtssätze, durch die man die wankenden Prinzipien der überkommenen Ordnung zu stützen suchte. Die Funktion, die das öffentliche Recht als Organisator der staatlichen Expansion und als Stabilisator einer kriselnden Gesellschaft in immer stärkerem Ausmaße übernahm, brachte für die Römer, insbesondere für die Nobilität ein wachsendes Bewußtsein von der Bedeutung des öffentlichen Rechts, so daß gegen Ende der Republik in zunehmendem Maße das Wesen des Staates auch auf dem Recht zu ruhen schien und gelegentlich sogar der ganze staatliche Verband in seinem Recht dargestellt werden konnte, wie es Cicero in seiner Schrift „über die Gesetze“ getan hat.

Die Entwicklung des öffentlichen Rechts zeigt aber, daß es bei aller Bedeutung, die es sich im Laufe der Jahrhunderte für die Republik erwarb, doch niemals eine der modernen vergleichbare Stellung erlangt hat: Der Staat war nicht ausschließlich in seinem Recht darstellbar, und folglich ist es auch nicht möglich, so etwas wie eine — den modernen Konstitutionen vergleichbare — Rechtsverfassung der römischen Republik zu entwerfen. Das Recht ersetzte nur überall dort die überkommenen Regeln, wo die Wandlung des Staates oder auch die mißbräuchliche Verwendung der Gewohnheit das rationale Recht notwendig machte, bzw. trat dort auf, wo für neu hinzutretende Aufgaben keine Gewohnheit vorhanden war. Wenn trotzdem bisweilen der Eindruck entsteht und schon bei den Römern entstanden ist, als ob das öffentliche Recht das gesamte staatliche Leben erfaßt hat, so deswegen, weil

gerade die wichtigen und durch ihre Problematik bewußt gewordenen Handlungsabläufe jurifiziert worden sind.
Die Entwicklungsgeschichte des öffentlichen Rechts zeigt auch, daß der den Rechtssätzen zugrundeliegende normative Gedanke nicht den Grad von Abstraktheit besessen hat wie in der Moderne. Denn die Rechtssätze sind nicht aus allgemeinen Theorien über die beste Form staatlichen Lebens, sondern aus dem durch den bestimmten Fall gegebenen Zwang zur bewußten Formulierung von Regeln entstanden; die Norm war ihrer Struktur nach folglich kasuistisch; sie war abhängig von ihrem Entstehungsgrund und interpretierte sich also aus ihm. Als historisches Recht war das öffentliche Recht Roms darum auch — ganz abgesehen von seiner Unvollständigkeit — schwer in ein System zu pressen: Es interpretierte sich nicht von selbst, aus dem Sinn seines Wortlauts (objektiver Gesetzessinn), sondern war abhängig von dem, was jeweils die bestimmte Zeit ihm als geltenden Sinn unterstellte, ein Sinn, der nach dem subjektiven Bewußtsein der Römer in aller Regel der historische, bei der Entstehung des Rechtssatzes gedachte Sinn (Normzweck der Normsituation) war, tatsächlich jedoch einen gegenübe der Geschichte mehr oder weniger stark gewandelten Inhalt haben mochte. Das öffentliche Recht wirkte und interpretierte sich folglich nicht aus dem Einzelsatz heraus, es brauchte ein Regulativ, das der Zweck und der Sinn der gesamten Ordnung lieferte, nicht nur und nicht einmal in erster Linie der Rechtsordnung, sondern vor allem der Sozialordnung und dem aus ihr resultierenden Bewußtsein von der Gültigkeit menschlicher Einstellung und Handlung.
Schließlich ergibt sich noch ein Drittes aus der Entwicklungsgeschichte des Rechts. Da das öffentliche Recht nicht alle Handlungsabläufe des öffentlichen Lebens abdeckte, war die Gesamtheit der staatlichen Ordnung nicht allein im *ius* und in der *lex* niedergelegt, sondern vervollständigte erst der *mos* die Gesamtordnung: *Ius*, *lex* und *mos* waren die Summe der öffentlichen Regelsätze, wobei *mos* zunächst nur die unreflektierte Praxis war, aber im Laufe der Zeit jedenfalls zu einem Teil auch stärker als Regel bewußt wurde und durch den Zusatz *mos maiorum* (also: Sitte, Gewohnheit der Vorfahren) auch einen Verweis auf die

Quelle der Regel erhielt. Allerdings war die Summe von *lex*, *ius* und *mos* nicht das, was wir öffentliches Recht bzw. Staatsrecht nennen würden. Denn der *mos* umfaßte einen viel weiteren Lebensbereich des Menschen als nur den im strengen Sinne öffentlichen Bereich; es gehörte auch die gesamte Sittenordnung zu ihm, wie denn in dem Begriff *mos* Sittenordnung und öffentliche Ordnung überhaupt noch nicht geschieden waren, und folglich war *mos*, insoweit die Sittenordnung nicht als Ganze bzw. nur in einem sehr weiten Sinne zur öffentlichen gehörte, nur partiell ein dieser Ordnung zugehöriger Begriff.

f) Staat und Religion

Die Interdependenz von Religion und öffentlicher Ordnung ist abhängig von der Stärke, in der die göttlichen Kräfte nach dem Bewußtsein der historischen Subjekte auf das Gemeinschaftsleben einwirken, und von der besonderen Art und Form, in der man sich das Wirken dieser Kräfte vorstellt.

Die Frage nach der Intensität der göttlichen Einwirkung auf das römische Gemeinschaftsleben ist verhältnismäßig einfach zu beantworten: Die Römer haben zwar deutlich das Wirken der Götter im Hinblick auf die Gemeinschaft von dem auf den einzelnen getrennt und entsprechend die sakralen Regelsätze für die beiden Bereiche gesondert gefaßt, doch galt ihnen der öffentliche Bereich nicht als ein ganz oder auch nur teilweise von den überirdischen Kräften abgeschirmter Bereich; im Gegenteil wurde das Wirken der Götter hier wie dort gleich stark empfunden und waren folglich öffentlicher und sakraler Bereich überall eng miteinander verbunden. Innerhalb des öffentlichen Bereichs zeigte sich jedoch nach der Vorstellung der Römer die göttliche Kraft nicht jedem Beliebigen; denn da das göttliche Wesen in Rom zunächst als unpersönliche Kraft gedacht (s. u.) und also die der christlichen Religion selbstverständliche Vorstellung der persönlichen Nahestellung einzelner, bevorzugter Personen (etwa Propheten) zu dem Gott nicht vorhanden war, konnte die göttliche Macht, wollte sie die staatliche Organisation als Ganze ansprechen, sich nicht an Individuen, sondern nur an den staatlichen Gesamtverband wenden. Da wegen des völligen Fehlens der Vorstellung einer abstrakten staatlichen Anstalt der „Staat" lediglich in seinem jeweiligen Repräsentanten, nämlich — neben den Priestern — in dem König, später in den obersten Magistraten vertreten wurde, konnten nur sie diejenigen sein, die — als Bittsteller gegenüber den Göttern oder als Empfänger göttlicher Zeichen — zu der überirdischen Welt in Beziehung zu treten vermochten. Dies ging so weit, daß ein ganz offensichtliches göttliches Zeichen — etwa Blitz oder Donner — nur dann als solches galt, wenn der dafür kompetente Magistrat oder Priester es wahrgenommen hatte; die Römer stellten sich also vor, daß auch die Götter von dieser Vorstellung ausgingen und sie dann, wenn sie ein Zeichen geben wollten, es so gaben, daß der kompetente Vertreter es nicht übersehen konnte.

Das zweite Element, auf dem das Verhältnis von Staat und Religion beruht, die Struktur der Religion selbst, war in Rom für die Ausbildung der öffentlich-sakralen Formen noch wesentlicher. Die römische Religion war eine Naturreligion; das Wirken der Götter zeigte sich in den Äußerungen des natürlichen Lebens. Die göttliche Kraft war dabei ursprünglich nicht anthropomorph gedacht, sondern erschien den Römern lediglich als unpersönliche Kraft (*numen*), und zwar nicht als begrifflich abstrahierte und mit einem abstrakten Namen versehene, sondern als jeweils im bestimmten Augenblick wirkende Kraft, so daß man jede Einzeläußerung des göttlichen Willens als solche (unter Umständen auch mit besonderem Namen) bezeichnen konnte. Erst unter dem Einfluß etruskischen Denkens, das wiederum von griechischem Denken abhängig war, und schließlich auch unter direktem griechischen Einfluß sind, vor allem in der offiziellen, also öffentlichen Religion, die göttlichen Mächte menschlich gedacht worden. Mit der mangelnden Vorstellung göttlicher Individualität hängt es wohl auch zusammen, daß die Beziehungen zur metaphysischen Welt weniger in einer — für uns heute selbstverständlichen — Kommunikation, die ein gegenseitiges Aufeinandereingehen voraussetzt, sondern in einem Sich-Absichern gegenüber der anderen Welt bestanden: Die römische Religion war charakterisiert durch Tabu-Vorstellungen, die von der Unantastbarkeit bestimmter

Räume und Gegenstände ausgingen, und durch mantische Vorstellungen, die den Willen der Götter in bestimmten, vor allem aus dem Flug und dem sonstigen Verhalten der Vögel, aus der Betrachtung von Blitzen und von Eingeweiden herausgelesenen Zeichen zu erkennen glaubten: Alle Religion konzentrierte sich auf die Erkennung und der dem Erkennen sofort folgenden Sühnung der göttlichen Zeichen, sei es nun, diese Zeichen waren von den göttlichen Kräften von sich aus gesandt (*auspicia oblativa*), sei es, sie waren von den Menschen erbeten worden (*auspicia impetrativa*). Das Ziel war die Herstellung des Friedens in dem Verhältnis der göttlichen zu der menschlichen Welt. Die Art und Weise, in der diese Beziehungen abliefen, wurde dabei extrem formalisiert. Die Regeln, nach denen man göttliche Zeichen erkannte bzw. erbat, standen unverbrüchlich seit Urzeiten fest und waren nur in der Weise, in der sie immer gebraucht worden waren, zu verwenden; sie waren sehr vielfältig und wegen des ihnen anhängenden Formalismus, der die Gültigkeit der Anwendung von der genauen Kenntnis der Form abhängig machte, auch außergewöhnlich schwer verständlich und kompliziert. Es entwickelten sich ganze Disziplinen der Mantik, die zum Teil weitgehend etruskisches Traditionsgut waren, wie z. B. die Blitzschau (*ars fulguratoria*), Eingeweideschau (*haruspicina*, diese war so penetrant etruskisch, daß nur Etrusker sie ausüben konnten) und die Vogelschau (*auspicium*). Von diesen Voraussetzungen waren Art und Organisation des sakralen Bereichs abhängig.

Entsprechend des personal gedachten Verhältnisses zwischen Göttern und staatlicher Gemeinschaft hatte zunächst der Magistrat sakrale Funktionen. Er mußte die göttlichen Zeichen entgegennehmen und für deren Entsühnung sorgen, aber auch selbst vor jeder staatlichen Handlung eine Befragung der Götter vornehmen (*auspicium*, s. o. S. 82f.). Da der Magistrat in aller Regel nicht Fachmann für die komplizierten Regeln dieser Befragungen und Entsühnungen war, bediente er sich bei diesem Geschäft des Rates von Fachleuten, vor allem des Rates von Auguren, die speziell für den Vogelflug kompetent waren (auch die Hühner zählten zu den Vögeln; die Hühnerschau war die von den Magistraten normalerweise angestellte Form der Befragung), und der

Haruspices (für die Eingeweideschau); daneben aber spielten auch die sogenannten Orakelbewahrer (*IIviri sacris faciundis*) eine herausragende Rolle, die für die fremden, speziell die griechischen Kulte kompetent waren und vor allem als Interpreten der Sibyllinischen Bücher (einer griechischen Orakelsammlung) in zunehmendem Maße Bedeutung gewannen, und ferner besonders auch die Pontifices, die vornehmlich für die römischen Kulte zuständig waren und sich allmählich zu einer Art Aufsichtsorgan im sakralen Bereich entwickelten. Da der Senat keine Person darstellte (und die Römer in den Beziehungen zu den Göttern keine abstrakten Persönlichkeiten konstruieren konnten), trat er nicht unmittelbar zu den Göttern in eine Beziehung, doch hat er entsprechend seiner Bedeutung im allgemeinen staatlichen Leben zunehmend auch in den sakralen Bereich hineingewirkt. Er bediente sich dabei der Magistrate und Priester und hat vor allem von letzteren Gutachten über die Entsühnung bestimmter Zeichen angefordert und die geforderten Sühnemittel dann auch angeordnet.

Die Priesterschaften waren, wie das Vorangehende zeigt, vor allem Fachgremien für die Erkennung des göttlichen Willens und für die Entsühnungen göttlichen Zorns. Demgegenüber hatte die rituelle Opfertätigkeit, also die eigentliche Anerkennung und Ehrung der Götter durch die Darbringung von Fleisch- und Trankopfern, in aller Regel an bestimmten Tagen dargebracht, für das öffentliche Leben nicht dasselbe Gewicht, weil — anders als bei den *auspicia* — die regelmäßig dargebrachten Opfer und Gebete die staatliche Aktion wenig oder gar nicht berührten. Sie war besonderen Priestern (*flamines*) vorbehalten, die an den übrigen sakralen Geschäften nicht beteiligt waren. Eine herausgehobene Stellung nahmen unter ihnen die Vestalischen Jungfrauen (*virgines Vestales*) ein, die als die Priesterinnen der Vesta neben zahlreichen rituellen Opferhandlungen das ewige Feuer auf dem Herde des Vesta-Heiligtums zu bewahren hatten. Abgesehen von den Vestalinnen waren die Opferpriester Einzelpriester, also nicht, wie alle anderen Priester, kollegialisch organisiert. Pontifices, Auguren, Orakelbewohner und alle anderen Priesterschaften waren Kollegien von zunächst meist zwei oder drei Personen; im Laufe der Zeit ist die Mitgliederzahl dann gewachsen. Das Kollegium der Pontifices, das auch die Einzelpriester beaufsichtigte, unter anderem dafür sorgte, daß diese die strengen religiösen, die persönliche Freizügigkeit teilweise stark einschränkenden Vorschriften beachteten, hatte die vielfältigsten Aufgaben, vor allem auch Kontrollfunktionen mannigfacher Art inne. Bei der engen Verflechtung von Sacrum und Publicum erlangte diese Priesterschaft die größte politische Bedeutung; ihr Vorstand, der *pontifex maximus*, war ein von Politikern sehr begehrtes Amt.

Die Priester bildeten trotz der sehr komplizierten Kenntnisse, die für die einzelnen Kollegien verlangt wurden, keine in sich geschlossene Personengruppe (Kaste), die, getrennt von der übrigen Gesellschaft, das sakrale Traditionsgut in sich weitergegeben hätte. Zum Priester wurde man zwar auf Lebenszeit bestellt, doch konnte jeder Bürger Priester werden, faktisch aber gelangten nur diejenigen in die Priesterkollegien, zumal in die politisch wichtigen (Pontifices, Auguren), die dem engeren oder auch weiteren Kreis der einflußreichen Geschlechter angehörten. Der Bestellungsmodus der Priester sicherte auch die von diesen Geschlechtern gewünschte Zusammensetzung: Sie kooptierten sich. Lediglich die Opferpriester wurden ernannt, und zwar vom Pontifex Maximus, also von dem Priester, der sie auch beaufsichtigte. Wegen der politischen Bedeutung der Priester hat in der späten Republik diejenige politische Richtung, die ihre Politik mit Hilfe der Volksversammlung durchzusetzen suchte (die Popularen), für eine Reihe von Priestern die Volkswahl eingeführt, nämlich für alle Pontifices, Auguren, Orakelbewahrer und für die Epulonen, die das Göttermahl, vor allem das für Iuppiter, besorgten. Da jedoch nach römischer Vorstellung der Priester nicht vom Volk, also von Laien, sondern nur von Trägern des sakralen Rechts bestimmt werden konnte, nahm nur ein Teil der Volksversammlung, nämlich 17, also die Minderheit der 35 Tribus, die Priesterwahl vor, der dann die Kooption folgte, und wurde durch diesen bäurisch-schlauen Trick der vom sakralen Standpunkt naheliegende Einwand gegen die Volkswahl aus der Welt geräumt.

Im Laufe der Jahrhunderte von der Königszeit bis zum Ende der Republik hat sich die Einstellung der Römer zu ihrer Religion, sowohl zu deren ursprünglichem altrömischen Kern als auch zu den mit ihm mehr oder weniger eng verbundenen Riten etruskisch-griechischen Ursprungs, erheblich gewandelt. Nicht nur in der Oberschicht, auch in Teilen der einfachen Bevölkerung, vor allem soweit sie im Süden, besonders in Kampanien lebte, gewann sehr allmählich eine neue Form des religiösen Denkens Raum, in der mystische Züge und ein allgemeiner Erlösungsglaube vorherrschten. Diese aus dem Osten kommenden Tendenzen hatten jedoch noch nicht alle Teile der Bevölkerung erfaßt, und selbst in der frühen Kaiserzeit hat sich noch nicht ein grundsätzlicher Wandel des religiösen Denkens vollzogen. Immerhin führte die Entwicklung doch dahin, daß weite Kreise besonders der vornehmen Römer, die durch die griechische Philosophie noch zusätzlich aus ihren alten Bindungen gelöst wurden, der alten Religion mit einem stärkeren Indifferentismus begegneten; die formalistische Struktur der altrömischen Religion hat diese Entwicklung sehr begünstigt. Bei der engen Verbindung von sakralem und öffentlichem Bereich mußte sich diese Wandlung des religiösen Empfindens bald auf die allgemeinen innenpolitischen Verhältnisse auswirken. Die sakralen Befugnisse der Magistrate wurden mehr und mehr zu politischen Zwecken manipuliert. Etwaige religiöse Bedenken, die sich bei diesem Verhalten einstellen mochten, befriedigte der Römer leicht durch die Vorstellung, daß der Gott, sofern er gegen den beabsichtigten politischen Akt war, doch auf jeden Fall seinen Willen durch Zeichen zum Ausdruck bringen, also den manipulierenden Dirigismus der Träger des sakralen Rechts durchbrechen könne. Der Begriff des „Augurenlächelns" steht stellvertretend für diese Haltung, in dem das stillschweigende Einverständnis des manipulierenden Priesters mit den Menschen und den Göttern vorausgesetzt ist. Nachdem die Sätze des Sakralrechts ihres religiösen Inhalts weitgehend entkleidet und von Magistraten und Priestern als reine Instrumente der Politik benutzt wurden, konnte das nackte Instrumentarium, das ja nur durch seinen religiösen Bezug einen Wert gehabt hatte und ohne diesen orientierungslos geworden war, jedem Beliebigen dienen und sich unter Umständen auch gegen die Interessen der herrschenden Gesellschaftsschicht kehren. Um dem Mißbrauch des sakralen Rechts vorzubeugen oder doch zumindest solchen Mißbrauch berechenbar (und damit paralysierbar) zu machen, entschloß sich die Führungsschicht schließlich dazu, einen Teil des Sakralrechts durch Volksgesetz zu ordnen (es ging vor allem um das Recht der Meldung ungünstiger Vorzeichen, die *obnuntiatio*), also das Sakralrecht dem Volksrecht zu unterwerfen und damit gleichsam den Göttern durch Gesetz vorzuschreiben, in welcher Form sie ihren Willen gegenüber den Römern zeigen sollten. Die positivistische Ordnung des Sakralrechts zeigt deutlich, wohin die römische Religion gekommen war. Trotz allem ist jedoch die religiösen Einstellung auch des vornehmen Römers gegenüber der offiziellen Staatsreligion einem Atheismus nicht gleich- oder auch nur nahegekommen: Die Vielzahl der göttlichen Mächte, die sich nach dem Bewußtsein der Römer weder gegenseitig ausschlossen noch in einer geregelten Beziehung zueinander standen, erlaubte zu jeder Zeit, neue religiöse Gedanken den alten zu substituieren, und ferner bildete der Formalismus der altrömischen Religion eine Konstante, die als Rahmen selbst die Rudimente eines religiösen Empfindens noch binden konnte. So war es möglich, daß noch in der ausgehenden Republik der Römer, ja selbst der „aufgeklärte" vornehme Mann sich als ein frommer Mann begreifen, die Römer sich sogar als besonders fromme Nation hinstellen und schließlich Augustus den gesamten Bereich der altrömischen Religion zu neuem Leben erwecken konnte. Und wenn auch in solcher Haltung eine Diskrepanz zwischen der Intensität des Glaubens und der Bekundung von Frömmigkeit bestand und gewiß auch ein wenig Heuchelei im Spiel gewesen ist, war doch die tradierte Religion noch nicht völlig abgestorben. Es sollte in der Tat noch Jahrhunderte dauern, bis durch die orientalischen Mysterienreligionen eine grundsätzlich neue Einstellung der Menschen und auch der staatlichen Gewalt zur Religion sich herausbildete.

g) Die Erweiterung des römischen Bürgergebietes (das Problem der Romanisierung)

Die ungeheure Größe des römischen Herrschaftsgebietes ist sowohl den Zeitgenossen als auch den Nachfahren bis auf den heutigen Tag ein erklärungsbedürftiges Phänomen gewesen. Zu den vielen Erscheinungen, die Erstaunen erregten, gehörte vor allem auch die Diskrepanz zwischen der kleinen Stadt am Tiber und dem ungeheuren Weltreich, das am Ende ein Reich von römischen Bürgern war. In der Zeit der römischen Republik, mit der wir es hier zu tun haben, umfaßte das römische Bürgergebiet (*ager Romanus*) nur einen Teil des insgesamt beherrschten Raumes, nämlich erst das westliche Mittelitalien, dann auch große Teile ganz Mittelitaliens und schließlich ganz Italien (s. o. S. 13). Dieser im Verhältnis zu den kleinen Anfängen sehr große Siedlungsraum bedarf der Erklärung: Wie konnte sich das römische Bürgertum von den sieben Hügeln der Tiberstadt über ganz Italien ausdehnen, also Italien in Rom aufgehen? Auf den ersten Blick mag die Tatsache, daß Italien römisch wurde, als die Konsequenz eines politischen Willens erscheinen, also hinter dieser Entwicklung eine Politik der Romanisierung stehen. Das war allerdings nicht der Fall.

Soweit wir es noch erkennen können, erweiterte Rom in der ältesten Phase seiner Expansion sein Stadtgebiet durch die Inkorporierung der besiegten Feinde; die Unterworfenen wurden dabei auf die vornehmen Geschlechter als Clienten verteilt und auf diese Weise der römischen Sozialverfassung eingegliedert. Da die Bevölkerung, die in dieser frühen Phase unterworfen wurde, in aller Regel den Rom benachbarten Latinern angehörte und damit den Römern stammverwandt war, gefährdete diese Form der Erweiterung solange nicht die bestehende Sozialordnung, als die neuen Clienten von ihren patrizischen Patronen der übrigen Bevölkerung entsprechend behandelt, also auch z. B. bei der Kriegsbeute in gleicher Weise berücksichtigt wurden. Die ältere, mit den noch unabhängigen latinischen Städten vorgenommene gemeinsame Kolonisation, bei der eine Anzahl neuer Städte gegründet wurde, hat gewiß dafür gesorgt, daß sich zwischen neuen und alten Clienten jedenfalls nicht unmittelbar aus der materiellen

Versorgung entstehende Spannungen ergaben. Als sich dann schließlich doch eine größere innere Unruhe entwickelte, betraf sie in stärkerem Maße die soziale Stellung der Massen gegenüber der patrizischen Führungsschicht als wirtschaftliche Probleme (wenn auch letztere nicht ganz gefehlt haben), und waren auch die neuen Clienten in diesem Kampf, dem Ständekampf, keine isolierte Gruppe, von der allein die Unruhe ausgegangen wäre, sondern standen sie gemeinsam mit den anderen Clienten den Patriziern gegenüber. Der Sozialkampf hat also die neuen Clienten noch stärker in den staatlichen Verband integriert und damit eine vielleicht noch bestehende Isolation aufgehoben. — Gegner fremder Stammesart ließen sich hingegen nicht in gleicher Weise inkorporieren, weil die Sprache, die Gesittung, die politische Organisation und eventuell auch die religiösen Anschauungen einer Integration hinderlich waren. Wollten die Römer nach einem erfolgreichen Krieg die politische Existenz dieser Gegner aufheben, sind sie anfangs der mit der Inkorporierung verbundenen Problematik einfach dadurch aus dem Wege gegangen, daß sie den besiegten Feind vernichteten. So verfuhren sie gegenüber dem erbittertsten Feind der Frühgeschichte, dem unmittelbar nordöstlich von Rom gelegenen Veji, dessen Niederlage Rom erst den Weg zu einer Macht von Rang ebnete: Die Stadt wurde völlig zerstört und nicht wieder aufgebaut; soweit sich die Bevölkerung hatte retten können, wurde sie vertrieben oder versklavt (zu einem geringen Teil vielleicht auch clientelisiert).

Als die Macht Roms wuchs, ließ sich diese gewaltsame Prozedur nicht beliebig fortsetzen. Es wurde für die Entwicklung Roms von fundamentaler Bedeutung, daß die Römer nun ein System entwickelten, durch das sie unterworfene Gegner in den Staatsverband aufnahmen, ohne daß dabei die Masse oder die Fremdartigkeit der Aufgenommenen den Staatsverband gefährdeten, sondern im Gegenteil noch deren militärisches Potential in den römischen Dienst gestellt und damit eine Voraussetzung für die weitere Expansion geschaffen wurde. Das war die sogenannte *civitas sine suffragio*, d. h. die Aufnahme von Unterworfenen als Bürger ohne politische Rechte. Auf den ersten Blick könnte es scheinen, als ob diese Form der Inkorporierung gerade eine Zurücksetzung gegenüber den vollberechtigten Bürgern bedeutet und also einen künftigen Herd der Unruhe geschaffen hätte. Das war jedoch nicht der Fall, denn die Erteilung des Bürgerrechts, die in der Zeit der römischen Weltherrschaft den Menschen so viel bedeutete, war in der älteren Zeit, als Rom noch klein und kein Anziehungspunkt für die außerhalb des römischen Herrschaftsbereichs stehenden Menschen war, kein Wert, für den man das, was man besaß, nämlich die alte Unabhängigkeit, gern aufgegeben hätte, und dies vor allem dann nicht, wenn die betreffenden Städte und Völker, die Rom besiegt hatte, fremden Stammes, also Umbrer, Osker oder gar Etrusker oder Griechen waren. Wenn die Römer daher den *sine suffragio* Inkorporierten nicht voll in ihren Staatsverband aufnahmen, hatte das eine andere Bedeutung: Sie beließen nämlich den Einzugliedernden, wie z. B. dem etruskischen Caere oder dem oskischen Capua, deren ursprüngliche Verfassung, nach der sie leben und sich verwalten konnten; ja sie haben wohl nicht einmal deren politische Ordnung angerührt, jedenfalls am Anfang nicht. Es handelt sich also bei dieser Art von Aufnahme in den römischen Staatsverband nicht um die Gewährung einer Selbstverwaltung im Rahmen römischer Ordnungsprinzipien, sondern, weitergehend, um die Tolerierung der alten, gewachsenen Verfassung. Nur in einem Punkt erzwangen die Römer die volle Integration: Die Wehrhoheit wurde von Rom absorbiert, und zwar so, als ob die Angehörigen dieser eingegliederten Städte und Stämme römische Bürger wären. Die Listen der Wehrfähigen wurden in Rom geführt, die Wehrfähigen auch dort beim Censor zwecks Einteilung auf die Waffengattungen geschatzt und in die Bürgerlegionen (also nicht in die Formationen der bundesgenössischen Hilfskontingente, wenn sie auch, jedenfalls zunächst, in eigenen Legionenverbänden und zum Teil auch wohl unter eigenen Offizieren dienten) eingereiht. Das Bindeglied zwischen Rom und diesen Städten und Stämmen war demnach die Wehrverfassung, sonst nichts. Der Vorteil Roms aus diesem System wurde bereits angedeutet und liegt auf der Hand: Es wurde die Gefahr einer Sprengung des staatlichen Verbandes durch die Massen von „Neubürgern" vermieden und gleichzeitig die römische Wehrkraft ohne weitere Belastung des Staates in ganz ungeheurem Maße gestärkt. Die Römer konnten auf diese Weise auch ihre alte stadtstaatliche Struktur erhalten, ohne auf die Eingliederung von sogar größeren Städten, wie Caere, Capua und Nola, verzichten zu müssen. Die auf diese Weise Inkorporierten behielten ihre alte Verfassung, und wenn sie auch auf einen beachtlichen Teil ihrer Selbständigkeit zu verzichten hatten — sie gaben ja die selbständige Außenpolitik auf —, sorgte doch der Dienst in den Legionen, der die Inkorporierten mit den alten Bürgern gleichstellte, insbesondere auch die gleiche Beteiligung an der Beute garantierte, für eine unter Umständen sogar recht schnelle Anpassung an die materiellen und ideellen Gegebenheiten der römischen Ordnung. Wenn diese Art von Inkorporation auch nicht bewußt als Romanisierungspolitik angelegt war, lief sie doch faktisch auf eine Romanisierung hinaus; das römische Heer erwies sich schon in dieser frühen Phase als wichtiger Integrationsfaktor. Es kam zunächst nur darauf an, daß die römische Nobilität nicht durch eine Bevorzugung der alten gegenüber den neuen Bürgern Spannungen erzeugte. Das hat sie ganz offensichtlich nicht getan. Aber der Umstand, daß u. W. solche Spannungen kaum entstanden, ist wohl nicht ausschließlich der politischen Weitsicht der Nobilität zu verdanken, sondern auch darin begründet, daß das politische Gewicht des einfachen Römers selbst nach den Ständekämpfen — die erste *civitas sine suffragio*, Caere, wurde im Jahre 342 v. Chr., also nach dem Beginn des Ausgleichs der Stände eingerichtet — gering und damit die Möglichkeiten, die Massen politisch zu mobilisieren, beschränkt waren; da sich die *cives sine suffragio* gewiß schon bald als Clienten einzelner Nobiles fühlten — vielleicht verdankten viele der in den Samnitenkriegen aufstrebenden plebejischen Geschlechter ihre bleibende Stellung zum Teil ihnen —, dürfte auch das Patronatsverhältnis Ansätze möglicher Politisierung im Keime erstickt haben. Vor allem aber hinderte die von den Römern belassene Verwaltungshoheit die *cives sine suffragio* zunächst noch daran, sich mit den Römern zu identifizieren und damit das volle römische politische Recht zu fordern.

So wurde es möglich, daß der römische Bürgerverband im engeren Sinne verhältnismäßig klein bleiben konnte; zeitweilig, vor allem in dem Jahrhundert vor den Punischen Kriegen, scheint die Zahl der *cives sine suffragio* der der „Vollbürger" kaum nachgestanden zu haben. Unsere knappe Überlieferung über diese Zeit erlaubt allerdings nicht die Angabe genauerer Zahlenverhältnisse, zumal die *civitates sine suffragio* zum Teil verhältnismäßig schnell voll in dem römischen Staatswesen aufgingen. Denn es wirkte sich schon bald die wachsende Machtstellung Roms als Herrin Italiens auf diese aus: Was erst als Privilegium gegolten hatte, nämlich die Belassung einer ausgedehnten Selbstverwaltung, erschien in dem Maße, wie der *civis sine suffragio* als Legionar in die römischen Verhältnisse hineinwuchs und damit seinen lokalen Verhältnissen entwuchs, als eine Zurücksetzung. Der *civis sine suffragio* begann das politische Stimmrecht in den Volksversammlungen, so gering auch sein Wert für die weiter entfernt Wohnenden sein mochte, zu entbehren und die eigene politische Sonderstellung, der nun etwas zu fehlen schien, als ein zurückgesetztes Bürgerrecht zu empfinden, obwohl sie ursprünglich weder ein Bürgerrecht noch eine Zurücksetzung, sondern gerade eine Bevorzugung gegenüber der Behandlung anderer unterworfener Städte und Stämme bedeutet hatte. So wurde diese Sonderstellung, die in der neueren Literatur — meist unter fälschlicher Projizierung der späteren Entwicklung auf die älteren Verhältnisse — als „Halbbürgerrecht" bezeichnet wird, schließlich als Vorstufe zu dem „vollen Bürgerrecht" angesehen. Tatsächlich haben die Römer diesem Empfinden auch Rechnung getragen und schon vor der allgemeinen Eingliederung aller Bewohner Italiens im Bundesgenossenkrieg 91/88 v. Chr. wahrscheinlich allen *cives sine suffragio* das politisches Stimmrecht verliehen.

Das römische Bürgergebiet konnte sich auf diese Weise unaufhörlich erweitern, und das steigende Bedürfnis nach einer breiteren Rekrutierungsbasis für das Heer wurde voll befriedigt. Aber diese Entwicklung war nicht ohne Gefahr für die stadtstaatliche Struktur Roms, an der die herkömmliche Ordnung hing: Das Bürgergebiet überstieg schon am Ende des 4. Jahrhunderts v. Chr. bei weitem die Ausmaße eines antiken Stadtstaates. Es gab eine große Reihe kleinerer Landstädte auf römischem Territorium, und mit der Hineinnahme von *cives sine suffragio* in das volle Bürgerrecht gesellte sich zu den vielen Kleinstädten auch diese oder jene größere Stadt. Neben dem Ausmaß des Territoriums gefährdeten also bald auch diese Städte den stadtstaatlichen Charakter Roms. Die an den Stadtstaat gebundene aristokratische Ordnung verlangte jedoch die Erhaltung der zentralen Stellung der Stadt Rom auf dem immer gewaltiger anschwellenden Bürgergebiet. Die Nobilität hat darum trotz wachsendem Mißverhältnis zwischen der Stadt Rom und dem übrigen Bürgergebiet immer daran festgehalten, daß Rom nicht nur politisches Zentrum, sondern auch Verwaltungszentrum blieb. Zur Vermeidung chaotischer Rechtsverhältnisse, die ein starres Festhalten an dem Zentralismus vor allem im Bereich der Rechtspflege mit sich gebracht hätte, wurden den Städten auf dem römischen Territorium aber schon früh niedere Selbstverwaltungsaufgaben vor allem in der Zivilrechtspflege überlassen; die *civitates sine suffragio* hatten sie ja ohnehin immer besessen, und sie wurden ihnen daher auch nicht oder nur in einem beschränkten Umfang genommen, als sie ganz in den Bürgerverband eingegliedert wurden. In viele, zumal in weiter entfernt liegende Landstriche entsandte die römische Regierung zur Bewältigung der Zivil- und Strafrechtspflege Sonderbeamte, die im Auftrage oder in enger Anlehnung an die Prätoren Recht sprachen (*praefectus; iudices*). Die vielfältigen Verhältnisse, die sich aus den mannigfachen Umständen, in denen das Bürgergebiet zusammengewachsen war, ergeben hatten, machten schließlich eine allgemeine Ordnung des Gesamtgebietes notwendig, insbesondere wuchs das Bedürfnis nach einer einheitlicheren Ordnung der vielen Landstädte (*municipia*), obwohl durch die lange gemeinsame Geschichte dieser Städte mit Rom ein gewisses Maß der Anpassung bereits erreicht worden war. Es ist für die aristokratische Natur des Staates charakteristisch, daß sich die Nobilität lange gegen solche generellen Ordnungen gesträubt, vielleicht deren Notwendigkeit zunächst gar nicht eingesehen hat. Erst die Verleihung des Bürgerrechts an alle Bewohner Italiens im Bundesgenossenkrieg schuf eine Situation, in der man über die Frage nicht mehr hinwegsehen konnte, aber die Republik hat erst in ihrer Agonie eine Ordnung der römischen Landstädte (Munizipialordnung) generelleren Charakters geschaffen, und charakteristischerweise war ihr Schöpfer der Diktator Caesar, dessen Wirken bereits außerhalb der republikanischen Zeit im engeren Sinne steht.

Es versteht sich nach dem Gesagten beinahe von selbst, daß die Römer auf ihrem Territorium von sich aus keine Städte gründen konnten; die vorhandenen brachten schon Probleme genug. Es war überhaupt die Gründung einer römischen Stadt schon deswegen ein für den Römer nicht faßbarer Gedanke, weil die einzige römische Stadt eben Rom war. Die Errichtung einer neuen römischen Stadt durch die Römer selbst, nach lateinischer Terminologie einer *colonia*, hätte den Gedanken eines anderen Rom fast automatisch hervorgerufen. Die vielen kleinen Städte auf dem *ager Romanus* hingegen waren unter Aufgabe ihrer Selbständigkeit in den römischen Verband hineingewachsen, galten nur als Überbleibsel einstiger Unabhängigkeit und erschienen dem Römer bei aller Problematik, die sie brachten, nicht als Stadt (*urbs*, *colonia*). Insofern daher der Gedanke, auf römischem Gebiet Städte zu errichten, nicht kommen konnte, hat man den Bauern, die man auf dem eigenen, d. h. römischen Territorium ansiedeln wollte, einzeln Land zugewiesen (Viritanassignation, von *viritim*, Mann für Mann, einzeln, und *assignare*, zuweisen) und sie den bereits vorhandenen Ortschaften oder ländlichen Organisationsformen zugeteilt. So wurden z. B. die Ansiedlungen, die C. Flaminius im Jahre 232 v. Chr. im nordöstlichen Italien (auf dem sogenannten *ager Gallicus*) und die die Ackerkommission, die auf Grund des Siedlungsgesetzes des Ti. Gracchus tätig wurde, seit dem Jahre 133 v. Chr. vornahmen, auf viritaner Basis durchgeführt. Nur in ganz wenigen Ausnahmefällen wurden auch neue Städte errichtet; sie beschränkten sich aber auf einen bestimmten Typ und lehnten sich auch meist an eine bereits bestehende städtische Siedlung an: Seit dem 4. Jahrhundert v. Chr. wurde nach und nach eine Reihe kleinerer Seestädte errichtet, die als Marinebasen für die kleine römische Flotte dienen sollten (*coloniae maritimae*). Durch ihre Kleinheit — es wurden in der Regel nur 300 Bürger in sie gesandt — und durch ihren besonderen Entstehungsgrund bestätigen sie eher die Regel, daß auf römischem Territorium keine selbständige Stadt gegründet werden konnte. Wenn dann seit dem 2. Jahrhundert v. Chr. doch große römische Städte (*coloniae*) — zwar meist nicht auf dem *ager Romanus*, sondern auf nichtrömischem (peregrinem) Gebiet, das damit allerdings *ager Romanus* wurde — gegründet worden sind, hätte das das Ende der römischen Staatsidee, die auf dem Stadtstaat Rom ruhte, bedeuten können. Tatsächlich hat sich die römische Nobilität zum Teil erbittert gegen diese „Kolonisation" gewehrt, und sie hat sie, jedenfalls soweit sie außerhalb Italiens angesetzt worden war, auch verhindern können. In der oberitalischen Tiefebene jedoch ließ sie die Errichtung größerer römischer Städte jedenfalls zum Teil geschehen. Die Gründe hierfür sind in der Struktur und der Entwicklung des römischen Bundesgenossensystems zu suchen, das nicht hier, sondern im folgenden Kapitel erörtert werden soll, wo auch die Ursache der Romanisierung der gesamten Bundesgenossenschaft Roms behandelt werden wird.

Durch den Bundesgenossenkrieg von 91/88 v. Chr. wurden mit einem Schlage alle römischen Bundesgenossen in Italien römische Bürger. Die ganze Bundesgenossenfrage gehört in das nächste Kapitel, so daß hier zunächst nur der Tatbestand als solcher hingestellt werden soll. Der Diktator Caesar hat dann auch noch Oberitalien in den römischen Bürgerverband hineingenommen und der Kaiser Augustus schließlich dieses Gebiet, das im großen ganzen dem heutigen Italien (ohne Sizilien und Sardinien) gleichzusetzen ist, geographisch genau abgesteckt und verwaltungsrechtlich durchorganisiert. Seitdem ist Italien eine rechtliche Einheit, nämlich ein einheitliches Gebiet römischer Bürger.

III. Der Herrschaftsbereich Roms

a) Das römische Bundesgenossensystem in Italien[1]

Die Formen, in denen Rom völkerrechtliche Beziehungen zu anderen Staaten aufnehmen konnte, waren verschiedener Art. Da es nicht von Anfang an eine völkerrechtliche Gemeinschaft gab, sondern die Römer wie auch die anderen Städte und Staaten erst im Laufe ihrer Geschichte allmählich die umliegenden Völker kennenlernten und bei ihrem allmählichen Ausgreifen auf immer neue, bis dahin unbekannte Staaten stießen, war das Verhältnis Roms zu seiner äußeren Umwelt nicht von allgemein anerkannten Regeln, wie z. B. der modernen „diplomatischen Anerkennung", geprägt, sondern war abhängig von den Vorstellungen, die Rom und der jeweilige fremde Staat von den Möglichkeiten zwischenstaatlichen Verkehrs hatten, und von der bestimmten Situation, die eine Kontaktaufnahme bewirkte. Die Aufnahme solcher Beziehungen war in Rom mit der Gewährung der „Freundschaft" (*amicitia*) oder eines Vertrages (*foedus*) verbunden. Die schwächere Form der Beziehung war die *amicitia*; sie besagte nicht viel mehr, als daß die gegenseitige Existenz mit Wohlwollen zur Kenntnis genommen wurde. Eine engere Verbindung wurde erst durch einen Vertrag konstituiert, der den *amicus populi Romani* zum *socius* (*et amicus*) *populi Romani* machte. Alle Städte und Völker, mit denen die Römer keine derartigen ausdrücklich stipulierten Beziehungen hatten, existierten nicht für sie, und dies eben deswegen, weil nicht schon eine präexistente Völkerrechtsgemeinschaft, sondern erst die unmittelbare außenpolitische Kontaktsituation eine völkerrechtliche

[1] Der in der Literatur seit K. J. Beloch allgemein übliche Begriff „Italischer Bund" für das hier zu beschreibende politische System in Italien ist irreführend und sachlich falsch. Will man den römischen Terminus angemessen übersetzen, bietet sich die in der Überschrift verwendete Formulierung an, die Frau Th. Raupach herausgearbeitet hat und in ihrer demnächst erscheinenden Dissertation über das Thema verwenden wird.

Beziehung brachte und also die Römer andere Völkerrechtssubjekte erst „kannten“, wenn sie mit ihnen tatsächlich auch zu tun hatten. Man hat in der modernen Literatur versucht, diese völkerrechtliche Situation auf einen der Systematik verpflichteten Begriff zu bringen, indem man die „natürliche Feindschaft“ als den außenpolitischen Ausgangspunkt postulierte, der erst durch die Aufnahme eines bestimmten Vertragsverhältnisses aufgehoben würde. Aber ganz abgesehen davon, daß es nicht ganz an privatrechtlichen, auf Gewohnheit ruhenden Beziehungen von Menschen, vor allem von Kaufleuten, zu Personen in Staaten, mit denen die Heimatstaaten dieser Menschen keine geregelten Beziehungen hatten, gefehlt hat und diese Beziehungen auch offiziell anerkannt waren, ist diese Theorie lediglich der Ausfluß jenes modernen Denkansatzes, der alle denkbaren Völkerrechtssubjekte erfassen will und den die Römer wie alle antiken Staaten von vornherein eben nicht hatten und auch gar nicht haben konnten.

Da Rom schon in einem verhältnismäßig frühen Stadium seiner Geschichte den anderen Staaten als eine Vormacht gegenübertrat und meist bereits bei der ersten Aufnahme einer Beziehung seine besondere Machtstellung ins Gewicht fiel, sind die völkerrechtlichen Verhältnisse, wenn nicht formal, so doch faktisch von dem Übergewicht des römischen Partners her geprägt worden. Das war schon in der ältesten Phase der römischen Außenpolitik der Fall, in der es die Römer in erster Linie mit ihren latinischen Stammesgenossen, die in dem Gebiet südlich des Unterlaufs des Tibers siedelten, zu tun hatten. Die Römer haben sich damals schließlich zum wichtigsten Glied eines Latinischen Bundes und später sogar zur Vormacht dieses Bundes emporgeschwungen, der die anderen latinischen Städte in mehr oder weniger starker Abhängigkeit gegenüberstanden. Diese Phase endete mit einem furchtbaren Krieg zwischen den Römern und Latinern (340—338 v. Chr.), an dessen Ende die latinischen Bündner teils in den römischen Staatsverband inkorporiert wurden, teils unter Aufgabe des alten Bundesgedankens ein bilaterales Vertragsverhältnis mit Rom eingehen mußten. Die weitere Entwicklung bis zur Mitte des 3. Jahrhunderts v. Chr., in der Rom Herrin Italiens wurde, führte zur Errichtung eines Systems bundesgenössischer Beziehungen in

Italien. In ihm nahm Rom eine beherrschende Stellung ein, für die der Begriff Hegemonie eher zu wenig sagt. Das römische Bündnissystem war ein verhältnismäßig gefügiges Instrument in der Hand der Römer, das sowohl außergewöhnlichen Belastungen bei Angriffen fremder Mächte auf Italien (Karthager, Kelten) gewachsen war als auch machtpolitischen Interessen der Römer, die sich nicht mehr aus der Bedrohung italischen Bodens rechtfertigen ließen, dienen konnte und somit zu einer Voraussetzung für die weltbeherrschende Stellung Roms wurde. Dieser Tatbestand rechtfertigt eine nähere Darstellung dieses Bündnissystems.

Der gesamte Komplex der bundesgenössischen Partner in Italien gliederte sich in drei große Gruppen, nämlich in die Römer, die Latiner und die Bundesgenossen im eigentlichen Sinne. Die lateinische Bezeichnung für die Gesamtheit dieses Systems besteht denn auch in der Aneinanderreihung dieser drei Gruppen: *cives Romani*, *socii*, *nominisve Latini* (*nomen Latinum*, latinischer Stamm). In dem lateinischen Terminus kommt die römische Vorrangstellung in dem System nicht zum Ausdruck und soll es auch nicht: Formal stehen die Bündner neben Rom.

Rom, das in dem dreigliedrigen Begriff, antikem Usus entsprechend, in der Summe seiner Bürger erscheint, war in diesem System ein einheitlicher Staatsverband, der in seinen Organen, den Magistraten bzw. dem Senat, den anderen Gliedern des Bündnissystems gegenübertrat. Daß auch das römische Staatsgebiet nicht so einheitlich war, wie es den Außenstehenden anmuten mag, wurde bereits früher auseinandergesetzt (s. o. S. 190 ff.): Die zahlreichen Bürger ohne politisches Stimmrecht (*cives sine suffragio*) waren nur locker, nämlich vor allem über die Militärverfassung mit dem römischen Bürgerverband verbunden und sind erst sehr allmählich in ihm aufgegangen. Sie waren also nicht in vollem Sinne Römer; bis zu einem gewissen Grade gehörten ihre Beziehungen zu Rom, jedenfalls von diesen Bürgern ohne Stimmrecht her gesehen, noch dem außenpolitischen Bereich an, und wenn auch der Sinn ihrer besonderen Verkoppelung mit dem römischen Staat in der Aufhebung der außenpolitischen Souveränität zu sehen ist, lag doch gerade der Grund für den Verzicht auf die völlige Inkorporierung dieser Städte und Völkerschaften in deren relativer Fremdartigkeit. — Die römischen Bürger machten in der Mitte des 3. Jahrhunderts v. Chr. (einschließlich der *cives sine suffragio*) etwa ein Drittel der Gesamtbevölkerung der in dem bundesgenössischen System zusammengeschlossenen Bevölkerung aus, doch wurde das Verhältnis durch die Latiner, die wegen ihrer römischen Herkunft (s. u.) eher den Römern als den Bundesgenossen zuzurechnen sind, zugunsten des römischen Anteils noch etwas verbessert. Das Bürgergebiet, das sich in einem geschlossenen Landstrich von Kampanien über Latium bis hin zum Adriatischen Meer erstreckte (s. o. S. 13), betrug etwa ein Viertel des Gesamtgebietes des Bündnissystems (30000 qkm).

Die zweite Gruppe sind die Latiner oder genauer gesagt, die Latinischen Kolonien (*coloniae Latinae*). Sie sind derjenige Teil des Systems, der alle Bündner zu einem geschlossenen politischen System unter Roms Hegemonie zusammenschweißte, und stellen damit eine der wesentlichsten Voraussetzungen für den Aufschwung Roms zur Herrin erst Italiens und dann der gesamten Mittelmeerwelt dar.

Die Latiner sind ursprünglich der südlich des Unterlaufs des Tibers siedelnde, lateinisch sprechende Stamm, der unter dem Einfluß der Etrusker verhältnismäßig früh (8./7. Jahrhundert v. Chr.) zu einer städtischen Kultur übergegangen war. Rom war zunächst nur eine dieser latinischen Städte gewesen, aber durch ein starkes etruskisches Königtum zu so großer Macht gelangt, daß es sich zu der mächtigsten Stadt und schließlich (spätestens Ende des 6. Jahrhunderts) zu der Führungsmacht eines latinischen Städtebundes aufschwingen konnte. Bereits gegen Ende der Königszeit und dann in frührepublikanischer Zeit hatten die Römer in den Abwehrkämpfen, die sie und die übrigen Latiner vor allem gegen die Etrusker im Norden und die Volsker im Süden zu bestehen hatten, gemeinsam mit den Latinern auf dem Territorium, das sie den Feinden abgenommen hatten, Städte gegründet, die das neu erworbene Gebiet sichern und die latinische Bevölkerung mit Land versorgen sollten. Die Städte erhielten von diesem Siedlungsakt den Namen der Kolonie (*colonia*, von *colere*, bebauen; *colonus*, Bauer, Siedler). Sie waren selbständige Städte wie die altlatinischen auch, aber da sich ihre Bürgerschaft aus den verschiedensten latinischen Städten — darunter auch aus Rom — zusammensetzte, haben die Römer sie ganz offenbar stärker als Städte der Latiner denn als Einzelstädte individuellen Charakters empfunden und folglich in dem Bürger z. B. der Kolonie Ardea eher einen Latiner denn einen Ardeaten gesehen bzw., wenn das vielleicht auch nicht so scharf hervorgetreten ist, konnte jedenfalls die gleichartige Herkunft und die gleiche politische Organisation der Bürger dieser Städte eine solche Sehweise ermöglichen. Nun ist das allerdings in dieser frühen Zeit nicht zum Tragen gekommen, da kein Anlaß bestand, diese Städte vornehmlich oder gar ausschließlich unter einem solchen Aspekt zu betrachten. Die Möglichkeit, alle latinischen Kolonien unter einem einheitlichen Begriff zusammenzufassen und dadurch die politische Individualität der Einzelstadt jedenfalls bis zu einem gewissen Grade abzuschwächen, schien dann sogar völlig unterzugehen, nachdem die meisten Städte der Latiner, und unter ihnen einige der von Römern und anderen Latinern gemeinsam gegründeten Kolonien, nach dem schweren Krieg der Römer gegen ihre latinischen Bundesgenossen (340—338 v. Chr.) von der politischen Landkarte verschwanden; bis auf wenige, wie z. B. Tibur und Praeneste, wurden alle Städte der Latiner dem römischen Territorium einverleibt. Die latinische Kolonisation lebte aber später unter einer rein römischen Zielsetzung wieder auf, bei der dann der Gedanke des latinischen, von der Einzelstadt abstrahierenden Kolonialstatus, der früher nur in Ansätzen vorhanden gewesen war, nunmehr klar und bewußt verwirklicht wurde.

Die Voraussetzung für diese Entwicklung war — neben der weitgehenden Beseitigung eines politisch eigenständigen Latinertums — die weitere Expansion Roms. Sie erfolgte in den Kriegen gegen die Samniten, die schon bald nach dem Latinerkrieg begannen und in deren Verlauf Rom sich ganz Italien unterwarf. Genau wie in der älteren Phase der Kolonisation, als Römer und Latiner noch gemeinsam kolonisiert hatten, suchten die Römer die besiegten Gegner durch die Gründung von Städten auf annektiertem feindlichen Gebiet zu schwächen. Diese neue Kolonisation, die die Römer im Gegensatz zu früher nunmehr — nach der Beseitigung fast aller latinischer Städte — allein vornahmen, diente also wieder der militärischen Bewachung des gerade bezwungenen Gegners, weniger der Versorgung minderbemittelter Bauern, obwohl sie im Effekt auch diese Aufgabe erfüllte. Als Bollwerke, die fern von Rom auf ehemals feindlichem Boden standen, mußten diese Kolonien mit einer gewissen Selbständigkeit ausgerüstet werden, so wie ja auch die älteren Kolonien, die die Römer zusammen mit den Latinern niedergesetzt hatten, selbständige Städte gewesen waren. Die Selbständigkeit war um so eher gefordert, als sie alle keine direkte Verbindung mit dem römischen Gebiet (*ager Romanus*) hatten; meist lagen sie sogar sehr weit ab von Rom, wie z. B. Luceria und Venusia, die im apulischen Gebiet Hunderte von Kilometern vom römischen Territorium entfernt gegründet wurden. Die Siedler, die in diese Kolonien geschickt wurden, waren in aller Regel römische Bürger, meist zweite und dritte Söhne von kleinen Bauernstellen. Obwohl für die Kolonisation im allgemeinen ausreichend Siedler zur Verfügung standen, haben die Römer gelegentlich auch Bürgern aus bundesgenössischen Städten gestattet, sich in die Listen der Siedler einschreiben zu lassen, zumal in der Zeit der Samnitenkriege und auch nach dem Hannibalischen Krieg, als durch die schnelle räumliche Ausweitung der römischen Macht die Gründung zahlreicher großer Festungen notwendig wurde und ein entsprechendes Bedürfnis nach Siedlern bestand.

Das Erfordernis der Selbständigkeit für diese Festungen brachte aber für die Römer ein schwerwiegendes Problem. Denn einerseits war die Anlage der Festungen für die Römer nur sinnvoll, wenn diese weiterhin eng an Rom gebunden waren, also keine politische Selbständigkeit in dem Sinne besaßen, daß sie unabhängige Politik machen konnten (für die älteren latinischen Kolonien hatte sich die politische Selbständigkeit wie von selbst daraus ergeben, daß ja mehrere Städte an dem Gründungsakt beteiligt waren und folglich keine einzelne Stadt einen besonderen Einfluß auf die Kolonie beanspruchen konnte). Die Form einer römischen Stadt jedoch, die die enge Bindung eigentlich verlangt hätte, war andererseits ganz ausgeschlossen, weil die einzige römische Stadt eben Rom war und die aristokratische Gesellschaft Roms nicht ohne Aufgabe ihrer selbst (s. o. S. 122f.) auf den stadtstaatlichen Charakter ihres Gemeinwesens verzichten konnte. Um diese scheinbar miteinander unvereinbaren Anforderungen doch erfüllen zu können, nämlich einerseits die Selbständigkeit und andererseits die Abhängigkeit zu sichern, erhielten die Kolonien einen politischen Sonderstatus: Die römischen Kolonisten verloren nämlich mit dem Eintritt in die Bürgerschaft der neu gegründeten Stadt ihr altes (römisches) Bürgerrecht und tauschten dafür ein neues Bürgerrecht ein, das aber nicht das einer Einzelstadt, sondern ein für alle neugegründeten Festungen einheitliches, also von der Einzelstadt absehendes, gleichsam abstraktes Bürgerrecht war, nämlich das Latinische Bürgerrecht. Damit war die Selbständigkeit dieser Städte gegenüber Rom gesichert, aber gleichzeitig durch den Mangel der einzelstädtischen Individualität beschränkt. Der Begriff des Latinischen Bürgerrechts wurde selbstverständlich aus der älteren Kolonisationsepoche in diese Zeit herübergenommen und also nun, unter verändertem Vorzeichen, nach der Beseitigung des politischen Latinertums künstlich neu belebt.

Das mehrere Städte zusammenfassende, von der Einzelstadt abstrahierende Bürgerrecht ist etwas, was dem antiken Stadtstaat im Grunde wesensfremd war, denn es enthielt einen Widerspruch gegen die völlige Selbständigkeit und Einmaligkeit einer jeden Stadt und damit gegen die dem urbanen Menschen selbstverständliche Vorstellung, daß er und die rechtlichen und sakralen Normen, nach denen er lebte, einer bestimmten Stadt zugeordnet waren, also Athener, Milesier, Tarentiner, Karthager, Caeriten usw. grundsätzlich mit den Bewohnern keiner anderen Stadt politische Gemeinschaft haben konnten, die die Individualität der einzelnen Stadt hätte aufheben können. Es war zwar möglich, zwei Städte zu einer zusammenzulegen (Synoikismos), aber unmöglich, zwei verschiedene, getrennt voneinander liegende Städte unter ein und demselben Bürgerrecht mit getrennter politischer Organisation und also selbständig nebeneinander bestehen lassen. Die Latinischen Kolonien hingegen, die Rom nun niedersetzte, waren selbständige Städte und besaßen trotzdem keine Individualität. Für den Menschen der mediterranen Welt war dies eine contradictio in adiecto, und er konnte sich eine solche Konstruktion daher kaum auch nur vorstellen. Es gab sie in der Tat auch nur bei den Römern[2]: Sie war das Produkt der Idee, von Rom abhängige Festungen zu gründen, die aus militärischen Erwägungen große, selbständig operierende Städte sein mußten, aber wegen der stadtstaatlichen Verfassung Roms keine römischen Städte sein durften.

Es ist selbstverständlich, daß trotz der Selbständigkeit der Latinischen Kolonien zwischen den latinischen und den römischen Bürgern die engsten Verbindungen bestanden. So blieb z. B. dem Römer, der sich in einer Latinischen Kolonie niederließ, auch sein altes (römisches) Bürgerrecht latent erhalten; das zeigte sich etwa dann, wenn er wieder nach Rom zurückkehren wollte: Tat er das — um die Wehrfähigkeit der in Feindesland exponierten Stadt zu erhalten, durfte er das nur, wenn er einen erwachsenen Sohn in der Latinischen Stadt zurückließ —, galt er (oder der Nachkomme eines Kolonisten) in Rom wieder als römischer Bürger.

Die Latinische Kolonie ist nicht das Endprodukt einer natürlichen Entwicklung, sondern eine rationale „Erfindung" der Römer, die bereits bei der Gründung von Cales im Jahre 334 v. Chr., der ersten Latinischen Kolonie, die die Römer nach dem Latinischen Krieg allein errichtet hatten, vorauszusetzen ist. Mit ihr erreichten die Römer zuvörderst eine beinahe perfekte Sicherung des besiegten Gegners, der, abgesehen von der Schwächung durch die Abtretung des Gebietes, auf dem die Latinische Kolonie errichtet wurde, einen stets bereiten Wachhund vor der Tür dulden mußte. Die Treue der Latinischen Kolonien ergab sich aus der römischen Herkunft der Siedler und daraus, daß alle Siedler, die auf dem ehemaligen Boden des Besiegten saßen, auf Gedeih und Verderb mit Rom verbunden waren. Ein Nebeneffekt, der bei der Gründung der Kolonie jedenfalls nicht primär intendiert war, bestand in der ständigen Versorgung der ärmsten Bevölkerung mit Land, ein weiterer Effekt darin, daß römische Sprache

[2] Die griechische Isopolitie schuf kein abstraktes Bürgerrecht, sondern ging dem gerade aus dem Wege; vgl. zu ihr neuerdings W. Gawantka, Isopolitie, in: Vestigia 22, 1975.

und römisches Gedankengut sich über die Latinischen Kolonien ausbreiteten; da diese Städte meist die Machtzentren ihrer Umgebung waren, bildeten sie den natürlichen Mittelpunkt und damit auch Anziehungspunkt ihrer Umwelt. Die Römer knüpften mit diesen Städten, deren Zahl vor Ausbruch des Hannibalkrieges 30 betrug, ein Netz von Stützpunkten, auf die sie sich verlassen konnten. Im Hannibalischen Krieg ist trotz stärkster Belastung keine Latinische Kolonie abgefallen; ohne sie hätte Rom Hannibal nicht besiegen können und hätte folglich die Weltgeschichte eine wesentlich andere Richtung genommen.

Neben dem römisch-latinischen Bevölkerungsblock standen die Bundesgenossen (*socii*). Das waren größere oder kleinere Stammesverbände, wie die Samniten, die Bruttier und Lukaner, oder aber etruskische und griechische Städte. Die Verträge, die diese Bundesgenossen mit Rom abgeschlossen hatten, waren nicht alle untereinander gleich. Viele Bündnispartner, wohl die meisten und vor allem diejenigen, die in einem Krieg freiwillig sich Rom angeschlossen hatten oder doch rechtzeitig auf die römische Seite übergeschwenkt waren, erhielten einen Vertrag, der formell von der Gleichrangigkeit der Partner ausging (*foedus aequum*). Allerdings war das Partnerschaftsverhältnis nur der Form nach gleich, tatsächlich enthielt es eine wesentliche Beschränkung der Selbständigkeit der Verbündeten; die Überlegenheit des römischen Partners war so groß, daß der Bundesgenosse trotz der formellen Gleichheit die faktische Souveränitätsbeschränkung widerstandslos hinnahm. Die Beschränkung der Souveränität bestand einmal darin, daß die Stadt oder der Stamm, der mit Rom ein Bündnis einging bzw. eingehen mußte, mit keinem anderen Stamm und keiner anderen Stadt Bündnisse eingehen durfte: Der Bundesgenosse (*civitas foederata*) wurde gleichsam außenpolitisch abgeschirmt: Er wurde *socius populi Romani*, aber er konnte nur Bundesgenosse Roms, nicht auch daneben noch Bundesgenosse einer anderen staatlichen Einheit sein. Die andere Beschränkung ist nur eine Konsequenz aus der vorangehenden: Rom verfügte über das Wehrpotential der Bundesgenossen, die die Menge ihrer einsatzfähigen Soldaten nach Rom zu melden (die Liste aller Kontingente aller Bundesgenossen hieß *formula togatorum*) und im Kriegsfall auf Abruf zur Verfügung zu stellen hatten. Der zentrale Satz eines jeden Vertragstextes, nach dem die Vertragspartner dieselben Feinde und Freunde haben sollten, wurde also wie selbstverständlich dahingehend ausgelegt, daß die mit Rom Verbündeten diejenigen zu Feinden und Freunden hatten, die die Feinde bzw. Freunde Roms waren. Die Isolierung der bundesgenössischen Stadt wurde vervollständigt durch den Tatbestand, daß der Bundesvertrag auf unbefristete Zeit geschlossen wurde: Die Bindung an Rom war unauflöslich und damit der Souveränitätsverlust endgültig.

Neben den Bundesgenossen mit einem Vertrag auf formell gleicher Ebene gab es auch solche, die einen formell minderen Vertrag besaßen (*foedus iniquum*). Das waren meist Verbündete, die besonders hartnäckig gegen Rom gekämpft hatten. Der Text der Verträge, den sie bekamen, entsprach im allgemeinen dem, den die *civitates foederatae* erhielten, doch wurde in ihnen die sogenannte Majestätsklausel eingefügt. Sie besagte, daß das mit Rom verbündete Volk die „Höherstellung" (*maiestas*) Roms sorgsam zu beachten habe (*maiestatem populi Romani comiter observare*). Mit diesem Vertrag anerkannte also der Bündnispartner auch der Form nach die Vorrangstellung bzw. Oberhoheit Roms; er begab sich gleichsam de iure in die Abhängigkeit Roms, ähnlich wie sich der Client (allerdings meist ohne juristischen Akt) in die Abhängigkeit eines Patrons begab, und so, wie auch der Client nicht Sklave war, sondern Person eigenen Rechts blieb, war die völkerrechtliche Existenz des Bündners mit einem *foedus iniquum* nicht aufgehoben: Dieser Bündner war ein nach Völkerrecht existierender, jedoch abhängiger Partner. Die Abhängigkeit des Bündners zeigte sich auch darin, daß der Vertrag als ein Vertrag zwischen ungleichen Partnern von dem einen, nämlich dem höherstehenden Partner gegeben (faktisch oktroyiert) wurde (unilateraler Vertrag).

In diesem Bündnissystem war Rom die zentrale Mitte, aus der heraus alles gelenkt wurde. Den äußeren Zusammenhalt des Ganzen garantierten das große und wachsende römische Bürgergebiet, das sich über weite Teile Mittelitaliens erstreckte, und die über die ganze Halbinsel verstreuten Latinischen Kolonien. Die Römer bemühten sich aber, die Bundesgenossen nicht nur durch militärische und politische Zwangsmittel, sondern auch durch eine freundliche, die Bündner möglichst wenig verletzende Politik an sich zu binden. Die römische Politik griff daher sehr wenig in die inneren Verhältnisse der Bundesgenossen ein, respektierte also deren Selbständigkeitswillen. Sie betrieb der römische Senat nicht allein und nicht einmal in erster Linie aus besonderem Wohlwollen gegenüber den Bundesgenossen; die Staatsklugheit, die aus dem politischen Prinzip spricht, ergab sich vor allem als eine Notwendigkeit aristokratischer Regierungspraxis: Der Mangel eines bürokratischen Herrschaftsapparates zwang die römische Nobilität zu indirekter Herrschaft. Die Erhaltung der Selbständigkeit der Bundesgenossen auf innenpolitischem Gebiet verstand sich also aus der herrschaftssoziologischen Struktur Roms. Im Effekt erschien den Bundesgenossen die römische Politik aber als Großzügigkeit und Toleranz, als eine Bescheidung der an sich übermächtigen Vormacht. Das gute politische Klima förderten die Römer noch zusätzlich dadurch, daß sie, soweit irgend möglich, überall bei den Verbündeten die Reichen und Vornehmen ans Ruder brachten und also durch die aristokratische Ausrichtung der bundesgenössischen Staatsordnungen das politische Interesse der führenden Schichten mit Rom und seiner aristokratischen Gesellschaft verbanden. Viele der einflußreichsten Personen bundesgenössischer Städte waren denn auch eng mit einzelnen römischen Familien befreundet, und es konnte sich auf jeden Fall die Aristokratie bzw. Oligarchie einer jeden verbündeten Stadt im Falle innerer Unruhen fest auf die römische Hilfe verlassen. Zur Unterstützung des guten Verhältnisses zwischen Rom und seinen Bündnispartnern kam im Laufe der Zeit noch weiteres hinzu. Einmal nämlich wirkte sich die allgemeine außenpolitische Entwicklung günstig auf das Entstehen einer gemeinsamen Interessenlage aus: Die Karthager z. B. waren nicht nur für die Römer, sondern auch für die übrigen Städte und Völker Italiens der äußere Feind schlechthin, der als verhaßter Handelskonkurrent (vor allem für die süditalischen Griechenstädte) oder als Eindringling (im Hannibalkrieg) angesehen wurde. Zum anderen führte der Beuteanteil der bundesgenössischen Soldaten aus den gemeinsamen Kriegszügen, vor allem aber wirtschaftliche Interessen der reicheren und einflußreicheren Schichten der bundesgenössischen Städte, die im wachsenden römischen Herrschaftsgebiet ihre Geschäfte machten, dahin, in dem Römer nicht den Herrn, sondern den Partner von Interessen zu sehen. Die ständigen Kriegszüge, die die Bundesgenossen zusammen mit den Römern führten — in jedem römischen Heere gab es ja etwa zu gleichen Teilen römische und bundesgenössische Soldaten —, brachten auch ideelle Gemeinsamkeiten: Römer und Bundesgenossen begannen, sich gegenüber dem immer größer werdenden Gebiet der direkten und indirekten Herrschaft Roms im Mittelmeerraum als eine Einheit zu fühlen, und sie erhielten aus dem politischen Gefälle zwischen Italien und der außeritalischen, insbesondere der in den Provinzen organisierten Völkerwelt verhältnismäßig schnell ein Bewußtsein von einer engeren Zusammengehörigkeit. So wuchs im Laufe der Jahrhunderte das römische Bundesgenossensystem in Italien zu einer politischen Einheit zusammen, die römisch dachte und zunehmend auch lateinisch sprach; die ehemals selbständigen bundesgenössischen Städte wurden nur noch als Landstädte ohne politisches Eigengewicht, wie es sie auch auf dem römischen Bürgergebiet selbst schon seit langem gab, und Rom als das einzige politische Zentrum Italiens angesehen. Das war Rom zwar faktisch für die Bündner schon immer gewesen, jedoch erfolgte diese politische Einstellung jetzt ganz ohne Zwang: Der Bündner dachte so, als ob er ein Römer wäre.

Diese veränderte Bewußtseinslage erweckte sehr bald den Wunsch und das Verlangen, auch dem rechtlichen Status nach das zu sein, als was man sich jetzt fühlte. Die Verleihung des römischen Bürgerrechts jedoch ließ lange auf sich warten. Die ganze Frage wurde zur Zeit der Gracchen dann wirklich akut, als die Landverteilung an die ärmeren römischen Bürger, die aus dem von den Reichen okkupierten Staatsland erfolgen sollte, das Problem erzeugte, ob man auch das Staatsland, das die wohlhabenderen Angehörigen der bundesgenössischen Städte zur Nutzung an sich genommen hatten, zur Versorgung römischer Bürger und nicht lieber zur Versorgung von armen Bürgern bundesgenössischer Städte verwenden sollte. Mancher dachte nun daran, das Problem einfach dadurch zu lösen, daß allen Bundesgenossen das römische

Bürgerrecht verliehen wurde, um sie damit in den Kreis der latent Versorgungsberechtigten einzubeziehen. Die gracchische Partei, die diesen Standpunkt vertreten hatte, wurde aber besiegt, und die herrschende Nobilität, die von einer Massenverleihung des Bürgerrechts erhebliche Verschiebungen unter den Clientelen befürchten mochte, hat das Problem dann vor sich hergeschoben. Nachdem aber die Frage des Bürgerrechts einmal aufgeworfen worden war und die Bundesgenossen mit der Ablehnung der Bürgerrechtsverleihung zunehmend das Bewußtsein einer Zurücksetzung erhielten, wurde die Mißstimmung in den italischen Städten immer größer. Es bedurfte schließlich nur noch eines Anlasses, um die allgemeine Unzufriedenheit in offene Rebellion umschlagen zu lassen. Dieser Anlaß fand sich dann auch schließlich, und es kam zu einem Krieg, in dem die Bundesgenossen das ihnen vorenthaltene Bürgerrecht sich gewaltsam zu ertrotzen suchten (*bellum sociale*, Bundesgenossenkrieg, 91/88 v. Chr.). Sowohl die lange Verweigerung des Bürgerrechts, die man nicht zu Unrecht als Demütigung empfand, als auch das Gefühl, daß der römische Senat unnachgiebig bleiben würde, reaktivierte während des Krieges die alten, Jahrhunderte zurückliegenden Feindschaften gegenüber den Römern und nährte bei vielen sogar den Wunsch nach der alten verlorenen Selbständigkeit. Manche italischen Stämme planten die Errichtung eines italischen Staates (*Italia*). Aber die lange Gemeinsamkeit mit Rom hatte doch die alte Unabhängigkeit weitgehend ausgelöscht, und die Römer sahen auch bald ein, daß der Krieg, wollte man bei den alten Grundsätzen verharren, sie an den Rand des Abgrunds bringen würde. Sie erkannten in diesem furchtbaren Krieg, der formal ein Krieg zwischen Rom und seinen Bundesgenossen, faktisch aber ein Bürgerkrieg war, sehr schnell, daß sie nachgeben mußten: Sie haben in den Kriegsjahren nach und nach den Bundesgenossen das Bürgerrecht gegeben, und seitdem war also Italien nicht nur eine politische, sondern auch eine rechtliche Einheit.

Das Bundesgenossensystem war in der Zeit des Aufstiegs Roms zur Weltherrschaft (nach 264 v. Chr.) geographisch fest umgrenzt: Es umfaßte den Schaft der italischen Halbinsel (ungefähr bis zur Linie Pisa-Rimini). Die feste geographische Begrenzung ist keine

Voraussetzung des Bundesgenossensystems, sondern das Ergebnis einer Entwicklung. In der italischen Phase der römischen Expansion ist das Bundesgenossensystem in dem Maße erweitert und ausgebaut worden, wie Rom in den italischen Raum ausgriff. Die siegreiche Beendigung des Pyrrhoskrieges (280—272 v. Chr.) hatte dann dazu geführt, daß auch die letzten Staaten der italischen Halbinsel in das Bündnissystem hineingenommen wurden. Prinzipiell wäre eine Ausdehnung des Systems auf außeritalisches Gebiet wohl zunächst nicht ausgeschlossen gewesen. Messana auf Sizilien nämlich wurde bald nach dem Pyrrhoskrieg Bundesgenosse Roms, und es weist nichts darauf hin, daß diese Stadt deswegen, weil sie auf Sizilien lag, einen Sonderstatus erhalten hätte. Aber gerade aus dem Bundesvertrag mit Messana entwickelte sich dann der erste Karthagerkrieg, an dessen Ende sich die Römer aus Sicherheitsgründen ganz Sizilien nahmen. Sowohl die Größe dieses neu hinzukommenden Gebietes als auch der Tatbestand, daß der größte Teil der Insel, nämlich das ehemals karthagische Gebiet, seit langem weitgehend herrschaftlich organisiert war und ihm damit die Voraussetzung für die Aufnahme in das Bündnissystem, nämlich die staatliche Selbständigkeit, fehlte, führten dann dazu, daß die Römer Sizilien und danach alle größeren Neuerwerbungen nicht in das Bündnissystem hineinnahmen, sondern hier eine neue Form der Herrschaft, nämlich die direkte, durch einen römischen Statthalter wahrgenommene Herrschaft errichteten. Die ursprüngliche grundsätzliche Offenheit des römischen Bündnissystems in Italien zeigte sich aber noch im 2. Jahrhundert v. Chr. darin, daß in der oberitalischen Tiefebene Latinische Kolonien nach altem Muster errichtet, dort sogar auch römische Kolonien niedergesetzt und mehrere Stämme als Bundesgenossen aufgenommen wurden. Allerdings war der geographische Raum des römischen Bündnissystems schon im zweiten Jahrhundert so auf den Schaft der Halbinsel ausgerichtet, daß Oberitalien im Bewußtsein der Römer immer als ein besonderer, jüngerer Teil der politischen Gemeinschaft erschienen ist und als solcher schließlich auch begrifflich zu dem direkten Herrschaftsgebiet, den Provinzen, gerechnet wurde (Gallia Cisalpina), obwohl seine Sonderstellung innerhalb der Provinzen jedem klar war. Der Bundesgenossenkrieg führte Oberitalien daher auch noch nicht völlig an das übrige Italien heran. Erst Caesar verband es gänzlich mit Italien, und Augustus hat dann durch seine Einteilung Italiens in geographische Bezirke (Regionen) die geographischen Grenzen des neuen Italiens, zu dem nun auch die Po-Ebene gehörte, genau festgelegt.

b) Das Gebiet direkter Herrschaft (Provinzialgebiet)

Bis zu dem Krieg gegen den epirotischen König Pyrrhos (280 bis 272 v. Chr.) hatte Rom sein politisches Einflußgebiet, das durch den Schaft der italischen Halbinsel begrenzt war, vor allem durch die Errichtung von Festungen latinischen Rechts und durch den Abschluß von Bündnissen erweitert. Wohl nicht in erster Linie die geographischen Grenzen Italiens, also die Küstenlinie, als vielmehr der plötzliche Zuwachs von einem sehr großen und politisch durchaus anders strukturierten Gebiet, nämlich Sizilien und Sardinien/Korsika, führte zu einer neuen Form römischer Herrschaft (s. o. S. 210): Es wurden in Zukunft geographisch fest umrissene Gebiete direkter Herrschaft errichtet, in die Rom jährlich wechselnde Statthalter als Militärbefehlshaber mit unbeschränkter Vollmacht entsandte. Die Herrschaftsbezirke hießen Provinzen (*provinciae*). Das Wort *provincia* bedeutete zunächst „Aufgabenbereich", wie denn jede Aufgabe eines Beamten *provincia* genannt werden konnte. Da die direkten Herrschaftsbezirke aber geographisch fest umrissene Aufgabenbereiche waren, erhielt das Wort auch einen geographischen Nebensinn und meinte schließlich nicht mehr in erster Linie die „Aufgabe" des Beamten (Statthalters), sondern den geographischen Bezirk selbst. Obwohl die römische Nobilität aus den o. S. 145 angegebenen Gründen die Zahl der direkten Herrschaftsgebiete zu begrenzen wünschte, wuchs diese doch in den zwei Jahrhunderten nach dem ersten Karthagerkrieg beträchtlich. Bis zur Mitte des 2. Jahrhunderts gab es 6 Provinzen, nämlich Sizilien (seit 241 v. Chr.), Sardinien/Korsika (238), das diesseitige und jenseitige Spanien (formell seit 197), Makedonien (146) und Africa (146), zu denen bis auf Caesar noch neun weitere (zum Teil später geteilte) Provinzen traten.

Die Provinzen waren nicht einheitlich organisiert. Im Prinzip blieben sie in dem organisatorischen Status, den die Römer vorfanden, abgesehen von manchen Änderungen zugunsten oder zuungunsten dieser oder jener, den Römern angenehmen oder verhaßten Stadt bzw. sonstigen Organisationseinheit. Eine andere Organisationsform als diese ließ sich schon deswegen nicht denken, weil die römische herrschaftliche Verwaltung ja in aller Regel nur auf einem einzigen Beamten, nämlich dem Statthalter (*praetor provinciae*) mit seinem persönlichen Stab ruhte und er sich zur Verwaltung seines Distrikts deswegen auf die vorhandenen Verwaltungsträger, eben die Städte und Stämme der vorrömischen Zeit, stützen mußte. Viele dieser Verwaltungsträger behielten sogar eine verhältnismäßig starke, manche sogar eine formell volle Unabhängigkeit. Einige Städte nämlich, meist solche, die vor der Provinzialisierung zu Rom ein gutes, vielleicht auch schon vertraglich gesichertes Verhältnis gehabt hatten, galten als „verbündete" Städte (*civitates foederatae*) oder doch zumindest als „freie" und auch von der Steuerzahlung befreite Städte (*civitates sine foedere immunes et liberae*). In einem formalen Sinne gehörten sie daher auch nicht zur Provinz, waren gleichsam, obwohl in dem geographischen Bezirk, der *provincia* hieß, gelegen, exempt. Durch das Übergewicht Roms konnten sie sich jedoch gegen Eingriffe des Statthalters schwer wehren und haben auch von sich aus Streitigkeiten vor den Statthalter gebracht, wie denn überhaupt bei Streitigkeiten dieser Städte untereinander, also auf der „völkerrechtlichen" Ebene, der römische Statthalter der gegebene Richter war. Im Laufe der Zeit wurden diese Städte immer mehr in die eigentliche Provinz integriert; schon die wirtschaftlich-geographische Verbundenheit des ganzen Gebietes führte ja alle Organisationseinheiten zusammen; die über allen schwebende römische Macht hat den Integrationsprozeß selbstverständlich allein schon durch ihr Dasein gefördert. Für die verbündeten und freien Städte wurde die alte Selbständigkeit daher mehr und mehr Erinnerung, doch blieb jedenfalls zunächst als Zeichen dieser ehemaligen Selbständigkeit die Steuerfreiheit von Rom.

Die Städte, Stämme und Dörfer in der eigentlichen Provinz waren demgegenüber tributpflichtig, die Menschen, die in ihnen lebten bzw. organisiert waren, also Untertanen (*stipendiarii*). Auch wo es noch Rudimente einer einstigen Selbständigkeit gab, waren diese nur von den Römern gewährte Rechte. Zwar gab es feste Vorschriften für die Ordnung des Provinzialgebietes — sie wurden von dem erobernden Feldherrn oder einem Statthalter auf Grund von Instruktionen des Senats bzw. einer vom Senat entsandten Spezialkommission in einem Statut (*lex provinciae*) zusammengefaßt —, aber jeder Statthalter konnte sie ändern. Auch dann, wenn der Statthalter sich formell an diese Normen hielt, lebte die Bevölkerung der Provinz in keiner Rechtssicherheit, denn kein Untertan konnte sich mit einiger Aussicht auf Erfolg gegen Übergriffe des Statthalters oder der mit ihm unter einer Decke steckenden Steuereintreiber wehren. Als die römische Führungsschicht den Mißständen in den Provinzen allmählich größere Bedeutung beimaß und darüber nachsann, ihnen abzuhelfen, waren die Provinzen schon beinahe ruiniert und die Mißwirtschaft so eingefahren, daß selbst immer rigorosere Gesetze gegen die Auspressung der Untertanen nur wenig mehr zu helfen vermochten. Obwohl die Untertanen als Ankläger in den im Jahre 149 v. Chr. neu eingerichteten Gerichtshöfen für Erpressung (*quaestiones de repetundis*) auftreten konnten, war es doch für sie als der passive Teil schwer, sich überhaupt zu einer gemeinsamen Anklage zusammenzufinden und, wenn das gelang, den Mut aufzubringen, nicht nur gegen den inkriminierten Statthalter, sondern auch gegen dessen ganze Sippschaft und den an ihm hängenden Interessenkreis anzukämpfen, der zur Verteidigung des Statthalters alles aufbot und meist schon von vornherein die römischen Richter, die oft nicht nur Standesgenossen, sondern auch Interessengenossen des Angeklagten waren, auf seiner Seite hatte. Es gelang den Provinzialen überhaupt nur dann, sich vor einem solchen Gericht durchzusetzen, wenn sie in Rom einen einflußreichen Patron fanden, der ihre Interessen, wie Cicero im Jahre 70 v. Chr. gegen den ehemaligen Statthalter Verres die Interessen der Sizilianer, vor Gericht vertrat.

Das römische Provinzialgebiet war das Untertanengebiet Roms, dem nicht nur der römische Staat mit seinem römisch-latinischen Bevölkerungsblock, sondern das gesamte Bundesgenossensystem

Roms in Italien gegenüberstand; entsprechend traten Italien und das Provinzialgebiet einander wie Herr und Untertan gegenüber und repräsentierte folglich auch die geographische Begriffswelt das Herrschaftsgefälle. Seiner Entstehung nach ist das Provinzialgebiet aber kein Herrschaftsgebiet, das als solches Ziel der Expansion gewesen wäre. Er erscheint zunächst eher als ein von dem eigentlichen römischen Einflußraum, dem Bundesgenossensystem in Italien, ausgeklammerter Raum denn als eine neue, bewußt konstruierte Form von Herrschaft. Die Aversion der Nobilität gegen die Form der direkten Herrschaft, die die schon genannten herrschaftssoziologischen Gründe hatte (s. o. S. 145), unterstützt noch diese Sehweise. Erst die Kaiserzeit brachte mit ihren anderen Voraussetzungen die Änderung. In republikanischer Zeit müssen wir hingegen die eigentliche Form römischer Herrschaft auch für das Gebiet außerhalb Italiens in dem indirekten Einfluß auf selbständige Staaten sehen. Für die römische Aristokratie war dies die angemessene Form der Herrschaftsausübung, und das Gebiet, das sie in dieser indirekten Form beherrschte, war entsprechend größer als das eigentliche Provinzialgebiet.

Das römische Weltreich, das wir seit der Mitte des 2. Jahrhunderts v. Chr. vor uns sehen, umfaßt danach nicht nur das Bundesgenossensystem in Italien und die direkten Herrschaftsbezirke (Provinzen), sondern einen viel größeren Raum, nämlich alle Küsten des gesamten Mittelmeerraumes mit den dahinter liegenden, zum Teil weit in das Landesinnere reichenden Gebieten, die formell selbständige Königreiche, Fürstentümer, Stammestümer oder Stadtstaaten waren, aber durch das Übergewicht der römischen Macht in ihrer Handlungsfähigkeit beschränkt, zu einem großen Teil sogar völlig von den Direktiven des römischen Senats abhängig waren. Zu diesen indirekt beherrschten Gebieten gehörten etwa die Königreiche in Mauretanien (im heutigen Algier), Armenien (Osttürkei, südliches Kaukasusgebiet) und Thrakien (Bulgarien), ferner zahllose Städte wie z. B. Rhodos und Athen. Senatsgesandtschaften bereisten auch diese Gebiete, und sowohl sie wie einzelne reisende Senatoren wurden wie Fürsten empfangen, und es genügte ein Wink der reisenden Herren, um die Entscheidungen dieser formell souveränen Staaten zu lenken. Könige und Fürsten fühlten sich als Clienten Roms, d. h. sie begaben sich mehr oder weniger formell in die Stellung von Abhängigen. Aber mehr noch. Da diese Fürsten und Städte trotz ihrer formalen Souveränität die Befehle der Römer ausführten und ausführen mußten, aber andererseits eben wegen der formellen Souveränität von den Römern aus gesehen keine Fürsorgepflicht des Herrn gegenüber dem Untertanen bestand, gerieten sie in eine unhaltbare Situation, weil sie lediglich die Interessen der Römer ausführen, aber ihre eigenen nicht einmal partiell durchsetzen konnten. Die materielle Gier vieler Angehöriger der Nobilität und vor allem die rücksichtslose Ausnutzung der römischen Vormachtstellung durch die römischen Händler (Ritter oder auch Angehörige der bundesgenössischen Aristokratie) brachte diese Staaten an den Rand des Ruins, so daß sie beinahe lieber die direkte Übernahme der römischen Herrschaft, also die Provinzialisierung, wünschten als eine Selbständigkeit, in der sie nur noch elend dahinvegetieren konnten. Manche Könige des Ostens zogen schließlich die Konsequenzen und vermachten bei ihrem Tode testamentarisch ihr Reich den Römern; wohl oder übel mußte Rom nun diese Reiche als Provinzen einrichten, so das pergamenische Königreich in Westkleinasien als *provincia Asia* nach dem Jahre 133 v. Chr., das kyrenäische Königreich nach dem Jahre 96 v. Chr. und das bithynische Königreich in Nordwest-Kleinasien nach dem Jahre 74 v. Chr.

In dem Maße wie die hellenistischen Könige in richtiger Einschätzung der politischen Situation ihre politische Existenz selbst liquidierten, vergrößerte sich das Gebiet direkter römischer Herrschaft (Provinzialgebiet). Es wurde weiterhin erheblich vermehrt durch die großen Militärpotentaten der ausgehenden Republik, nämlich durch Pompeius und Caesar. Und auch das ist außergewöhnlich typisch. Die Aristokratie hatte sich gegen die Vermehrung der Provinzen wehren müssen, weil sie als Kollektiv die Kontrolle einer großen Zahl von Statthaltern, die wie Könige in ihren Provinzen residierten, nur schwer wahrzunehmen imstande war. Pompeius und Caesar aber standen gleichsam schon außerhalb der Nobilität: Ihre großen, ehrgeizigen Pläne sprengten den Rahmen der Gesellschaft, der sie angehörten, und sie verkörperten schon einen Typ von Nobilis, der mehr oder weniger in sich selbst, nicht mehr in der aristokratischen Gesellschaft ruhte; und auch wenn Pompeius und selbst Caesar ihrer inneren Einstellung nach dieser Gesellschaft sich noch zurechneten, ordneten sie doch ihre politischen Pläne ihr nicht unter und boten durch ihre herausgehobene Persönlichkeit den ersten, frühen Rahmen eines Verwaltungszentrums, von dem aus die Geschicke der Welt gelenkt werden konnten: Der Zentralismus, der die Verwaltung des Weltreiches erst möglich machte, wurde durch sie vorbereitet. Wenn sowohl Pompeius als auch Caesar daher die Provinzen außerordentlich vermehrt haben — Pompeius durch die Provinzialisierung bisher indirekt beherrschter (*Bithynia et Pontus*, *Syria*), Caesar durch die Provinzialisierung neu eroberter Gebiete (das nördlich der *provincia Narbonensis* gelegene, bisher freie Gallien, genannt *Gallia comata*, d. h. das langhaarige Gallien, von Augustus in die drei Provinzen *Aquitania*, *Lugdunensis* und *Belgica* geteilt) —, haben sie auch in dieser Hinsicht die herrschaftspolitischen Verhältnisse des römischen Kaisertums bereits vorweggenommen. In der Kaiserzeit, die durch die kaiserliche Zentrale die Voraussetzung für die Etablierung einer intensiven Verwaltung brachte, ist dann die Provinzialisierung der nominell unabhängigen Gebiete des römischen Weltreiches weiter fortgeschritten, so daß schon am Ende des 1. Jahrhunderts v. Chr. das gesamte Mittelmeerbecken und also das gesamte *imperium Romanum* Provinzialgebiet war und nur noch an den äußersten Randgebieten die alte Konzeption der indirekten Herrschaft über formell unabhängige Gebiete aus rein außenpolitischen Rücksichten beibehalten wurde.

c) Aspekte der römischen Weltherrschaft

Seit der Mitte des 2. Jahrhunderts v. Chr. war jedem Bewohner der Küstenländer des Mittelmeeres klar, daß alle Völker und Städte den Römern nicht nur unterlegen waren, sondern auch, soweit sie nicht schon in den Provinzen unter der direkten Herrschaft Roms standen, alle dem Wink des römischen Senats zu gehorchen hatten. Wohin auch ein römischer Kaufmann reiste, konnte er bei seinen Geschäften die Macht seiner Heimatstadt einkalkulieren, und ein römischer Senator wurde überall begrüßt, wie man in den Zeiten der Freiheit einheimische Fürsten und Könige begrüßt hatte. Die Herrschaft Roms über die Welt war offenkundig. Was bedeutete nun diese Herrschaft, welche Formen hatte sie? Die Vorstellung von Weltherrschaft, die hier angedeutet ist, verlangt aber nicht nur eine Antwort auf die Frage nach dem, was Herrschaft, sondern auch was „Welt" damals bedeutete. Zunächst zu letzterem.

Wenn wir — wie die Römer — von Weltherrschaft der Römer sprechen, ist als erstes dazu zu vermerken, daß es sich tatsächlich um Weltherrschaft gehandelt hat. Wir haben heute eine andere Vorstellung von Weltherrschaft; nach der Aufteilung der Welt im 19. Jahrhundert und dem damit allgemein gewordenen Wissen von der Geographie der gesamten Erde ist Weltherrschaft immer Herrschaft über den ganzen Planeten Erde. In den älteren Kulturen meint Weltherrschaft hingegen stets Herrschaft über denjenigen Teil der Erde, der dem Menschen als Welt jeweils bewußt war. Schon die ägyptischen Pharaonen, die lediglich das Niltal und allenfalls noch einige im Norden angrenzende Gebiete (Sinai-Halbinsel, heutiges Palästina) beherrschten, hatten von Weltherrschaft gesprochen; ihre Welt war eben das Niltal, sie sahen nicht darüber hinaus. Ebenso sprachen zahlreiche Herrscher Mesopotamiens von Weltherrschaft, desgleichen — für unser Gefühl berechtigter — die Perser. Es geht hier immer um die Vorstellung von Welt, die man jeweils hatte. Zwar wußten auch die Ägypter, Babylonier, Assyrer und Perser, wenn sie von „Welt" und der Herrschaft über sie sprachen, daß es noch Land jenseits des Gebietes gab, über das sie verfügten. Aber diese Länder spielten in ihrer Vorstellung von der Geographie der Welt eine untergeordnete Rolle. Die Menschen waren bei der Berechnung des Umrisses der Welt weniger an geographischen Dimensionen als an dem Lebensstil orientiert, den sie hatten: Zur Welt rechneten sie nur diejenige Welt, die der eigenen Bewußtseinslage nahe stand und deren allgemeines kulturelles Niveau dem eigenen in etwa entsprach. Den wilden Völkern der Sahara maßen die Ägypter ebensowenig Bedeutung zu wie die Perser den Völkern

Südrußlands. Sie hatten kein Gewicht; die meisten von ihnen zählte man zu den Völkern, die die Randgebiete der Erde bewohnten: In dem auf das eigene Gebiet und den eigenen Kulturkreis konzentrierten Weltbild kam hinter den Wohngebieten dieser als unbedeutend angesehenen Menschen bald die Grenze der Welt, die man sich meist als die Küste eines unendlichen, die ganze Welt umkreisenden Meeres vorstellte.

Weltherrschaft war also zunächst durchaus Herrschaft über die Umwelt, die dem Menschen als seine Welt bewußt war. Derjenige, der mit dieser Vorstellung brach, war Alexander der Große. Mit ihm stellte sich eine neue Vorstellung von Welt ein, die wir als die wissenschaftlich-geographische bezeichnen würden: Durch Alexander ist die „wissenschaftliche" Vorstellung von „Welt" in das politische Denken eingedrungen und in Politik umgesetzt worden. Alexander wollte in der letzten Phase seiner Eroberungen Weltherrschaft in dem Sinne einer Herrschaft über die tatsächliche (d. h. geographisch genau erfaßte) Welt. Die Voraussetzung für diese neue Einstellung, nämlich ein Interesse an der Geographie der Welt, besaß Alexander durch die Verbindung seines politischen Wollens mit einer spezifisch griechischen Geistigkeit, die auch im Hinblick auf die Geographie die traditionellen Denkansätze hinter sich gelassen hatte. Die Eroberungspläne Alexanders des Großen richteten sich also — wohl nicht von Anfang an, aber doch zumindest in der letzten Phase seines Lebens, in der ihm nach der Niederwerfung des persischen Großreiches die Möglichkeiten für eine weitere Expansion des gewonnenen Herrschaftsraumes realisierbar erschienen — vor allem auch danach aus, wo die Länder der Welt ihre geographischen Grenzen hatten, um diese Grenzen mit seiner Herrschaft in eins zu setzen. Da die Geographie von den Griechen zwar theoretisch bearbeitet, aber praktisch nur unvollkommen erschlossen worden war, waren die Eroberungszüge Alexanders in seinen letzten Jahren identisch mit der Entdeckung der Welt als geographischer Größe bzw. waren sie die Ausmessung der Geographie der Welt. Die Züge nach Südrußland, nach Indien, zum Persischen Golf usw. geschahen immer auch unter dem Aspekt: Wo ist die Welt zu Ende, wo sind die Meere, die die Welt begrenzen? Weltherrschaft als Herrschaft über die geographische Welt ist also — als griechisches Erbe — die Entdeckung Alexanders. Geographisches Interesse ist hier ein Motiv für Politik geworden. Nach seinem Tode, als seine Nachfolger sich um die Herrschaft stritten und sich schließlich in das von ihm hinterlassene Erbe teilten, waren die Möglichkeiten einer praktischen Fortsetzung seiner Idee nicht mehr gegeben. Geographie war zwar in hellenistischer Zeit ein besonders intensiv betriebenes Gebiet, aber es konnte sich bei der gegebenen außenpolitischen Situation nicht mehr in Politik umsetzen.

Für die Römer lag ein ganz anderer Ausgangspunkt vor. Zwar begannen sie, seit dem 2. Jahrhundert v. Chr. die griechische Literatur zu rezipieren. Aber ganz abgesehen auch davon, daß diese Rezeption weitgehend passiver Art war und ihr die Dynamik des freien Theoretisierens fehlte, hat auch die bestimmte herrschaftssoziologische Situation jeden Gedanken an eine Weltherrschaft universell-geographischen Ausmaßes verboten. Die republikanische Staatsform war, wie oben dargelegt worden ist, aristokratischer Natur und besaß als solche nur begrenzte Möglichkeiten der Expansion: Die aristokratische Gesellschaft, die auf dem Prinzip der Gleichheit ruhte, mußte als unumstößliches Prinzip ihrer Selbstbehauptung jedem Versuch einzelner Personen entgegentreten, mehr Macht und Einfluß als die übrigen Aristokraten zu besitzen, und sie mußte folglich die Kontrolle über ihre Mitglieder doppelt ernst nehmen, wenn eine Phase der Expansion dem einzelnen stärkeres Gewicht geben konnte, und sie mußte sich sogar einer weiteren Expansion widersetzen, wenn der große Raum des beherrschten Gebietes und die damit bereitgestellten Möglichkeiten für den Ehrgeiz einzelner die Kontrolle der Mitglieder der Gesellschaft schwierig oder gar unmöglich machten. Es verwundert daher nicht zu sehen, daß seit der Mitte des 2. Jahrhunderts v. Chr., als die weltbeherrschende Stellung Roms allen Römern bewußt geworden war, der Senat sich gegen die Übernahme weiterer unterworfener Ländermassen in die unter direkter Herrschaftsverwaltung stehenden Gebiete (Provinzen) gewehrt hat; manche hellenistischen Könige, die unter dem Druck der tatsächlichen (aber formell nicht wahrgenommenen) Herrschaft der Römer für ihre Reiche keine Lebensmöglichkeit mehr sahen, gaben ihre nur noch formell bestehende Unabhängigkeit von sich aus auf, indem sie ihre Königreiche den Römern, die diese nicht provinzialisieren wollten, einfach testamentarisch zu „Eigentum“ vermachten und ihnen damit das unerwünschte Herrschaftsgebiet aufzwangen.

Es fehlte also den Römern der spezifische Wille zu einer „weltweiten“ Expansion ihrer Herrschaft, der nun einmal notwendig gegeben sein muß, wenn man, wie Alexander, Weltherrschaft im geographischen Sinne verwirklichen will. Das heißt natürlich nicht, daß das römische Weltreich eher das Produkt einer Außenpolitik, die lediglich aus der Defensive und beinahe ungewollt zur Expansion kam, als einer von machtpolitischen Interessen bestimmten dynamischen Politik gewesen sei. Selbstverständlich standen hinter der römischen Politik meist auch sehr handgreifliche Interessen, die auf Herrschaft gerichtet waren. Aber die Politik war doch jeweils von sehr desparaten Interessen einzelner oder von Gruppen abhängig und kalkulierte dabei niemals die Konsequenzen ein, die der Erfolg für die Dauerhaftigkeit der aristokratischen Staatsform haben konnte. Entsprechende Gedanken konnten erst kommen, als die Welt Rom zu Füßen lag und mit der Masse der Unterworfenen das Problem zutage trat, wie man ohne Schaden an der gegebenen Ordnung die Ländermassen verwalten oder auch nur niederhalten konnte. Was also als Zurückhaltung gegenüber der Möglichkeit einer weltweiten Expansion und der Übernahme der formellen Herrschaft in weiten Teilen der Welt erscheinen mag, war oft nur der Reflex einer Grundhaltung, die die innere Staatsordnung nicht gefährden wollte. Wie recht die römische Führungsschicht mit dieser grundsätzlich zurückhaltenden Einstellung gegenüber der Expansion des direkten Herrschaftsraumes hatte, können wir daran ermessen, daß das Reich nicht durch Aufstände, sondern allein dadurch, daß es vorhanden war und damit dem einzelnen Aristokraten die Möglichkeiten zur Erfüllung seiner ehrgeizigen Wünsche anbot, die republikanische Staatsform in einem langen Prozeß der Auflösung zerstört hat.

Eine Änderung der römischen Einstellung zur Herrschaft über die praktisch bereits unterworfene Welt des Mittelmeerraumes konnte nach dem soeben Gesagten erst die Zerstörung der republikanischen Staatsform herbeiführen. In der letzten Phase der Auflösung haben jedoch bereits einzelne Aristokraten, wie Pompeius und Caesar, größere Ländermassen provinzialisiert. Aber selbst Caesar, der den Römern bis dahin kaum oder gar nicht bekannte Gebiete unterwarf und bis zum Ozean vorstieß, wurde bei seinen Eroberungen nicht von dem Gedanken der „Herrschaft bis zu den Grenzen der Meere“ getrieben, auch wenn im Rausch des Erfolges in Rom bisweilen dieser Gedanke nachträglich ausgesprochen worden ist. Er wie auch Pompeius führten ihre Kriege als Konsequenz innenpolitischer Konstellationen, die die äußere Welt überhaupt nicht im Blick hatte; sie wollten ihre Stellung auf der innenpolitischen Bühne durch die Übernahme eines großen Militärkommandos und durch die Schaffung eines ihnen persönlich ergebenen Heeres stärken. Ihre Feldzüge und Maßnahmen zur Ordnung des eroberten Gebietes waren demnach nur Mittel zum (innen)politischen Zweck. — Das römische Kaisertum hätte auf Grund seiner anderen herrschaftssoziologischen Voraussetzungen eine Änderung in der bisher eingenommenen Haltung bewirken können, schuf es sich doch allmählich auch das Instrument, mit dessen Hilfe man nicht nur das Reich in seiner Gewalt behalten, sondern es auch verwalten konnte, nämlich den durch die Allmacht des Kaisers nun möglich gewordenen bürokratischen Apparat. Aber auch die römischen Kaiser haben niemals Außenpolitik getrieben, die ihre Dynamik aus der Geographie der Welt gespeist hätte. Ihr Herrschaftsbewußtsein war zu sehr auf Dauer und Sicherheit der Herrschaft ausgerichtet, als daß sie sich in die Grenzenlosigkeit des geographischen Raumes gewagt hätten. Nach den anfänglichen großen Eroberungen der frühen Kaiserzeit, die unter anderem auch durch die subjektive Notwendigkeit bedingt waren, die großen Heere, die man als stehendes Heer noch gar nicht begriffen hatte, zu beschäftigen, suchten die Kaiser daher nicht nach den Grenzen der Welt, sondern nach geographischen Barrieren, die als Grenze des Reiches dienen konnten (Meere, Flüsse), und bauten, wo diese nicht vorhanden waren, riesige Befestigungsanlagen, die *limites*, wie im heutigen Deutschland gegen die Germanen, in Nordengland gegen die Pikten und Skoten und in Nordafrika und in Syrien gegen die Nomaden.

Die erstaunlich defensive Rolle des für die damaligen Verhältnisse großen stehenden Heeres ist wohl nicht zuletzt auch dadurch bedingt, daß der militärische Einsatz des Heeres stets sofort die Frage nach dessen Führung und, da der Kaiser sich diese nicht streitig machen lassen durfte, nach den Möglichkeiten aufwarf, die ein Eroberungskrieg den neben oder unter dem Kaiser stehenden Generalen gab, mit dem Kaiser zu konkurrieren. Das unbewegliche, auf viele Stationen verteilte Heer bot dem Kaiser auf jeden Fall größere Sicherheit seiner persönlichen Herrschaft als das zu einem Krieg auf einen Punkt zusammengefaßte und sich bewegende Heer, das mit allen Eventualitäten des Krieges auch alle Unsicherheitsfaktoren bot.

Die Zurückhaltung der Römer gegenüber einer ausgesprochenen Expansionspolitik warf sie gewissermaßen — von Alexander aus gesehen — hinter die Idee der Herrschaft über die geographische Welt zurück. „Welt" bedeutete für die Römer durchaus die bekannte Welt, die sie überschauten oder von der sie doch durch die Tradition wenigstens genauer wußten. Was jenseits der Grenzflüsse und Grenzbefestigungen wohnte, was etwa bei den Germanen, Arabern und nordafrikanischen Nomaden vor sich ging, interessierte sie so wenig, daß sie kaum geographische Werke über die jenseits ihrer Grenzen liegenden Gebiete schrieben; und was darüber geschrieben wurde und wir etwa bei Strabon, dem älteren Plinius und Tacitus lesen, entstammt vielfach älteren griechischen Quellen. Die wissenschaftliche Geographie stirbt unter den Römern, den Herrschern über das größte Weltreich bis auf ihre Zeit, ab. Es wurden zwar einige Forschungsfahrten jenseits der Reichsgrenzen unternommen, wie die bekannte Fahrt entlang der südöstlichen Nordseeküste bis zur Nordspitze Jütlands zur Zeit des Kaisers Augustus (5. n. Chr.), aber sie sollte nicht künftige Eroberungen abstecken, sondern wollte lediglich den geographischen Horizont eines begrenzten Germanenkrieges näher bestimmen (ähnlich verhält es sich mit der Umseglung Britanniens unter Domitian 84 n. Chr.). — Wußten die Römer über das Gebiet jenseits ihrer Reichsgrenzen wenig, kannten sie um so besser ihren eigenen Machtbereich, den sie nach ganz neuen Maßstäben ordneten. Das Reich (*imperium Romanum*) war von einem dichten Straßennetz durchzogen; es gab genaue Städteverzeichnisse, Verzeichnisse von Poststationen, Karten vom ganzen Reich (M. Vipsanius Agrippa stellte in der Zeit des Augustus eine berühmte Weltkarte her, zu der er einen Kommentar schrieb), und die Bevölkerung wurde zahlenmäßig erfaßt, wovon die Zählung in der Weihnachtsgeschichte des Lukas-Evangeliums ein Reflex ist. Die entscheidenden Fortschritte in der verwaltungsmäßigen Erfassung des beherrschten Provinzialgebietes hat allerdings erst die Kaiserzeit gebracht, die in dem zentralen Beamtenapparat die notwendigen Voraussetzungen besaß.

Bei allem Widerstand gegen eine starke Erweiterung des direkt beherrschten Gebietes war den Römern der republikanischen Zeit die römische Herrschaft als Weltherrschaft bewußt, und sie konnte das um so eher sein, als man in der Vorstellung von Welt eben durchaus von dem Raum ausging, den man kannte und mit dem allein auch die lange schriftliche Tradition befaßt war. Die Römer bezeichneten die Welt als *orbis terrarum* (Kreis der Länder; in dem Begriff steckt die Vorstellung von der Erde als einer Scheibe) und identifizierten diesen Erdkreis ganz naiv mit dem Gebiet, in dem sie herrschten, d. h. mit dem Imperium Romanum. Imperium Romanum und „Welt“ wurden daher synonyme Begriffe. Aber insofern die Republik um ihrer selbst willen gegenüber einer schrankenlosen Erweiterung des Herrschaftsraumes Barrieren aufbauen mußte, konnte die „Weltherrschaft der Römer“ kein offizielles politisches Programm bilden und war als Idee vielleicht sogar bei den Unterworfenen früher vorhanden als bei den Römern, die erst gegen Ende der Republik und meist unreflektiert-naiv von einer Weltherrschaft sprachen.

Ein anderer Aspekt der römischen Weltherrschaft ergibt sich aus der Frage nach der Form dieser Herrschaft. Die Art und Weise, in der Rom seine Herrschaft ausübte, war nicht dem freien Ermessen der Römer bzw. der Nobilität überlassen, sondern war selbstverständlich abhängig von den Möglichkeiten, welche die innere Struktur der Republik für die Ausübung von Herrschaft gab. Die aristokratische Staatsform gab auch hier, wie in so vielen anderen Bereichen, das Maß für die politische Ambition. Da sie weder ein stehendes Heer und das dauernde Kommando über große Truppenmassen noch den zentralen bürokratischen Apparat zuließ, entfiel von vornherein die Möglichkeit, die Herrschaft über die Welt durch eine starke militärische Präsenz in allen Teilen der Welt zu sichern und sie durch eine umfangreiche Administration zu verwalten. Das Herrschaftsgebiet konnte folglich auch nicht wirklich „regiert" werden, denn die Prinzipien einer Regierung sind nur durch eine Administration, auf jeden Fall nur durch die unmittelbare und ständige Gegenwart des Regierenden denkbar. Die der römischen Republik adäquate Herrschaftsform war daher die indirekte Kontrolle der Beherrschten, d.h. die Ausübung der tatsächlichen Herrschaft durch nichtrömische Verwaltungsträger, nämlich die ehemals selbständigen Städte, Stämme und Königreiche. Selbst dort, wo die Römer sich schließlich genötigt sahen, größere Gebiete unter ihre direkte Verwaltung zu nehmen und sie einem Militärkommandanten zu unterstellen (Provinzen), haben sie weitgehend auf die bestehenden fremden Verwaltungsträger zurückgegriffen. Diese Verhältnisse sollen im folgenden für die drei grundsätzlich verschieden behandelten Bereiche der römischen Herrschaft, für Italien, die Provinzen und das nicht provinzialisierte Gebiet, noch etwas näher ausgeführt werden.

Das römische Bundesgenossensystem in Italien war o. S. 197 ff. bereits vorgestellt worden. Die Städte und Stämme Italiens waren mit den Römern, deren Siedlungsgebiet bis zum Bundesgenossenkrieg (91—88 v. Chr.) nur einen Teil der Halbinsel ausmachte, durch Verträge verbunden worden. Die römische Oberhoheit drückte sich darin aus, daß die Bündner untereinander keine Verträge abschließen konnten und sie ihr Wehrpotential den Römern zur Verfügung stellen mußten. Diese Einschränkung der Souveränität war, soweit wir wissen, in den Verträgen mit Rom nicht formal festgelegt worden, sondern ergab sich aus der Interpretation dieser Verträge durch die Römer. Nur ein geringer Teil der Vertragspartner mußte sich auch eine formale Beschränkung seiner Unabhängigkeit gefallen lassen. Die Herrschaft Roms, die in diesen faktischen oder auch formalen Beschränkungen sich zeigt, war — neben der Stärke des römischen Staates, der schon dem Umfang nach jedem einzelnen Bundesgenossen um ein vielfaches überlegen war — durch die verschiedene Abstufung und durch die sowohl mit dieser Abstufung als auch sonst geförderte Verschiedenheit der Interessenlage abgesichert; sie wurde noch weiter dadurch gestützt, daß ein großer Teil der bundesgenössischen Städte, nämlich die Latinischen Kolonien, nur der Form nach fremde, der Sache nach römische Städte waren, die als Festungen zur Sicherung der Treue der Bündnispartner angelegt und nur deswegen mit eigener Souveränität ausgerüstet worden waren, weil sie mitten im ehemaligen Feindesland eine gewisse Selbständigkeit benötigten (s. o. S. 201 ff.). — Dieses System ermöglichte den Römern die Ausübung einer uneingeschränkten Oberhoheit und gestattete ihnen, nach Belieben in die Verhältnisse dieses oder jenes Bundesgenossen einzugreifen, ohne daß auch nur ein einziger Beamter oder eine einzige Legion im bundesgenössischen Gebiet präsent zu sein brauchte. Das Gegenstück zu dieser Herrschaftsform war das grundsätzliche Desinteresse Roms an den inneren Verhältnisse der Bundesgenossen. In der Tat hat sich die Nobilität solange der Einflußnahme auf die inneren Belange der Städte enthalten, als nicht die Treue des Bundesgenossen oder dessen militärische Verpflichtungen gegenüber Rom gefährdet waren.

Als die Römer über Italien hinausgriffen und mit dem Provinzialgebiet ein Herrschaftsgebiet anderer Art entstand, begannen die Bundesgenossen, die ja in den Heeren mit den Römern Schulter an Schulter kämpften, also mit ihnen im Felde der übrigen Welt gemeinsam gegenübertraten, ein stärkeres Gefühl der Zugehörigkeit zu Rom zu entwickeln, insbesondere auch eine gemeinsame Interessenlage zu spüren, die sie von den übrigen Bewohnern der von den Römern beherrschten Welt absetzte. Diese neue Situation, die ein politisches Gefälle zwischen dem einen Herrschaftsraum, nämlich Italien, und dem übrigen Herrschaftsgebiet schuf, band die italischen Bundesgenossen noch stärker an Rom und sicherte gleichzeitig auch durch die Abstufung und durch die damit verhinderte Solidarisierung der Beherrschten das römische Übergewicht. Allerdings erwuchs aus dem Gemeinsamkeitsgefühl, das die italischen Bundesgenossen allmählich gegenüber den Römern empfanden, bald der Anspruch auf eine rechtliche Gleichstellung mit ihnen. Der Widerstand gegen diesen Wunsch mündete schließlich in den Krieg zwischen Rom und seinen Bundesgenossen, in dem letztere die Gleichstellung mit den römischen Bürgern erzwangen. Wenn Rom an diesem Zwist nicht zugrunde ging, so nicht nur deswegen, weil ein Teil der Bundesgenossen auf Grund der abgestuften Herrschaftsstruktur des bundesgenössischen Systems auf die römische Seite trat (insbesondere die Latinischen Kolonien), sondern vor allem auch deswegen, weil auf Grund des oben dargestellten politischen Gefälles zwischen Italien und dem übrigen Herrschaftsgebiet keine Hilfe von auswärts kam.

Selbst dort, wo die Römer die direkte Form der Herrschaft ausübten und zu diesem Zwecke besondere Verwaltungsbezirke, nämlich die Provinzen, errichteten, stützten sie sich zur Ausübung der Herrschaft auf bestehende Verwaltungsträger. Die Städte und sonstigen staatlichen Einheiten, die vor der Zeit der römischen Herrschaft bestanden hatten, wurden in aller Regel selbst dann beibehalten, wenn sie gegen Rom gekämpft hatten. Um einer möglichen Solidarisierung vorzubeugen, achteten die Römer sorgfältig darauf, daß die provinzialen Verwaltungsträger untereinander ungleich waren. Es gab etwa Gebiete, die als römisches Staatsland zehntpflichtig waren, Städte minderen Rechts, die den Römern Tribute zu leisten hatten, und Städte besseren oder sogar besten Rechts, die formell als „frei" und als römische Bundesgenossen (*civitates foederatae*) galten. Das Statut einer Provinz reflektierte also mit seinem bunten Bild untertäniger, tributärer und freier Einheiten jedenfalls bis zu einem gewissen Grade die Verhältnisse aus der Zeit der Unabhängigkeit. Der Statthalter der Provinz schwebte als allmächtige Instanz über den mannigfaltigen Organisationstypen, die er ohne weitere große römische Bürokratie — er war mit einem Finanzbeamten praktisch das einzige Stück römischer Verwaltung — mit Hilfe der einheimischen Verwaltung „regierte".

Das übrige, von den Römern beherrschte Mittelmeergebiet, das auch in der späten Republik das Provinzialgebiet dem Umfang nach weit übertraf, bestand aus Städten, Stämmen, Fürstentümern und Königreichen, die mit Rom durch Verträge nach

Völkerrecht verbunden und formell frei waren. Ihre tatsächliche Abhängigkeit zeigte sich darin, daß sie jedem Wink des römischen Senats aufs Wort gehorchten und sie römischen Gesandtschaften und einzeln reisenden Senatoren nicht wie außenpolitischen Mandatsträgern, sondern wie Herren begegneten. Es geschah denn hier auch nichts, was die Römer nicht wollten. Die informelle Herrschaft über die Masse dieser Staaten wurde nicht allein durch die militärische Übermacht der Römer gewährleistet, die allen bewußt und wiederholt unter Beweis gestellt worden war, sondern vor allem auch dadurch, daß diese Staaten kein gemeinsames Interesse verband, sondern ihre Beziehungen untereinander die Rivalitäten der einstigen Unabhängigkeit widerspiegelten; man war offenbar unfähig, die Herrschaft der Römer, die ja formell auch nicht bestand, als solche zu realisieren und richtete sich vielfach nur insoweit an dieser Herrschaft aus, als sie dem einen gegen den anderen Hilfe bringen konnte. Manche, die die Römer früher unterstützt hatten, glaubten sich in besserer Situation als andere, und so verhinderte gerade die Aufrechterhaltung der außenpolitischen Aura die Entwicklung von Gemeinsamkeiten der Staaten untereinander. Aber wenn auch die Staaten solche Gemeinsamkeiten nicht oder nur in Ansätzen erkannten, stellte sich jedoch bald bei den Römern, deren Sicherheit ja von der Isolierung der beherrschten Staaten abhing, die Vorstellung ein, daß sich eine gemeinsame Interessenlage entwickeln und also eine Front der gedemütigten und faktisch untertänigen Staaten entstehen könnte. Die Furcht war so groß, daß jeder Ansatz zu einem selbständigen politischen Willen brutal erstickt wurde und in der Mitte des 2. Jahrhunderts v. Chr., als die ganze Mittelmeerwelt den Römern als eine von ihnen unterworfene und beherrschte zum ersten Male wirklich vor Augen trat, aus einem Gefühl der Unsicherheit heraus sogar blindlings die Kristallisationspunkte einer potentiellen Solidarisierung, nämlich Karthago, Korinth und Numantia (Spanien), vernichtet wurden. Hatten die vielen Staaten auch allmählich — — spätestens dann nach jener brutalen Vernichtungsstrategie in der zweiten Hälfte des 2. Jahrhunderts — die römische Oberhoheit als solche erkannt und hingenommen und mochten sie sogar die Eitelkeit ihrer äußeren Unabhängigkeit und damit ihre Unfähigkeit zu eigenem politischen Wollen erkennen, kamen sie doch erst spät und auch dann nur wenige zu der Erkenntnis, daß die Konsequenz dieser Situation die freiwillige Aufgabe der nur noch formellen Unabhängigkeit war. Machtpolitische Entwicklungen folgen meist nicht rationalen Erkenntnissen, und so haben sich denn zu diesem Schritt nur diejenigen entschlossen, die angesichts härtester Bedrückung keinen anderen Ausweg mehr sahen als den, denjenigen, der der Sache nach Herrscher war, nun auch zur Übernahme der formellen Herrschaft zu zwingen, damit sie wenigstens der Gnade teilhaftig würden, die der Herrscher durch die Pflicht zur Fürsorge gegenüber seinen Untertanen hatte und die sie als „Unabhängige" nicht beanspruchen konnten.

Die indirekte Form der römischen Herrschaft vermittelt auch in der Zeit der Weltherrschaft und selbst noch für das Provinzialgebiet den Eindruck, als ob die Welt eine Gemeinschaft von Völkerrechtssubjekten gewesen sei, in der Rom zwar Einfluß und Macht ausübte, die aber damit nicht aufhörte, eine Völkerrechtsgemeinschaft zu sein und also „äußere" Beziehungen innerhalb dieser Gemeinschaft zu haben. Weltherrschaft und Völkerrechtsgemeinschaft bzw. Außenpolitik sind jedoch einander ausschließende Begriffe, und es fragt sich daher, wie diese Form der „Beziehungen" angemessen anzusprechen ist. Wir können uns nicht damit begnügen zu sagen, daß dieser Zustand der Welt ja nur ein Übergangszustand war, der von der Unabhängigkeit zur völligen Auflösung der Unabhängigkeit in dem kaiserzeitlichen Verwaltungsstaat führte, denn dieser Gedanke stellt sich nur dem rückschauenden Betrachter ein und berücksichtigt nicht, daß für die Republik diese Herrschaftsform ein Prinzip, nämlich das für die republikanische Aristokratie einzig mögliche Prinzip der Ausübung von Herrschaft über andere war. Gerade deswegen, weil die indirekte und d. h.: die formelle Selbständigkeit der Beherrschten respektierende Form der Herrschaft die für die Römer einzig mögliche war, haben sie sie nicht mit einer neuen Begrifflichkeit erfassen können, sondern sie eben mit der Terminologie angesprochen, die sie für außenpolitische Verhältnisse hatten. Auch wir haben heute kein Vokabular, um diese Herrschaftssituation richtig benennen zu können, denn Begriffe wie „Herrschaft",

„Macht“, „Einfluß“ und „Hegemonie“ gehen einer klaren begrifflichen Erfassung ja eher aus dem Wege. Die heutige Unfähigkeit zur angemessenen Terminologie entspringt der modernen Anschauung über die Beziehungen von Staaten: Unser Vokabular beschränkt sich im großen ganzen darauf, zwischen Staaten gleichen Rechts und solchen Gebilden, die formell abhängig und also keine Staaten sind (etwa Kolonien) zu unterscheiden. Alles was formell nicht abhängig ist, ist danach souverän, und der Souveränität nach, die als unteilbar und unbeschränkt gilt, sind alle Staaten gleich. Daß die Realität sich damit nicht deckt und die Gemeinschaft der Völker tatsächlich keine Gemeinschaft gleichwertiger Staaten ist, sondern sie ein System von Abhängigkeiten widerspiegelt — gewollter und ungewollter, nur auf einzelnen (etwa der Wirtschaft) oder auch auf mehreren Gebieten bestehender, aber jedenfalls tatsächlich vorhandener Abhängigkeit —, das weiß zwar mehr oder weniger bewußt jeder Staatsangehörige, kann es aber begrifflich nicht ansprechen, und dies nicht etwa deswegen, weil der menschliche Geist so stumpf ist, daß er keine sich mit der Wirklichkeit deckenden Begriffe finden könnte, sondern weil die Idee der Gleichheit der Menschen und Völker jeden, sowohl denjenigen, der Herrschaft über andere hat, als auch besonders denjenigen, der Herrschaft leidet, zwingt, die tatsächlichen Verhältnisse zu leugnen. Für die moderne und für die römische Situation sind es jeweils verschiedene Gründe, die die Menschen daran hinderten, die jeweilige Situation auf einen Begriff zu bringen; wichtiger als der Begriff sind die Gründe für die Unfähigkeit, die Situation angemessen anzusprechen, und es soll daher damit genug getan sein, sie für Rom dargestellt zu haben.

Die wichtigste Konsequenz der römischen Form der Weltherrschaft war, daß eine eigentliche Verwaltung oder Regierung der Welt nicht möglich war: Die Welt wurde lediglich beherrscht unter dem Aspekt der Sicherheit des römischen Staates; auch die offiziellen Tribute, die Rom aus den abhängigen Staaten einzog, dienten diesem Zweck. Es fehlte also der römischen Herrschaft der Aspekt der Fürsorge für die Beherrschten: Mit ihr waren ja die Städte, Stämme und Königreiche befaßt, deren Existenz man aufrechterhielt. Das soll aber nicht heißen, daß die Römer sich mit dem beherrschten Gebiet überhaupt nicht weiter, als es ihre Sicherheit betraf, beschäftigten. Ungezählte römische Händler betrieben im gesamten Mittelmeergebiet ihre Geschäfte, und die Nobilität selbst bereicherte sich auf jede nur denkbare Weise an dem Vermögen der Beherrschten. Allerdings war diese Art von Aktivität keine staatlich gelenkte, keine aus der besonderen Form der Herrschaft abgeleitete. Sie war im Gegenteil gerade vorhanden und wurde gefördert, weil die römische Herrschaftsform keine Prinzipien der Verwaltung, ja überhaupt keine Verwaltung besaß: Die Ausbeutung der Welt durch die Römer war deswegen in diesem Umfang möglich und auch wirkungsvoll, weil es einerseits so gut wie keine römische Administration gab, andererseits aber die faktische Herrschaft Roms über die formell selbständigen Staaten letztere wehrlos machte. Da die Römer im Prinzip mit der Verwaltung der Beherrschten nicht befaßt waren, konnten sie die Ausbeutung auch nicht wirksam bekämpfen. Es gab zwar für die Besteuerung der Provinzialen feste Steueransätze und gegen eine allzu offensichtliche Erpressung der Beherrschten besondere Gerichtshöfe. Aber solche Bemühungen konnten allenfalls in den direkten Herrschaftsbezirken, in den Provinzen, einigen Erfolg haben, nicht in dem nicht provinzialisierten Herrschaftsgebiet, und selbst in den Provinzen waren entsprechende Maßnahmen ziemlich wirkungslos, weil das Instrument zur Durchsetzung von Rechtssicherheit und sozialer Fürsorge, die zentrale Verwaltung, eben fehlte.

Die trostlose Situation des römischen Herrschaftsgebietes wurde erst allmählich bewußt. Die Anstrengungen, die gemacht wurden, um wenigstens die gröbsten Fehlentwicklungen zu steuern, zeugen von einem wachsenden Gefühl der Verantwortlichkeit gegenüber den Beherrschten und gleichzeitig von der wachsenden Einsicht, daß, wie die Selbständigkeit, so auch die Verantwortlichkeit der Abhängigen eine formelle sei und der Römer mit der Herrschaft mehr als nur die Pflicht übernommen habe, für die Sicherheit des römischen Staates zu sorgen. Das Bewußtsein davon, daß man Herrschaft ausübte, und das schlechte Gewissen gegenüber den Herrschaftspraktiken erzeugte bei den Römern schließlich auch den Wunsch, die Herrschaft zu rechtfertigen. Es war zunächst billig, den Gedanken der patronalen Fürsorge, der in den Beziehungen der römischen Führungsschicht zu den Massen der Bürger eine so große Rolle spielte, auch auf die abhängigen Menschen innerhalb und außerhalb der Provinzen anzuwenden. In der Tat haben die römischen Nobiles auch so gedacht: einen großen Teil der untertänigen Städte und Völker zählten sie zu ihrer Clientel. Allerdings fehlte diesen Clientelverhältnissen der partnerschaftliche Charakter, der bei aller sozialen Überlegenheit der Patrone doch in der römischen Clientel angelegt war, denn der nichtrömische (peregrine) Client des Untertanengebietes hatte nichts der römischen Clientel Entsprechendes (etwa die Unterstützung des Patrons bei der Wahl zum Beamten) zu bieten. Er konnte in diesem einseitigen Verhältnis nur darauf hoffen, daß der Patron die Pflichten, die der Begriff des Patrons an sich von selbst verlangte, auch erfüllte. So oft der Gedanke des Patronats über die (formell oder informell) untertänigen Städte und Völker daher auch vorgebracht worden ist, konnte er doch nicht darüber hinwegtäuschen, daß er ein von römischen auf fremde Verhältnisse übertragener Gedanke war, der die Problematik der römischen Herrschaft eher enthüllte als verdeckte. Nichts konnte die Distanz zwischen dem Anspruch und der Verwirklichung des Gedankens deutlicher machen als die römische Herrschaftspraxis selbst. Es leuchtet demgegenüber schon eher ein, wenn der Friedensgedanke zur Rechtfertigung der römischen Herrschaft herangezogen wurde, wie es Cicero in einem Brief an seinen Bruder Quintus tat. Der Verlust der einstigen Selbständigkeit der provinzialen Städte sei, schreibt Cicero, der Preis für die *pax Romana*, die den Krieg und den Bruderzwist beendet habe. Der Friede erscheint danach zwar als den Untertanen aufgezwungen, aber als ein Wert, der höher steht als die alte Freiheit.

Ein grundsätzlicher Wandel in der Einstellung zu den Beherrschten konnte sich in republikanischer Zeit jedoch nicht einstellen, weil das innere Gefüge der republikanischen Sozialordnung einer Regierung und damit auch fürsorglichen Verwaltung im Wege stand. Erst die Zerstörung der republikanischen Staatsform schuf die Voraussetzung für einen Wandel: Das römische Kaisertum ermöglichte mit der veränderten Herrschaftsstruktur den Aufbau einer zentralisierten Bürokratie, die die beherrschten Gebiete direkt erfassen und damit Prinzipien einer herrschaftlichen Verwaltung, wie Rechtssicherheit und Sicherung der sozialen Existenz der Bürger, durchzusetzen vermochte. Diese Bürokratie beseitigte in dem Maße, wie sie die Menschen erfaßte, auch die Überbleibsel einer einstigen Unabhängigkeit: Die Provinzialisierung des gesamten Herrschaftsgebietes ging voran und innerhalb der Provinzen verloren die Symbole der alten Unabhängigkeit immer mehr an Bedeutung. Und wenn auch die Stadt noch lange Verwaltungsträger blieb und nur ganz allmählich die Bürokratie auch den einzelnen Menschen (und diesen nicht nur mittels der Verwaltungsorgane der Städte) erreichte, hat die Zentrale doch über die noch bestehenden Verwaltungsträger eine scharfe Kontrolle ausgeübt und die Verwaltungsorgane der zahlreichen Städte auf die Herrschaftsprinzipien ausgerichtet.

Abschließend sei noch die Frage erörtert, wer in der römischen Republik der Adressat aller jener außenpolitischen Beziehungen war, von denen gesprochen wurde. Repräsentant Roms waren zunächst die höchsten Beamten, in erster Linie die Konsuln und, in den Provinzen, die Statthalter. Aber sie waren in allem, was sie auf dem außenpolitischen Gebiet taten, abhängig von dem Senat; in keinem Bereich zeigt sich die enge Bindung des Beamten an den Senat so stark wie in der Außenpolitik bzw. der Behandlung der untertänigen Städte und Völker. Der Senat war die Stelle, an den alle Beamten ihre Berichte richteten und wo die Gesandtschaften der Welt zusammenströmten; er hielt alle Fäden der Kommunikation in seinen Händen. Die Weltpolitik wurde von dem Senatslokal, der *curia*, aus gelenkt; der Beamte „regierte“ nur vorbehaltlich der Entscheidung des Senats. Erst gegen Ende der Republik zeigten sich mit dem allgemeinen Zerfall der aristokratischen Gesellschaft Veränderungen in der Führung der Außenpolitik. Als einzelne Aristokraten aus dem Comment der führenden Gesellschaftsschicht ausbrachen und eigenmächtige Politik betrieben, mußte dies zugleich mit der Infragestellung der Herrschaft der Nobilität, die durch den Senat repräsentiert war, auch auf jene Beziehungen wirken, die zwischen Rom und den Untertanen bestanden. Viele Untertanen, und gerade auch solche, deren

Unabhängigkeit noch am ehesten das Wort verdiente, klammerten sich nun an diese Potentaten, von denen sie sich noch etwas versprachen oder denen sie sich auch wegen ihres Einflusses nicht zu entziehen wagten.

IV. Über die Ursachen der Ausdehnung und der Dauerhaftigkeit des republikanischen Staates

Das römische Reich war nicht nur das bis auf seine Zeit größte Reich, dessen Umfang mit dem Erdkreis gleichgesetzt wurde, sondern blieb noch ein Jahrtausend nach seinem Untergang insoweit das Maß politischer Weltbetrachtung, als die Einheit der christlich-abendländischen Welt nur unter dem Aspekt des Römischen Reiches gedacht werden konnte. Es überrascht daher nicht, wenn sowohl in der Antike als auch in der Moderne immer wieder darüber spekuliert wurde, was denn die Ursachen für die Größe und auch für den Zerfall dieses Riesenreiches gewesen seien. Die Gedanken über den Niedergang Roms bezogen sich dabei weniger auf den Niedergang der Republik als auf den Zusammenbruch des römischen Kaiserreiches im 5. Jahrhundert n. Chr., und sie können daher hier, wo es um die römische Republik geht, beiseite gelassen werden. Hier interessieren jene Betrachtungen, die über die Ursachen für die Ausdehnung und die Dauerhaftigkeit des römischen Reiches angestellt wurden. Da Rom seit dem Ende des 3. Jahrhunderts v. Chr. bereits als Weltreich angesehen werden kann, auf jeden Fall der Hannibalische Krieg, in dem Rom die karthagische Großmacht endgültig niederwarf, als diejenige Periode bezeichnet werden darf, in der Rom seine Überlegenheit über alle anderen antiken Staaten unter Beweis stellte, mußte man die Ursachen für die Größe Roms in der Zeit vor diesem Krieg suchen. Da es aber eine römische Historiographie erst seit der zweiten Hälfte des 3. Jahrhunderts v. Chr. gab und die ältere Zeit von den Römern nur sehr unvollkommen, zum Teil sogar überhaupt nicht mehr überblickt werden konnte (s. u. S. 258ff.), ist die Geschichte der römischen Frühzeit so, wie sie bei Livius und anderen Historikern auf uns gekommen ist, zum weitaus größten Teil eine konstruierte Geschichte: Die wenigen vorhandenen Daten, die von sich aus kaum ein Bild ergeben hätten, wurden mit den Gedanken verbunden, die die Menschen sich in der Zeit, als die

Historiker ihre Werke schrieben — und d. h. in der Zeit, als Rom bereits eine Weltmacht war —, von den Ursachen der römischen Weltstellung machten. Die römische Historiographie über die Frühgeschichte Roms ist also das Produkt eines späten Nachdenkens und deswegen auch von den Problemen der späten Zeit her gedacht. Wir erfahren aus ihr nichts über die tatsächlichen Ursachen der Größe Roms, sondern nur etwas darüber, was die Römer und insbesondere auch die Griechen, die als die Unterlegenen sich sehr intensiv mit diesem Gedanken beschäftigten, davon hielten. Die Antriebskraft für Überlegungen dieser Art lieferte dabei nicht allein das erstaunliche Phänomen der Größe Roms, obwohl es gerade in der ersten Phase der historiographischen Literatur und vor allem bei den Griechen, wie etwa bei Polybios, bestimmend gewesen ist, sondern seit der Mitte des 2. Jahrhunderts v. Chr. mehr und mehr die Furcht vor einem Niedergang des römischen Staates, die durch die allgemeine Unsicherheit gegenüber der Masse der Unterworfenen und durch die ersten Desintegrationserscheinungen der römischen Gesellschaft sich eingestellt hatte und die gegenüber der gegenwärtigen Periode des scheinbaren Verfalls die „gute, alte Zeit" beschwor, um auf ihrem Hintergrund die negativen Züge der eigenen Zeit um so schärfer sehen und mögliche Normen zur Bewältigung der Krise an die Hand geben zu können.

Die Größe (und der Niedergang) Roms wurden dabei von zwei verschiedenen Ebenen der Erklärung betrachtet. Einmal ging man davon aus, daß die ethische Einstellung des Menschen zum öffentlichen wie auch zum privaten Leben der eigentliche Motor der geschichtlichen Entwicklung sei; diese in der Antike sehr verbreitete Betrachtungsweise des geschichtlichen Ablaufs verweist die entsprechenden Erklärungsversuche in die moralisierende Historiographie. Der Ansatzpunkt dafür, den erstaunlichen Aufstieg Roms nach moralischen Kriterien zu betrachten, bildete die im 2. Jahrhundert v. Chr. einsetzende allgemeine Gesellschaftskrise, die als ein moralischer Verfall hingestellt und aus den ungeheuren Möglichkeiten der römischen Weltherrschaft, die die Römer verdorben habe, begründet wurde. Den Anfang der Krise rechneten diese Historiker dabei von dem ersten großen Triumphzug über einen Herrscher des Ostens, in dem die gewaltigen Schätze des Ostens vorgeführt und die Habgier der Römer geweckt worden sein soll, oder auch vom Ende des letzten Krieges gegen den König der Makedonen oder gegen die Karthager, mit deren Ausschaltung die letzte Barriere gegen die Habsucht und den Egoismus, nämlich die Furcht vor dem mächtigen Gegner, genommen worden wäre. Von hierher erhielt dann die Frühzeit ihre Gloriole moralischer Überlegenheit, die den Menschen bis zum Überdruß und bis zur Phrase vorgehalten wurde. Da das Bild des Römers der Frühzeit aus der Betrachtung der späteren Zeit gewonnen wurde, war es entsprechend stereotypisiert und wurde in dem Maße lebloser und eintöniger, wie diese Geschichtsschreibung in ihrer moralisierenden Betrachtung erstarrte und aus den ständigen Krisen noch zusätzliche Argumente zu dieser Betrachtungsweise schöpfte. Kaum aufgelockert durch Mythen und Legenden differenzierteren Charakters entschwand aus der Geschichte weitgehend das individuelle Leben und kristallisierte sich beinahe in jedem Römer der Frühzeit alle Tugend, die man in der Spätzeit vermißte. Die Größe Roms rechtfertigte sich danach in der moralischen Überlegenheit der Römer über alle anderen Völker des Erdkreises. Bezeichnend für diese Einstellung ist z. B. die Interpretation des „gerechten Krieges" (*bellum iustum*) durch die Späteren. Der Begriff bezog sich zunächst nur auf die rituelle Eröffnung des Krieges (*iustum* im Sinne von „nach *ius*, d. h. regelrecht eröffnet", nicht im Sinne von „gerecht"), enthielt also keinen ethischen Bezug auf das, was durch diesen Akt geschehen sollte. Erst die moralisierende Geschichtsschreibung der Spätzeit machte aus ihm den „gerechten" Krieg in dem Sinne, daß die Römer stets um der Gerechtigkeit willen bzw. im Besitze eines ordentlichen Rechtstitels Krieg geführt hätten. Meist sahen die Historiographen die Kriegsursache in dem Bruch eines Vertrages oder in der Verletzung eines Gesandten; so hatten die Römer, um das berühmteste Beispiel anzuführen, nach römischer Version den größten und blutigsten Krieg, nämlich den 2. Punischen Krieg, wegen des Vertragsbruches Hannibals geführt, der die mit den Römern verbündete Stadt Sagunt (an der Ostküste Spaniens) entgegen dem Vertragsrecht angegriffen haben sollte; tatsächlich hatten die Römer, wie neuerdings nachgewiesen wurde, den Krieg aber aus einem sehr nüchternen Kalkül heraus von sich aus begonnen, und die Frage nach der „Kriegsschuld“ war hierbei durchaus nicht in so eindeutiger Weise zu beantworten, wie es nachträglich hingestellt wurde.

Neben dem Ethos wurde von unseren antiken Quellen auch die besondere Art der römischen Verfassung als Ursache der Größe Roms aufgeführt. Danach sollte die Dauerhaftigkeit des republikanischen Staates vor allem auf die gute Mischung zurückgehen, in der die einzelnen Teile der Ordnung im Gleichgewicht gehalten wurden. In der römischen Verfassung waren somit alle für den antiken Menschen denkbaren Verfassungsformen, die monarchische, aristokratische und demokratische Form, in einer so temperierten Weise miteinander verknüpft, daß die Balance der Teile die Republik vor dem Schicksal aller anderen Staaten, nämlich vor dem Verfall der Ordnung durch das Übergewicht einer einzigen Verfassungsform, schützte. Der Gedanke der Mischverfassung hatte seine Quelle in dem staatstheoretischen Denken der Griechen und tritt uns in der praktischen Anwendung auf den römischen Staat zuerst bei Polybios entgegen. Unter den Römern nahm ihn auch Cicero auf und verarbeitete ihn in seiner Schrift „Über den Staat“. In der Kaiserzeit trat dieser Gedanke verständlicherweise zurück, da die zentrale kaiserliche Gewalt der Idee der Mischverfassung nicht mehr entsprach und jeder Gedanke an sie das Kaisertum in Frage gestellt hätte.

Eine kritische Analyse dieser Aussagen wird zunächst den jedenfalls im Ansatz monokausalen Charakter der antiken Spekulationen zurückweisen. Daß die Tugend der Römer oder auch die Güte der römischen Verfassung jeweils der ausschlaggebende Faktor für den Aufstieg Roms gewesen wäre, leuchtet heute schon deswegen niemanden mehr ein, weil wir die Antriebskräfte historischer Entwicklung viel komplexer sehen. Abgesehen davon werden wir die angegebenen Faktoren selbst innerhalb einer komplexeren Ursachenforschung heute nicht mehr als maßgebende Größen historischer Entwicklung anerkennen wollen. Selbst wenn man einmal unterstellen würde, daß alle staatlichen Ordnungen sich auf drei Typen reduzieren ließen und die aus diesen Typen gemischte Ordnung alle widerstrebenden Kräfte in der Balance hielten, wird man einwenden müssen, daß die römische Republik eine aristokratische Ordnung und also gerade keine Mischverfassung war. Insbesondere aber können wir den Volkscharakter nicht als die entscheidende Triebkraft der Entwicklung Roms hinnehmen, da wir die Gesittung eines Volkes heute eher umgekehrt als Produkt der Entwicklung ansehen. Nichtsdestoweniger haben sich die Gedanken der späteren Zeit vielfach in dem von der Antike gegebenen Rahmen bewegt. Die Neuzeit, in der gerade auch das staatstheoretische Schrifttum sich immer wieder mit dem Phänomen der Ursachen der Größe Roms beschäftigte, knüpfte ebenfalls wieder an die antiken Spekulationen an. Bedeutende Schriftsteller, wie Machiavelli (in seinen Discorsi sopra la prima deca di Tito Livio, 1531) und Montesquieu (in seinen considérations sur les causes de la grandeur des Romains et de leur décadence, 1734), sahen die Entwicklung der römischen Republik allerdings trotz deutlicher Anknüpfung an die antiken Quellen sehr viel differenzierter. Weniger unabhängig urteilten hingegen manche der jüngeren, oft von Fachhistorikern geschriebenen Arbeiten zu dem Thema; das ausgehende 19. und beginnende 20. Jahrhundert fühlte sich besonders in Deutschland gerade wieder eher auf die antiken Gedanken verwiesen, und eine vor allem durch einen besonderen Forschungszweig der Klassischen Philologie unterstützte Richtung hat sogar ziemlich lautstark wieder der moralischen Qualität des „alten" Römers das Wort geredet. Seit dem 2. Weltkrieg finden wir hingegen kaum noch Beiträge zu dem Thema. Das mag zum Teil darauf zurückzuführen sein, daß die untauglichen Versuche der jüngeren Vergangenheit die Thematik überhaupt verleidet haben. Vor allem jedoch wird hinter dieser Zurückhaltung das allgemeine Mißbehagen über Aussagen, die schwer verifizierbar sind, und also die Furcht stehen, daß solche Spekulationen den Maßstäben kritischer Geschichtsbetrachtung nicht angemessen seien; die durch positive Belege schwer zu stützenden Gedanken über einen Gegenstand wie die Ursachen der Größe Roms erscheinen den meisten wie ein Höhenflug, den man lieber dem Philosophen überläßt, oder wie ein unverbindliches Fabulieren, das man mitleidig lächelnd dem Nichtfachmann zugesteht. Aber auch der Fachmann möchte sich doch nicht damit bescheiden zu sagen, daß die Römer nun einmal sehr tüchtige Leute waren und im übrigen die Komplexität der Entwicklung und der Zufall in der Geschichte schwer durchschaubare Größen seien.

Wenn nun im folgenden einige Überlegungen zu den Ursachen der Größe Roms angefügt werden, ist von vornherein klar, daß es sich dabei nicht um die Herausarbeitung der „entscheidenden" Antriebskräfte der Entwicklung handeln kann. Es gibt keinen „Motor" für den Aufstieg Roms. Die verschiedenen Ursachen sind so ineinander verschränkt und voneinander abhängig, daß sich schwer eine Ursache als eine Konstante herausarbeiten läßt. Da ferner die Phase des römischen Aufstiegs gerade in der literaturlosen Zeit Roms liegt, kommt noch hinzu, daß wir vielfach diejenigen Faktoren, die wir für wesentlich halten können, nicht in ihrer Entstehung und Entwicklung, sondern bereits in ihrer vollendeten Ordnung vor uns haben. Schließlich ist nicht zu übersehen, daß überall auch die rein zufällige Konstellation das Geschehen mitbestimmt hat, wie denn auch die Griechen und Römer dem Zufall als Tyche, *fortuna* oder *fatum* ihren angemessenen Anteil gegeben haben. Erst nachdem Rom eine gewisse Größe erreicht hatte, wirkte auch das Schwergewicht der Größe selbst auf die weitere Entwicklung, aber diese Situation setzt bereits die Weltmacht Rom voraus, deren Entstehungsgrund wir gerade näher kommen wollen. Nach allem können die folgenden Seiten nur den Versuch darstellen, aus den historischen Daten der späteren Entwicklung, die wir in die ältere Zeit zurückverfolgen können, einige Elemente vorzustellen, die für den Aufstieg der römischen Macht Bedeutung hatten. Die Summe alles dessen, was vorgetragen wird, kann keine vollständige Antwort auf die gestellte Frage bringen, sondern nur Anhaltspunkte dafür geben, in welcher Richtung wir etwa zu suchen haben.

Eine wichtige Voraussetzung für ein kontinuierliches Wachsen Roms liegt in der allgemeinen außenpolitischen Situation Italiens. Die italische Halbinsel hatte kein Machtzentrum, das eine Expansion im Ansatz hätte ersticken können. Die politische Landkarte Italiens bestand aus zahlreichen Städten und Stammesverbänden, die miteinander rivalisierten; soweit sie überhaupt eine nennenswerte politische Dynamik besaßen, wie z. B. manche griechischen Städte Unteritaliens oder auch einige etruskischen Städte, war ihr politisches Wollen auf Ziele gerichtet, die außerhalb Italiens, in Oberitalien oder in der griechischen Welt des Südens oder Ostens lagen. Weder die Griechen noch die Etrusker haben es, selbst dann nicht, als Rom eine Gefahr für alle zu werden drohte, zu einer politischen Gemeinsamkeit gebracht. Lediglich die samnitischen Stämme Mittelitaliens fanden sich schließlich zu einem Bund zusammen, der jedoch nicht die Festigkeit hatte, daß er als eine wirkliche politische Macht angesprochen werden kann. Für die Großmächte außerhalb Italiens war die Halbinsel ebenfalls nicht Ziel einer Expansion. Die Karthager waren auf Sizilien engagiert; die harten Kämpfe mit den dort sitzenden Griechen verhinderten selbst den Gedanken an ein Übergreifen nach Italien. Soweit der karthagische Staat außerhalb Siziliens überhaupt besondere Ambitionen zeigte, waren sie zudem rein handelspolitischer Natur. Die Kräfte der mächtigsten Stadt des griechischen Westens, Syrakus, waren ferner durch den Abwehrkampf gegen die Karthager absorbiert, und gelegentliche Versuche dieser Stadt, nach Italien überzugreifen, konnten daher auch kaum das Stadium der Planung überschreiten. Der griechische Osten schließlich war vor der Bildung der hellenistischen Großreiche vollkommen mit sich selbst beschäftigt. Ein Ausgreifen nach dem Westen überstieg selbst die Mittel der mächtigsten Städte; Athen ist bekanntlich an seinem Versuch, auf Sizilien Fuß zu fassen, völlig gescheitert. Erst die Nachfolgestaaten Alexanders des Großen bezogen Großgriechenland und damit auch Italien in ihre politischen Pläne ein. Als der epirotische König Pyrrhus nach Unteritalien und Sizilien griff, um dort ein Reich zu errichten (280 v. Chr.), bedeutete das in der Tat für die Römer eine ernste Gefahr. Doch traf sie das Unternehmen des Pyrrhus zu einem Zeitpunkt, als sie bereits die Herren ganz Mittelitaliens und also, wenn auch nur unter Anstrengung aller Kräfte, imstande waren, die Bedrohung abzuwenden. In dem Kampf gegen Pyrrhus wirkte sich für die Römer auch der Umstand günstig aus, daß dem König nur eine verhältnismäßig schwache und zudem schwankende Machtbasis zur Verfügung stand; das stärkste Gewicht, das Pyrrhus in den Kampf gegen Rom in die Waagschale werfen konnte, war sein Feldherrntalent, nicht die Menge und Qualität von Soldaten. Als die erste wirkliche Großmacht auf den Plan trat, nämlich Karthago, war die Phase der Eroberung Italiens dann bereits abgeschlossen, und wenn auch das italische Bundesgenossensystem besonders in Süditalien noch nicht ganz gefestigt war, konnten die Römer sich doch als Herren der Situation in Italien bezeichnen und darauf vertrauen, daß sie mit guter Aussicht auf Erfolg ihre Position gegenüber der Außenwelt zu verteidigen vermochten.

Eine nicht minder wesentliche Voraussetzung für die Entwicklung Roms ist in dem Einfluß der Etrusker auf die frühe Stadtgeschichte zu sehen. Rom war eine etruskische Gründung, und das heißt: Erst durch die Etrusker begann überhaupt die Geschichte der Stadt Rom. Ohne den durch die Etrusker gewonnenen städtischen Status, der die latinischen Bewohner der Hügellandschaft links des unteren Tibers an die antike Hochkultur anschloß, hätten die Latiner keinen Ausgangspunkt für eine mögliche Expansion besessen. Die mit der Stadtbildung verbundene Konzentration der politischen Macht, die für sie konstitutive organisatorische Erfassung der der Stadt zugehörigen Personen, die damit zusammenhängende leichte und umfassende Heranziehung des einzelnen zu den öffentlichen Aufgaben und die ständige Verteidigungsbereitschaft hinter festen Mauern, kurz, die durch die Stadt möglich gewordene Verdichtung der Staatlichkeit machte die Entwicklung der Latiner zu einer Macht erst möglich. Die etruskischen Gründer der Stadt Rom vermittelten den Latinern zugleich mit der Stadt auch ihre Organisations- und Denkformen; viele militärische, sakrale und politische Einrichtungen, die wir aus der Spätzeit der Republik gut kennen, können wir auf sie zurückführen. Die Etrusker haben den Latinern auch die ersten Fäden zur Außenwelt geknüpft, indem sie sie in den großen Bezugskreis etruskischer Städtepolitik hineinstellten und damit auch den ersten Anstoß zu einer politischen Dynamik gaben, die für das frühe Etruskertum typisch ist. Der stadtstaatliche Charakter Roms blieb bis zum Ende der republikanischen Zeit trotz aller Erweiterungen des römischen Territoriums erhalten und wahrte dem Staat die für die Aufrechterhaltung der gewonnenen Position notwendige Zentralisierung der politischen Macht. Das auf die Stadt als einzig möglicher Organisationsform gerichtete Denken hat auch bewirkt, daß die Erweiterung des Bürgerverbandes bzw. die Sicherung eroberten Gebietes durch die Niedersetzung von Kolonisten nur in der Form von Städtegründungen (Kolonisation) gedacht werden konnte (s. o. S. 200ff.). Ebenso ist der Gedanke, daß das Heer sich jeden Abend ein Lager in Form einer Stadt zu bauen habe, ohne die spezifisch etruskische Form der Stadt mit ihrem genauen und praktischen Vermessungsverfahren undenkbar, und folglich verdankte auch die römische Militärmaschine einen guten Teil ihrer Überlegenheit der etruskischen Tradition.

Unter allen Faktoren, die das Wachsen Roms und die Dauerhaftigkeit seiner Ordnung begünstigt haben, hebt sich jedoch der verhältnismäßig geringe Umfang von sozialen Spannungen heraus, die die gegebene innere Ordnung gefährdet hätten: Die sozialen Gegebenheiten der Königszeit blieben in der Republik und noch über sie hinaus, über 600—700 Jahren hinweg, im Prinzip unangetastet. Auf dem Hintergrund gerade der antiken Stadtstaaten, die von einem steten Wandel ihrer Verfassungen bedroht waren, gewinnt dieser Tatbestand noch an Gewicht. Der billige Einwand, daß die Unveränderlichkeit der Ordnung doch nur eine scheinbare und die Republik tatsächlich von schweren inneren Krisen und Umbrüchen erschüttert worden sei, ist unberechtigt, denn es geht nicht darum, daß behauptet würde, die Römer hätten keine sozialen Unruhen gekannt, sondern darum, daß trotz aller Unruhe die gegebene Struktur sich im Wesentlichen nicht verändert hat. Denn auch die Ständekämpfe, die größte und tiefgreifendste innere Krise Roms, brachten keinen Wandel, den wir als sozialen Umbruch bezeichnen könnten. Wenn auch in ihnen die Plebejer den Adligen bzw. Patronen (Patriziern) die privatrechtliche Gleichstellung abtrotzten, wurden doch zu keinem Zeitpunkt die sozialen Institutionen, die die Ordnung trugen, nämlich die unter der unumschränkten väterlichen Gewalt stehende Familie und die Clientel, wirklich in Frage gestellt; zwar lockerte sich die Clientel, doch dies weniger als Konsequenz der sozialen Krise denn als Konsequenz der Ausweitung des Bürgertums und der damit verbundenen Schwächung der persönlichen Bindungen. Soweit es in den Ständekämpfen um die Teilhabe an dem politischen Regiment gegangen war, kam das Erreichte ferner nur den vornehmen Plebejern zugute, die sich während des Kampfes längst in Analogie zu den Patriziern große Clientelen geschaffen hatten (s. o. S. 27). Und wenn auch während des Kampfes bisweilen das „Volk“ in unmittelbarerer Weise sich engagiert hatte, als es nach der Sozialordnung möglich gewesen wäre, folgte es doch nach der Liquidierung des Kampfes erneut widerspruchslos den Parolen der Vornehmen, und dies in einem Maße, daß die einst revolutionäre Versammlung des Volkes, das *concilium plebis*, und deren Vorsteher, die Volkstribune, sehr bald so wenig eine Gefahr für die neue, aus Plebejern und Patriziern sich bildende Nobilität bedeuteten, daß die Nobiles die rechtliche Relevanz der einst so gefährlichen Institutionen der Plebs nicht nur nicht mehr zu bestreiten brauchten, sondern sie sogar noch hervorhoben, weil sie sie zur Sicherung der Ordnung benutzen konnten. Die Entwicklung der Volksversammlungen zu Instrumenten in der Hand der Nobiles und deren Degeneration zu einer stadtrömischen Versammlung, die das Volk nicht mehr repräsentierte, fand keine Resonanz bei den Massen; das Volk empfand das Regiment der Nobilität ganz offensichtlich nicht als politische Herrschaft. Selbst gelegentliche Eruptionen, wie zur Zeit des Ti. und C. Gracchus, konnten die Bürger nicht dazu veranlassen, auf die Nobilität wie auf eine herrschende Klasse zu reflektieren.

Die Statik der sozialen Struktur durch Begriffe wie Traditionalismus oder Disziplin erklären zu wollen, hieße ein Symptom für die Ursache nehmen. Zu ihrer Begründung mag man zunächst die römische Familienstruktur anführen, die seit der frühesten Zeit, die uns faßbar ist, dem Familienoberhaupt eine unumschränkte und auch rechtlich gesicherte Autorität einräumte, die unter den antiken Sozialordnungen ihresgleichen sucht. Wie sie sich gebildet hat, wissen wir nicht; vielleicht geht sie schon auf die Wanderungszeit zurück. Auf jeden Fall wirkte sie disziplinierend und hat auch die andere, für die politische Organisation wichtige

Institution, die Clientel, beeinflußt, in der dem Patron ein dem Familienvater analoger Respekt — dieser jedoch ohne die Stütze der für die Familie konstitutiven Rechtsgewalt des *pater familias* — entgegengebracht wurde. Aber es wäre gewiß zuviel gesagt, wenn wir der Familie oder der Clientel eine wirklich ausschlaggebende Rolle für die erstaunliche Konstanz der sozialen Verhältnisse einräumen würden. Die aus materieller Not und aus wirtschaftlicher Unterdrückung resultierenden Mechanismen sozialer Verhaltensweise machen auch vor fest gefügten Institutionen nicht halt, und die Patrizier bzw. die Nobilität waren in ihrem ökonomischen Egoismus nicht besser als andere Gruppen sozial Privilegierter, insbesondere haben sie das Institut der Clientel ganz gewiß nicht durch eine ausgeprägte Fürsorge gegenüber den ihnen anvertrauten Schutzbefohlenen gestärkt: Es hat ganz offensichtlich überhaupt keine wirklich systematische, alle Clienten erfassende Fürsorge gegeben, und meist dürfte sich die Tätigkeit des Patrons auf gelegentliche, ihm politisch nützliche Hilfeleistungen beschränkt haben. Es erscheint darum sicher, daß die Statik der Sozialordnung nicht in sich, sondern außerhalb ihrer selbst, nämlich in der äußeren Entwicklung Roms begründet ist, die auf die innenpolitischen Verhältnisse stabilisierend gewirkt hat: Es war die Expansion, die die materiellen Bedürfnisse der römischen Bauern saturiert und so ein ständiges Ventil für latente Spannungen geschaffen hat. Natürlich haben die Patrizier bzw. die Nobiles die Expansion nicht bewußt als Mittel zur Beseitigung auftretender sozialer Krisen betrieben; sie hatten die Bedürfnisse der Masse nicht oder doch nur sekundär im Auge, wenn sie außenpolitische Ziele anvisierten. Die Befriedigung der Bedürfnisse größerer Teile der Bevölkerung ergab sich vielmehr daraus, wie die Nobilität die Expansion vollzog und die einmal erreichte Position absicherte: Die Bewachung des besiegten Gegners durch die Anlage von Festungen, in die römische Bürger niedergesetzt wurden (s. o. S. 200 ff.), versorgte alle landsuchenden Römer. Da die Samnitenkriege, der erste wirklich große und für uns auch schon besser überschaubare außenpolitische Konflikt Roms, und die Schlußphase des Ständekampfes zeitlich nebeneinander herlaufen und zur Sicherung des gewonnenen außenpolitischen Terrains gerade damals nach langer Zeit wieder die ersten Kolonien von Rom gegründet wurden, liegt die Annahme auf der Hand, daß der Ständekampf weniger abgeschlossen als vielmehr abgebrochen wurde, an seinem Ende also nicht eine „Versöhnung“ stand, sondern die weitere, auf einen sozialen Umbruch hinführende Entwicklung durch die Möglichkeiten der Expansion verhindert worden ist. Auch die Unruhe der Gracchenzeit, deren Ursache vornehmlich in dem faktischen Abbruch der Kolonisation seit den siebziger Jahren des 2. Jahrhunderts v. Chr. und den dadurch verursachten Stau materieller Bedürfnisse zu sehen ist, konnte sich nicht voll entwickeln, und dies wohl weniger wegen der Ansiedlungen der Gracchen, die nur eine vorübergehende Erleichterung der wirtschaftlichen Lage der Massen gebracht haben, als vielmehr wegen der Ansiedlungspolitik der großen Militärbefehlshaber seit der Jahrhundertwende, die zwar die aristokratische Ordnung, aber nicht die Bindung der Massen an einzelne Nobiles aufgehoben haben.

Ein anderes erstaunliches Phänomen der Sozialgeschichte Roms, das hier zu nennen wäre, ist die verhältnismäßig große Geschlossenheit der führenden Gruppe, also der Patrizier bzw. der Nobiles. Der Tatbestand ist nicht leicht zu erklären. Ein stabilisierender Faktor dürfte in der sehr lange Zeit unveränderten äußeren Umwelt des Nobilis zu suchen sein. Wenn auch der Nobilis kein Bauer war, ist sein Leben doch bis in die Zeit der römischen Weltherrschaft von bäuerlichem Denken geprägt gewesen. Selbst die Vornehmsten hatten wenig oder gar keine höheren geistigen Ansprüche. Viele dürften bis in das 3. Jahrhundert v. Chr. hinein kaum gelesen haben; die Kunst des Lesens und Schreibens ist wohl erst mit der Schriftlichkeit des Rechts allen wirklich vertraut geworden. Die überkommenen Verhaltensweisen wurden auch zunächst durch keinerlei Handelsinteressen differenziert; die größeren und vor allem die überseeischen Handelsgeschäfte auf der italischen Halbinsel waren bis in die Mitte des 3. Jahrhunderts hinein noch meist in Händen von Griechen. Die Bedeutung einer am Meere gelegenen Stadt für den Handel begriffen die Römer bis zu diesem Zeitpunkt überhaupt nicht; ihre Seekolonien waren ausschließlich militärische Festungen; man kam nicht auf den Gedanken, sie als Umschlagplätze für Waren zu benutzen. Erst nach der Unterwerfung Italiens und nach der Begegnung mit den Karthagern im 1. Punischen Krieg scheint dieser oder jener Nobilis im Handels- und Geldgeschäft ein neues Feld privater Tätigkeit entdeckt zu haben. Das an den Nobilis gerichtete Verbot des Handelsgeschäftes großen Stils vom Jahre 218 v. Chr. (s. o. S. 51) beweist, daß die Nobilität selbst ein Bewußtsein davon erhalten hat, wie gefährlich der Wandel der Lebensweise für die Geschlossenheit der führenden Schicht werden konnte. Die gewaltigen militärischen Unternehmungen und der wachsende Herrschaftsraum haben dann die Nobilität spätestens seit dem 3. Jahrhundert v. Chr. zu erhöhter Wachsamkeit gegenüber Sonderinteressen einzelner Standesmitglieder angehalten: Die Diskrepanz zwischen den Aufgaben eines Weltherrschers und den Möglichkeiten einer stadtstaatlichen Aristokratie forderte von den Nobiles ein großes Maß an Disziplin und Korpsgeist: Die römische Verfassungsordnung, sowohl die ständig eingeschärften Gewohnheiten (*mores*) als auch die Rechtsordnung spiegeln das Bemühen des Standes wider, den einzelnen Nobilis an seine Gruppe zu binden. Die äußerst harte und zu jeder Zeit spürbare Disziplinierung des Nobilis ist also ebenfalls eine Konsequenz der äußeren Situation: In dem Augenblick, in dem der römische Aristokrat sozusagen auf die Weltbühne trat — ein bäurisch denkender, literarisch anspruchsloser Mensch —, wurde alles latente Streben nach Individualismus von den Anforderungen der ins Maßlose gewachsenen Herrschaft paralysiert. Der Gruppencomment wurde strenger und das Bewußtsein von seiner Notwendigkeit deutlicher, je mehr die Gefahr der Auflösung durch die Möglichkeiten der Herrschaft wuchs. Wenn die Aristokratie schließlich doch an dem Mißverhältnis zwischen ihren Möglichkeiten und der Weltherrschaft zerbrach, erstaunt weniger dieser Tatbestand, als daß er erst so spät zum Tragen kam.

Unter den antiken Verfassungsordnungen hob sich die römische auch dadurch heraus, daß die staatliche Exekutive sowohl gegenüber den eigenen Bürgern als auch besonders gegenüber der Außenwelt außergewöhnlich stark und also zu jeder Zeit handlungsfähig war. Warum das so war und so blieb, wurde o. S. 126 f. erörtert und soll hier nicht wiederholt werden. — Trotz der Präponderanz der Magistratur herrschte im innenpolitischen Bereich durchaus kein „herrschaftliches" Klima. Die elementaren Rechte des bürgerlichen Daseins, insbesondere das politische Stimmrecht und der Anspruch des Römers auf das Laiengericht, wurden respektiert; weil aber die „Freiheiten" keine unverbrüchlichen Rechte auf etwas, sondern Teil eines komplexeren Wertsystems waren, in dem nach dem Bewußtsein aller gegebenenfalls die *libertas* anderen Werten zu weichen hatte, war andererseits die Suspension aller bürgerlichen Rechte in Zeiten der Not niemals ein Problem. Diese Situation hat der Nobilität als der gegebenen Interpretin aller Politik ermöglicht, in innenpolitischen Notlagen die Initiative zur Wiederherstellung der Ordnung zu ergreifen, und d. h. mit Hilfe der Magistratur die innere Lage mit mehr oder weniger Gewalt in ihrem Sinne zu stabilisieren: Die Monopolisierung des „Notstandsrechts" beim Senat sicherte der Gesamtordnung ein Höchstmaß an Stabilität und gleichzeitig der Magistratur, die die Exekutive des Notstandes war, ein Höchstmaß an politischer Macht: Die Stärke der Magistratur hat sich deswegen gerade auch in Zeiten innerer Krisen weiterentwickelt, und dies nicht nur in den Ständekämpfen der Frühzeit, sondern ebenfalls in der ausgehenden Republik, als die Überfülle der magistratischen Macht bisweilen schon als lästig empfunden wurde und man sie — auch gerade für den Notstandsfall — eher zu beschneiden trachtete. — Gegenüber der Außenwelt trat die Magistratur zu jeder Zeit der römischen Geschichte wie eine unumschränkte Herrschergewalt auf. Die Nobilität hat an der Machtvollkommenheit des im Bereiche *militiae* operierenden Beamten grundsätzlich nichts geändert. Sie hat zwar — und lange Zeit mit großem Erfolg — den Magistrat ständig an die soziale Bindung seines Amtes zu erinnern gesucht (s. o. S. 126 ff.), aber seine Macht niemals ernstlich beschnitten, ja nicht einmal eine automatische Rechenschaft über die während des Amtes durchgeführten Maßnahmen verlangt. Da letzteres in anderen antiken Aristokratien durchaus üblich war, erscheint das Verhältnis von Aristokratie und Magistratur in Rom als ein Sonderfall.

Obwohl man nicht ganz von der Hand weisen kann, daß die Stärke der Magistratur, deren Nutzen offensichtlich war, von den Römern auch bewußt gefördert und gestützt worden ist, war sie doch weniger das Produkt einer durchdachten Staatsgesinnung; das stets wache Mißtrauen des ganzen Standes gegenüber dem Ehrgeiz des einzelnen Nobilis, der die Magistratur als Sprungbrett des Eigeninteresses nahm, und die zu jeder Zeit spürbare Mißgunst aller jener, die sich bei der Verteilung der Macht ungenügend berücksichtigt glaubten, hat sogar eher die Vorstellung von der Notwendigkeit wachgehalten, die magistratische Gewalt niederzuhalten oder sie doch zumindest wirksam zu kontrollieren. Daß die Magistratur so stark blieb, war weniger die Konsequenz römischer Politik als vielmehr eine nicht weiter reflektierte Voraussetzung der gegebenen Ordnung: Die Konzentration der exekutiven Gewalt auf eine überschaubare Anzahl von Beamtenstellen war durch die aristokratische Natur der staatlichen Ordnung gefordert und wurde durch die Expansion Roms notwendiger denn je, und sie ergab sich ferner wie selbstverständlich auch daraus, daß die verhältnismäßig kleine Anzahl von Personen aus „regimentsfähigen“ Familien in ungefähr mit der Zahl der zu verteilenden Beamtenstellen korrespondierte, also die jeweilige Beamtenschaft als Ganze im Grunde nicht Exekutive der regierenden Schicht, sondern jedenfalls bis zu einem gewissen Grade (nämlich wenn man eine Reihe von Jahren zur Grundlage der Berechnung macht) ein repräsentativer Querschnitt der regierenden Schicht selbst war: Die Beamtenschaft (bzw. die Spitze der Beamtenhierarchie) war die Regierung; ihre Ausweitung hätte auch die Exklusivität der regierenden Schicht gefährdet. — Als sich die führende Gesellschaft aufzulösen begann, diente die Machtfülle der Magistratur dann allerdings bald nur noch als Mittel zur Durchsetzung von persönlichen Interessen. Als die führenden Nobiles die Gefahr erkannten — Sulla hat das Problem am klarsten gesehen —, war es zu spät, ihr zu begegnen. Aber wie der Erfolg der Bemühungen Sullas, der die Magistratur geschwächt hat, zeigt, war das Problem auf der Grundlage der tradierten Verfassungsordnung überhaupt nicht zu lösen: Die aristokratische Ordnung und die Weltstellung Roms verlangten eine stärkere Exekutive, und keine „Reformen" vermochten die Antinomie von aristokratischer Gleichheit und Weltherrschaft aufzuheben.

Angesichts der gewaltigen Militärmacht Roms liegt es nahe, auch in der besonderen Struktur des Heeres oder in herausragenden waffentechnischen Errungenschaften eine der Ursachen für die Überlegenheit Roms über die anderen Völker zu sehen. Die obigen Ausführungen (S. 152 ff.) haben diese Annahme nur sehr bedingt unterstützen können. Im Milizsystem unterschied sich Rom nicht von anderen antiken Städten und Stämmen, und ebensowenig überragte natürlich der römische Soldat durch Tapferkeit oder der römische Feldherr durch strategische Begabung die Soldaten und Offiziere anderer Völker. In der technischen Ausrüstung der Armee liefen die Römer sogar oft hinter der Entwicklung her; es gibt keine Waffe oder sonstiges Kriegsgerät, das die Römer, wie das Zündnadelgewehr die Preußen bei Königgrätz, ihren wichtigsten Gegnern zu irgendeiner Zeit überlegen gemacht hätte. Allenfalls die Kommandoverhältnisse waren bei ihnen geordneter und übersichtlicher als anderswo. Die Besonderheit des römischen Heeres lag in seiner großen Disziplin. Im Vorangehenden wurde gezeigt, daß sie sich jedenfalls zu einem guten Teil aus der besonderen Sozialordnung ergab. Die Disziplin des römischen Soldaten wurde ferner noch dadurch gestärkt und ausgebildet, daß das Heer jeden Abend durch den Bau eines befestigten Lagers gleichsam die städtische Organisation und mit ihr die ganze personale Dichte der Stadtverfassung reproduzierte. Da das Lager durch Vermessungsbeamte wie eine Stadt angelegt wurde, ist es auch ein Erbe der Etrusker, ob aber schon diese auf ihren Feldzügen den täglichen Lagerbau gekannt haben, ist sehr fraglich, und ebenso wissen wir nicht, wann denn die Römer diesen Usus, wenn sie ihn nicht von den Etruskern übernahmen, begonnen haben. Auf jeden Fall war das Lager nun wirklich etwas, was das römische Heer seinen Feinden voraus hatte; weder in der Antike noch später hat je ein Volk diese Einrichtung gekannt. Das Lager aber machte das römische Heer deswegen so stark, weil es sie gegen die allgemein üblichen und gefährlichen Überraschungsangriffe feindlicher Heere schützte und nach einer

Niederlage in offener Feldschlacht Schutz bot; auch das geschlagene römische Heer blieb folglich noch ein militärischer Faktor, während gewöhnlich in der Antike das besiegte Heer auseinanderstob und also mit der Niederlage zugleich aufhörte zu existieren. Der Lagerbau, den die Römer offensichtlich von sich aus mit Hilfe etruskischer Technik sich zur Gewohnheit gemacht hatten, weist auf einen typischen Wesenszug römischen Handelns und Denkens, der auch helfen kann, die hier gestellte Frage nach den Ursachen der Entwicklung Roms zur Weltmacht wenigstens in Ansätzen zu beantworten, nämlich die Neigung des Römers zu einer defensiven Absicherung seiner politischen (und militärischen) Absichten.

Daß die Kriege, die Rom geführt hat, in aller Regel als Reaktion auf Völkerrechtsbrüche entstanden und die römische Weltmacht also aus der Defensive heraus gewachsen sei, ist eine Sehweise, die den Zeitgenossen und Nachkommen z. T. durch den Zwang zur Rechtfertigung der Weltstellung von den Römern selbst aufgedrängt wurde, z. T. auch den rückschauenden Betrachtern als Konsequenz einer Herrschaftsstruktur, mit der ein großes Maß an Expansion unverträglich zu sein scheint, nahegelegt wird. Es wurde schon darauf hingewiesen (o. S. 220), daß das Bild von dem Römer, der nur als der Angegriffene reagiert, nicht stimmt, sondern die Außenpolitik von Eroberungsdrang und Verteidigung der erreichten Position in gleicher Weise geleitet wurde. Ebensowenig wie hierin unterschieden sich die Römer in der Art der Kriegführung von den anderen Völkern der Antike. Wenn die Römer von der Befriedung (*pacare*) ihrer Gegner sprachen, war das ein anderes Wort für brutale Niederwerfung, Beseitigung der Handlungsfreiheit, Verschleppung und physische Auslöschung der besiegten Feinde. Sie hatten kein Erbarmen mit den Abgefallenen, und sie besaßen entgegen späterer Behauptungen ebenso kein Gefühl für einen tapferen, zähen Gegner: War er besiegt, hatte er seine Tapferkeit doppelt zu büßen. Eine wesentlich andere Verhaltensweise hingegen zeigten die Römer darin, daß sie während eines Krieges eine größere Sicherheit bei der Führung defensiver Operationen hatten und die nach einem Krieg zur Sicherung des Gewonnenen verfolgte Politik ebenfalls stärker von defensivem als von offensivem Geist geprägt war.

Daß die Römer ihre militärischen Operationen mit größerem Erfolg aus der Defensive heraus durchführten, haben wir gewiß auch damit zu begründen, daß die militärische Führungsschicht keine Berufsgeneralität mit einer großen Sicherheit in der Führung militärischer Operationen war, sondern ein Stand, in dem der militärisch Begabte sich erst dann für die Übernahme wichtiger kriegerischer Aktionen durchsetzen konnte, wenn die militärische Lage ungünstig war (s. o. S. 163 f.). Wenn ein Konsul daher zu Beginn eines Krieges gleich die erste Feldschlacht gewann, war es meist nicht ihm, sondern der festgefügten militärischen Ordnung der Legionen zu verdanken. Oft verloren die Römer die erste Schlacht, manchmal sogar alle Schlachten eines Krieges, aber sie verloren nicht den Krieg, weil die Disziplin des römischen Heeres es möglich machte, dem römischen Soldaten die unendliche Mühsal der Defensive aufzuerlegen. Das Heer verschloß sich jeden Tag in einem Lager, begleitete das siegreiche Heer des Feindes, das die fruchtbaren Ebenen plünderte, auf den Bergen, zog sich auf Festungen zurück, schnitt dem Feind Verbindungswege ab und suchte ihn durch kleine offensive Aktionen zu schwächen. Bisweilen beendete ein Feldherr den Krieg durch ein Aufraffen aller Kräfte und schlug den in langen Jahren solcher defensiven Strategie geschwächten Gegner in einer letzten offenen Feldschlacht; aber der Krieg war meist schon vorher durch die Defensivstrategie entschieden und wurde durch die Schlacht nur zu einem Ende gebracht, weil der Gegner in aller Regel nicht, wie die Römer, eine große militärische Macht viele Jahre lang auf der Höhe ihrer Schlagkraft zu halten vermochte. Wenn öfter gesagt worden ist, daß die Römer in ihren Niederlagen am größten gewesen sind, so hat man dabei weniger an den „durch die Niederlage über sich selbst hinaus wachsenden Helden" als an diese wenig rühmliche, aber erfolgreiche defensive Strategie zu denken. Natürlich gab es auch große Feldherrntalente, wie den älteren Scipio, Lucullus oder Caesar, die als offensive Strategen Bedeutendes geleistet haben. Aber selbst unter dem genialsten aller römischen Feldherrn, unter Caesar, erfochten die Legionäre den größten ihrer vielen großen Siege durch den Bau unendlicher Kilometer Schanzgräben (bei der Zernierung der keltischen Hauptmacht unter Vercingetorix in Alesia, 52 v. Chr.). — Nach dem Kriege setzten die Römer die defensive Strategie in der Sicherungspolitik fort: Es wurde dem Gegner ein Stück Land abgenommen und hier eine Festung in Form einer Kolonie latinischen Rechts niedergesetzt, die die gewonnene außenpolitische Position absichern sollte (s. o. S. 204 f.). In der Phase der Eroberung Italiens wurden die Hauptgegner auf diese Weise geschwächt und bewacht. Bei einem erneuten Krieg dienten die Festungen als Operationsbasen des römischen Heeres, und sie wurden gegenüber einem Gegner, der sich wiederholt auflehnte, selbstverständlich verstärkt und vermehrt. Die römische Politik ist in dieser Hinsicht von großer Monotonie, aber sie hatte Erfolg: Das Beharren auf dem einmal erreichten Stand lief bei dem nächsten Waffengang meist auf ein Ausgreifen über die gewonnene Position hinaus.

Es wurde bereits gesagt, daß das defensive Denken eine Konsequenz der aristokratischen Ordnung des römischen Staates war. Noch stärker wirkte die bestimmte Staatsform auf die Behandlung des besiegten Gegners. Die Römer haben nur in der frühesten Phase ihrer Entwicklung den besiegten Gegner ausgelöscht, nämlich entweder dessen staatliche Existenz aufgehoben und die Bevölkerung in den eigenen Staatsverband aufgenommen oder ihn auch physisch vernichtet. Später zeichnete sich die römische Politik, gemessen an der Politik anderer antiker Staaten, eher durch Milde und Nachgiebigkeit aus. Die Römer beließen dem Besiegten oft selbst dann wenigstens seine innere Selbständigkeit, wenn sie ihn in den eigenen Personenverband eingliederten. Die sogenannten *cives sine suffragio* waren solche in den römischen Bürgerverband aufgenommenen Personen, die — lediglich unter Verlust ihrer außenpolitischen Handlungsfreiheit und ihrer Wehrhoheit — ihr eigenes Leben weiterleben konnten. Ähnlich verfuhr Rom gegenüber den italischen Bundesgenossen (s. o. S. 207). Der römische Senat griff nur in den seltensten Fällen in die inneren Belange dieser Inkorporierten und Bundesgenossen ein; lediglich wenn römische Macht- und Wehrinteressen auf dem Spiele standen, bequemte er sich zu Stellungnahmen und Eingriffen, und dies auch oft lediglich auf Intervention der Inkorporierten und Bundesgenossen selbst. Das Klima der Toleranz schwächte auf die Dauer bei den Partnern Roms den Gedanken an die alte Unabhängigkeit und schuf zusammen damit, daß sich durch die gemeinsamen Feldzüge und die gemeinsame Ausbeutung der Unterworfenen eine Art von Interessenidentität zwischen Römern und Bundesgenossen bildete, ein starkes Gefühl der Solidarität mit den Römern und schließlich sogar eine Bewußtseinslage, die der römischen gleich oder ähnlich war und folglich zu zu dem Wunsch nach Aufnahme in den römischen Bürgerverband führte. Gröbere Eingriffe des Senats in die inneren Verhältnisse der italischen Bundesgenossen, wie in dem berühmten Bacchanalienskandal vom Jahre 186 v. Chr. (dem religiösen Fest der Bacchanalien wurden verbrecherische Umtriebe unterstellt), wurden darum gar nicht einmal als solche empfunden, im Gegenteil als ein Affront gerade diejenige Haltung angesehen, die den Bundesgenossen vom römischen Staat fernhalten wollte (s. o. S. 208 f.). — Auch die allgemein bekannte Haltung des römischen Senats, trotz der allen klaren Überlegenheit Roms auf die Übernahme direkter Herrschaft zu verzichten oder doch zumindest in dieser Hinsicht sich zurückzuhalten, mochte als Großzügigkeit erscheinen oder gar — unter Zuhilfenahme römischer Argumentation — als Liebe zur Freiheit hingestellt werden, die zu nehmen der Römer eben nicht gekommen sei. Das alles ist aber nicht Ausfluß einer weisen Staatsklugheit, die je nach Notwendigkeit Strenge oder Milde walten läßt, aber eben der Milde als Instrument der Herrschaft größere Bedeutung beimißt als der Härte. Gelegentlich mag ein römischer Politiker so gedacht haben; in aller Regel waren derartige Überlegungen jedoch nur nachträgliche (und meist wohl auch subjektiv ehrliche) Argumentation für eine Verhaltensweise, die tatsächlich gar nicht frei gewählt, sondern notwendige (und nicht immer bewußt gemachte) Konsequenz der römischen Verfassung war, die als eine aristokratische die direkte Herrschaft nur bedingt zuließ und die indirekte Herrschaft als die der römischen Nobilität angemessene Form wie selbstverständlich verlangte.

Die Art und Weise, in der die Römer ihre besiegten Gegner und ihre Bundesgenossen — sei es nun sie waren ehemalige Gegner, sei es sie hatten das Bundesverhältnis mit Rom mehr oder weniger frei gewählt — zu behandeln pflegten, kann noch in anderer Hinsicht als Ursache des römischen Erfolges herangezogen werden. Die Römer haben nämlich ihre Bundesgenossen bzw. die von ihnen Abhängigen durch sehr unterschiedliche Behandlung voneinander getrennt bzw. sie isoliert. Diese Handlungsweise hat man vielfach als eine bewußt vollzogene Herrschaftspolitik verstanden und stellvertretend für sie den Satz vom „*divide et impera*" (teile und herrsche; der Spruch ist nicht römisch) geprägt. Es ist nun gewiß nicht zu bestreiten, daß die Isolierung der Bundesgenossen und der Abhängigen und deren unterschiedliche Behandlung von den Römern tatsächlich betrieben und daß im Effekt diese Behandlung auf eine Maxime, durch die Herrschaft ermöglicht wurde, hinauslief. Es ist jedoch sehr zweifelhaft, ob in jedem Fall diese Politik auch von den Römern als Herrschaftspolitik verstanden wurde. Die Isolierung der Bundesgenossen dadurch, daß ihnen politische Beziehungen nur zu Rom und weder zu einem Dritten noch untereinander erlaubt waren, ist allerdings gewiß ein klares politisches Kalkül der römischen Herren; ebenso ist etwa die Ordnung des griechischen Ostens nach der Niederlage des Seleukidenreiches (190/188 v. Chr.), die ein abgestuftes System von großen, mittleren und kleinen Mächten vorsah, selbstverständlich berechnet. Aber die Gewährung von gleichen und ungleichen Verträgen an die italischen Bundesgenossen (s. o. S. 205 f.) erfolgte nicht zur Differenzierung der Bundesgenossen, sondern richtete sich nach deren Verhalten in der Zeit vor dem Vertragsabschluß: Je härter ein Gegner gegen Rom gekämpft hatte, desto ungünstiger wurde er gestellt, wenn er in das Bundesverhältnis eintrat bzw. in es hineingezwungen wurde. Auch die jeweils sehr unterschiedlichen Positionen der Städte und Völker in einer römischen Provinz (s. o. S. 212) wurden nicht von Anfang an bewußt als Instrument der Herrschaft geschaffen, sondern ergaben sich in aller Regel aus den Verhältnissen, die Rom bei der Einrichtung einer Provinz vorfand. Daß dann die Buntheit der staatlichen und quasi-staatlichen Erscheinungen in der Provinz

und unter den Bundesgenossen Roms im Effekt darauf hinauslief, eine Solidarisierung zu verhindern, und die Römer diesen Effekt schließlich auch unterstützten, ist eine andere Sache. Der Wirkung nach war diese Politik jedenfalls, mochte sie nun von den Römern gewollt sein oder auch nicht, geeignet, den Herrschaftsraum der Römer passiv zu halten und also die Dauerhaftigkeit der einmal aufgerichteten Ordnung zu garantieren.
Mit diesen Bemerkungen sollten nicht alle Ursachen der Entwicklung Roms zur Weltmacht und zur Dauerhaftigkeit dieser Macht genannt worden sein. Die Komplexität einer sich über ein halbes Jahrtausend hinziehenden historischen Entwicklung läßt sich nicht auf einige wenige Größen reduzieren. Wenn man sich jedoch einmal über die Ursachen der Größe Roms Gedanken macht, haben die genannten Phänomene Gewicht, und es war nicht mehr beabsichtigt, als die allgemeine Richtung anzugeben, in der man zur Beantwortung der Frage zu suchen hat.

Die Ursachen für die Auflösung der republikanischen Ordnung liegen im helleren Licht der Geschichte und können entsprechend leichter beantwortet werden. Es ist hier vorweg herauszuheben, daß das Ende der Republik weder das Ende der Weltstellung Roms berührte noch einen grundlegenden Wandel in der römischen Sozialordnung mit sich brachte. Das römische Herrschaftsgebiet, die Provinzen und das nichtprovinzialisierte abhängige Gebiet in Ost und West, blieb in der Niedergangsphase der Republik völlig passiv; es wirkte zwar auf die Entwicklung, jedoch dies nur einfach dadurch, daß es vorhanden war, daß sich die Probleme der Herrschaft über die Welt mit innenpolitischen Richtungskämpfen verbanden und die Machtmittel des Herrschaftsgebietes von den einzelnen Faktionen genutzt wurden. Die Basis der Sozialordnung, die Clientel bzw. die Anerkennung einer herausgehobenen Schicht, blieb ebenfalls ungebrochen und rettete sich in die Kaiserzeit, in der sie noch lange intakt blieb. Das Ende der Republik bedeutet vielmehr lediglich das Ende der aristokratischen Ordnung, nämlich die Desintegration der Nobilität und auch ihre schließliche physische Schwächung durch die innenpolitischen Kämpfe der 50 Jahre zwischen dem Bundesgenossenkrieg und der Alleinherrschaft Caesars. Ihre Ursachen, die letztlich in der Diskrepanz zwischen den Möglichkeiten eines stadtstaatlich-aristokratischen Regiments und den Ansprüchen, die die Weltstellung Roms an die Regierung und Verwaltung stellte, liegen, sind o. S. 126 f. 145 in dem Kapitel über die aristokratische Gesellschaft dargelegt worden.

V. Quellen und Forschung zum republikanischen Staat

a) Die Quellen

Ein Überblick über die Quellen zur staatlichen Ordnung der römischen Republik hat zunächst festzuhalten, daß es nur sehr wenige antike Darstellungen des römischen Staates oder einzelner seiner Teile gibt, die als eine Lehre bzw. eine abstrakte Analyse der Republik unabhängig vom historischen Geschehen dessen Wesen selbst beschrieben und interpretiert hätten. Was es gegeben hat, sind einmal Handbücher zu einzelnen Institutionen bzw. Sätzen des öffentlichen und sakralen Rechts, wie z. B. über das *auspicium* und über die *potestas*. Uns sind aus ihnen nur Fragmente erhalten, die beweisen, daß es sich bei diesen Schriften eher um Anleitungen für den Magistrat gehandelt hat als um Reflexionen über das Wesen des Staates. Wichtiger als sie sind die staatstheoretischen Schriften Ciceros und die Darstellung des römischen Staates durch Polybios im 6. Buch von dessen Universalgeschichte, die neben konkreten Angaben über den Aufbau auch eine Interpretation des römischen Staates enthalten. Die Interpretationen sind abhängig von den Gedanken, die die Griechen seit Platon und Aristoteles und dann wieder in der stoischen Philosophenschule sich über den Staat ganz allgemein gemacht haben und schließen insbesondere an den von den griechischen Philosophen entwickelten Gedanken der Unveränderlichkeit einer aus allen Grundtypen gemischten Verfassung an. Zu dem Modell der Mischverfassung haben sowohl Polybios als auch Cicero gegriffen, weil es eine handliche Erklärung für die Ursache des Wachsens und der Dauerhaftigkeit des römischen Staates zu geben schien: Die Ursache der Größe Roms glaubte man danach in der guten Mischung der drei als Elementartypen erkannten Verfassungen — Monarchie, Aristokratie, Demokratie — sehen zu können. In diesen Abhandlungen steckt, auch abgesehen von dem Gedanken der Mischverfassung, viel griechische Philosophie, die weniger vom realen Staat ausgeht als vielmehr über den besten Staat reflektiert und die Realitäten mehr oder weniger mühsam in das philosophische Substrat einpaßt. Doch fallen auch diese Schriften nicht völlig für eine moderne Analyse des römischen Staates aus, und es sind nicht nur die in diesen Schriften verstreuten konkreten Angaben über die staatliche Organisation und das staatliche Leben, die zur Erhellung der republikanischen Verfassung beitragen können, sondern es kann auch gerade die in philosophische Gedanken eingekleidete Auffassung der Römer von ihrem Staat, insbesondere die in ihr zutage tretende Wertwelt sachdienliche Aufschlüsse über das Wesen der Republik geben. Von den philosophischen Schriften Ciceros sind für unsere Betrachtungen vor allem die Werke „Über den Staat" (*de re publica*), „Über die Gesetze" (*de legibus*) und „Über die Pflichten" (*de officiis*) wichtig.

Die Masse unseres Materials zur römischen Republik müssen wir aber aus den historischen Schriften, aus Reden, Briefen, Biographien über einzelne große Männer, aus Sammlungen über bemerkenswerte Taten, aus einzelnen — in republikanischer Zeit noch seltenen — Inschriften, aus den Münzen, baulichen Überresten und Bodenfunden entnehmen. Wir haben dabei allerdings zu bedenken, daß diese Quellen für die verschiedenen Perioden der langen republikanischen Geschichte verschieden reichlich fließen und auch verschieden zuverlässig sind. Dieser Tatbestand zwingt uns sogar, eine verhältnismäßig scharfe Zäsur in der Mitte des 3. Jahrhunderts v. Chr. anzusetzen, vor dem die Quellenlage eine völlig andere ist als nachher. Die römische Literatur setzt nämlich erst in der Mitte des genannten Jahrhunderts ein. In der vorliterarischen Zeit hat es zwar nicht ganz an schriftlichen Aufzeichnungen gefehlt — es gab Beamtenlisten und eine magere (uns nicht direkt überlieferte), wohl nicht über das Ende des 4. Jahrhunderts v. Chr. hinausgehende Chronik —, und sie haben sich auch in der späteren literarischen Tradition niedergeschlagen, aber das, was uns hier über diese ältere Tradition berichtet wird (wir lesen es vor allem bei Livius und Dionys v. Harlikarnaß), ist zu einem großen Teil und, je weiter wir in die römische Geschichte zurückgehen, desto umfassender eine aus freien Stücken komponierte Frühgeschichte, die nur wenig echte Tradition enthält. Die Frühgeschichte Roms (vor dem letzten Drittel des 4. Jahrhunderts v. Chr.) und damit auch der frühe römische Staat ist also eine aus einer späten Bewußtseinslage konstruierte Geschichte bzw. ein konstruierter Staat, der die Wertwelt und die Probleme der Spätzeit in die Anfänge Roms projiziert hat. Man tut am besten, diese konstruierte Geschichte gänzlich zu verwerfen. Dazu drängt den Historiker nicht nur die Entstehungsgeschichte der späten, uns allein erhaltenen Geschichtsschreibung über das frühe Rom; auch eine immanente Interpretation der Berichte über die Frühzeit beweist sehr schnell, daß so gut wie nichts übrig bleibt, wenn alle Angaben offensichtlich später Herkunft herausgenommen werden. Diese Sachlage zwingt uns zu (gegenüber der späteren Zeit) völlig anderen Methoden der Materialgewinnung. Wir müssen nämlich unsere Kenntnisse in erster Linie aus der Institutionen- und Begriffsgeschichte, d. h. aus den sozialen, politischen und rechtlichen Einrichtungen, Regeln und Begriffen des späteren staatlichen Lebens schöpfen. Da die Institutionen und Begriffe oft jahrhundertealt sind und meist auch dann, wenn ihr ursprünglicher Sinn verloren war, noch weiterlebten — sei es nun in einem veränderten Sinn, sei es nur als bloßes, ehrfürchtig noch mitgeschlepptes Rudiment ohne politische Wirksamkeit —, können wir aus ihnen oft die älteren Stufen der Entwicklung noch herauslesen und folglich die Entwicklungsetappen des staatlichen Lebens rekonstruieren. Die unterschiedlichen Typen der Volksversammlungen etwa (*comitia curiata*, *comitia centuriata*, *comitia tributa*, *concilium plebis*), einzelne Ämter (z. B. *tribunus plebis*) und Amtsgewalten (*ius auxilii* des Volkstribunen), merkwürdige Gesetzesnormen (wie die, wonach der gewählte Beamte mit *imperium* vor dem Auszug aus der Stadt noch eine *lex curiata* einzuholen hat), Insignien (z. B. die Tracht des Triumphators, die auf den König verweist) und vieles andere liefern uns daher Material zur Erhellung der älteren römischen Geschichte. Die Wortetymologie, die Namensforschung und die Archäologie können hier und da unser Bild des frühen Rom noch ergänzen oder korrigieren, die Etymologie z. B. durch die Klärung des ursprünglichen Sinns später noch gefeierter religiöser Feste, die Namensforschung dadurch, daß sie anhand des Studiums der römischen Eigennamen den Anteil der Etrusker am Patriziat festzustellen sucht, und die Archäologie etwa durch die Aufdeckung der frühesten Siedlungsentwicklung auf dem Boden des späteren Rom.

Für die Zeit der Weltherrschaft sind wir besser unterrichtet. Zwar wissen wir auch hier mehr über die Spätphase, also die Zeit von den Unruhen unter den Gracchen (133—122 v. Chr.) bis zur Alleinherrschaft Caesars (49—44 v. Chr.), als über die Zeit des Aufstiegs zur Weltherrschaft (264—133 v. Chr.). Aber auch über die frühere Phase unterrichten uns ausführliche und vertrauenswürdige Berichte und gelegentlich auch schon Schriften, die Ereignisse ihrer eigenen Zeit behandeln, oder gar Dokumentarquellen (vor allem Inschriften).

Aus der historischen Überlieferung ist für die Interpretation der römischen Republik besonders Livius (69 v. Chr. bis 17 n. Chr.) wichtig. Er gehört zu den Annalisten, so genannt, weil sie die Ereignisse nach einzelnen Jahren gegliedert aufzeichneten. Das Werk des Livius ist uns nur teilweise erhalten. Von den 142 Büchern, in denen Livius die römische Geschichte von den Anfängen bis auf seine Zeit (Endpunkt: 9 n. Chr.) dargestellt hat, sind — neben den ersten 10 Büchern (bis 293 v. Chr.) — die Bücher 21 bis 45 (218—167 v. Chr.) und kurze Auszüge aus allen anderen Büchern auf uns gekommen. Livius steht als Annalist bereits in einer langen Tradition. Die ältesten Annalisten, die gegen Ende des 3. und zu Beginn des 2. Jahrhunderts v. Chr. schrieben, verfaßten ihre Annalen noch in griechischer Sprache, dies entweder, weil sie sich in erster Linie an Griechen als an die für Historiographie empfängliche Öffentlichkeit wenden wollten, oder eher weil es noch keine lateinische Prosaliteratur gab und die ersten schüchternen Versuche der lateinisch geschriebenen Historiographie sich daher auf die große Tradition der griechischen Literatur zu stützen wünschte. Nach diesen frühen Vertretern der römischen Geschichtsschreibung — der bekannteste ältere Annalist war Q. Fabius Pictor — folgten schon in der Mitte des 2. Jahrhunderts die ersten lateinischen Annalen, die im Laufe der Zeit durch die Phantasie der Autoren und durch den Hang zu einer breiten, nunmehr bereits rhetorisch ausgefeilten Darstellung immer umfangreicher wurden. Die sullanische Zeit bildete für die römische Annalistik einen Höhepunkt; die gesamte Tradition wurde damals vor allem von vier Annalisten, Q. Claudius Quadrigarius, Valerius Antias, C. Licinius Macer und Q. Aelius Tubero, bearbeitet. Von der reichen annalistischen Literatur vor Livius sind jedoch lediglich Fragmente erhalten. Für uns ist sie nur indirekt in dem Werk des Livius greifbar, in dem sich die republikanische Annalistik gleichsam sammelt. Das Livianische Werk, das — abgesehen von der Frühgeschichte — leider nur für den Hannibalischen Krieg und für die frühe Ostpolitik vollständig vorliegt, wird ergänzt durch eine Reihe griechischer Historiker, die die lateinischen Annalen benutzt haben, so in erster Linie von Dionys von Halikarnaß (schrieb in der zweiten Hälfte des 1. Jahrhunderts v. Chr.) mit seiner „Römischen Archäologie" (sie behandelt in 20 Büchern die Zeit von den Anfängen Roms bis zum 1. Punischen Krieg; erhalten sind uns die ersten 10 Bücher, das 11. Buch lückenhaft und Fragmente aus den restlichen Büchern), von Diodor aus Agyrion auf Sizilien (lebte im 1. Jahrhundert v. Chr.), aus dessen z. T. erhaltenen Universalgeschichte u. a. wertvolle Angaben zur Geschichte der mittleren Republik auf uns gekommen sind, ferner von Cassius Dio (er hatte unter dem Kaiser Alexander Severus hohe Ämter inne, u. a. war er im Jahre 229 n. Chr. zum 2. Male Konsul), der uns gute Daten zur ausgehenden Republik liefert, und schließlich von Appian (ca. 100—170 n. Chr.), dessen „Römische Geschichte" ebenfalls viel Material vor allem über die ausgehende Republik enthält. Auch die Biographien römischer Politiker aus der Feder des griechisch schreibenden Plutarch von Chaironeia/Böotien (ca. 45 bis 125 n. Chr.) stellen eine sehr wichtige Ergänzung unseres Wissens gerade für besonders schlecht belegte Perioden dar.

Einen hervorragenden Wert haben für uns natürlich die zeitgenössischen Quellen, deren Masse in die Zeit der ausgehenden Republik gehört. Die wichtigsten Autoren sind hier Sallust (86—34 v. Chr.), Cicero (106—43 v. Chr.) und Caesar (100 bis 44 v. Chr.). Das Hauptwerk Sallusts, die Historien, das die Geschichte zwischen den Jahren 78 und 67 v. Chr. behandelte, ist uns nur in — zum Teil auch umfangreicheren — Fragmenten erhalten. Von hohem Wert sind jedoch auch seine Monographien über die Catilinarische Verschwörung und den Jugurthinischen Krieg sowie seine beiden Briefe an Caesar. Um ein vielfaches umfangreicher ist das Werk Ciceros, das durch das politische Engagement seines Autors für den Historiker nicht nur in seinem praktisch-politischen Teil von höchstem Interesse ist. Die Reden, Briefe und philosophischen bzw. rhetorischen Schriften Ciceros geben uns eine Fülle von konkreten Angaben über die Organisation des Staates, über die Regeln und Gewohnheiten des politischen Lebens, über die allgemeine Bewußtseinslage der Menschen und über ihre Reflexion auf die ihnen wesentlich erscheinenden Phänomene des politischen, religiösen und privaten Lebens. Für die richtige Interpretation des Werkes ist selbstverständlich eine gute Kenntnis der Persönlichkeit Ciceros und deren Entwicklung unerläßlich. Hierüber informiert u. a. das Buch von M. Gelzer, Cicero, 1969. Caesar war ebenfalls ein begabter und fruchtbarer Schriftsteller. Von ihm sind nur seine Abhandlungen bzw. Berichte über die von ihm geführten Kriege auf uns gekommen, insbesondere die *commentarii* über den Gallischen Krieg und über den Bürgerkrieg. Sie enthalten neben der Kriegsgeschichte im engeren Sinne unschätzbares Material zur politischen Geschichte der Zeit.

Neben der literarischen Überlieferung haben wir an Dokumentarquellen eine Reihe von Inschriften und Münzen. Obwohl die Inschriften noch wenig zahlreich sind, liefern sie doch bereits außerordentlich wichtiges Material (Sammlung: A. Degrassi, *Inscriptiones Latinae liberae rei publicae*, 2 Bde., 1957—1963). Die römische Münzprägung war bis zur Mitte des 3. Jahrhunderts v. Chr. Kupferprägung, seitdem eine Silberwährung (Grundeinheit seit dem Ende des 2. Jahrhunderts der *denarius*, Recheneinheit war meist $1/4$ Denar = 1 *sestertius* oder die alte Kupfermünze, das As); Goldmünzen sind während der Republik nur in Ausnahmesituationen geprägt worden. Die Münzen sind sowohl für die Währungsgeschichte als auch durch die Münzbilder für die politische Geschichte interessant (Sammlung: E. A. Sydenham, The coinage of the Roman republic, 1952).

b) Die Forschung

Im Mittelalter und in der Frühen Neuzeit haben sich die Menschen intensiv mit dem republikanischen Staat befaßt. Er interessierte sie, wie schon in der Antike, besonders deswegen, weil sie in ihm die Ursache oder eine der Ursachen für die Größe Roms sahen. So analysierte man unter diesem Aspekt Verfassung und Gesellschaft der Römer und versuchte, die gewonnenen Ergebnisse als Lehrstück für die Gegenwart zu verwerten. Die berühmtesten Versuche dieser Art unternahmen Niccolò Machiavelli (1469 bis 1526) in seinen Discorsi sopra la prima deca di Tito Livio und Charles-Louis Montesquieu (1689—1755) in seinen considérations sur les causes de la grandeur des Romains et de leur décadence. Hatten diese und ähnliche Abhandlungen ihren eigentlichen Zweck vor allem in der Erklärung der Größe Roms, das bis dahin noch immer wichtigster historischer und politischer Bezugspunkt war, und in der Anwendung der Erklärung auf die eigene Zeit, setzte mit dem Beginn der modernen wissenschaftlichen Geschichtsbetrachtung Anfang des 19. Jahrhunderts eine neue Entwicklung ein, die den römischen Staat um seiner selbst willen betrachten und verstehen wollte.

Am Anfang steht hier Barthold Georg Niebuhr (1776—1831), ein Schleswig-Holsteiner, vor seiner wissenschaftlichen Karriere in dänischen und preußischen Diensten und hier auch Helfer des Freiherrn vom Stein in der preußischen Reformzeit. Mit ihm beginnt die wissenschaftliche Kritik an den überkommenen Quellen. Zwar hat diese Kritik bereits vor Niebuhr eingesetzt, und dies gerade in der zweiten Hälfte des 18. Jahrhundert, doch begann Niebuhr mit einer grundsätzlich neuen Methode der Quellenbehandlung, die den Wert einer Quelle weniger durch immanente Kritik als durch die Erforschung ihrer Entstehungsgeschichte feststellte, und wenn auch seine Ergebnisse später verworfen werden mußten, erhielt seine Methode doch kanonische Geltung und hat die Voraussetzung für eine verhältnismäßig klare Bewertung unserer Quellen geschaffen. Für die Beurteilung des republikanischen Staates hat Niebuhr nicht minder viel geleistet, indem er die bis dahin lediglich als „Altertümer“, also in vornehmlich antiquarisch-sammelnder Weise in Handbüchern zusammengestellten Daten zur römischen Geschichte mit politischem Leben füllte: Er erkannte, daß das Leben und Streben der Menschen grundsätzlich wie zu seiner Zeit in einen politischen Rahmen gestellt war und folglich die allgemeinen Probleme der Frühzeit Roms auch von den Problemen der Zeit des Historikers her gesehen werden konnten, ja gesehen werden mußten. Die Interpretation der Vergangenheit aus der Praxis der Gegenwart hat zu seiner Zeit den größten Eindruck gemacht, und wenn Niebuhr auch hier wieder weit über das Ziel hinausschoß, blieb doch ebenso wie in der Quellenkritik der methodische Ansatz erhalten: Die Lösung der tradierten Geschichte aus den seelenlosen, gelehrten Kompendien der Antiquare und ihre Interpretation aus allgemeinen, zu allen Zeiten geltenden (oder auch als geltend unterstellten) Prämissen, d. h. die Betrachtung der Vergangenheit als eine lebendige, wirklich gewesene (nicht bloß in den erstarrten Traditionen der Bücher lebende) Welt ist das Werk Niebuhrs, und insofern stehen alle Historiker, nicht nur die der antiken Geschichte, auf seinen Schultern und behalten seine Schriften, vor allem die in erster Fassung im Jahre 1811/12 erschienene „Römische Geschichte", bleibenden Wert, auch wenn man über deren konkrete Ergebnisse längst hinausgelangt ist.

Die weitere Entwicklung der Forschung zum römischen Staat ist geprägt durch den Namen Theodor Mommsens (1817—1903), auch er ein Schleswig-Holsteiner und auch er aktiv in der Politik tätig; er war einer der großen Liberalen der Jahrhundertmitte. Wenn die Grundlagen der wissenschaftlichen Forschung zum römischen Staat durch Mommsen für über ein halbes Jahrhundert, ja in gewissen Grenzen bis auf den heutigen Tag festgelegt wurden, liegt das zunächst an der gelehrten Akribie und der aus ihr resultierenden Autorität des genialen Historikers, aber auch daran, daß die besondere Methode, in der Mommsen den römischen Staat darstellte, mit dem Geist nicht nur seiner Zeit, sondern auch der Zeit der ihm folgenden Generationen übereinstimmte. Zum Verständnis des Mommsenschen Werkes über den römischen Staat („Römisches Staatsrecht", 3 Bde., 1887/1888,

Bd. 1—2 in 3. Auflage) muß daher vor allem seine Darstellungsmethode vorgestellt werden.

Mommsen hat als Jurist angefangen und hatte sich als solcher mit dem *ius commune* bzw. mit der Wissenschaft befaßt, die sich mit diesem „gemeinen", aus dem römischen Privatrecht rezipierten Recht beschäftigte. Die Wissenschaft von dem (rezipierten) römischen Recht hatte aber gerade unter dem Einfluß der Historischen Schule Friedrich Carl v. Savignys (1779—1861) und seines Schülers Georg Friedrich Puchta (1798—1846) eine besondere Entwicklung durchgemacht. Savigny glaubte, daß das Recht seiner Zeit durch das Studium der Geschichte des damals geltenden römischen Rechts zu erkennen wäre und so die Gegenwart aus der Vergangenheit sichtbar würde. Die lange Entwicklung des Rechts garantierte danach ein Doppeltes: Einmal waren alle denkbaren zwischenmenschlichen Verhältnisse im Recht erfaßt und zum anderen der Volksgeist in eine Übereinstimmung mit dem über die Jahrhunderte tradierten Recht gelangt. Die Aufgabe des Juristen war es nach Savigny, das überkommene Rechtsgut zu sammeln und von dem mehr „Zufälligen" zu reinigen. Dem historischen Ausgangspunkt seiner Idee entsprechend wehrte sich Savigny gegen eine Kodifikation. Aber der in der Lehre bereits angelegte innere Widerspruch zwischen Geschichte und Systematik kam dann in der Schülergeneration Savignys zum Tragen, nachdem Savigny durch sein großes Spätwerk „Das System des heutigen römischen Rechts" noch selbst die Wendung zur Systematik eingeleitet hatte. Puchta wandte sich dann ganz von dem historischen Ausgangspunkt ab und der „logischen" und „vernünftigen" Seite des Rechts zu, d. h. er löste die Rechtssätze und Rechtsinstitutionen aus ihrem historischen Kontext und faßte sie als in sich selbst ruhende Institutionen bzw. Begriffe in einem System zusammen, das alle Glieder zu einem großartigen Gebäude des Rechts verband. Diese als „Begriffsjurisprudenz" in die Rechtsgeschichte eingegangene Richtung eroberte nicht nur das gesamte *ius commune*, also das damals geltende römische Privatrecht (von den Pandekten, dem zentralen Teil der Justinianischen Rechtskodifikation, auch Pandektistik genannt), sondern auch das deutsche Recht und schließlich das gesamte öffentliche Recht.

Das erste Staatsrecht des 2. Deutschen Reiches wurde von Paul Laband ganz in diesem Sinne geschrieben. In dem Maße, wie die Begriffsjurisprudenz weitere Rechtsgebiete erfaßte, perfektionierte sie sich. „Wissenschaftliches Recht" war bald nur noch das durch die Begriffsjuristen bearbeitete Recht. Die Systeme wurden immer „logischer" durchdacht, die Vollständigkeit immer schärfer postuliert und dabei die Rechtsmaterie immer weiter von der Wirklichkeit des zwischenmenschlichen Lebens gelöst. Die im Positivismus erstarrenden logischen Gebäude der Begriffsjuristen, aus denen man alle gegenwärtigen und künftigen Lücken in einer Art gelehrter Arroganz logisch-deduktiv schließen zu können glaubte, blieben trotz aller Kritik nicht nur erhalten, sondern beherrschten bis vor 50 Jahren das Denken der Juristen.

Entscheidend wurde es nun für die Forschungsgeschichte zum römischen Staat, daß Theodor Mommsen die Methode der Begriffsjuristen auch auf den historischen Staat übertrug. Nach ihm haben andere Historiker dasselbe auch für andere Perioden der Geschichte getan, doch keines dieser Werke ist in der Durchführung dem Mommsens vergleichbar. Die Wirkung der Methode auf den Forschungsgegenstand, nämlich den römischen Staat, zeigte sich zunächst einmal darin, daß für die Interpretation des römischen Staates nur das als wesentlich erachtet wurde, was von den Römern in die Rechtsform gegossen oder doch durch die Gewohnheit in eine Nähe zum Recht gerückt worden war. Staatslehre ist also für Mommsen, wie für alle Begriffsjuristen, identisch mit Staatsrechtslehre. Politik, Ökonomie, Soziologie, Philosophie und andere Gebiete, die wir heute wie selbstverständlich zur Interpretation des Staates heranziehen, blieben von vornherein außerhalb der Betrachtung. Zum anderen wirkte die Methode auch in dem Gedanken der Systematik: Die gesamte römische Staatengeschichte, von der Königszeit bis zum Ende des Prinzipats (753 v. Chr. bis 284 n. Chr.), also über tausend Jahre römischer Staatengeschichte, wurden auf einen Punkt zusammengezogen. Zwar trägt Mommsen innerhalb der Darstellung der einzelnen Rechtselemente der historischen Entwicklung oft Rechnung, und bisweilen nimmt auch ein ganzes Kapitel auf sie Rücksicht (Bd. 2, 2. Teil ist allein dem Kaiser, also einem nur zwischen 27 v. Chr. bis 284 n. Chr. wirkenden Rechtsphänomen gewidmet), aber im Prinzip wird die öffentliche Rechtsmaterie dieser Zeit nicht unter chronologischem, sondern unter systematischem Gesichtspunkt abgehandelt, die einzelnen Elemente der magistratischen Gewalt, die einzelnen Magistraturen und die anderen Institutionen ohne Rücksicht auf ihre Entwicklung besprochen. Schließlich wirkte sich die Methode auch darauf aus, daß im Mittelpunkt des Rechtssystems Begriffe bzw. Institutionen gestellt sind; es wird also von dem einzelnen Begriff, wie z. B. vom magistratischen *imperium*, der magistratischen *potestas* und dem *auspicium* her gedacht, und die einzelnen Begriffe und Institutionen werden so in Beziehung zueinander gesetzt, daß alles zusammen „stimmig" ist.

Die Kritik an dieser Auffassung ist leicht zur Stelle: Der Staat ist nicht nur in seinem Recht darstellbar; der Versuch, eine tausendjährige Entwicklung in einem System logisch aufeinander bezogener Begriffe zusammenzuraffen, ist ein Widerspruch in sich selbst, da die Geschichte gerade nicht Unbeweglichkeit und auch nicht Vernünftigkeit, jedenfalls beides nicht als apriorische Prämisse demonstriert. Auch der Gedanke, daß eine juristische Dogmatik, die aus geltender Rechtsmaterie ein System schafft und für die Anwendung des Systems die Vorstellung von Geltung wie selbstverständlich voraussetzt (und dabei ebenso selbstverständlich die Rechtsanschauung der Zeit sowohl bei der Bildung als auch bei der Anwendung des Systems berücksichtigt), auf den historischen Staat anwendbar sei, muß uns heute befremden, denn das Recht des historischen Staates kann für den Historiker nicht die Vorstellung gegenwärtiger Geltung enthalten, weil er nicht auf die Rechtsanschauung seiner historischen Subjekte als auf etwas, das auch heute noch produktiv ist, sondern nur auf Quellen zurückgreifen kann; die Quellen können zwar die Gültigkeit von Rechtssätzen beweisen, aber sie können nicht ein System bestätigen, das es in der Vergangenheit nicht gab, sondern das lediglich als ein in der Vergangenheit geltendes konstruiert wurde.

Nichtsdestoweniger dürfen wir das „Römische Staatsrecht" von Mommsen nicht einfach mit dem Hinweis auf seinen rechtspositivistischen Charakter beiseite legen; es läßt sich vieles zu seinen Gunsten sagen. Für das Werk spricht auch nicht nur die glänzende Durchführung des Ganzen; dagegen könnte man einwenden, daß gerade das „glänzende Gebäude" am meisten Fehler enthalte. Der beste Fürsprecher ist zunächst die ganz naive Feststellung, daß das Werk auch bei den Gegnern des Rechtspositivismus einen nachhaltigen Eindruck gemacht hat, denn die nicht am Positivismus ausgerichtete moderne Forschung hat sehr viele Ergebnisse des „Römischen Staatsrechtes" anerkannt und manche, denen man zunächst widersprochen hatte, erneut aufgegriffen. Dieser Tatbestand ist ein Eingeständnis dafür, daß die Mommsensche Systematik in die Forschung zum römischen Staat nicht nur eine allgemeine Ordnung gebracht hat, von der aus man weiterforschen konnte, sondern sie ohne Zweifel für manche Phänomene überhaupt erst die Augen geöffnet und darüber hinaus gelehrt hat, den römischen Staat als Ganzen, nicht nur seine einzelnen Teile zu verstehen. Der dauernde Erfolg des Werkes, der heute angesichts der verwendeten Methode fraglich erscheinen könnte, ist einmal darin begründet, daß Mommsen ganz offensichtlich nicht die Fehler gemacht hat, die manche seiner mediävistischen Kollegen begingen. So verwendete er für die Grundlage seiner Systematik nur Begriffe, die der römischen Begriffswelt selbst angehörten, unterstellte ihr also keine modernen Begriffe (mit einer Ausnahme: Mommsen gebrauchte den Begriff der Souveränität; allerdings richtet der Begriff so, wie Mommsen ihn verwendete, in dem Werk keinen großen Schaden an). Er war ferner viel zu sehr Historiker, um nicht jeweils den Wandel der Institutionen zu berücksichtigen. Vor allem aber hat die rigorose Ordnung des Materials, das er in bis auf den heutigen Tag unübertroffener Weise beherrschte, sowohl ganze Bereiche des römischen Staatslebens als auch deren kleinste Teile dem Zugriff des Historikers erst eröffnet; die Systematik als Mittel begreifender Darstellung ist durch Mommsen in der erdenklich umfassendsten Weise genutzt worden.

Dies alles und auch der Umstand, daß nicht nur seine Zeit, sondern ebenso die Generationen nach ihm die verwendete juristische Methodenlehre als für die Darstellung auch historischer Staaten maßgebende Form wissenschaftlicher Arbeitsweise anerkannten, hat dazu geführt, daß die Forschung zum römischen Staat noch lange nach Mommsen an dessen „Römischem Staatsrecht“ gebunden blieb und daß die ersten Versuche, gegenüber seinem Werk eine kritische Position aufzubauen, noch ganz von ihm abhängig waren. Heinrich Siber versuchte in seinem „Römischen Verfassungsrecht in geschichtlicher Entwicklung“ (1952), das in seinem Titel bereits den Widerspruch gegen Mommsen zu erkennen gibt, der Geschichte dadurch gerecht zu werden, daß er die römische Staatengeschichte wieder in Perioden gliederte und damit die alles umfassende Systematik aufgab. Aber sein Werk ist ganz auf den Ergebnissen Mommsens aufgebaut; es wirkt wie ein „in Scheiben geschnittener“ Mommsen und ist da, wo es originell sein möchte, oftmals gerade auf dem verkehrten Weg. Von den neueren allgemeinen Darstellungen zum Staat der römischen Republik bemühen sich die „Römische Rechtsgeschichte“ von G. Dulckeit (1966[4]) und das ausgezeichnete Buch von Ernst Meyer (Römischer Staat und Staatsgedanke, 1964[3]), alle Phänomene des staatlichen Seins zu behandeln. Allerdings verfahren diese Arbeiten entsprechend der allgemeinen, aus der Reaktion gegen Mommsen hervorgehenden Kritik an einer systematischen Darstellung des römischen Staates chronologisch, und wenn auch überall innerhalb der einzelnen Perioden systematische Betrachtungen angestellt worden sind, kommen doch die typischen Charakteristika der republikanischen Ordnung nicht immer klar heraus.

Schon die beiden zuletzt genannten Arbeiten, die auch die Forschung der vergangenen 50 Jahre verarbeitet haben, zeigen, daß die durch die Autorität Mommsens verursachte Erstarrung der Forschung zum römischen Staat überwunden wurde. Zwar ist das „Römische Staatsrecht“ nicht ganz auf die Seite gelegt worden; es ist in der Tat in vielerlei Hinsicht noch ein lebendiges Stück Wissenschaft zum römischen Staat, nicht nur billige Materialgrube für Sachdaten und Quellenangaben. Aber es wurde doch ergänzt und auch korrigiert durch die Beschäftigung mit Wissenschaftszweigen, die Mommsen schon von seiner Methode her nicht beachten konnte und wollte. Besonders die moderne *Sozial- und Wirtschaftsgeschichte* hat von ganz anderen Fragestellungen her den römischen Staat betrachtet; z. T. sah sie dabei ganz von dem „Staatsrecht“ Mommsens ab und konnte dies auch tun. Als eine der frühesten und zugleich großartigsten Arbeiten dieser Richtung ist das Buch über die römische Nobilität von Matthias Gelzer anzusehen (1912). Im Anschluß an dieses Werk entwickelte sich ein ganzer Forschungszweig, der die republikanische und kaiserzeitliche Gesellschaft nach ihren sozialen und wirtschaftlichen Voraussetzungen untersuchte. Neben der Senatsaristokratie interessierte besonders der Ritterstand und die Honoratiorenschicht in den zahlreichen Städten auf dem römischen Territorium, ferner die Lage der Bevölkerung in den Provinzen und — der römischen Wirtschaftsstruktur angemessen — die agrargeschichtliche Entwicklung in Italien und im Reich. Mit letzterer hat sich u. a. auch Max Weber in seinen frühen Schriften beschäftigt (Die römische Agrargeschichte in ihrer Bedeutung für das Staats- und Privatrecht, 1891; Agrarverhältnisse im Altertum, Handwörterbuch der Staatswissenschaften I³, 1909, 52 ff.), doch ist die Forschung über seine Ergebnisse inzwischen hinausgewachsen. Entsprechend der Beschaffenheit unserer Quellen, die vielfach von Personen ausgehen, haben zahlreiche Arbeiten zu dem Lebensgang einzelner Personen, also prosopographische Arbeiten, die Voraussetzung für diese Untersuchungen geschaffen. Demgegenüber sind übergreifende Darstellungen zur Wirtschaftsgeschichte der Republik selten geblieben, und auch in jüngster Zeit ist wenig Neues hinzugetreten. Das hängt nur zum Teil damit zusammen, daß unsere Daten zur Wirtschaftsgeschichte der Republik nicht umfangreich sind. Vielmehr läßt sich die Wirtschaftsgeschichte nicht isoliert von der Sozialgeschichte betrachten und sind daher alle Werke über die Agrarverhältnisse und die soziale Entwicklung der einzelnen Gruppen der Gesellschaft, die deren wirtschaftliche Grundlage mit einbeziehen, ein angemessener Ersatz für die „reine“ Wirtschaftsgeschichte. — Die Sozial- und Wirtschaftsgeschichte steht selbstverständlich auch im Zentrum der marxistischen Literatur zur römischen Republik. Entsprechend der allgemeinen Forschungssituation in der ersten Hälfte des 19. Jahrhunderts, die vom neuhumanistisch-klassizistischen Geist geprägt war und demgemäß bestimmte, der Vorstellung vom „klassischen Altertum“ angemessene Perioden bevorzugte, hatten Marx und Engels aus der römischen Geschichte vornehmlich nur die Spätphase der Republik (133 bis 49 v. Chr.) zur Untermauerung ihrer entwicklungsgeschichtlichen Lehren herangezogen, und diese Tradition wirkt trotz der seit Stalin eröffneten breiteren Perspektive (es entfiel seitdem die Fixierung auf die Aussagen der Klassiker zur Antike, und es wurde mehr und mehr die gesamte Mittelmeerwelt zusammen mit dem Vorderen Orient und Asien in die Betrachtungen einbezogen) bis zu einem gewissen Grade auch noch heute nach. In dem marxistischen Geschichtsbild, nach dem sich die Menschheit in revolutionären Sprüngen von der Urgesellschaft über die Sklavenhaltergesellschaft, die feudale und bürgerliche Gesellschaft zum Sozialismus entwickelt, nimmt die griechisch-römische Antike den Platz der Sklavenhaltergesellschaft ein; die Antike, die seit dem 17. Jahrhundert als Periode begriffen wurde, deckt also gleichzeitig eine marxistische Entwicklungsstufe ab. Während sich die gesamte marxistische Literatur über die Funktion der Antike innerhalb des Entwicklungsschemas einig ist, sind die Meinungen nicht nur über viele Einzelfragen, sondern auch über einige Probleme, die den Kern der marxistischen Geschichtswissenschaft berühren, nämlich vor allem über die Frage nach den Klassen und nach der Art des Klassenkampfes, vielfach uneinheitlich und gelegentlich auch widerspruchsvoll. So kann man sich für die römische Republik nur schwer über die Rolle einigen, die — neben der Klasse der Sklaven und Sklavenhalter — die freien, aber verarmten Bürger („Lumpenproletariat“) als „Nebenklasse“ spielten, und es herrscht insbesondere auch Uneinigkeit darüber, welches Gewicht den Sklaven im aktiven Kampf der Klassen zukam; nach manchen (auch Marx und Engels z. B. haben ihre früheren Ansichten dahingehend modifiziert) wurde der eigentliche Klassenkampf zwischen den freien Reichen und den freien Armen geführt, demgegenüber die Sklaven unbeteiligt blieben und auch die späteren Sklavenkriege (zwischen 136 und 71 v. Chr.) nicht als revolutionäre Erhebungen anzusehen sind. Das jüngst ins Deutsche übersetzte Buch von E. M. Štaerman (Die Blütezeit der Sklavenwirtschaft in der römischen Republik,

1969) bemüht sich erneut um den Nachweis einer aktiveren Rolle der Sklaven im Klassenkampf. Zur Forschungslage vgl. F. Vittinghoff, Die Theorie des historischen Materialismus über den antiken „Sklavenhalterstaat", Saeculum 11, 1960, 89 ff. Eine sehr differenzierte, die Quellen behutsam ausschöpfende Darstellung aus der Feder eines Marxisten ist die „Römische Verfassungsgeschichte" von F. De Martino (vgl. dazu W. Kunkel, Zeitschr. Sav. Stiftg. Rom. Abt. 77, 1960, 370 ff.).

Neben dem sozialgeschichtlichen Ansatz entwickelte sich in den letzten Jahrzehnten eine Betrachtungsweise, die mit den Methoden und Fragestellungen der nach dem Kriege auch in der Bundesrepublik aufstrebenden Politologie arbeitete; außerhalb Deutschlands, besonders in den angelsächsischen Ländern, waren schon früher entsprechende Arbeiten erschienen. Man untersuchte die Institutionen, die Mommsen durch Abstraktion zu juristischen Zentralbegriffen gemacht und systematisch dargestellt hatte, nunmehr nach ihrer historischen und d. h. auch sich verändernden Funktion und nach ihrem Zusammenhang mit dem jeweiligen sozialen Hintergrund; die juristische Betrachtungsweise trat hier zum Teil — vielleicht als Reaktion auf Mommsen — stark zurück, wobei man dann allerdings bisweilen der Gefahr nicht ganz entging, eine den Römern bewußte und von ihnen beachtete Form und damit eben auch einen historischen Tatbestand außer acht zu lassen. Für diese Forschungen sind die Arbeiten der amerikanischen Gelehrten L. R. Taylor und das ausgezeichnete Buch von Chr. Meier, Res publica amissa (1966) typisch. Die Masse dieses Forschungszweiges schlug sich aber in Aufsätzen nieder. Einen besonderen Schwerpunkt bildete hier die Erhellung des technischen Ablaufs und der sozialpolitischen Bedeutung der Wahlen zu den Magistraturen in den römischen Volksversammlungen; angesichts der Bedeutung des Amtes für die Zusammensetzung der Nobilität und der inneren Kräfteverhältnisse, die die jeweilige Politik bestimmt haben, sind diese Untersuchungen von großem Wert.

Nicht minder wichtig sind einige bedeutsame Ansätze, die die politischen Begriffe zu analysieren und ihre historische Entwicklung zu verfolgen suchen; da diese Begriffe meist soziale

Verhaltensweisen und ethische Wertvorstellungen implizieren, werden durch sie die Bewußtseinslage der Menschen und deren Wandel erfaßt. In der ersten Hälfte dieses Jahrhunderts haben Untersuchungen dieser Art nicht nur Althistoriker, sondern auch Philologen angestellt. Sie kreisen jedoch vielfach um einen Kanon von Wertbegriffen, der in der spätrepublikanischen und besonders in der augusteischen Literatur als eine römische Wertwelt weitgehend absolut gesetzt und vielfach auch in den genannten modernen Arbeiten ohne Reflexion auf dessen historische Bedingtheit als realer Ausdruck römischen Empfindens und Denkens abgehandelt wurde (vgl. den von H. Oppermann herausgegebenen Sammelband „Römische Wertbegriffe", Wege der Forschung 34, 1967 mit dem Literaturverzeichnis S. IX ff.; eine Anzahl der dort aufgeführten Arbeiten muß im obigen Sinne charakterisiert werden). Die Aufgabe des Historikers liegt hingegen darin, die Begriffsgeschichte aufzuhellen und durch sie die jeweilige Bewußtseinslage und ihre Veränderungen zu erhellen. Einige sehr gute Untersuchungen zu einzelnen Begriffen aus der Feder von Philologen, die von der historischen Analyse des Begriffs ausgehen, sind die Aufsätze von R. Heinze über *auctoritas* und *fides* und von U. Knoche über *gloria* (1925, 1929 bzw. 1934). Stärker als bisher wenden sich auch die Historiker der Begriffsgeschichte zu. Besonders wertvolle Ansätze in dieser Richtung enthält u. a. das Buch von Ch. Wirszubski über *libertas* (1950). Die althistorische Forschung hat jedoch auf diesem überaus wichtigen Gebiet noch viel nachzuholen, bis sie den Forschungsstand der Mittleren und Neueren Geschichte, der sich jetzt in einem begriffsgeschichtlichen Lexikon niederschlägt, erreicht hat.

Einen verhältnismäßig großen Umfang nehmen in der modernen althistorischen Forschung diejenigen Arbeiten ein, die den äußeren Beziehungen Roms und deren innenpolitischen Voraussetzungen und damit auch ganz allgemein der äußeren Expansion des römischen Staates gewidmet sind. Naturgemäß spielt in ihnen die Frage nach den Ursachen der römischen Expansion eine hervorragende Rolle, die, auch abgesehen von der marxistisch beeinflußten Literatur, sehr verschieden beantwortet wurde und wird. Die alte Auffassung von einer eher defensiven, von der jeweiligen inneren und äußeren Konstellation abhängigen und in erster Linie auf eine Sicherung des Besitzstandes abzielenden Politik, die jedenfalls eine Expansion als Ziel der Politik nicht im Auge gehabt habe (sie vertrat u. a. auch Th. Mommsen in seiner „Römischen Geschichte"; aus der jüngeren Literatur vgl. auch M. Holleaux), steht eine andere gegenüber, die von einem Willen zur Herrschaft über andere ausgeht (vgl. z. B. J. Kromayer, Roms Kampf um die Weltherrschaft, in: Natur und Geisteswelt Nr. 368, 1912). Eine wichtige Voraussetzung für die Analyse der Entwicklungsursachen der Expansion wie auch für den Charakter des dann schließlich etablierten römischen Herrschaftsbereiches, der wiederum Rückschlüsse auf das Verhältnis der römischen Nobilität zur Expansion zuläßt, sind diejenigen Arbeiten, die die Formen des völkerrechtlichen Verkehrs Roms und den Wandel dieser Formen in der Zeit der Weltherrschaft untersucht haben. Neben dem älteren Werk von E. Täubler (1913) sind hier unter vielen anderen vor allem die Arbeiten von A. Heuß und W. Dahlheim zu nennen. — Eine besondere Stellung innerhalb dieses Komplexes nimmt das römische Bundesgenossensystem in Italien ein, für das trotz vieler Einzeluntersuchungen immer noch die Arbeiten von K. J. Beloch (1880) und A. Afzelius (1942) maßgebend sind; in allerjüngster Zeit ist jedoch dieser Komplex wieder stärker in den Blick gerückt. — Unter allen Arbeiten zur römischen Expansion sind diejenigen, die sich mit der Ausdehnung des Bürgergebietes im engeren Sinne (*ager Romanus*) beschäftigen, besonders wichtig. Auch die Erweiterung des Bürgergebietes enthält selbstverständlich ein Stück „Außenpolitik", und dies nicht nur deswegen, weil durch Kriege große Gebiete annektiert und deren Bewohner in den römischen Bürgerverband hineingezwungen wurden, sondern auch weil die Erweiterung zum Teil gerade unter Wahrung einer gewissen Selbständigkeit der Angegliederten erfolgte und also auch innerhalb des Bürgergebietes jedenfalls bis zu einem gewissen Grade ein „außenpolitisches" Klima erhalten blieb. Insofern die kontinuierliche Erweiterung des römischen Bürgergebietes eine Voraussetzung für die spätere Weltstellung Roms bildete, bestimmten die politischen Formen, durch die dieses Wachstum ermöglicht wurde, auch die Expansion des Herrschaftsbereiches (Bundesgenossensystem in Italien; Provinzialgebiet), und jede Diskussion um den römischen Imperialismus ist darum ohne Bezug auf diesen Komplex unfruchtbar. Gerade in jüngerer Zeit, und zwar besonders auch in England und Italien, hat man sich diesen Fragen gewidmet.

Seit dem 2. Weltkrieg ist auch das Interesse an der Geschichte der Geschichtswissenschaft gewachsen; es hat die Geschichte der Wissenschaft vom Altertum nicht ausgenommen. Eine Besinnung auf die Forschungsgeschichte war nach 150 Jahren wissenschaftlicher Tradition in der Tat überfällig, zumal durch die Zäsur der beiden Weltkriege zumindest zu dem 19. Jahrhundert eine gewisse Distanz gewonnen worden war. Auch der Mißbrauch der historischen Tradition durch den Nationalsozialismus hat manchen bewogen, sich stärker der Frage nach den Bedingungen zuzuwenden, unter denen die moderne Forschung jeweils stand und steht. Dabei richtete sich das Interesse vornehmlich auf das 19. Jahrhundert, weniger auf die althistorische Forschung der Zeit des Nationalsozialismus, und dies mit einem gewissen Recht. Denn die althistorischen Arbeiten dieser Zeit sind, zum Teil um den Preis des Rückzuges auf rein antiquarische Gebiete, im allgemeinen von entsprechenden Einflüssen verschont geblieben und dort, wo sie einbrachen, liegen sie so offen zutage, daß ein Hinweis sich kaum lohnt. Das, was hier wünschenswert wäre, nämlich eine eingehende Analyse der Entwicklung der gesamten Altertumswissenschaft (vornehmlich auch der Klassischen Philologie und der Behandlung der Altertumswissenschaft in der Bildungspolitik) seit dem Ende des vorigen Jahrhunderts, also seit dem Zurücktreten der Antike in dem allgemeinen Bildungshorizont, bis zum Jahre 1945, fehlt allerdings; sie berührt u. a. auch das Problem des Humanismus, insbesondere das des sogenannten (von W. Jaeger ausgehenden) 3. Humanismus. Zur Einführung in diesen Problemkreis bieten sich die Arbeiten von U. Hölscher, Die Chance des Unbehagens. Drei Essays zur Situation der klassischen Studien (1965), besonders S. 53 ff. und A. Hentschke/U. Muhlack, Einführung in die Geschichte der klassischen Philologie (1972), an.

Das moderne Interesse an Untersuchungen zur althistorischen Geschichtsschreibung des 19. und 20. Jahrhunderts kann selbstverständlich nicht auf eine „Entlarvung" der Geschichtsschreibung gerichtet sein, die die Zeitgebundenheit nur einfach feststellen und den Gegenstand dieser Geschichtsschreibung, nämlich die antike Geschichte, wohlmöglich mit einer neuen spezifischen Interpretation bearbeiten möchte — eine solche Intention würde auch nur wiederum den zeitgebundenen bzw. ideologiebezogenen Charakter dieser neuen Interpretation enthüllen —, sondern sie will vielmehr neben der Relativität aller historischen Forschung den Stellenwert herausarbeiten, den die althistorischen Arbeiten zu verschiedenen Zeiten und bei verschiedenen Personen innerhalb der Gesamtentwicklung der althistorischen Wissenschaft gehabt haben. Denn daß die Geschichtswissenschaft in den vergangenen 1½ Jahrhunderten fortgeschritten ist, wird niemand bestreiten, und das Bemühen darum, wie die positiven Daten der Geschichte, die Fragestellungen und rein wissenschaftlichen Techniken entstanden sind, wie sie sich gewandelt haben und was davon im Laufe der Zeit sich als konstant herausgestellt hat, ist zur Interpretation des historischen Geschehens ebenso wesentlich wie die historische Darstellung selbst, die ja von den Voraussetzungen abhängt, unter denen über Geschichte gehandelt wird. Naturgemäß hat sich das Interesse in erster Linie auf die bedeutenderen Historiker gerichtet, vor allem auf Barthold Georg Niebuhr, Johann Gustav Droysen (vgl. die bei K. Christ a. O. S. 357 ff. angegebene Literatur) und Theodor Mommsen (dazu A. Heuß; A. Wucher; L. Wickert).

Die althistorische Wissenschaft unterscheidet sich von anderen Teilbereichen der historischen Wissenschaft, etwa von der Geschichte der Neuzeit oder auch der Vor- und Frühgeschichte bzw. der Archäologie, insbesondere auch dadurch, daß der Bestand ihrer Quellen im großen ganzen konstant bleibt. Was durch Inschriften, Papyri und archäologische Denkmäler an Quellen hinzutritt, ist gewiß nicht unwesentlich, im Verhältnis zu anderen historischen Bereichen jedoch außergewöhnlich gering, und wenn durch neues Material unser Wissen auch hier und da ergänzt oder korrigiert wird, sind doch durch Neufunde keine umstürzenden Änderungen der heute gegebenen Quellenlage zu erwarten. Entsprechend ist die allgemeine Forschungssituation auch eine andere. Die Quellen sind seit dem Beginn des 19. Jahrhunderts aufgearbeitet, meist vielfach bearbeitet und somit die Masse des Materials verhältnismäßig übersichtlich erfaßt. Trotzdem ist es auch jetzt noch erforderlich, die zahllosen Daten weiterhin zu ordnen, und dies nicht nur deswegen, weil noch neue Quellen erschlossen werden. Das Bemühen darum, das gesamte Wissen von der Antike übersichtlich bereitzustellen, es noch besser und schneller greifbar zu machen, qualitativ bessere Zusammenstellungen und Handbücher zu bieten als die vorhandenen und schließlich auch die handbuchartige Bereitstellung von Sachkomplexen, denen die Forschung bisher weniger Gewicht beimaß, als eine neue Aufgabe aufzugreifen, ist als Voraussetzung für jedes historische Urteil eine notwendige Tätigkeit, die den größten Teil der Arbeitskraft des Historikers verlangt. Allerdings kann diese Forschungstätigkeit nicht den Zweck in sich selbst tragen, sondern muß sich verstehen als Voraussetzung dafür, daß sich die Wissenschaft unter veränderten Bedingungen immer wieder mit demselben Stoff auseinandersetzen und damit sich ihn erneut (unter Umständen unter anderen Fragestellungen) aneignen kann. Die Alte Geschichte und darunter auch die Verfassungsgeschichte der römischen Republik, die durch die allgemeine Bildungssituation aus dem Horizont des historischen Bewußtseins immer stärker schwindet, ist selbst dann, wenn sie — wie etwa die Ägyptologie und die Keilschriftenkunde — nur noch die Fachleute, also die Althistoriker selbst, als Publikum hätte, keine sich selbst genügende Wissenschaft, sondern hat als Teil der gesamten Historie, insbesondere der europäischen und der durch Europa beeinflußten außereuropäischen Teile der Erde Anteil an den Fragestellungen, die die Geschichte als Ganze berühren. Den Stellenwert, den die Alte Geschichte dabei innerhalb der Gesamtentwicklung Europas hat, ist gewiß nicht gering; über ihn zu sprechen, ist aber nicht Ziel dieses Buches.

Verzeichnis ausgewählter Literatur

Handbücher zur allgemeinen Geschichte der römischen Republik

Beloch, K. J.: Römische Geschichte bis zum Beginn der Punischen Kriege, 1926.

Cambridge Ancient History VII—IX, 1928—1932.

Heuß, A.: Römische Geschichte, 1964².

Niese, B./Hohl, E.: Grundriß der römischen Geschichte nebst Quellenkunde, in: Handbuch d. Altertumswiss., 1923⁵.

Sanctis, Gaetano De: Storia dei Romani I—IV, 1907—1964 (—133 v. Chr.).

Lexika

Broughton, T. R S./Patterson, M. L.: The magistrats of the Roman republic 509 B. C. — 31 B. C., I—II, 1951—1952.

Der Kleine Pauly, herausg. v. K. Ziegler, 1964 ff.

Lexikon der Alten Welt, herausg. v. C. Andresen / H. Erbse / O. Gigon / K. Schefold / K. F. Stroheker / E. Zinn, 1965.

Paulys Realenzyklopädie der classischen Altertumswissenschaft, neue Bearbeitung von G. Wissowa / W. Kroll / K. Mittelhaus / K. Ziegler, 1894 ff. (= RE)

Ruggiero, E. De: Dizionario epigrafico di antichità romane, 1895 ff.

The Oxford Classical Dictionary, edit. by N. G. L. Hammond / H. H. Scullard, 1970².

Handbücher zur republikanischen Verfassung

Abott, F. F.: A history and description of Roman political institutions, 1963³.

Arangio-Ruiz, V.: Storia del diritto romano, 1957⁷.

Dulckeit, G. / Schwarz, F.: Römische Rechtsgeschichte, 1966⁴.

Fowler, W.: Social life at Rome in the age of Cicero, 1916.

Frank, T.: An economic survey of ancient Rome, I: Rome and Italy of the republic, 1933.

Frank, T.: An economic history of Rome, 1927² (kurzer Abriß).

Heichelheim, F.: Wirtschaftsgeschichte des Altertums vom Paläolithikum bis zur Völkerwanderung der Germanen, Slawen und Araber, I—II, 1938 (engl. Übers. in 2. Aufl., 1958—1970).

Hellegouarc'h, J.: Le vocabulaire latin des relations et des partis politiques sous la république, 1963.

Herzog, E.: Geschichte und System der römischen Staatsverfassung I (mehr nicht erschienen), 1884.

Marquardt, J.: Römische Staatsverwaltung, I—III, 1881—1885².

Marquardt, J.: Das Privatleben der Römer I—II, 1879—1882.

Martino, F. De: Storia della costituzione romana, I—III, 1958—1960². 1961 (III).

Meier, Chr.: Res publica amissa. Eine Studie zur Verfassung und Geschichte der späten römischen Republik, 1966.
Meyer, E.: Römischer Staat und Staatsgedanke, 1964³.
Mommsen, Th.: Römisches Staatsrecht, I—III, 1887³.
Mommsen, Th.: Abriß des römischen Staatsrechts, 1893.
Mommsen, Th.: Römisches Strafrecht, 1899.
Siber, H.: Römisches Verfassungsrecht in geschichtlicher Entwicklung, 1952.
White, K. D.: Roman farming, 1970.

Literatur zu den einzelnen Kapiteln

I a (Das römische Volk)

Brockmeyer, N.: Arbeitsorganisation und ökonomisches Denken in der Gutswirtschaft des römischen Reiches, 1968 (zur Sklaverei in der Landwirtschaft und zu Catos Schrift de agricultura).
Brunt, P. A.: Italian manpower 225 B. C. — A. D. 14, 1971.
Heinze, R.: Fides, Hermes 64, 1929, 140 ff. (= ders., Vom Geist des Römertums, 1960, 59 ff.).
Hoffmann, W.: Plebs, RE XXI, 1951, 74 ff. s. v.
Lübtow, U. v.: Das römische Volk. Sein Staat und sein Recht, 1955.
Premerstein, A. v.: Clientes, RE IV, 1900, 23 ff. s. v.
Westermann, W. L.: The slave systems of Greek and Roman antiquity, 1955.

I b (Die aristokratische Gesellschaft)

Brunt, P. A.: The army and the land in the Roman revolution, Journ. Rom. Stud. 52, 1962, 69 ff.
Gelzer, M.: Die Nobilität der römischen Republik, 1912 (= ders., Kleine Schriften I 17 ff.).
Gelzer, M.: Die römische Gesellschaft zur Zeit Ciceros, Neue Jahrb. für d. klass. Altertum 23, 1920, 1 ff. (= ders., Kleine Schriften I 154 ff.).
Knoche, U.: Der römische Ruhmesgedanke, Philologus 89, 1934, 102 ff. (= Römische Wertbegriffe, Wege der Forschung 34, 1967, 420 ff.).
Münzer, F.: Römische Adelsparteien und Adelsfamilien, 1920.

I c (Der Ritterstand)

Alföldi, A.: Der frührömische Reiteradel und seine Ehrenabzeichen, 1952.
Badian, E.: Publicans and sinners. Private enterprise in the service of the Roman republic, 1972.
Hill, H.: The Roman middle class in the republican period, 1952.
Meier, Chr.: Res publica amissa, 1966, 64 ff.
Nicolet, C.: L'ordre équestre à l'époque républicaine (312—43 av. J.-C.), I: Définitions juridiques et structures sociales, 1966.
Stein, A.: Der römische Ritterstand, 1927.

I d (Die staatlichen Institutionen)

Bleicken, J.: Das Volkstribunat der Klassischen Republik. Studien zu seiner Entwicklung zwischen 287 und 133 v. Chr., 1955.

Heuß, A.: Zur Entwicklung des Imperiums des römischen Oberbeamten, Zeitschr. d. Savigny-Stiftung, Rom. Abt. 64, 1944, 57 ff.

Jashemski, W. F.: The origins and history of the proconsular and the propraetorian imperium to 27 B. C., 1950.

Martino, F. De: Origine della repubblica romana, in: Aufstieg und Niedergang der römischen Welt I (von den Anfängen Roms bis zum Ausgang der Republik) 1, 1972, 233 ff. (Zur Kollegialität vgl. ders., Costituzione a. O. I 187 ff.).

Mommsen, Th.: Römisches Staatsrecht, I—III, 1887[3].

Niccolini, G.: Il tribunato della plebe, 1932.

Nocera, G.: Il potere dei comizi e i suoi limiti, 1940.

O'Brien Moore: Senatus, RE Suppl. VI, 1935, 660 ff.

Siber, H.: Die plebejischen Magistraturen bis zur lex Hortensia, Leipziger rechtswiss. Studien Heft 100, 1936.

Stark, J.: Ursprung und Wesen der altrömischen Diktatur, Hermes 75, 1940, 206 ff.

Suolahti, J.: The Roman censors. A study of social structure, 1963.

Taylor, L. R.: The voting districts of the Roman republic, 1960.

Ungern-Sternberg v. Pürkel, J.: Untersuchungen zum spätrepublikanischen Notstandsrecht, 1970.

Wilcken, U.: Zur Entwicklung der römischen Diktatur, Abh. d. Preuß. Akad. d. Wiss., phil.-hist. Kl. Nr. 1, 1940.

Willems, P.: Le sénat de la république romaine, I—II, 1883—1885[2].

II a (Die Grundsätze aristokratischer Regierungspraxis)

Heinze, R.: Auctoritas, Hermes 60, 1925, 348 ff. (= ders., Vom Geist des Römertums, 1960, 43 ff.).

Martin, J.: Die Popularen in der Geschichte der späten Republik, 1965.

Meier, Chr.: Populares, RE Suppl. X, 1965, 549 ff. s. v.

Strasburger, H.: Optimates, RE XVIII, 1939, 773 ff. s. v.

s. auch unter I b.

II b (Der Anteil des Volkes am öffentlichen Leben: Staatliche Ordnung und Freiheit)

Bleicken, J.: Staatliche Ordnung und Freiheit in der römischen Republik, 1972.

Wirszubski, Chr.: Libertas as a political idea at Rome during the late republic and early Principate, 1950 (deutsch: Libertas als politische Idee im Rom der späten Republik und des frühen Prinzipats, 1967).

s. auch unter I a.

II c (Staat und Verwaltung)

Marquardt, J.: Römische Staatsverwaltung, I—II, 1881—1884².

Mommsen, Th.: Römisches Staatsrecht, I—III, 1887³.

s. auch unter I d.

II d (Das römische Heerwesen)

Gabba, E.: Esercito e società nella tarda repubblica romana, 1973.

Kromayer, J. / Veith, G.: Heerwesen und Kriegführung der Griechen und Römer, in: Handbuch der Altertumswiss., 1928.

Marquardt, J.: Römische Staatsverwaltung, II, 1884², 317 ff.

Meyer, Ed.: Das römische Manipularheer, seine Entwicklung und seine Vorstufen, 1923 (= ders., Kleine Schriften II, 1924, 193 ff.).

Thiel, J. H.: A history of the Roman sea-power before the second Punic war, 1954.

Thiel, J. H.: Studies on the history of Roman sea-power in republican times, 1946.

II e (Der Staat und sein Recht)

Kaser, M.: Das altrömische Ius. Studien zur Rechtsvorstellung und Rechtsgeschichte der Römer, 1949.

Kaser, M.: Das römische Zivilprozeßrecht, in: Handbuch d. Altertumswiss., 1966.

Kunkel, W.: Untersuchungen zur Entwicklung des römischen Kriminalverfahrens in vorsullanischer Zeit, Abh. d. Bayr. Akad. d. Wiss., phil.-hist. Kl. N. F., Heft 56, 1962.

Rech, H.: Mos maiorum. Wesen und Wirkung der Tradition in Rom, 1936.

Schulz, F.: Prinzipien des römischen Rechts, 1934.

Wenger, L.: Institutionen des römischen Zivilprozeßrechts, 1925.

Wieacker, F.: Vom römischen Recht. Zehn Versuche, 1961² (vgl. besonders S. 83 ff.: Der Prätor. Gerichtsherrschaft und Rechtsgang).

Wieacker, F.:, Das römische Privatrecht, 1955.

II f (Staat und Religion)

Bleicken, J.: Oberpontifex und Pontifikalkollegium, Hermes 85, 1957, 345 ff.

Latte, K.: Römische Religionsgeschichte, in: Handbuch d. Altertumswiss., 1960.

Wissowa, G.: Religion und Kultus der Römer, 1912².

Wagenvoort, H.: Wesenszüge altrömischer Religion, in: Aufstieg und Niedergang der römischen Welt, herausg. von H. Temporini, I 2, 1972, 348 ff.

II g (Die Erweiterung des römischen Bürgergebietes; das Problem der Romanisierung)

Manni, E.: Per la storia dei municipii fino alla guerra sociale, 1947.

Rudolph, H.: Stadt und Staat im alten Italien, 1935.

Salmon, E. T.: Roman colonization under the republic, 1969.
Sherwin-White, A. N.: The Roman citizenship, 1973².

III a (Das römische Bundesgenossensystem in Italien)

Afzelius, A.: Die römische Eroberung Italiens (340—264 v. Chr.), 1942.
Beloch, K. J.: Der italische Bund unter Roms Hegemonie, 1880.
Dahlheim, W.: Struktur und Entwicklung des römischen Völkerrechts im 3. und 2. Jahrhundert v. Chr., 1968.
Frezza, P.: Le forme federative e la struttura dei rapporti internazionali nell'antico diritto romano, Stud. et Doc. Historiae et Iuris 4, 1938, 363 ff.; 5, 1939, 161 ff.
Heuß, A.: Die völkerrechtlichen Grundlagen der römischen Außenpolitik in republikanischer Zeit, 1933.
Horn, H.: Foederati. Untersuchungen zur Geschichte ihrer Rechtsstellung im Zeitalter der römischen Republik und des frühen Prinzipats, 1930.
Täubler, E.: Imperium Romanum. Studien zur Entwicklungsgeschichte des römischen Reichs. I: Die Staatsverträge und Vertragsverhältnisse (mehr nicht erschienen), 1913.
Salmon, E. T.: Roman colonization under the republic, 1969.
Triepel, H.: Die Hegemonie. Ein Buch von führenden Staaten, 1943².
Ziegler, K.-H.: Das Völkerrecht der römischen Republik, in: Aufstieg und Niedergang der römischen Welt, herausg. von H. Temporini, I 2, 1972, 68 ff.

III b (Das Gebiet direkter Herrschaft: Provinzialgebiet)

Arnold, W. T.: The Roman system of provincial administration to the accession of Constantine the Great, 1914³.
Stevenson, G. H.: Roman provincial administration till the age of the Antonines, 1939.

III c (Aspekte der römischen Weltherrschaft)

Badian, E.: Foreign clientelae (264—70 B. C.), 1958 (dazu vgl. J. Bleicken, Gnomon 36, 1964, 176 ff.).
Badian, E.: Roman imperialism in the late republic, 1967.
Frank, T.: Roman imperialism, 1914.
Holleaux, M.: Rome, la Grèce et les monarchies hellénistiques au IIme siècle, 1921.
Triepel, H.: Die Hegemonie (s. u. IIIa).

IV (Über die Ursachen der Ausdehnung und der Dauerhaftigkeit des republikanischen Staates)

Fritz, K. v.: The theory of the mixed constitution in antiquity, 1954.
Heinze, R.: Von den Ursachen der Größe Roms, 1921 (= ders., Vom Geist des Römertums, 1960, 9 ff.).

Pallottino, M.: Etruscologia, 1963[5] (deutsch in der Fischer Bücherei: Die Etrusker, 1965).

Vogt, J.: Divide et impera. Die angebliche Maxime des römischen Imperialismus, in: Festschrift J. Haller, 1940 (= Das Staatsdenken der Römer, Wege der Forschung 46, 1966, 15 ff.).

V a (Die Quellen)

Gabba, E.: Considerazioni sulla tradizione letteraria sulle origini della repubblica, in: Fondation Hardt, Entretiens 13, 1967, 133 ff.

Klotz, A.: Livius und seine Vorgänger, Neue Wege zur Antike, 2. Reihe: Interpretationen, Heft 9—11, 1940—1941 (dazu vgl. M. Gelzer, Gnomon 18, 1942, 220 ff.).

Momigliano, A.: Perizonius, Niebuhr and the character of early Roman tradition, Journ. Rom. Stud. 47, 1957, 104 ff. (deutsch in: Römische Geschichtsschreibung, Wege der Forschung 90, 1969, 312 ff.).

Momigliano, A.: An interim report on the origins of Rome, Journ. Rom. Stud. 53, 1963, 95 ff.

Nissen, H.: Kritische Untersuchungen über die Quellen der 4. und 5. Dekade des Livius, 1863.

Rosenberg, A.: Einleitung und Quellenkunde zur römischen Geschichte, 1921.

Schanz, M. / Hosius, C.: Geschichte der römischen Literatur bis zum Gesetzgebungswerk des Kaisers Justinian, in: Handbuch der Altertumswiss., Teil I[2] (Die römische Literatur in der Zeit der Republik) — II[2] (Die römische Literatur in der Zeit der Monarchie bis auf Hadrian), 1927—1935.

Soltau, W.: Livius' Geschichtswerk, 1897.

Wenger, L.: Die Quellen des römischen Rechts, 1953.

V b (Die Forschung)

Christ, K.: Von Gibbon zu Rostovtzeff. Leben und Werk führender Althistoriker der Neuzeit, 1972.

Heuß, A.: Theodor Mommsen und das 19. Jahrhundert, 1956.

Heuß, A.: B. G. Niebuhr, in: Die großen Deutschen V, 1957, 208 ff.

Rythkönen, S.: Barthold Georg Niebuhr als Politiker und Historiker. Zeitgeschehen und Zeitgeist in den geschichtlichen Beurteilungen von B. G. Niebuhr, 1968.

Wickert, L.: Theodor Mommsen I—III, 1959—1969.

Wieacker, F.: Privatrechtsgeschichte der Neuzeit, 1952.

Wieacker, F.: Friedrich Carl v. Savigny, in: Gründer und Bewahrer, 1959, 107 ff.

Wucher, A.: Theodor Mommsen. Geschichtsschreibung und Politik, 1968[2].

Zeittafel

8./7. Jh. Gründung der Stadt Rom (Gründungsdatum nach der römischen Tradition: 753). Der Gründungsakt besteht in dem Zusammenschluß einer Anzahl etruskischer und latinischer Sippenverbände (*gentes*) unter der Führung eines etruskischen Königs und in der Konzentration der politischen Führung (König, Häupter der Sippenverbände) sowie der zentralen Kulte und Priestertümer in der ummauerten Stadt. Im Laufe der Zeit gewinnen die Geschlechter gegenüber dem Königtum an politischem Gewicht. — Schon in der Königszeit wird Rom die Hauptmacht eines Bundes latinischer Städte.

500/470 Die Häupter der Sippenverbände (Patrizier) verdrängen das Königtum und verwalten die politische Macht künftig durch einen jährlich wechselnden Beamten aus ihrer Mitte (*praetor maximus*); der Beamte ist von der Versammlung der Patrizier (Senat) abhängig.

ca. 470—300 Ständekampf: Die von den Patriziern rechtlich abhängigen und politisch unmündigen Bauernfamilien (Clienten, Plebejer) erzwingen in einem langen Kampf zunächst die rechtliche Gleichstellung mit den Patriziern und die Loslösung des Rechts aus der Verfügungsgewalt der patrizischen Priester, dann die Zulassung zu den politischen Ämtern. Zur Durchsetzung ihrer Forderungen schaffen sie eine eigene, plebejische Organisation (Volkstribune als Vorsteher der Plebs, plebejische Ädile, Versammlung aller Plebejer = *concilium plebis*), die durch ein religiöses Tabu gegen den Zugriff der patrizischen Beamten abgesichert wird (*sacrosanctitas* der Volkstribune).

vor 450 Unter dem Druck der Plebejer werden neben den Volksversammlungen, in denen nach Geschlechterverbänden (Kurien) abgestimmt wird, andere Volksversammlungen eingerichtet, in denen entweder nach dem Vermögen (dies ursprünglich die Heeresversammlung, da der Heeresdienst wegen der Selbstausrüstung des Soldaten an ein bestimmtes Vermögen geknüpft war) oder nach lokalen Bezirken (Tribus) abgestimmt wird. Die Beamten werden jetzt nicht mehr vom Vorgänger bzw. vom Senat ernannt, sondern in diesen neuen Volksversammlungen gewählt.

ca. 450 Ein großer Teil des geltenden Privat-, Straf- und Sakralrechts wird von einer aus zehn Männern bestehenden schiedsrichterlichen Kommission (*decemviri*) auf zwölf Tafeln aufgeschrieben und veröffentlicht. Zur Beseitigung sozialer Mißstände werden auch Teile des Rechts im Zuge der Publikation abgeändert, doch liegt die eigentliche Wirkung der Kodifikation in der

	Veröffentlichung des Rechtsgutes selbst, die das Recht aus der diskretionären Verwaltung durch die patrizischen Priester löst, es allen zugänglich macht und damit auch größere Rechtssicherheit schafft. Beginn einer vom Gerichtsprätor gelenkten schöpferischen Fortbildung des Rechts, das sich den stets im Wandel befindlichen Verhältnissen des römischen Staates besser als früher anpassen kann.
ca. 405—396	Krieg gegen das etruskische Veji. Die Stadt wird zerstört und das vejentische Staatsgebiet in den *ager Romanus* einverleibt.
ca. 400	Einbruch keltischer Stämme in Italien. Auch Rom wird erobert und geplündert (ca. 387), doch räumen die Kelten bald wieder Italien; lediglich in der Po-Ebene und im nördlichen Vorland des Apenninengebirges lassen sie sich dauernd nieder. — Nach dem Abzug der Kelten erneuert Rom den Bund mit den latinischen Städten; doch während Rom früher lediglich das stärkste Glied des Bundes gewesen war, tritt es nun als Hegemon allen übrigen Bündnern gegenüber.
ca. 367/366	Das oberste Amt wird den Plebejern zugänglich gemacht und nach einer Übergangszeit, in der es dreistellig war, schließlich mit zwei Personen besetzt, von denen einer Plebejer sein muß (Entstehung des Prinzips der Kollegialität des Amtes; Konsulatsverfassung). Aus alten patrizischen und aus angesehenen plebejischen Geschlechtern, deren Mitglieder in das Konsulat vorstoßen konnten, bildet sich eine neue Adelsschicht, die Nobilität, die schon bald dahin neigt, sich abzuschließen.
340—338	Krieg Roms gegen seine latinischen Stammes- und Bundesgenossen. Nach dem Sieg Roms werden die meisten latinischen Städte dem römischen Staatsgebiet einverleibt.
334	Gründung der Stadt Cales in Kampanien, der ersten Latinischen Kolonie neuer Art. Mit ihr setzt Rom eine alte Tradition unter neuem Vorzeichen fort. Die Kolonien, die zur selbständigen Durchführung ihrer Aufgaben eigenes, nämlich latinisches Recht erhalten, werden auf Territorium, das dem besiegten Gegner abgenommen ist, niedergesetzt und diesen als Vorposten (*propugnacula*) der römischen Herrschaft in Italien. Die Siedler, meist Römer, verlieren mit dem Eintritt in die Kolonie ihr römisches Bürgerrecht, bleiben aber durch ihre Herkunft und ihr wirtschaftliches Interesse mit Rom engstens verbunden. Bis in das 2. Jh. hinein hat Rom gerade die gefährdeten Punkte Italiens (einschließlich Oberitaliens) durch Latinische Kolonien abgesichert und gleichzeitig mit dieser Festungspolitik auch den versorgungsbedürftigen Teil der Römer (Bevölkerungsüberschuß!) befriedigt.
326—290	Kriege Roms gegen das mittelitalische Volk der Samniten und andere Stämme Italiens (sogenannter zweiter Samniten-

	krieg: 326—304, dritter Samnitenkrieg, in dem auch die Kelten Oberitaliens und die Etrusker gegen Rom Partei ergriffen: 300—290). In ihnen erringt Rom die Herrschaft über Mittelitalien. Die besiegten Gegner müssen Teile ihres Gebietes an Rom abtreten (z. T. als *ager Romanus* eingezogen, z. T. für die Niedersetzung Latinischer Kolonien verwendet) und in ein abhängiges Bundesverhältnis zu Rom treten.
318—312	Ovinisches Gesetz über die Zusammensetzung des Senats (*lex Ovinia de senatus lectione*) überträgt die Ergänzung der Senatsliste auf die Censoren.
300	Valerisches Provocationsgesetz (*lex Valeria de provocatione*): Die im Zuge des Kampfes gegen die Plebejer erweiterte Staatsgewalt der obersten Beamten wird nach dem Ausgleich der Gegensätze durch die Anerkennung des Grundsatzes zurückgenommen, daß Delikte, auf die schwere Strafen stehen, von einem Laiengericht abgeurteilt werden müssen: Für Verbrechen, auf denen der Tod oder hohe Geldstrafen (kapitale Strafen) stehen, ist künftig nicht mehr der Magistrat, sondern das Volksgericht (später auch ein aus einer bestimmten Anzahl von Geschworenen bestehendes Gericht) zuständig.
287	Hortensisches Gesetz (*lex Hortensia de plebiscitis*): Im Zuge der Liquidation des Ständekampfes wird die Kampforganisation der Plebjer (hier die plebejische Versammlung und deren Beschlüsse, die Plebiscite) den ordentlichen Institutionen gleichgestellt.
280—272	Krieg gegen den König Pyrrhus von Epirus, der sich in Unteritalien und auf Sizilien ein griechisches Großreich schaffen will. Rom übersteht den Krieg erfolgreich und dehnt sein System abhängiger Bundesgenossen auch auf Süditalien aus. Die italische Halbinsel (ohne Oberitalien) wird damit eine politische Einheit unter der Hegemonie Roms.
264—241	Krieg gegen die Seegroßmacht Karthago (erster Punischer Krieg). Karthago muß nach der Niederlage seine sizilischen Besitzungen an die Römer abtreten. Sizilien und die im Jahre 238 von Rom annektierten Inseln Sardinien und Korsika werden seit 227 als besondere Herrschaftssprengel (Provinzen) direkt von Rom durch einen Statthalter verwaltet. Die Zahl der Provinzen wächst bis zum Jahre 49 auf 15.
232	Volkstribunat des C. Flaminius. Unter Führung des Flaminius stößt noch einmal eine größere Gruppe ‚neuer Leute' in die Nobilität vor; im übrigen vertreten Flaminius und seine Anhänger mit Nachdruck die Grundsätze aristokatischer Regierungspraxis.
225—ca. 177	Zunächst Abwehr, dann — besonders in den Jahrzehnten nach dem zweiten Punischen Krieg — allmähliche Niederwerfung

der keltischen sowie der ligurischen und illyrischen Stämme Oberitaliens. In Oberitalien werden zahlreiche Städte latinischen und römischen Rechts gegründet (unter anderen Placentia, Cremona, Bononia, Aquileia), doch wird das Gebiet während der ganzen Republik noch nicht zu Italien gerechnet, sondern als Gallia Cisalpina herrschaftlich verwaltet.

218 Claudisches Gesetz „über das Schiff der Senatoren" (*lex Claudia de nave senatorum*). Es verbietet den Senatoren Handelsgeschäfte größeren Stils und wird damit Ausgangspunkt für die Entwicklung eines von der Senatorenschaft gesonderten Standes, der die Handelsgeschäfte an sich zieht (Ritterstand).

218—201 Zweiter Punischer Krieg, der nach dem Einbruch Hannibals in Italien nur sehr mühsam zugunsten Roms entschieden wird. Von 215—205 beteiligt sich auch Philipp V. von Makedonien auf der Seite Hannibals an dem Krieg.

200—168 Kriege gegen die hellenistischen Großmächte des Ostens (gegen Makedonien: 200—197 und 171—168; gegen das seleukidische Reich: 191—188). Die hellenistischen Großmächte werden geschwächt und geraten neben allen anderen Staaten des östlichen Mittelmeerbeckens in Abhängigkeit zu Rom, ohne daß Rom ein Gebiet unter seine direkte Herrschaft genommen hätte.

180 Villisches Gesetz (*lex Villia annalis*). Erstes Gesetz über die Qualifikation von Amtsbewerbern, das als Folge eines zunehmenden Ämterehrgeizes die traditionellen Spielregeln bei der Ämterverteilung erhalten will.

153—133 Reichskrise: Der römische Senat, der seit der Mitte des Jh.s Herr des Mittelmeerbeckens, aber aus herrschaftssoziologischen Gründen nicht imstande ist, das Herrschaftsgebiet angemessen zu verwalten, handelt in der Außenpolitik mit großer Unsicherheit. 153—133 müssen in verlustreichen Kämpfen in den spanischen Provinzen Aufstände niedergeworfen werden; aus nichtigem Anlaß werden die blühenden, aber politisch ohnmächtigen Handelsstädte Karthago und Korinth zerstört (146); Makedonien und Karthago werden als Provinzen eingezogen (146).

149 Calpurnisches Gesetz über die Einrichtung eines ständigen Gerichtshofes für Erpressung (*lex Calpurnia de repetundis*). Erstes ständiges Geschworenengericht, das die Ausbeutung der Provinzbewohner durch die Statthalter eindämmen will.

139 Gabinisches Gesetz über die Einführung der geheimen Abstimmung bei den Wahlen der Volksversammlungen (*lex Gabinia tabellaria*). Bis zum Jahre 107 werden durch drei weitere Gesetze für alle Entscheidungen der Volksversammlungen die schriftliche (durch *tabella*) und geheime Abstimmung eingeführt.

136—132 Erster Sizilischer Sklavenkrieg. Als Konsequenz der wachsenden Benutzung von Sklaven als Arbeitskraft auf Großgütern, in Manufakturen und im Hausdienst folgen noch weitere kleinere und größere Sklavenunruhen, insbesondere der zweite Sizilische Sklavenkrieg (104—100) und der Sklavenaufstand unter Führung des Spartakus in Italien (73—71).

133 Der letzte König von Pergamon vermacht sein Reich testamentarisch den Römern, die das Königreich in die Provinz Asia verwandeln. Auch die Könige von Kyrene (96) und Bithynien (74) überlassen ihre Reiche den Römern.

133 Volkstribunat des Ti. Sempronius Gracchus. Der durch die Ausdehnung des Großgrundbesitzes geschwächte und durch die (bisher in erster Linie aus militärischen Gründen vorgenommene) Gründung neuer Siedlungen (Kolonien) nicht mehr versorgte Bauernstand soll nach dem Wunsche des Ti. Gracchus Staatsland zugeteilt erhalten. Da das entsprechende Siedlungsgesetz auf den Widerstand des Senats stößt (das Staatsland war durch die Nobilität und andere reiche Familien okkupiert und praktisch wie Privatland behandelt worden), setzt Ti. Gracchus sein Gesetz unter Beseitigung gesetzlicher Kontrollen und unter Mißachtung der Autorität des Senats, allein gestützt auf das Votum der Volksversammlung, durch: Beginn einer Politik, die sich nicht mehr auf den Senat, sondern allein auf das Beamtenrecht (insbesondere auf das Antragsrecht vor der Volksversammlung) stützt (populare Politik).

123—122 C. Gracchus, der jüngere Bruder des Tiberius, setzt die populare Politik fort. Er baut die Ritterschaft zu einem politisch bewußten Stand aus und überträgt ihr die Geschworenengerichte. Sein Versuch, außerhalb Italiens eine Kolonie zu gründen (Iunonia an der Stelle des zerstörten Karthagos) und damit das Problem der Landversorgung zu beheben, scheitert.

107, 104—100 Konsulate des C. Marius. Marius führt den Krieg gegen den numidischen König Iugurtha bis zu einem entscheidenden Punkt und besiegt die in das Reich eingebrochenen Stämme der germanischen Cimbern und Teutonen. Die von ihm durchgeführte Reorganisation des Heeres, nach der unter anderem auch Besitzlose zum Heeresdienst rekrutiert werden können, bringt künftig das Problem der Versorgung der ausgedienten Soldaten mit Land (Beginn der Auflösung des Milizgedankens).

100 Versuch der Wiederaufnahme der Gracchischen Politik durch L. Appuleius Saturninus und C. Servilius Glaucia.

91—88 Aufstand der italischen Bundesgenossen gegen Rom, die bis dahin vergeblich das römische Bürgerrecht verlangt hatten. Rom muß ihnen nunmehr das Bürgerrecht gewähren; seitdem ist Italien (ohne Oberitalien) auch eine rechtliche Einheit.

88 Als in der Endphase des Bundesgenossenkrieges populare Politiker (P. Sulpicius Rufus) wieder Boden zu gewinnen suchen, erstickt P. Cornelius Sulla solche Bestrebungen durch die militärische Besetzung Roms. Das seit der Heeresreform des Marius wegen der notwendigen Versorgung der Veteranen (s. o.) besonders enge Verhältnis zwischen den Soldaten und ihrem Feldherrn hat hier zum ersten Male zu dem Einbruch des Militärs in die Innenpolitik geführt: Die Bindung des Soldaten an den Feldherrn wird stärker als die Loyalität gegenüber der ganzen Gesellschaft und hebt damit die Voraussetzungen der republikanischen Ordnung auf.

87—83 Sulla bekriegt den in das römische Herrschaftsgebiet eingedrungenen König Mithridates von Pontus.

83—82 Sulla erobert das von seinen politischen Gegnern während seiner Abwesenheit beherrschte Italien und vernichtet die führende Schicht seiner Widersacher (Proskriptionen).

82—79 Diktatur Sullas: Versuch der Wiederherstellung der Senatsherrschaft, insbesondere durch die Lähmung der Institution des Volkstribunats und durch die Entmilitarisierung Italiens. Letztere wird erreicht einerseits durch die Trennung des ordentlichen, lediglich zivilen Aufgaben gewidmeten Amtes von dem militärischen Amt, das als Promagistratur (Statthalterschaft der Provinzen) im Anschluß an das ordentliche Amt außerhalb Italiens ausgeübt wird, zum anderen durch die Verteilung der verfügbaren Heereskräfte auf alle Promagistrate. — Sulla baut auch die ständigen Geschworenengerichte (*quaestiones perpetuae*), die unter Vorsitz eines Prätors für je ein Delikt zuständig sind, weiter aus, so daß in Ablösung des schwerfälligen Volksgerichts und des alten kapitalen Privatprozesses ein funktionierendes System staatlicher Strafrechtspflege entsteht.

74—63 P. Licinius Lucullus und nach ihm Cn. Pompeius besiegen endgültig den König Mithridates. Pompeius ordnet die römische Herrschaft im Osten neu.

70 Die Sullanische Ordnung wird in wichtigen Punkten (insbesondere im Hinblick auf das Volkstribunat) durch Pompeius und M. Licinius Crassus aufgehoben.

63 Konsulat Ciceros. Unterdrückung der Catilinarischen Verschwörung.

60 Pompeius, Caesar und Crassus verbünden sich zur Durchsetzung ihrer politischen Eigeninteressen (erstes Triumvirat).

59 Erstes Konsulat Caesars. Nachdem Caesar ein Sonderkommando für sich durchgesetzt hat, erobert er als Prokonsul Gallien (58—51).

56 Das Triumvirat zwischen Pompeius, Caesar und Crassus wird erneuert. Pompeius und Crassus werden im folgenden Jahr

Konsuln und erhalten ebenfalls außerordentliche Kommandos (Pompeius in Spanien, Crassus in Syrien; das gallische Kommando Caesars wird verlängert).

53 In einem Krieg gegen die Parther findet Crassus den Tod (Schlacht bei Carrhae).

52 Pompeius (oder auch ein Konsul des folgenden Jahres) ändert die Sullanische Ordnung über die Promagistratur insofern, als zwischen die Bekleidung des ordentlichen Amtes und der Promagistratur ein Zeitraum von fünf Jahren gelegt wird.

49 Caesar, dem durch seine politischen Gegner eine Rückkehr nach Rom ohne die Vernichtung seiner politischen und u. U. auch persönlichen Existenz abgeschnitten ist, eröffnet den Bürgerkrieg. Nach der Besetzung Roms und der Besiegung des Pompeius (bei Pharsalus in Griechenland) und seiner Generale im Osten, in Afrika und Spanien regiert er unter formaler Belassung der republikanischen Ordnung, aber praktisch unumschränkt. Der faktische und z. T. auch bereits gesetzliche Abbau der traditionellen Verfassung führt schließlich zu seiner Ermordung (15. 3. 44). Nach kurzem republikanischen Zwischenspiel, in dem auch Cicero erneut politisch aktiv wird (Philippische Reden gegen Antonius), werden die Caesarmörder M. Iunius Brutus und C. Cassius Longinus bei Philippi/Thrakien geschlagen und kommen um (42). Die Sieger, C. Iulius Caesar Octavianus (der Adoptivsohn Caesars und spätere Kaiser Augustus) und M. Antonius, teilen sich zusammen mit M. Aemilius Lepidus die Herrschaft über das Reich.

Sachregister